城镇化与社会变革丛书

URBANIZATION AND SOCIAL TRANSFORMATION SERIES

丛书主编 ▶ 李 铁

中外都市圈与中小城市发展

CASE STUDY ON THE DEVELOPMENT OF METROPOLITAN REGION AND SMALL-MEDIUM SIZED CITIES

冯 奎 郑明媚◎著

中国发展出版社

CHINA DEVELOPMENT PRESS

图书在版编目（CIP）数据

中外都市圈与中小城市发展/冯奎，郑明媚著. —北京：中国
发展出版社，2013.10

（城镇化与社会变革丛书／李铁主编）

ISBN 978 – 7 – 5177 – 0003 – 6

Ⅰ.①中⋯　Ⅱ.①冯⋯　②郑⋯　Ⅲ.①大城市—发展—研究—
中国　②中小城市—发展—研究—中国　Ⅳ.①F299.21

中国版本图书馆 CIP 数据核字（2013）第 220338 号

书　　　名：中外都市圈与中小城市发展
著作责任者：冯　奎　郑明媚
出 版 发 行：中国发展出版社
　　　　　　（北京市西城区百万庄大街 16 号 8 层　100037）
标 准 书 号：ISBN 978 – 7 – 5177 – 0003 – 6
经 销 者：各地新华书店
印 刷 者：北京科信印刷有限公司
开　　　本：700mm×1000mm　1/16
印　　　张：28
字　　　数：456 千字
版　　　次：2013 年 10 月第 1 版
印　　　次：2013 年 10 月第 1 次印刷
定　　　价：65.00 元

联 系 电 话：（010）68990642　68990692
购 书 热 线：（010）68990682　68990686
网 络 订 购：http://zgfzcbs.tmall.com//
网 购 电 话：（010）68990639　88333349
本 社 网 址：http://www.develpress.com.cn
电 子 邮 件：fazhanreader@163.com

总　序

中央政府又一次把城镇化作为拉动内需和带动经济增长的引擎，使得城镇化问题再次成为了社会关注的热点，巧合的是，两次提出城镇化问题都和国际金融危机有关，上一次是亚洲金融危机，而这一次是全球金融危机。作为长期从事城镇化政策研究的团队，我们已经形成的研究积累对于中国的城镇化问题应该有着清醒的认识，但是对于社会，对于各级政府、企业家、学者和媒体人来说，如何去理解城镇化问题，就涉及将来可能出台什么样的政策，以及相关政策如何落实。因此，我们的研究团队决定把多年的研究成果公诸于世，以"城镇化与社会变革"系列丛书的形式出版。丛书的名称定位之所以以改革为主题，就是要清楚地表明，未来推进城镇化最大的难点在于制度障碍，只有通过改革，才能破除传统体制对城乡和城镇间要素流动的约束和限制，城镇化带动内需增长的潜力才能得到真正释放。

丛书出版之际，出版社总编邀请我作序，一方面希望从宏观的角度来评价十八大以来的城镇化政策要点，另一方面希望对国家发改委城市和小城镇改革发展中心（以下简称"中心"）从事城镇化政策研究的历程做一个简要的回顾。毕竟我全程参与了中心的组建和发展，也基本上经历了从城镇化政策研究到一系列政策文件出台的大多过程。其实，我内心的想法，无论目前把城镇化政策提到怎样的高度，毕竟与可操作的政策出台以及贯彻落实都还有很长的距离。我能更多地体会到，这项研究，凝聚着许多长期从事农村政策研究和城镇化研究的领导和专家的心血，也汇集了一些地方基层政府的长期实践。我们只是作为一个团队集中了所有的智慧，利用我们的平台优势把这些成果和资料积累下来。

1992 年，我在国家体改委农村司工作，有一次参加国土经济学会在新华社举办的关于小城镇问题的研讨会，原中央农研室的老领导杜润生先生发言，提到小城镇对于农村乡镇企业发展和农村资源整合的重要意义，回来后感受颇深。在年底农村司提出 1993 年度研究课题重点时，把小城镇和城镇化问题作为六个重点研究课题的选题之一，报告给了时任国家体改委副主任马凯同志。我记得其他选题还有农村税费改革、城乡商品流通和土地问题等等。马凯副主任只是在小城镇这个课题上画了一个圈，要求我们重点进行研究。这一个圈就决定了我后半生的命运，至今已经 20 年了。当时马凯同志分管农村司工作，他之所以要求我们从事小城镇和城镇化问题的研究，他的基本论断是"减少农民，才能富裕农民"。

在后来的城镇化研究中，很多人不理解，为什么当时中央提出"小城镇，大战略"？特别是一些经济和规划工作者，他们认为城镇化政策重点不应该是积极发展小城镇，而是应该发展大城市，可是谁也不去追问。当时城镇化的提法还是禁忌，户籍问题更是没人敢提。几千年来确保农产品供给问题似乎成为一种现实的担忧；已经形成的城乡福利上的二元差距，更是各级城市政府不愿意推进户籍管理制度改革的借口。只有在小城镇，因为福利差距没有那么大，基础设施和公共服务条件没有那么好，与农村有着天然的接壤和联系，而且许多乡镇企业又直接办在小城镇，在这里实现有关城镇化的一系列体制上的突破，应该引起的社会波动比较小。1993 - 1995 年，在马凯同志的直接领导下，我们开始了小城镇和城镇化的研究。马凯同志亲自带队到各部委征求意见，1995 年 4 月，协调国务院十一个有关部、委、局制定并印发了《全国小城镇综合改革试点指导意见》，这是第一个从全方位改革政策入手，以小城镇作为突破口，全面实行综合改革试点的指导性意见。其中涉及的内容包括户籍管理制度、土地流转制度、小城镇的行政管理体制、地方财税管理体制、机构改革和乡镇行政区划调整、基础设施的投融资改革、统计制度等多方面。

1998 年国务院机构改革，国家体改委和国务院特区办合并为国务院经济体制改革办公室，原来的 16 个司局缩编成 6 个司局，涉及大量的司局级干部重组和自寻出路。为了坚持小城镇和城镇化的政策研究，把试点工作持续下去，在各方面的支持下，我放弃了留在机关内工作的机会。1998 年 6 月，经中编委批准，以原国家体改委农村司为主体成立了小城镇改革发展中心。从此我开始了漫长而又寂寞的城镇化政策研究之路。

1997 年的亚洲金融危机，我国的外向型经济受挫，很多专家提出扩大内需的思路，城镇化和小城镇终于第一次走上了政府宏观政策的台面。1998 年十五届三中全会开始提出"小城镇，大战略"，1999 年，时任国务院副秘书长的马凯同志和中农办主任段应碧同志，把起草向中央政治局常委汇报的"小城镇发展和城镇化问题"的任务交给了国务院体改办。之后，我们又在国务院体改办副主任邵秉仁同志的领导下，直接参与起草了 2000 年 6 月中共中央、国务院颁布的《关于促进小城镇健康发展的若干指导意见》。这个文件下达之后，户籍管理制度原则上在全国县级市以下的城镇基本放开，农村进城务工人员只要在城里有了住所和稳定的就业条件，就可以办理落户手续，而其在农村的承包地和宅基地仍可保留。根据中央有关文件精神，2000 年第五次全国人口普查后，我国把进城务工的农民第一次统计为城镇人口，我国的城镇化率一下子从原来的 29% 提高到 36%。

2002 年，党的十六大报告第一次写进了有关城镇化的内容，其中把"繁荣农村经济，加快城镇化进程"写到一起，这充分说明了城镇化对于"三农"问题的重要性。值得特别提出的是，我们的城镇化研究也从小城镇开始深入到进城的农民工，中心全体研究人员就农民工问题进行了大量的调查研究。2002 年，根据马凯副秘书长和段应碧主任的安排，由中心组织人员起草了 2003 年国务院办公厅 1 号文件《关于做好农民进城务工就业管理和服务工作的通知》。

2003 年，中心被并入了国家发改委，城镇化的研究工作转向了深入积累阶段。原来曾经全方位开展的改革试点工作虽然还在进行，但是实质性内容越来越少。在这一阶段反思城镇化，站在农村的角度去推进城市的各项相关改革，看来是越来越难了。了解中国的体制，城市实际上是行政管理等级的一个层面，而不是西方国家那种独立自治的城市。中国城市管理农村的体制，使得从农村的角度提出任何问题都是带有补贴和扶助的性质。而实际上，由于利益格局的确立，城市仍然没有摆脱依赖于从农村剥夺资源，来维持城市公共福利的积累和企业成本降低的局面。原来简单明了的城乡二元结构，已经被行政区的公共福利利益格局多元化了，因此要改革的内容已经远远超出了 20 世纪 90 年代凸显的城乡二元结构的范畴。原来长期研究农村改革、试图解决农村问题，现在成为城镇化出发点的思路，肯定也要相应地转型，使我们的研究团队站在城市的决策角度考虑问题。2009 年，我们开始把中心研究的重点彻底地转向城市，单位的名称也同时作出了调整，改为"城市和小城镇改革发展中心"。这种转型的最大效果就是可以更多地偏重于决策者的思维，了解决策阶层所更关注的城市角度，有利于提出更好的政策咨询建议。

中心成立 15 年来，我和同事们到 20 多个省（直辖市、自治区）的数千个不同类型、不同规模的城镇调研，积累了大量的材料，并为一批城镇特别制定了发展规划。

我们所理解的城镇化政策是改革，这也是我们长期和社会上的一些学者，甚至包括政府决策系统的部分研究人员在观点上的一些重要分歧。因为城镇化要解决的是几亿进城农民的公共服务均等化问题，关系到利益结构的调整，所以必须通过改革来解决有关制度层面的问题，仅靠投资是无法带动城镇化的，否则只会固化当地居民和外来人口的福利格局。只有在改革的基础上，打破户籍、土地和行政管理体制上的障碍，提高城镇化质量，改善外来人口的公共服务，提升投资效率才能变为可能。

幸运的是，从 2012 年起，中央领导同志对于城镇化的重视达到了前所未有的高度。在国家发改委副主任徐宪平同志的支持下，我们终于把多年的研究积累作为基础性咨询，提供给政策研究和制定的部门。虽然关于城镇化所涉及的改革政策的全面铺开还需要时日，还需要观点上进一步的统一，但无论怎样，问题提到了台面，总会有解决的办法，任何事情都不能一蹴而就，但毕竟有一个非常好的开始。

经同事们提议，是不是可以把这些年我们团队有关城镇化的研究成果出版成书？我同意了。2013 年是全国深入贯彻落实十八大精神的开局之年，是一个好时候，全社会都在关注城镇化进程。此举可以把我们的观点奉献给社会，以求有一个更充分的讨论环境，寻求共识，推进城镇化改革政策的持续出台。

国家发改委城市和小城镇改革发展中心主任

李铁

2013 年 3 月

目录 >>> CONTENTS

绪　　论

冯　奎　郑明媚①

一、研究背景与意义

2011 年底，中国城镇化率超过 50%，达到 51.27%。自是年起，中国开始实施"十二五"规划，"十二五"规划对未来城镇化的空间形态、发展重点等内容进行了明确的阐释。中国城镇化发展的现状及发展规划，构成了"都市圈与中小城市发展"课题的时代背景。

城镇化率达到 50%，预示着城市空间形态的演变进入了一个新的发展阶段。一般而言，城市化率达到 30% 之后，城镇化快速发展，大城市规模迅速扩张，吸引乡村、小城镇、中小城市人口向大城市集聚。城镇化率渐趋 50% 之际，城市人口已经达到并超出乡村人口，这时候大城市的集聚效应仍然存在，但受到城市治理水平的限制等因素影响，大城市规模效应、集聚效应将出现下降。大城市中心区用地紧张、资源有限、环境恶化等原因逼使一部分人口与产业向外迁移。大城市周边那些环境舒适、交通便捷的中小城市、小城镇最先获得大城市的辐射带动影响，开始进入较快发展阶段。20 世纪以来，世界主要国家的城市化都先后呈现出上述特征。

中国属于城镇化后发国家。20 世纪后十年以至 21 世纪头十年，正是城镇化快速发展、大城市获得长足发展的阶段。城镇化进入 21 世纪第二个十年之后，大城市在进一步发展的同时，中小城市也进入较快发展时期。东部沿海的广东、浙江等省，城镇化率都超过 60%。这些地方，传统上的"专业镇"、各类"块状经济"强镇就非常发达，率先进入了大城市与中小城市互相推动、

---

① 冯　奎，国家发改委城市和小城镇改革发展中心国际合作部主任、城市中国网总编、博士。
　郑明媚，国家发改委城市和小城镇改革发展中心发展改革试点处副处长。

共同发展的新阶段。京津冀地区的核心大城市如北京，凭借各种行政资源和优质公共服务资源，城市人口激增，遇到了严重的"大城市病"。而北京周边的一批中小城市生态环境质量相对较好，在产业发展选择与条件下与北京有一定互补作用，成为环北京都市圈发展的优先区域。中西部一些大城市周边，中小城市与小城镇的人口等资源一边继续向大城市集聚、集中，另一方面大城市的资金、技术、产业、人才等也逐步向中小城市、小城镇转移，呈现出城市化与逆城市化并存的局面。在中国的城镇化发展进程中，以往那种单一的大城市发展路径，正在被一种新的路径所取代。这种新的路径呈现出的基本特征就是，以都市圈的近圆型城市化区域为空间载体，以大城市为核心，以中小城市为支撑，城镇化发展出现了多点、多中心的格局。

中国自 2011 年起，开始实施"十二五"规划。"十二五"规划中明确提出，中国未来城镇化的发展，要以城市群为基本空间形态，以大城市为依托、以中小城市为重点，促进大中小城市和小城镇协调发展。结合我们国家城市空间结构特征来看，未来以城市群为基本空间形态的城镇化，主要必须依靠都市圈的优化发展。这是因为中国城镇的空间形态实际上是行政化体系的空间映射。既往的行政化力量与资源的配置使得这类高等级的城市率先成为大都市。在未来城镇化发展的过程中，一个方面是确保大都市充满活力，另一个方面是推动城镇化的政策重点下移，充分发挥行政与市场机制两种力量，促进中小城市和小城镇的迅速发展。因此研究都市圈与中小城市发展，实际上就是以"十二五"城镇化规划为背景，探索中国城市群的成长演进之路，研究中国城镇化空间形态的优化发展之路。

国内外学术界对于都市圈与中小城市分别展开研究，由来已久。但是从都市圈与中小城市相结合的角度，以案例形式全面研究国内外主要都市圈与中小城市发展的历程、机制、特征，成果还不多。本书认为，针对都市圈与中小城市的研究值得深入下去，尤其是进行多案例比较研究。

首先，从理论层面而言，都市圈与中小城市发展是城镇化中后期阶段全球普遍的城镇化现象，对其内部规律进行揭示有利于丰富城镇化研究。20 世纪开始，世界经济的迅猛发展，加速了城市化的发展，大城市由于自然资源丰富，区位条件优越，交通便捷等优势，集聚着众多的人口，对区域经济的整体发展具有促进作用。随着城市化进程的快速发展，人口膨胀加上缺乏有效的规划，大城市中普遍出现了交通拥堵、环境恶化等现象。这又反过来促使市区居民不断向郊区迁移，城市化逐渐向郊区城市化发展，产生了"逆城市化"。此后大城市的边界不断扩展，与周边中小城市之间的联系逐渐加强，催生着都市圈的形成与发展。都市圈是新型的城市组织形态，中心城市与周边中小城市的联合发展，产生集聚效应，实现区域内资源的合理配置。都市圈的发展能够有效促进整个区域的经济一体化进程，带动区域的整体发展。世界发达国家都市圈的发展证明，都市圈作为高级的空间组织形态，逐渐成为区域的经济中心，逐渐成为各国国民经济增长的重要推动力量。

其次，从应用层面而言，研究世界上发达国家都市圈的成长经历，有利于中国合理借鉴其经验教训，推动中国都市圈与中小城市发展。中国已经出现大型都市圈，它们的出现带来巨大的经济效益，促进了区域经济中合理的产业布局、空间布局，对资源分配和有效利用起到了积极的作用。尽管都市圈与周边中小城市的发展在形态上已显现出连绵成片、跨界发展等特征，但由于受限于中国二元化的城乡结构，制度性障碍难以突破，都市圈内中心城市与中小城市发展并不协调。都市圈中的中小城市发展方向如何确定，都市圈内的中心城市与中小城市发展该如何协调等，一系列涉及二者关系和定位的问题都十分突出。由于对都市圈与中小城市发展的内部规律缺乏洞察，宏观决策宽严无据，出现了对都市圈与中小城市发展放任自流的倾向。"他山之石，可以攻玉"，通过研究发达国家的都市圈，尤其剖析中心城市和中小城市发展进程、历史背景、内在机制，有利于我们出台区域、城镇化以及中小城市的发展促进政策。

第三，从方法层面而言，多案例对比研究是城镇化研究的重要方法，本书在这方面做出了重要的探索。世界发达国家的都市圈发展的道路都不相同，它们的发展既遵循共性的规律，但在个性特色方面更是千姿百态。

伦敦作为昔日大英帝国的中枢，自18世纪起就在国际舞台上璀璨耀眼，今日依旧是重要的国际商业中心和文化中心；巴黎作为成长于塞纳河上的艺术文化之都，长时间扮演者欧洲大陆中心的角色，在世界城市设计上有着重要地位；纽约则是年轻而强大的美利坚合众国的象征，其短时间内的迅猛发展，让世界为之侧目，是美国百年间城市化、郊区化最好的缩影；东京从小渔村到今日亚洲乃至世界的经济、科技中心，反映出了日本从明治维新起学习西方、工业化城市化发展的道路；而悉尼在南半球独树一帜，凭借海港优势拥有着自身独特的发展模式；首尔在二战后的崛起，是亚洲国家在政府导向、资本密集模式下集中资源发展的成功路径。上述城市从世界范围来看，均在经济、文化、政治、科技方面发挥着不可或缺的作用，在人类城市发展史上都是具有极高价值的经典案例。所以，伦敦都市圈、巴黎都市圈、纽约都市圈、东京都市圈、悉尼都市圈、首尔都市圈将是本书研究的重点。

中国是大国，大国城镇化发展都必须立足自身，走出一条具有自身特色的城镇化之路。中国的数十个主要都市圈，按其面积、人口而言，与世界上主要都市圈不相上下；其产业与影响力也将超过许多国家，在世界上占据一定位置。其中，珠三角都市圈的市场经济机制发育较好，中小城市星罗棋布，专业镇实力雄厚；长三角"大上海"龙头带动作用明显，中小城市培育的体制机制改革带动面广、操作性强；京津冀地区，重视发挥首都圈功能，中小城市发展借力大北京、获得大发展；成渝、贵阳都市圈立足于已有特大城市、大城市的优势，或在人口城镇化，或在新型产业化发展，或在城市空间结构优化上，也都各显身手，积累了一定经验。

总而言之，我们在对中外都市圈与中小城市发展的研究中，力戒"脸谱化"的倾向。从研究方法上，我们尽力客观面对每个都市圈及其范围内的中小城市，对中外都市圈与中小城市进行详细的历史考察、细致的个性描绘与独特的战略分析，目的在于全面认识都市圈与中小城市发展的要义，把握一般规律，立足自身特色，寻求都市圈与中小城市的差异化战略。

二、相关概念及其内涵

本文的国际案例部分重点研究目前在世界上具有影响力的世界城市都市圈，比如伦敦都市圈、巴黎都市圈、纽约都市圈等；国内案例部分重点研究初步具有全球影响力或已具有区域影响力的中国的都市圈。研究的核心内容是都市圈的特征、都市圈核心城市与中小城市发展的关系等方面。相关概念包括世界城市、都市圈、中小城市等。

1. 世界城市

"世界城市"最早由格迪斯提出，在《进化的城市》一书中，他将在世界经济贸易中有重要地位的城市称为"世界城市"。

对于世界城市的研究，在学术界而言，起源于弗里德曼等人的研究。他们关注于跨国公司在国际劳动市场的分布，以探寻哪些城市是"命令的中心"。

并且，他们提出了世界城市的两个标准：一是城市在世界经济体系中的地位，如是否包含众多跨国公司的总部，是否为世界市场提供重要的商品；二是城市所具有的资本影响力，比如其资本的作用是全球性的还是仅仅作为国内与国际体系的联结。

美国社会学家萨森从生产性服务业的角度提出了"全球城市"。他指出，在当前世界经济的浪潮下，全球城市应当是那些在全球的资本体系中利用自己的独特经济优势，创造出自己独特地位的城市——先进服务的生产和消费中心。

英国学者泰勒从网络和节点的角度出发，研究了世界城市网络的概念。他通过对大型跨国性服务公司之间的联系分析，提出了多个具有一定全球性或区域性服务功能的城市，定义为"世界城市"。其领导的"全球化与世界城市研究小组与网络"每隔几年便会出版《世界城市手册》，其中主要城市有伦敦、纽约、上海、巴黎、悉尼、东京、香港、首尔等。

"全球城市"在概念上与"世界城市"的区别多体现在全球化进程下，在世界经济、贸易不同的地位与功能上，而在其从无到有、从点到面的城市发展过程中，则更多地体现出共性的一面。所以结合两者的特点和共性，本书所研究的世界城市是指处在世界经济和贸易网重要节点上、在全球化的分工中占据重要地位，拥有得天独厚地理位置，并在政治、文化、科技、服务业上发挥独特影响力的城市。

2. 都市圈

英国学者霍华德于1902年发表了《明天的田园城市》一书，首先提出了"田园城市"模式，该模式开创了从城市群体角度研究城市的先河。其主张"把动态平衡和有机平衡这种重要的生物标准引用到城市中来，建立了城市内部各种各样的功能平衡"，同时建立了"城市-乡村"的城市架构。

格迪斯在《Cities in Evolution》一书中提到了"Conurbation"的概念，用来表示数个城市、大的城镇和地区经过人口增长和地理扩张后，形成的连续的、工业化的发达区域。他着重注意了当时先进的电力科技、摩托化的交通方式所带来的扩展并集合城市的能力，列举了纽约-波士顿地区、大东京地区和印度首都新德里地区作为例子。

伊里尔·沙里宁提出"有机疏散"理论，指出城市的发展不能全集中在旧城中心区，要把城市的人口和工作岗位分散到可供合理发展的远离中心的地域上去，其中卫星城就是治理大城市问题的一种有效方法。此"有机理论"反映了各国城市不断加速的郊区化和新城建设，为城市群的理论奠定基础。

20世纪50年代，法国地理学家戈特曼根据美国东北部的都市区域提出了"一连串的都市区"以及"城市群"的概念，也可翻译为"以特大城市为中心的人口稠密区"。作者提及，"这些一连串的都市区都是因为集聚效应在短期形成，而每一个都市区都环绕着一个强有力的城市核心发展"。在讨论城市群的发展机理时，戈特曼首先谈到，推动大城市连绵区形成的最主要的影响因素有两个：一是多核的结构；二是分布在东海岸的城市在经济中体现出的区位的枢纽效应。至于城市群的功能，戈特曼在文中只谈到了其作为主要的港口、商业金融中心和制造业中心的作用。

戈特曼一针见血地指出，在美国这样一个强调去中心化的国度，城市群仍然是最重要的中心。如纽约，"其他任何地区都不会像纽约那样，拥有一系列从事金融和社会活动的街道，如华尔街、第五大道等"。此外，在谈及城市群的影响时，戈特曼发现，城市群发挥了其重要的"文化导向作用"。

针对城市群中处于周边的区域，戈特曼敏锐地发现，大城市发展的趋势是大量人口迁离市区，住到80多公里外的偏远郊区，但仍回市中心工作。昔日城市拥有的明确界限被打破，土地中出现了大量的混合使用，使其看起来又像农村又像城市。这种趋势甚至让美国人口普查局引入城市化的术语来对城市群的城市和农村地区加以区分。

按照戈特曼随后的文章，世界上有六大城市达到城市群的规模，这六个大城市群分别是：美国东北部大城市群——从波士顿经纽约、费城、巴尔的摩到华盛顿；北美五大湖城市群——分布在五大湖沿岸，从芝加哥向东经底特律、克利夫兰、匹兹堡，并一直延伸到加拿大的多伦多和蒙特利尔；日本太平洋沿岸城市群——从东京、横滨，经名古屋，到京都、大阪、神户；欧洲西北部城市群——从阿姆斯特丹到鲁尔以及法国北部工业聚集体；以英国伦敦为核心的英格兰都市圈——以伦敦—利物浦为轴线，包括大伦敦地区、伯明翰、谢菲尔德、利物浦、曼彻斯特等大城市，以及众多中小城市；以上海为中心的长江三角洲城市群——由苏州、无锡、常州、扬州、南京、上海等城市组成的。

以上的观点，都是针对西方工业国家的城市化、城市群发展理论或实证的研究结果。1950 年，日本政界与学术界围绕当时东京及其周边卫星城的发展，正式提出了"都市圈"、"大都市圈"的概念。按照日本行政管理厅的定义，都市圈是以一日为周期，可以接受城市某一方面功能服务的地域范围，中心城市人口规模须在 10 万人以上。1960 年，日本政府又进一步提出了大都市圈的概念，制定了《大都市圈建设基本规划》，并对都市圈范围作了界定，指出"大都市圈是由一个拥有 50 万人口以上的中心城市，或者是由几个 50 万人口以上相邻城市和若干邻接市镇所组成的区域"。

中国学者在改革开放之后开始对城市群与大都市圈进行研究。1989 年，中国人民大学周起业、刘再兴等教授在《区域经济学》中提到大城市经济圈的概念。1990 年，复旦大学高汝熹等在《论中国的圈域经济》中对大都市圈进行了定义，并界定了相关大都市圈。他认为，"大都市经济圈是以经济比较发达的城市为中心，通过经济辐射和经济吸引，带动周边城市和农村，以形成统一的生产和流通经济网络"。此外，宋迎昌、陈秀山等专家学者也都对大都市圈的概念进行讨论并展开研究。

回顾大都市圈的概念，可以发现，大都市圈概念的理论来源是城市群研究，其内涵与应用与各个国家的情况紧密结合。迄今，学术界对于都市圈的认识先后走过了田园城市（Garden City）、集合城市（City Cluster、Satellite City）、城市组群（Conurbation）、都市圈（Megalopolis）四个阶段。学者们对都市圈的概念并没有形成一致的看法，使用较为频繁的相关词汇主要有都市圈、城市群、大都市带、都市连绵区、城镇群体等，并且在大都市区的标准方面，也是存在各种不同的标准和方案。

在提取共同点的基础上，本研究认为都市圈是指以一个或几个中心城市为核心，拥有与核心城市形成一体化社会经济联系和合理产业分工的中小城市，通过成熟立体的交通系统与发达的通信系统达到整个区域范围内的紧密联系。其特点是：首先，从组成上来看，都市圈都是由一个具有重要功能的中心城市和与其有紧密联系的紧邻的中小城市所组成的；其次，从地理空间上来看，都市圈内以发达的交通廊道为基础，形成了高效快捷的一日内的通勤圈；从相互联系上来看，都市圈中的中心城市和中小城市都具有一体化倾向的发展趋势，中心城市吸引着大量资源及劳动力，并且促进城市之间的相互联系与分工协作，带动周边地区经济社会发展；从经济上来看，都市圈内部形成了一体化的劳动力市场、资本市场,中心城市和中小城市能各自利用其自身的产业优势、区位优势快速发展,并且在发展的过程中达到合理利用各类资源促进区域经济、社会与环境的整体可持续发展的效果。

3. 中心城市与中小城市

都市圈内拥有不同规模、不同性质的城市,它们承担着不同的功能。西方学者在研究都市圈范围内不同城市类型时,提出过大城市 - 小城市、中心城市 - 边缘城市、核心城市 - 依附型城市、枢纽型市 - 节点型城市 - 外围型城市等等不同的概念。

麦基在对东南亚发展中国家进行研究后还提出过"灰色地域"概念,用以表示这种都市圈内城市形态的多样化。在他看来,都市区内除了有主要都市(Major Cities)、边缘都市区域(Peri-urban)之外,还有所谓的城乡融合区(Deskota)。该区域混合了密集型的农业和非农业活动,大多处在大城市之间的交通走廊上,主要由密集的农业人口组成,以从事水稻种植为主要农业活动。

简而言之,都市圈内的主要城市类型包括中心城市和外围的中小城市。都市圈内的中心城市,是指在都市圈中的各项社会经济活动中占据重要地位、具有多种综合功能,并且土地开发程度及密度高,主要作为金融、商贸、服务中心,在都市圈经济活动、交通系统以枢纽形态呈现的大城市。中心城市具有极强的综合竞争力,在经济、科技、文化等方面对都市圈内周围城市产生聚集效应,并带来扩散的效应。

都市圈中的中小城市是一种比农村或者乡村高一层次的社会实体,具有一定的市政设施和服务设施;其工作人口并不是主要从事农业,而是工商业比较发达;通过都市圈的综合交通网络,如轻轨、城市高速道路与中心城市紧密联系,具有大量通勤人口;能与中心城市形成城市基础设施的共享、环境资源的共同利用,是沟通城乡区域经济的桥梁与纽带。

值得强调的是,在国内外城镇体系中,中小城市与中小城镇并不同。本书在研究过程中,并没有对中小城市与中小城镇进行实质性的区分。这样做的目的,一是为了简化研究的概念;二是为了避免造成更多不必要的歧义。例如,中国的建制小城镇中,镇区人口超过5万人的已有近740多个,按多数发达国家的标准,它们都应该被列为小城市范畴。而欧美有的小城市,由于各种原因还保留着"town"的名称。所以本书着重研究的概念是都市圈以及都市圈范围内中心城市与周边中小城市的关系，中小城镇被等同于中小城市看待。

三、研究方法与写作框架

都市圈发展经历过最初的小渔村和小城镇、中心城市发展、中心城市壮大产生集聚效应、中心城市周边中小城市崛起、都市圈内经济产业分工等阶段。世界城市都市圈和中国主要的都市圈大多走过了近百年乃至千年的历史时期。对世界城市都市圈和中国都市圈的研究，需要建立在对各历史时期的背景及基础资料细致的研究之上，借助唯物辩证法、比较研究法，对经济趋势变化、社会环境转变、理论思想影响、规划设计作用等关键事件进行梳理，找出都市圈中心城市和中小城市发展的脉络，对有价值的经验和教训进行归纳总结，从而总结出都市圈发展的规律。

由于都市圈发展历史周期长、资料与研究众多，因此需要在时间的纵向轴和各都市圈进行比较的横向轴上来分析。具体来说，在纵向上以时间与各个阶段的重要历史背景为轴，归纳与剖析各个都市圈在不同的发展阶段中心城市与中小城市的发展轨迹特点、作用关系、产业状况以及面临的规划思想与政策措施。在横向上，以都市圈范围内各有关城市的地理状况、经济、社会、人口、资源环境等方面进行综合分析与讨论。

对每一都市圈进行研究，一般又包含以下几个方面：第一，通过查阅相关资料，对该都市圈目前的发展状况进行描述；第二，按时间对都市圈内部的中心城市和中小城市在各个历史时期的发展进程予以梳理，对其中的发展规律进行总结概括；第三，着重研究都市圈内中心城市和中小城市发展中相互之间产生的作用关系，并分析二者的互动机制；第四，对曾经给都市圈发展带来显著影响的相关规划、法规、政策进行剖析，总结各项宏观和微观政策方案起到的效果；最后对都市圈中典型的中小城市进行案例分析，以见微知著。当然，根据不同都市圈的特征，以上诸多方面的详略取舍并不完全相同。

在具体写作顺序上，绪论梳理了研究背景与意义，以及相关的理论研究状态。第一至第六章是国际案例篇，分别论述伦敦、巴黎、纽约、东京、首尔、悉尼都市圈与中小城市发展的历程、经验与存在的问题。第七章至十一章是国内案例篇，分别论述珠三角、以浙江为代表的长三角、成都、黔中、京津冀区域范围内的都市圈与中小城市发展的历程、经验与问题。

参考文献

[1] Geddes. Cities in Evolution. Williams & Norgate, London, 2005.

[2] Friedmann, J. and Wolff, G. "World city formation: an agenda for research and action". *International Journal of Urban and Regional Research* 1982: vol (3), 309~444.

[3] P. J. Taylor. Specification of the World City Network. *Geographical Analysis*, 2001: 33, 181~194.

[4] E, Howard. Garden cities of tomorrow. Cambridge, Mass: MIT Press, 1965.

[5] Eliel Saarinen. The City-Its Growth, Its Decay, Its Future Cambridge. Mass: MIT Press, 1943.

[6] Gottmann, J. Megalopolis: or the Urbanization of the Northeastern Seaboard. *Economic Geography*, 1957: Vol. 33.

[7] Gottmann, J. Megalopolis System around the World. *Ekistics*, 1976.

[8] 宋迎昌. 都市圈从实践到理论的思考. 北京: 中国环境科学出版社, 2003

[9] 周起业、刘同兴等. 区域经济学. 北京: 中国人民大学出版社, 1989

[10] 陈秀山. 中国区域经济问题研究. 北京: 商务印务馆, 2005

[11] T. G. Mcgee. The Emergence of Desakota Regions in Asia: Expanding a Hypothesis. In: N. Ginsburg ed. The Extended Metropolis: Settlement Transition in Asia, Honolulu: University of Hawaii Press, 1991.

[12] 冯坛. 城市化区域发展中的核心城市研究. 沈阳: 东北财经大学出版社, 2011

[13] 王战和, 许玲. 大城市周边地区小城镇发展研究. 西北大学学报 (自然科学版), 2005, 35 (2)

第一章 伦敦都市圈与中小城市发展研究

第一节 伦敦都市圈概况

一、伦敦都市圈地理及区位现状

伦敦都市圈，最初形成于 20 世纪 70 年代，以伦敦－利物浦为轴线，包括伦敦、伯明翰、谢菲尔德、曼彻斯特、利物浦等数个大城市和众多中小城市。这一地区总面积约 4.5 万平方公里，经济总量占全英国的 80% 左右，是产业革命后英国主要的生产基地和经济核心区。伦敦都市圈的空间结构如表 1－1 所示。

表 1－1 伦敦都市圈的空间结构介绍

空间划分	范　围
伦敦市	伦敦金融城，占地 2.6 平方公里
内伦敦	包括伦敦金融城及内城区的 12 个区，占地 310 平方公里
外伦敦	内伦敦外的 20 个市辖区，占地 1279 平方公里
大伦敦地区	包括内伦敦和外伦敦，总面积 1580 平方公里
伦敦都市圈内圈	包括大伦敦地区及附近的 11 个郡，总面积 11427 平方公里
伦敦都市圈外圈	包括上述相邻大都市在内的大都市圈

大伦敦地区由伦敦城和其他 32 个行政区（如图 1－1）共同组成，是整个伦敦都市圈的核心。其位于英格兰东南部，范围大致包含伦敦与其周围的卫星城镇。位于大伦敦中央的 12 个自治市如卡姆登、肯辛顿－切尔西等合称为内伦敦（Inner London），此区域以外的其他自治市称为外伦敦（Outer London）。伦敦金融城加上内外伦敦，合称大伦敦，面积 1580 平方公里，相当于北京市城六区，大伦敦人口 770 万，通勤范围人口约 1200 万～1400 万。

其中，伦敦是大不列颠及北爱尔兰联合王国的首都，位于英格兰东南部，

图 1-1　大伦敦地区区域划分图

跨泰晤士河下游两岸，距河口 88 公里，是英国的政治、经济、文化和交通中心，也是首要工业城市。近几百年来，伦敦一直在世界上具有巨大的影响力，是世界十大城市之一。与此同时，都市圈中还有伯明翰、利物浦、曼彻斯特等一批次级中心城市（如图 1-2），这些城市与伦敦在地域上形成了一定的功能分工。伯明翰是仅次于伦敦的英国第二大城市，也是英国文化最多元的城市，位于英格兰中部，面积约 208 平方公里。工业革命促进了伯明翰地区的繁荣，各种工业得到较快发展，是当时铁路机车和船舶等的制造中心，英国 25% 以上的出口产品是在该地区制造的，目前伯明翰在发展金融业和旅游的同时，经济正向第三产业转移。利物浦是英国第二大贸易港，位于英格兰西北部，默西河口东岸。早在 12 世纪，利物浦就是英国著名的港口城市，是通往爱尔兰的门户，18 世纪成为英国工业和海外运输业的巨大支柱，拥有庞大的港口、码头、仓库区。

作为城市集群发展到成熟阶段的最高空间组织模式，伦敦都市圈是世界经济、金融、贸易中心，同时也是高新科技中心、国际文化艺术交流中心和国际信息传播中心，可谓是现代西方文明的杰出代表。

图1-2 都市圈主要城市地理位置图

二、伦敦都市圈经济及产业发展现状

伦敦都市圈是欧洲最大的经济都市圈，与其他成熟的世界大都市圈一样，伦敦都市圈在经济结构上高度服务化。其中，伦敦市2009年的服务业产出占总产值的88%，就业人数占就业总量的90.2%，金融业和商务服务业占据主导地位，二者产值合计占总产值的40%以上。作为次级中心城市的伯明翰、谢菲尔德、曼彻斯特、利物浦等是以服务行业为主的经济结构。虽然，英国的经济在二战后数次世界范围的经济结构调整中面临边缘化的危险，但伦敦作为整个都市区的龙头，每次都能发挥创新引领的关键作用，发展新兴战略性产业，使英国能长时间屹立于世界经济的中心。

现在的伦敦是世界上拥有最多元文化的城市，作为欧洲的最大城市，这里同时是英国的政治、经济、文化和商业中心，与纽约、东京一起作为世界金融的三巨头。伦敦市及相关政府制定了一系列的政策，以便于更有效地提升伦敦在海外的影响力，加强伦敦在世界舞台上的声誉，并向发展为一个绿色、安全，具备卓越的艺术和文化活动的目标不断努力。伦敦经历了由工业到金融业，再到创意文化产业的发展，凭借着自身悠久的历史和优美的城市景观，不断突破，引领国际城市发展浪潮，不仅使自身成为世界一流的国际大都市，同时带动了周边中小城市的产业升级和蓬勃发展，最终发展成为具有世界一流水平的伦敦都市圈。

第二节　伦敦都市圈中心城市及中小城市
发展过程与规律

一、1500 年以前：中心城市萌芽时期

伦敦最早是一个凯尔特人的城镇，公元 1 世纪，罗马入侵者开始在泰晤士河北岸大规模建设聚居区，把聚居区定名为伦迪涅姆城（Londinium）。公元 2 世纪，罗马人在这里修建了长约 3 公里、高 6 米的环伦敦石城墙，成为英国当时最大的城镇。5 世纪初，伴随着罗马人统治的崩溃，伦敦作为都城的命运被迫中止，继而被废弃。6 世纪，盎格鲁－萨克逊人在这里定居，替代罗马人成为这里的主人。这时，罗马时期的伦敦古城西面得到了开发，该地区就是现在的考文特花园附近，这时期的古城总面积 2.9 平方公里，占据着泰晤士河北岸，人口约为 10000～12000 人。

公元 9 世纪，伦敦遭到了维京人的反复袭击，在伦敦石城墙的保护下，伦敦的范围又缩回到罗马时期。随着 10 世纪英格兰地区的统一，虽然温彻斯特作为盎格鲁－撒克逊时期英格兰的首都和传统的威塞克斯王国的中心，但是伦敦已然发展为全国最大城市以及最重要的贸易中心，其作为政治中心的地位也越来越突出。10 世纪以后，诺曼底公爵威廉在黑斯廷战役中的胜利，使他在 1066 年加冕为英格兰地区的国王。此后，诺曼王朝在伦敦古城大兴土木，建造了包括伦敦塔、威斯敏斯特教堂等在内的大手笔建筑。整个中世纪时期，伦敦人口增长较快，1100 年，其人口大概为 18000 人，而到 1300 年人口增长到近 10 万人，但城市规模基本保持不变。

罗马时期的伦敦发展为其后续发展奠定了基础。伦敦境内的泰晤士河，使其具有得天独厚的港口枢纽，这一关键因素给伦敦的发展带来了极大的贸易优势。伦敦最初以出口羊毛制品为主，随着时代的发展逐步演化为以出口布料为主。不断开放的对外贸易环境，吸引了来自世界各国的商人在伦敦进行交易，大量外国商人的聚集促进了商业和金融机构的兴起，为伦敦的后续发展奠定了基础。

1377 年，伦敦的纳税总额已经是纽约和布里斯托尔纳税总和的 3 倍多，使伦敦成为英国当之无愧的最大制造业城市。这一时期，伦敦成为展示和销售

商品的中心城市，伦敦的发展主要以贸易和制造业为基础，这两大产业推动伦敦成为英国的主要城市。

二、1500~1890 年：中心城市成长时期

16 世纪，莎士比亚等一些人住在伦敦，促进了戏剧的发展。这一时期，都铎王朝的改革逐渐转向了新教，伦敦的许多教堂转为私有制，国王亨利八世对宗教进行严厉的限制甚至是打压，迫使宗教势力不得不迁移到伦敦城以外，这一宗教改革运动促使伦敦城的商业贸易得到了快速的发展。贸易的日渐繁荣，使得伦敦从 1500 年开始，人口呈爆炸性的增长趋势。不断膨胀的人口规模，对推动伦敦成为欧洲第六大城市联盟具有重要作用。1565 年英国航运的商业活动爆发，随之皇家交易所成立，伦敦成为主要的北部海港，这里有大量的来自英国和海外的移民，伦敦从中世纪前以发展纺织为主到以出口为主，作为欧洲核心的经济大都市略具雏形。

17 世纪初叶，伦敦城的人口数量从 1530 年的 50000 人上升到 1605 年的 225000 人，但伦敦的城市布局仍然十分紧凑。由于人口密度过大等原因，1665 年开始，伦敦受到疾病的困扰，有近 1/5 的人口在 1665~1666 年的大瘟疫中丧生。伦敦城为缓解人口压力，开始自由地向外围扩张。官僚贵族们沿着泰晤士河北岸向威斯敏斯特地区扩张，同时泰晤士河南岸地区的土地也被开发出来，这一时期伦敦的范围比伦敦古城大出 3 倍多。同时，随着包括精炼等新产业的兴起，伦敦的就业从开始的纺织业逐渐向新兴产业扩散，伦敦的产业不断向多样化发展。

18 世纪初叶，伦敦的城市发展速度不断加快，金融贸易机构不断涌现，伦敦城逐渐取代了阿姆斯特丹在商业贸易和城市经济的作用，成为世界主要的金融和商业中心。

19 世纪是伦敦具备世界城市特征形成的时期，城市规模日渐扩大。大约从 1831~1925 年，伦敦成为世界第一大城市，世界上也只有伦敦才真正称得上世界城市。18 世纪至 19 世纪，伦敦人口从 1750 年的 67.5 万增加到 1891 年的 550 万。伦敦的过度拥挤为霍乱的流行创造了条件，在 1848 年和 1866 年分别有 14000 人和 6000 人死于霍乱；日益增长的交通拥堵促进了世界上第一个城市轨道交通网络的产生。为了扩展纺织品在欧洲的市场，伦敦有近 25% 的人口从事航运业及相关产业。伦敦逐渐发展为以进口原料、出口成品为主，推动了伦敦向高端消费需求城市的转型。这都得益于开放的贸易环境带来的商人聚集，促进了大范围贸易网络的形成。与此同时，相关部门也因此受益，出口货物仓储和转口贸易等远距离贸易在大型贸易公司建立的基础上不断发展。这一时期的伦敦，经历了行业的重大改组，服务部门发展势头良好，中小私营企业逐步被资本充足的大型企业取代，制造业继续稳定发展。

维多利亚时期，随着金融、商业、服务经济的高速发展，伦敦在经济发展方面的优势逐步凸显。与此同时，受到国内市场和国外市场的双重推动作用，伦敦的经济地位愈加稳固。到1850年后，在维多利亚时期形成的优势使得伦敦成为无可争议的世界金融中心，成就了"日不落帝国"的中心与荣耀。此后，在新的货币市场的发展和不同资本要求的信贷平衡两个因素的作用下，伦敦的金融地位得到进一步巩固和加强。从19世纪开始，随着伦敦由工业城市向服务业城市的转变，其制造业和重工业部门的就业人口占总人口的比例降至约40%。此后的100年时间里，伦敦的整体就业结构没有发生明显的改变。

三、1937~1980年：伦敦都市圈新城发展建设时期

由于伦敦地区工业的吸引作用，造成了该地区工业与人口的不断聚集。20世纪初，伦敦人口已达到660万。1937年，英国政府成立"巴罗委员会"，该委员会于1940年提出的"巴罗汇报"，就此问题提出了疏散伦敦中心区工业和人口的建议。1942年，委员会遵循"调查—分析—规划方案"的方法开始编制大伦敦规划，1944年完成轮廓性的大伦敦规划和报告。当时的规划方案确定了新城建设的基本思路，主要是在距伦敦中心半径约为48公里的范围内，由内到外建设4个同心圈，即内圈、近郊圈、绿带圈与外圈。第一圈是城市内环，包括伦敦郡和部分邻近地区，准备从这里疏散100万人口和工作岗位，使居住用地的人口净密度降至每公顷190~250人。第二圈是郊区圈，由于第一次和第二次世界大战期间这里建设了一定数量的住房，人口密度并不是很高，因此这里计划不再增加人口，居住用地的人口净密度控制在每公顷125人。第三圈是绿带环，宽约16公里，用来阻止伦敦扩散到1939年达到的边界。第四圈是乡村外环，用以接纳来自伦敦内环疏散出来的人口，规划设置8个卫星城，安置迁入50万人口；每个卫星城的人口规模为6万~8万人。大伦敦的规划结构为单中心同心圆封闭式系统，采取放射路与同心环路直交的交通网路

连接。

英国新城的开发建设，理论上可以追溯到 19 世纪末霍华德的田园城市（Garden City）思想。在此思想的指导下，两座田园城市陆续建立：威尔文（Welwyn）和莱兹沃斯（Letchworth）。这为英国的新城建设提供了理论和实践的借鉴。另一方面，不断恶化的自然环境加之两次世界大战的严重破坏，城市大量住房被毁，社会环境发生重大变化，大城市出现了严重的人口拥挤、基础设施不足等问题，伦敦的城市发展面临瓶颈阶段。于是 1946 年《新城法》通过后，英国掀起了新城建设运动。到 20 世纪 50 年代末，在离伦敦市中心 50公里的半径内建设 8 个卫星城，以解决城市人口集中、住房条件恶化、工业发展用地紧缺等问题。新城建设的目标是：既能生活又能工作，内部平衡和自给自足。为了达到这个目标，新城千方百计引进工业，并注意避免工业部门单一化，为新城居民提供相当数量的工作岗位。在新城区，配有完善的基本生活服务设施，以满足居民工作和日常生活需要。

20 世纪 60 年代中期，伦敦编制了《大伦敦发展规划》。该规划试图改变同心圆封闭布局模式，使城市沿着三条主要快速交通干线向外扩展，形成三条长廊地带，在长廊终端分别建设三座具有"反磁力吸引中心"作用的城市，以期在更大的地域范围内解决伦敦及其周围地区经济、人口和城市的合理均衡发展问题。然而，在新城开发建设取得较快发展的过程中，大城市内城也呈现出日益严重的衰落迹象。在这样的背景下，英国政府于 1980 年宣布停止拨款建设新城。至此，新城开发建设的热潮也告一段落。

四、20 世纪 70~80 年代：伦敦都市圈旧城集中保护时期

20 世纪 70 年代，英国政府调整了疏散大城市及建设卫星城的有关政策。1978 年通过《内城法》，开始注重旧城改建和保护。城市更新的计划开始行动，原则是把已经迁出城市的人们再吸引回到城市。20 世纪 70 年代末至 80年代初，伦敦开始实施以银行业、服务业等替代传统工业的产业结构调整战略。1971 年，伦敦有超过 100 万个的制造业岗位，十年后下降到 70 多万个，截止到 20 世纪末，仅有 32 万多个。与此同时，经济服务业却与之相反，1971年时的工作岗位为 45 万个，1981 年为 50 多万个，而 1999 年则达到 102 万个。

总的来说，在 20 世纪 70 年代，伦敦的就业岗位数量呈下降趋势，从 1971年的 460 万个减少到 1979 年的 430 万个。70 年代末和 80 年代初，在经济衰退的作用下，工作岗位在1983年下跌至410万个。这也直接导致1971～2007年间伦敦的制造业就业人数出现了大幅度的下降。这一工业转型为实施旧城的改建和保护提供了可靠的条件。

20世纪80年代后期，服务业逐渐占主导地位，就业率有所上升。1989年，就业人口回升至429万。90年代初的低迷时期，就业人口又下降至380万。然而，这些影响并未使伦敦经济产生根本的长期性变化。伦敦的产业结构已经从制造业为主转向以金融、贸易、旅游等第三产业为主，商业和金融服务部门及其他一些高科技支撑的产业创造的就业机会占到全市的1/3，并且生产出40%的财富。伦敦的经济增长方式由传统的工商业向大型生产业转型获得了很大的成功，大规模生产全球化、科技创新、降低交通运输成本都在一定方面对经济的复苏起到支持作用。

五、20世纪以后：创意产业带动伦敦都市圈产业转型期

伦敦金融业和金融区的发展对大伦敦地区和英国经济发展产生重要的牵引作用。伦敦金融区的GDP占伦敦GDP的14%，占整个英国GDP的2%。经过近20年的发展，伦敦的金融服务、商业服务业出现了一定程度的疲态。但伦敦对此早有预见，成功借助创意产业实现了城市产业结构的又一次优化和升级。

20世纪70年代末到80年代初，伦敦的主导产业由传统工业转向了金融业和生产性服务业，此后30年，主导产业又转向了以法律服务、会计服务和商业咨询为主的商务服务业。1900年，英国政府委托英国文化委员会等单位起草英国文化发展战略，两年后形成了"国家文化艺术发展战略"讨论稿，其后以《创造性的未来》为题正式公布。"创造性"成为英国新文化政策的核心。1998年，英国文化、传媒与体育部最早对创意产业做了如下定义：源于个人创造力、技能与才华的活动，通过知识产权的生成和取用，这些活动可以发挥创造财富与就业的成效。文化、传媒与体育部定义的创意产业主要包括13个产业部门。在过去几年的时间里，随着金融服务业的发展趋缓，以创意产业为主的新兴产业开始为伦敦注入新的发展动力。曾经工厂林立的雾都伦敦，如今有了一个新的称呼——"创意之都"。2001年，伦敦创意产业的总产出达210亿英镑，约占英国创意产业总产出的1/4。英国创意产业的产出仅次于商业服务业的320亿英镑，超过了其他所有生产产业的产出。

伦敦向来是一个多种文化交汇的世界城市，这里居住和工作着来自不同国家、不同民族的人。创意产业的快速发展，也是因为现实的需求决定的。近年来，随着休闲时间的不断增多及可支配收入的不断提高，伦敦人对于休闲产品与服务的需求也不断增加。数据显示，伦敦家庭每周的平均消费约为 500 镑，比英国平均水平高出 25%；其中，看电影、欣赏戏剧、参加时装秀等活动的花费，伦敦人更是高出英国平均水平近 30%。创意产业的发展，也带动了就业。未来 20 年，伦敦人口将达到 760 万~890 万，工作岗位从现有的 470 万增加到 545 万。

此外，作为都市圈的重要次级中心城市，伯明翰更是一个举足轻重的老工业城市。近年来，在金融化和信息化两股力量的支撑下，伯明翰工业经济迅速实现了向现代服务业的成功转型，其主要经验包括四个方面：一是加大对传统制造业的技术革新；二是在高端制造业的基础上进行产业的重新布局，加大物流、会展、创意产业等的投入和研发；三是积极引导传统制造业将一般加工环节有序转移出去，促进制造业高端发展；四是借助制造业及其产业配套发展的需求，推动延伸产业链，大力发展与之相关联的现代生产性服务业，如工业设计、企业管理咨询、展贸中心、大宗原材料采购交易中心，等等。

凭借着创意产业的兴起，伦敦都市圈正在完成着又一次的产业升级，伦敦的产业界也将继续保持"平等和信任"的精神，允许和支持经济主体的多元化和多样性，以保持经济的活力。

第三节　伦敦都市圈中心城市及中小城市
相互关系与互动机制

一、伦敦都市圈中心城市及其中小城市空间划分

为了使伦敦能够迎接经济变化和人口增长带来的挑战，确保为广大市民提供一个良好的且可持续发展的生活质量，同时所有市民能够充分享受到高品质的住宅和社区服务，大伦敦委员会在空间上对其进行了划分，这同时有利于伦敦更好地应对环境变化所带来的挑战，实现世界顶级城市的目标。

大伦敦区在空间上可分为北伦敦、西伦敦、东北伦敦、西南伦敦和东南伦敦（见表 1-2）。

表1-2　　　　　　　　　　　　大伦敦区空间划分

区　域	包含地区
伦敦北部	主要由巴尼特、卡姆登、恩菲尔德、哈克尼、哈林盖、伊斯灵顿和威斯敏斯特组成，人口近170万，工作岗位150万个
伦敦东北部	主要由伦敦城、陶尔哈姆莱茨、纽汉、沃尔瑟姆福里斯特、雷德布里奇、黑弗灵和巴金-达格纳姆组成，人口140万，工作岗位90万个
伦敦东南部	覆盖五个行政区，分别是萨瑟克、刘易舍姆、格林尼治、贝克斯利和布罗姆利，拥有近130万人口，提供超过50万个就业岗位
伦敦西南部	主要包括克罗伊登、默顿、萨顿、兰贝斯、金斯顿、里士满和旺兹沃斯七个行政区，人口160万，就业岗位73万个
伦敦西部	主要包括七个行政区，分别是哈默斯密斯-富勒姆、布伦特、伊灵、哈罗、希灵登、豪恩斯洛和肯辛顿-切尔西，人口160万，就业岗位90万个

二、伦敦都市圈中心城市及其中小城市经济发展与功能定位

伦敦的几个分区相对具有较为明显的功能分工，其内部的区域发展水平也有很大差异。其中，伦敦城（City of London）是金融资本和贸易中心，形成于罗马时期，是伦敦最繁华的部分；东部是传统的工业区和工人住宅区，已经历了持续的经济衰退；一直作为行政中心的西部地区，主要是英国王宫、首相府邸、议会和政府各部所在地，此外还含有大量的高档住宅区；南部是工商业和住宅混合区；北伦敦是居住区；港口区指伦敦塔桥至泰晤士河河口之间的地区，以港口经济为核心，兼顾一部分商务和居住功能。

随着经济的发展，大伦敦地区各行政区的发展已经超越了自身的行政边界，与周边区域和众多规划机构的合作和发展正在次区域化的层面进行。伦敦市长针对2004年大伦敦规划的各个区域发表了"区域发展开发框架"（*Sub Regional Development Frameworks*），在保证每个地区都有足够的土地以适应预期发展的前提下，对大伦敦地区的经济功能进行了重新定位。

1. 中央活动区

中央活动区（Central Activity Zone，CAZ）是包含中央政府办公室、总部和大使馆等重要活动区域在内的一个独特集群，是伦敦金融和商业服务部门、贸易机构、协会、出版、通信、广告媒体业等的集合。此外，CAZ还是零售、旅游、文化和娱乐中心，这里有伦敦最大的两个国际购物中心，主要集中在西

区和骑士桥附近。尽管在地理面积上 CAZ 占地很小，但是这里包含了整个伦敦地区 30% 的就业岗位，预计到 2026 年，将满足伦敦 36% 的就业增长。

2. 住宅生活区

伦敦的西区以住宅生活区为主，但与中国有很大不同的是，这部分的房屋大部分为私人所建，由于私人建房受到资金、技术等的影响，再加上伦敦建筑保护与保护区等规划文件的限制，这些建筑的拥有者在建造时都会考虑周边街区及历史街区的设计风格，这使得老伦敦的特色得以保留并加以强化。最新的伦敦规划，对各区的住房也确定了具体的指标，如表 1-3 所示。

表 1-3　　　　大伦敦各区住宅建设情况（2007~2016 年）　　　　单位：套

地　区	名　称	十年规划目标	年度监测目标
伦敦北部	巴尼特	20550	2055
	卡姆登	5950	595
	恩菲尔德	3950	395
	哈克尼	10850	1085
	哈林盖	6800	680
	伊斯灵顿	11600	1160
	威斯敏斯特	6800	680
	总计	66500	6650
伦敦东北部	巴金-达格纳姆	11900	1190
	伦敦城	900	90
	黑弗灵	5350	535
	纽汉	35100	3510
	雷德布里奇	9050	905
	陶尔哈姆莱茨	31500	3150
	沃尔瑟姆福里斯特	6650	665
	总计	100450	10045
伦敦东南部	贝克斯利	3450	345
	布罗姆利	4850	485
	格林尼治	20100	2010
	刘易舍姆	9750	975
	萨瑟克	16300	1630
	总计	54450	5445

地　区	名　称	十年规划目标	年度监测目标
伦敦西南部	克罗伊登	11000	1100
	金斯顿	3850	385
	兰贝斯	11000	1100
	默顿	3700	370
	里士满	2700	270
	萨顿	3450	345
	旺兹沃斯	7450	745
	总计	43150	4315
西部伦敦	布伦特	11200	1120
	伊灵	9150	915
	哈默斯密斯 - 富勒姆	4500	450
	哈罗	4000	400
	希灵登	3650	365
	豪恩斯洛	4450	445
	肯辛顿 - 切尔西	3500	350
	总计	40450	4045
大伦敦区总计		305000	30500

资料来源：The London Plan：http：//www. london. gov. uk/thelondonplan，2011。

3. 机会发展区域与集约化发展区域

伦敦的机会发展区域和集约化发展区域交错分布如图 1 - 3 所示，其中，近 30 个机会发展区域可以提供新的住房条件和商业发展机遇。通常情况下，它们可以额外提供 490300 个就业机会、233600 处住宅，有的甚至可以满足以上两个条件，同时还具备较好的配套设施和其他基础设施。9 个集约化发展区域是典型的具有良好公共交通可达性的建成区，可以有效支撑高密度的重建计划，可容纳 13000 个新的工作岗位和 14350 处住宅。

4. 城镇中心定位

考虑到各区的规模、财务表现等各方面指标，2011 版的伦敦规划将伦敦的城镇中心分为五种类型，它们虽然各不相同，但具有一定的互补关系。

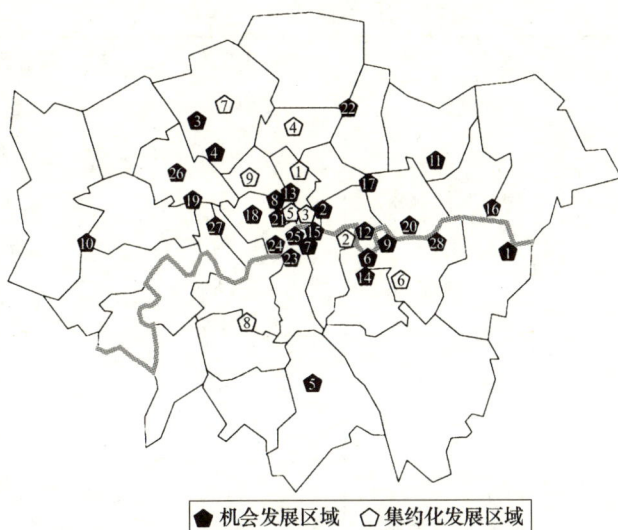

● 机会发展区域　⬠ 集约化发展区域

图 1 - 3　大伦敦机会发展区与集约化区域示意图

资料来源：The London Plan：http：//www. london. gov. uk/thelondonplan，2011。

国际中心：具有很高公共交通可达性的优秀街区及全球知名的零售商。

大都会中心：具有很高服务水平的集合区，可以跨越几个行政区，甚至扩展到东南部地区。中心内高档货物的零售面积至少要达到 10 万平方米，且具有良好的可达性和较高的就业、服务、休闲功能。

主要中心：主要存在于内伦敦和部分外伦敦地区，通常高档货物所占的零售面积至少要达到 5 万平方米，同时还要具备良好的就业、服务、休闲功能。

区域中心：与大都会和主要中心相比，分布较为广泛，为更多的当地社区提供便利商品和服务，具有一定的公共交通、骑车和步行可达性，零售面积主要为 1 万 ~ 5 万平方米。一些区域中心也开发出特定的购物功能。

邻里及更多本地中心：本地化特征明显，骑车和步行为主要出行方式，大部分为小商店，且提供便利商品和其他服务。可能具有 500 平方米以下的小型超市、邮局、药店、洗衣店和其他基础服务。在当地的零售和其他服务上，与区域中心一起发挥着关键作用。

同时，为进一步明确各镇中心现在所扮演的角色和具有的功能，为每个地区在计划期间的发展提供无限的发展潜力，城镇中心网络计划还对各镇中心在各自发展过程中的角色进行了再定位（如表 1 - 4）。

表 1-4 规划期间城镇中心定位

城镇中心	所属行政区	目前定位	潜在发展定位
斯特拉福特	纽汉	主要中心	大都会中心
伍尔维奇	格林尼治	主要中心	大都会中心
金丝雀码头	陶尔哈姆莱茨	主要中心	大都会中心
布伦特十字	布伦特	区域购物中心	大都会中心
沃尔沃斯路	萨瑟克	区域中心	主要中心
加拿大水域	萨瑟克	区域中心	主要中心
北格林威治	格林威治	未分类	区域中心
托特汉姆海尔	哈灵盖	未分类	区域中心
海客布里奇	萨顿	未分类	区域中心
布罗姆利	陶尔哈姆莱茨	未分类	区域中心
十字港	陶尔哈姆莱茨	未分类	区域中心
国王十字	卡姆登	未分类	CAZ 临街
巴特西	旺兹沃思	未分类	CAZ 临街
沃尔斯豪尔	旺兹沃斯	未分类	CAZ 临街

注：CAZ，即中央活动区。

资料来源：The London Plan：http：//www. london. gov. uk/thelondonplan，2011。

此外，政府还定义了两个国家重点成长区域，主要包括伦敦的泰晤士河水域和伦敦斯坦斯特德－剑桥－彼得伯勒一带。这一区域主要是确保适当的资源配置，尤其是运输（包括港口、物流等）以及其他基础设施（卫生、开放教育空间和其他服务设施），以此保证整个成长区域及伦敦内部区域的最优发展。为了在伦敦周边达到一个公平竞争的环境，就需要遵循共同的政策和程序。成长区域综合政策的制定，有助于满足住房供需目标，实现能源和可持续发展目标，减缓气候变化所带来的影响（如降低泰晤士河口发生洪水的风险）等。

三、交通对伦敦都市圈中心城市及其中小城市发展的促进作用

伦敦从一个小城市逐步发展为当今世界上少有的大都市之一，在城市不断发展进步的过程中，其内部交通系统与交通技术也发生了重大变革。伦敦都市圈的交通演变过程按时期特点可以认为经历了步行时代——马车时代——铁路时代——汽车时代的整个近现代交通的演变过程。

1. 伦敦都市圈的步行/马车时代

伦敦成为英国的首都是在英格兰和苏格兰合并为一个国家之后，从此，伦敦不断发展，人口急剧膨胀，为满足日益增长的人口需求，伦敦的城市空间也需要不断扩张。尽管伦敦的城市规模不断扩大，但城市范围仍相对狭窄。该时期，伦敦的各方面经济技术水平有限且受到街道较窄的影响，伦敦地区居民的出行方式主要以步行和马车为主。

同时，作为贯穿伦敦地区的主要水域，泰晤士河的水上运输在伦敦的城市交通发展过程中也具有不可忽视的重要地位。伦敦自古就是一个港口城市，18世纪开始，英国与海外的海上贸易逐渐繁荣，泰晤士港作为英国的主要港口，为包括伦敦在内的整个英国地区增进了贸易往来。工业革命以后，英国形成了以英格兰中部地区为主的大城市带，日益增长的货运需求导致伦敦掀起了兴建港口码头的热潮。同时，新的水上交通工具汽轮也伴随着工业革命的到来，开始为城市提供航班服务。

可以认为，伦敦在19世纪中期前，基本处于步行/马车时代，包括交通在内的城市发展基本处于自由无序状态，伦敦的交通运输枢纽主要是沿泰晤士河的码头。伦敦码头区是沿泰晤士河伦敦塔桥下游延伸近10公里。码头区共分为四大区域：东部的皇家码头区、狗岛码头区、萨里码头区及靠近市中心的夏德威尔大码头区，总面积为20多平方公里。

2. 铁路建设引导伦敦都市圈空间拓展

19世纪中期到第一次世界大战前，伦敦都市圈中心城市人口呈现爆炸性的增长，各地区工业发展为铁路的产生奠定了基础。英国进入铁路时代，伦敦的陆路交通开始出现了巨大的变革。

伦敦现在的铁路形态和结构大部分是在19世纪末形成的。1808年，发明家和采矿工程师理查德建立起了世界上第一条载客铁路线，但它只作为现场工作的机器，围绕着矿场或在矿场内运作。1825年，在伦敦东北部创建了史托克和达灵顿铁路线。1830年，世界上第一条铁路在伦敦通车，两条地方铁路和一条干线铁路第一次进入伦敦，在之后不长的时间里，来自英国地方的所有主要铁路都在伦敦设立终点站，从而促进了各地区的发展。这一时期，英国的铁路基本由私人资本拥有，对车站地址的选择多由市场决定，考虑地价、客货流等因素决定，投资于城市郊区具有更大的利益，成本相对较低。

19世纪的伦敦，城市布局几乎沿铁路发展，铁路引导城市的空间拓展。与此同时，中心城市以外的郊区与卧城的建设发展，使得市域铁路应运而生。市域铁路系统是英国国家铁路（BR），又被称为郊区铁路。市域铁路主要是方便市郊地区交通方式与市内地铁的衔接和换乘，整个伦敦大都市圈的市域铁线路是以伦敦市中心的地铁环线为中点的放射线，在发展的过程中，整个铁路向东南部辐射。地铁环线附近布置了10个铁路车站，其线网密度高、分布均匀，形成多条放射走廊，连接了几乎所有主要市镇，从而实现市域铁路与地铁的方便换乘（如图1-4）。作为世界上市域铁路最发达的地区之一，伦敦的线网总长达3000多公里，其中中心城以外的地区线路占到74%。中心城以外50公里交通圈域线网密度每平方公里达0.1公里，50~100公里交通圈域内线网密度为每平方公里达0.08公里。

图1-4　伦敦主要铁路运输计划及发展机会示意图

资料来源：The London Plan：http：//www. london. gov. uk/thelondonplan，2011。

伦敦大都市圈的市域铁路网线路不但密度高，且分布均匀，形成了近20条主要通道。市域铁路系统现在工作日平均每天运送34万通勤乘客进入伦敦中心，几乎所有的大城市都有可以到达的通道，有的城市甚至拥有两条或者更多。

3. 轨道交通和高速公路并重的现代交通发展模式

伦敦的迅速发展，使城市的道路系统不堪重负。1854 年，英国议会同意伦敦铁路公司修建一条从帕丁顿经金斯克罗斯到法林顿街的地铁线。1863 年 1 月，世界上第一条城市地铁在伦敦开通（即现在的汉姆斯梅斯线），并迅速形成网路。其后，大量的私人资本涌入这个领域，伦敦掀起了一场地铁建设热潮。1884 年，首都铁路公司和伦敦地区铁路公司将各自的地铁和铁路终点连接起来，形成了一个内环的地铁线。至 20 世纪初，伦敦已经拥有一个相对完善的城市地铁系统。至今，伦敦已拥有 12 条线路，400 公里总长的地铁网（如图 1 - 5），有效支撑了 1600 平方公里的城市空间的发展。表 1 - 5 所示为伦敦地铁客运量。

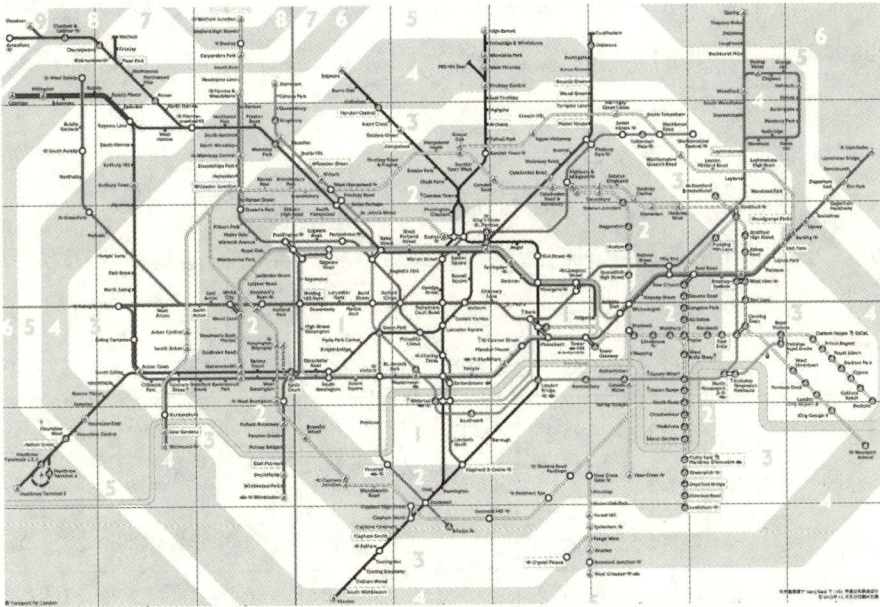

图 1 - 5　伦敦地铁网络示意图

资料来源：Transport for London, 2008, http://www.tfl.gov.uk/accessibility/, 2008。

伦敦是以轨道交通和高速公路并重的交通发展模式，高速公路主要是 M25 环路和为数不多的几条外围的放射性道路构成，环路将互不相连的环形放射公路连接起来，形成了"一环九射"的高速公路网。英国的高速公路

表 1 - 5   伦敦 2008 年地铁客运量   单位：百万人次

地铁线路名称	总客运量	每公里客运量
北线	207	3.6
中央线	199	2.7
区域线	188	2.9
皮卡迪利线	176	2.5
维多利亚线	174	8.3
贝克鲁线	104	4.5
环线	74	3.3
大都市线	58	0.9
汉默史密斯与城市线	50	1.9

主要由英国交通部负责建设和管理。伦敦的高速公路与英国其他地方的高速公路一样，除了个别路段和桥梁隧道外，基本上不收取任何形式的通行费用。伦敦都市圈依靠良好的城际交通基础设施一体化建设，推动了整个都市圈的发展。

与此同时，小汽车交通的到来也使城市用地发生变化，轨道交通线路之间的城市化明显，城市建成区开始相互融合，城市呈蔓延发展的态势。工业革命促进了小汽车在伦敦家庭内的推广，大部分家庭甚至拥有超过一辆的私家车（如表 1 - 6）。

表 1 - 6   2011 年大伦敦地区各家庭对汽车（货车）的占有量   单位：个

地区	无汽车（货车）家庭数量	汽车（货车）数量=1 的家庭数量	汽车（货车）数量=2 家庭数量	汽车（货车）数量=3 家庭数量	汽车（货车）数量≥4 家庭数量	该地区汽车（货车）总量
伦敦市	3043	1100	173	51	18	1692
内伦敦地区	773940	479856	91913	13919	4189	725356
外伦敦地区	583311	844176	366746	81700	26423	1939058
大伦敦区	1357251	1324032	458659	95619	30612	2664414

资料来源：Office for National Statistics，2011。

为适应不断增长的交通需求，伦敦不断加大道路基础设施的投资，城市道路系统十分完善，道路长度达到 14926 千米，路网密度每公里 25.4 千米，道路面积 254.1 平方公里，道路面积率 43.2%。小汽车时代的到来也为伦敦的道路增加了巨大的压力，为缓解交通拥堵，政府及相关部门鼓励大家采取公共交通作为主要出行方式。虽然在 1996~2006 年的 10 年里，在英国的大部分地区，使用公交车作为出行方式的乘客总数量呈递减趋势，但是伦敦的公交车乘客数量却从 1996 年的 12.3 亿人增加到 19.93 亿人，增长了 62%。产生这一增长可能的原因，一是由于伦敦对使用预付 Oyster 卡的乘客采取票价优惠的政策，700 多条不同路线上的 8000 辆公交车的准确运行以及众多的公交专用车道为其提供了更高的可靠性和更短的行车时间。二是伦敦自 2003 年 2 月引入了交通拥堵费这一规定，促使选择公交车作为出行方式的人有所增加。

现在的伦敦交通发展主要致力于提高伦敦地区的可达性。为了使伦敦成为一个可持续发展的世界城市，伦敦的交通质量必须加以改善。这就意味着需要实行有效的方法来改善公共交通和解决交通拥挤问题。伦敦市长正致力于改善公共交通和步行环境，尤其是针对残疾人。为实现这些目标，伦敦政府发布了运输策略，该策略的实施和对交通质量的改善，将对促进经济增长起到至关重要的作用。

4. 中心城市与中小城市交通协调发展战略

2011 年交通发展战略在考虑伦敦规划的大方向下进行修订。此次修订，伦敦交通局将建立在交通规划和政策分析的基础之上，这一规划将改善未来 20 年伦敦的交通空间发展状况。伦敦市长将和伦敦各行政区、伦敦交通局、政府以及广泛的合作伙伴对这一规划的旅游目标和政策进行整合。伦敦的交通发展目标主要有以下五个方面。

（1）交通与城市空间发展的结合

交通和土地利用开发的协同配合，有助于支持伦敦的发展和成长，确保伦敦人更方便的运用他们需要的基础设施和服务。良好的公共交通不但能保证自身的发展，还要成为可持续发展的有利条件。

伦敦市政府将通过以下几个方面来确保交通和城市空间发展的有效结合：鼓励主要交通基础设施规划与公共领域的结合，尤其是在主要的铁路、地铁站及立交桥等地；对于一些需求量较大的地区，如泰晤士河、中央活动区、机会发展区域、城镇中心和伦敦郊区的其他部分，寻求改善公共交通容量的有效途径；鼓励采取向更可持续的模式和适当的需求管理措施的转化；促进低碳技术的广泛使用，以减少二氧化碳和其他成分对全球变暖的影响；通过大量新改进的交通基础设施提高泰晤士河口的发展水平，以先进的公共交通支持和强化区域发展，尤其是伦敦东部的发展；同时，无论是在整体还是局部发展水平的基础上，市长和各行政区政府都考虑了交通容量发展的建议。各行政区政府在开拓具有适当的交通可达性发展机会的过程中保持战略领先的地位，同时将支持大伦敦规划的优先发展方式，并与主要交通提议相结合，以工作出行规划和居民出行规划为指导。

（2）提高与国际、国家和各地区的联系

伦敦的经济和生活质量很大程度上取决于其运输网络的范围和能力。提高网络的运输能力，尤其是国际机场等，可以满足日益增长的运输需求。政府在2003 年发表的《未来 30 年英国航空出行发展战略框架》中指出，增加机场航线将成为伦敦在全球经济竞争中的关键因素。在发展经济的同时，政府也注重环境的可持续发展，在考虑经济效益和环境成本两方面的基础上，发展战略指出，除非机场的空气质量和噪声带来的负面影响可以得到缓解，公共交通设施得以改善，否则作为担负伦敦大量运输任务的希斯罗机场，其跑道容量将不会进一步扩展。

在其他运输方式方面，依靠泰晤士门户扩大伦敦的国际和国内客货运衔接，可降低对环境的不利影响，实现可再生优势，支持伦敦的可持续发展。允许长途尤其是铁路货运长途经过伦敦，可以建立伦敦与邻近地区的联系，加强与周边地区的交流沟通。

（3）致力于提供更好的公共交通

目前，伦敦市长与交通局、政府、交通运营商和其他战略合作伙伴，致力于提高伦敦公共交通运输能力，同时提高公共交通的可靠性、安全性、环保性及运行频率等，确保伦敦的交通网络和服务能够安全、合理、有效的运行。在与国家铁路网络的合作中，扩展现有东伦敦线，同时加强伦敦西线及北伦敦线，提高铁路网络的完整性。这将有助于提高中央活动区、各行政区中心、主要机会发展区域的访问机会，伦敦发展规划文件将支持国家铁路网络的这些新线的发展。

（4）减少交通拥堵

伦敦市中心及其周围城镇交通拥堵现象日益严重对提高这些地区的交通水平提出了更加迫切的需求。据此，伦敦提出了道路发展计划，该计划在整合战略性土地利用总体规划的基础上，改善了行人、自行车出行者、残疾人等的交通环境，并试图提高所有道路使用者的安全，为伦敦的经济发展和复兴做出了贡献。为了减少现有的交通流量，伦敦实行交通拥挤收费政策，减少了伦敦市中心周一到周五15%的交通流量，同时希望这项政策可以限制外伦敦的交通量增长，在外伦敦城镇中心找到交通量零增长区域。

（5）货运服务的合理分配

伦敦和周围广大地区的区域经济发展，有赖于一个有效的商品和服务分布体系。现有的服务、处理和传输设施是公路、铁路和水运等方式的重要组成部分。现有战略支撑铁路货运枢纽的发展，其中包括将海峡隧道与铁路货运相连接，从而更好地为伦敦服务，并在更广的地区范围内发挥潜力。

四、伦敦都市圈中心城市及其中小城市人口发展的相互关系

大伦敦的人口发展在近代经历了一个由集中到疏散到再集中的过程。从公元50年左右罗马人建伦敦城开始至今已经2000多年。近代以来的伦敦不断发展，人口规模也不断壮大。

1. 人口向中心城市聚集

伦敦的总人口在公元1500年还不超过5万。工业革命后人口开始急速上升，1700年增至70万。前100年人口的平均增长速度为1.39%，后100年的增长速度为1.26%。从1801年开始，伦敦作为英国最主要城市，人口的集聚作用越来越显著。总体而言，从19世纪初开始到20世纪30年代，伦敦人口的空间格局以中心集聚为主，特别是以伦敦金融城以外的几个中心城区最为显著。1801年，伦敦只有两个城区的人口密度在1万人/平方公里，到19世纪末，包括伦敦金融城在内的10个中心城区的人口密度达到1万人/平方公里。

进入20世纪后，伦敦的总人口急剧膨胀。到20世纪30年代，整个大伦敦地区人口达到了最高峰，为860万人。此后经过一段时间的大规模发展，伦敦西北部地区的人口在20世纪30年代增长了约80万。但地处最中心的伦敦金融城人口在进入20世纪的时候却呈现了与之不同的变化——人口以向外迁移为主（如表1-7）。

表1-7　　　　　　　　　　1901~1939年大伦敦地区人口规模

年份	大伦敦区		内伦敦地区		外伦敦地区	
	人口数量（人）	人口密度（人/平方英里）	人口数量（人）	人口密度（人/平方英里）	人口数量（人）	人口密度（人/平方英里）
1901	6506889	10466	4536267	38476	1970622	3912
1911	7160441	11518	4521685	38352	2638756	5238
1921	7386755	11882	4484523	38037	2902232	5761
1931	8110358	13045	4397003	37294	3713355	7371
1939	8615050	13857	4013400	34041	4601650	9134

资料来源：Focus on London：http：//data. london. gov. uk/focus - on - london，2011。

2. 人口向中小城市扩散

从1940年开始，伦敦人口的空间格局已呈现出整体扩散的趋势。为了减少伦敦人口的持续增长，相关部门采取了很多措施，如1944年在伦敦外围设立了绿带，从此大伦敦的空间扩张被约束在绿带内。从1945年起，伦敦政府开始开发新城，以疏散大城市尤其是伦敦的人口压力。第一个新城斯戴藩（Stevenage）于1946年在伦敦北部约40公里处建设，人口规模10万。到70年代中期，英国先后建立了33个新城，其中11个分散在伦敦外围129公里周长范围内。在随后的30年中，由于这一疏散战略的实施以及工业转移和居住郊区化的发展，大伦敦人口开始持续下降，1961年下降到799万，1981年下降到661万，达到最低点，比1939年最高峰时减少23%，1988年为670万。在这个过程中，外伦敦人口基本保持不变，而内伦敦13个城区总人口则有较大变化，从1961年的349.2万人减少到1991年的159.9万人，之后稍有回升（如表1-8）。

3. 都市圈人口回升

虽然伦敦在20世纪末面临严重的经济衰退，但其作为世界级城市的地位却逐步得到强化，其吸引力不断提高，大伦敦的人口也开始逐年增加。

1991~2001年，伦敦每平方公里超过1万人的中心城区从两个增加到3个，城区的人口也在不断集中，伦敦地区各种族人口也发生了一系列变化。伦敦的人口密度出现起伏，到1999年，伦敦的人口密度为4486人/平方公里，内城区为8439万/平方公里，外城区为3496人/平方公里。在2001年，伦敦

表1-8　　　　　　　1941~1981年大伦敦地区人口规模

年份	大伦敦区		内伦敦地区		外伦敦地区	
	人口数量（人）	人口密度（人/平方英里）	人口数量（人）	人口密度（人/平方英里）	人口数量（人）	人口密度（人/平方英里）
1951	8196807	13185	3681552	31226	4515255	8962
1961	7992443	12856	3492879	29626	4499564	8931
1971	7368693	11852	2959315	25100	4409378	8752
1981	6608598	10630	2425630	20574	4182968	8303

注：1941年因受战争影响没有进行人口普查。

资料来源：Focus on London：http：//data. london. gov. uk/focus－on－london，2011。

总人口又重新超过700万达到了717万，比1995年增加了33万人，增幅4.6%。2009年中期，伦敦人口比前一年增加了8万多人，达到775万，这其中，有306万人居住在内伦敦，469万人生活在伦敦外圈（如表1-9）。

表1-9　　　　　　　1941~2011年大伦敦地区人口密度

年份	大伦敦区		内伦敦地区		外伦敦地区	
	人口数量（人）	人口密度（人/平方英里）	人口数量（人）	人口密度（平方英里）	人口数量（人）	人口密度（平方英里）
1991	6679699	10744	2504451	21242	4175248	8288
2001	7172036	11536	2765975	23460	4406061	8746
2011	8173941	13148	3231901	27412	4942040	9810

注：1941年因受战争影响没有进行人口普查。

资料来源：Focus on London：http：//data. london. gov. uk/focus－on－london，2011。

造成人口急剧增加的原因主要有两个，一是更多的育龄居民迁移到城市，导致了人口大规模的自然增长。2009年，伦敦的人口增长了81000人，占整个英格兰和威尔士地区的38%，占全国总人口的14%。另外一个重要的人口构成部分来自于移民，即使扣除掉迁移到英国其他地区或者邻国的部分，伦敦仍有大量的海外移民涌入。鉴于此，伦敦政府需要采取一些措施来扭转现在的发展趋势，否则伦敦的人口在2031年前将呈持续增长的趋势。

4. 都市圈人口多元化发展

伦敦都市圈人口数量不断增长的同时，种族也向多元化发展。由于自然出生和持续增长的海外移民，黑人、亚裔和其他少数族裔群体规模也将持续扩大。到2031年，大伦敦地区拥有大部分移民人口的区域将增长到六个，分别是哈罗、雷德布里奇、陶尔哈姆莱茨、伊灵、豪恩斯洛、克罗伊登，而布伦特和纽汉这两个区在2001年移民群体人数就已经超过一半。

第四节 伦敦都市圈相关规划、法规、政策及其影响

一、环保政策注重资源的可持续发展

1. 雾伦敦的转变

空气污染问题在伦敦是一个公认的重要问题，其中最首要的问题是有毒污染物对人体健康的影响。因此，伦敦制定了一系列的目标并采取大量的措施来减少污染，同时对污染物浓度进行监测。

空气污染在伦敦是一个重大的公共卫生问题。根据历史记录，1800年，世界城市化水平仅有3%，伦敦的城市人口却已经达到100万，站在城市化潮头的伦敦，19世纪起就成了一个烟囱林立、浓烟滚滚的工业都市。煤烟折磨不列颠100多年之久，以烟煤为燃料的城市，包括伦敦都市圈的伦敦、曼彻斯特、格拉斯哥等，在未能找到可替代的燃料之前，数十年饱受严重的大气污染之苦。煤作为燃料在伦敦最早出现在13世纪，伴随着工业革命的进行，煤的消耗量不断上升，从1829~1879年的50年间，煤的消耗量增长了5倍。工业的进一步发展和经济的进步都有赖于煤的重要作用，然而，大规模煤的燃烧，释放了大量的烟尘、二氧化硫等有害气体，对伦敦的环境产生了致命的影响。

据统计，19世纪前40年中，伦敦发生的毒害事件不下14次，每次毒雾事件都造成支气管炎等呼吸道疾病，发病率及死亡率大大提高。在1880年、1891年和1892年的毒雾事件中，死于支气管炎的人数，分别比正常年份高出130%、160%和90%之多。1952年的伦敦烟雾事件中的烟雾是由烧煤所产生的烟尘、二氧化硫与自然物混合在一起，积聚在低层大气中形成的，这种烟雾在伦敦最早被发现，因此世界上习惯把它统称为"伦敦型烟雾"。1952年12月5~8日，患有支气管炎、冠心病和肺结核等导致的死亡率成倍增加，4天内导致4000多人死亡。在此期间，伦敦地区的能见度很低，伦敦机场的能见度从6号开始低于11米，不得不关闭。这一年中，伦敦视域不超过1000米的

天数多达 50 天左右，这年冬天的日照时间平均每天仅为 70 分钟。

1952 年伦敦大雾事件后政府采取了空气清洁措施，使得城市地区的烟雾和二氧化硫等有毒污染物大大减少，从而减少了人们短期外出的死亡率。1956 年，英国政府首次颁布了《清洁空气法案》，立法在城区设立无烟区，禁止使用产生烟雾的燃料；发电厂和重工业等煤烟污染大户迁往郊区。1968 年又颁布了一项清洁空气法案，要求工业企业建造高大的烟囱，加强疏散大气污染物。

然而，在过去的 10～15 年里发现，可见度较低的污染物对人们的长期影响似乎比之前想象的要大很多。众所周知，每年有成千上万的伦敦人死于长期的接触户外空气污染。受市长委托的一项调查显示，每年伦敦有超过 4000 的额外死亡归结于空气中的一种微观颗粒。在伦敦所有的死亡人数中，该颗粒对人类的影响在污染最少的远郊地区和污染最严重的内伦敦地区所占的比例分别为 6% 和 8%。空气污染是造成肺部和心脏等一系列器官功能减弱的主要原因，其中包括对儿童的肺部发展产生影响。另外，空气中的污染物会导致乳腺癌、糖尿病、早产和新生婴儿体重不足。这种不健康的空气不仅对人的健康造成影响，还危及植物的生存，而且严重地腐蚀着建筑物。著名的伦敦议会广场和白厅大街周围，由于长期暴露在被污染的空气中，许多白石建筑物的外表已经由白转黑。英国每年由于空气污染所需要承担的健康成本高达 200 亿英镑，目前相关部门正致力于对长短期空气污染所产生影响的研究。

欧盟针对不同的污染物浓度设定了一系列的限定标准，伦敦的空气质量监测网络覆盖了伦敦地区超过 100 个位置，其中包括街道、路边及其他各个角落。自 2004 年，伦敦空气中的污染物颗粒浓度并没有大幅度的降低，而且一些地方提供的数据表明，这些地区的污染物浓度甚至有可能超过英国和欧盟的限制值。正如上文所说，伦敦地区的 PM 和 NO_2 含量仍然很高，伦敦的相关部门在空气质量方面寻求联合项目，以达到伦敦空气质量的既定目标。针对减少交通排放采取了一系列措施，如：推广零排放交通方式，如步行、骑自行车；加大对公共交通的投资力度；对货运进行有效的分布；减少伦敦机场中飞机对地面的排放，尤其是希思罗机场等。

2. "蓝带计划"的实施

水体污染也是伦敦环境污染中的一个很严重的问题。泰晤士河是英国的母亲河，全长 345 公里，发源于英格兰西部，穿过伦敦市区最后注入北海。英国人常说的一句话是，"没有泰晤士河，就没有伦敦"，可见泰晤士河在伦敦的形成和发展中起了很大的作用。但是，工业革命以后，城市规模扩大，城市供水与排放污水的设备不能满足日益增长的城市的需要，导致这些污水未经处理就被排放到泰晤士河，对水资源造成了严重的污染。18 世纪初，泰晤士河产有超过 100 种鱼，但从 1880 年开始，泰晤士河河水太脏，很多鱼的产量锐减。1858 年是泰晤士河的奇臭年。这之后，泰晤士河的鱼类几乎绝迹，伦敦桥以下河段，由于水中的溶解氧为零，成为无生物区。

考虑到伦敦都市圈现有的水资源现状，伦敦市长以水作为决策的出发点，提出了富有远见的"蓝带网络计划"（Blue Ribbon Network Policies）。蓝带网络包括泰晤士运河网络，其他支流、河流和溪流等，以及在伦敦和伦敦的开放水域空间如码头、水库、湖泊等，包括了半天然和人造的水域系统。水路运输、休闲、娱乐、码头和防洪等使用均会设计到对蓝带网络的使用。对蓝带网络实施区域综合保护和开发，从而有效利用蓝带网络，将提升伦敦整体的生活质量，满足居民的需求。

此外，新版伦敦规划中指出，伦敦市长及各行政区应该保护蓝带网上现有的客运和旅游交通设施，增加货运对蓝带网络的使用，对可以增加这方面蓝带使用频率的设施发展予以鼓励，特别是对相对贫困地区，更应给予支持。机会发展区域和集约化区域能够为提高不同交通服务设施之间的相关性提供更好的发展，故更应该提供更加完善的基础设施。

二、伦敦规划为伦敦都市圈发展提供战略指导

在过去的 2000 年中，伦敦在不断前进的过程中也发生了巨大的变化，优秀的文化、社会、经济、环境和文物建筑使得伦敦具备了独一无二的优势。在伦敦的发展过程中，伦敦的战略规划起着不可忽视的作用。伦敦战略规划主要由伦敦市长、32 个行政区政府共同负责。2000 年，伦敦政府进行了改革，重新设立了大伦敦委员会（the Great London Assembly，GLA）和伦敦市长。

市长在战略规划的过程中起领导作用，其主要职责包括：确保地方发展框架文件的修订满足伦敦规划的整体要求，也就是说各行政区编制的单一发展规划（UDP）政策，要与伦敦规划的大方向相统一；各区在制定具有战略发展重要性的项目时需征求市长的意见，市长具有干预战略发展事务的权力，在举例

证明所做的决定时，有权拒绝不符合战略许可的要求；制定规划方针要求能够代表伦敦东南部地区的发展意愿。市长的另一个权力是与英国遗产保护委员会（English Heritage）和伦敦各区一起工作，并负责制定保护政策，但对与单个的保护区和历史建筑相关的建设申请仍然由各区负责审查和审批（《英国城市规划近年来的发展动态》，2005）。而大伦敦委员会将负责对市长办公室的执行进行审查和监督。在制定新的伦敦规划时，伦敦市长还需要考虑与之相关的欧盟法案和政策方法，如《欧洲空间发展远景》（ESDP）等。

《伦敦规划》（The London Plan）是伦敦的整体战略规划，于 2003 年正式公布，为伦敦未来 20~25 年的经济、环境、交通和社会发展等设置了整体的发展框架。这份文件汇集了市长在其他策略中关于地理和区位方面的内容，包括交通、经济发展、住房、文化；一系列的社会问题，如儿童和青少年成长、健康不均衡和食品问题；一系列的环境问题，如气候变化、空气质量、噪声和浪费等。该发展框架及伦敦的土地使用与基础设施的改善紧密相关，同时设置了相关提议以确保大伦敦委员会和伦敦运输局起到建议、执行和协调的作用。此规划的精华部分是希望营造良好的经济环境，实现伦敦的可持续发展，使其成为一个更具包容性的社会。根据大伦敦委员会的法案，伦敦规划只需处理大伦敦地区具有重大战略意义的事情。同时，该法案指出，伦敦规划需要对以下三个交叉主题加以考虑，即财富创造与经济发展、社会发展、环境的改善。

现行的是 2011 版伦敦规划，是在综合了之前发布的法案的基础上发展而成。这份文件里的政策同时也是大伦敦发展规划的一部分，在执行相关的规划决策时需加以考虑。伦敦规划在制定政策和辅助材料时综合了以下几个方面：欧洲和国家立法需要考虑的各种问题；其他规划法规和政府规划政策及指导的要求；公众在调查中的建议；等等。现行伦敦规划正式结束的日期为 2031 年。若发展的实际情况发生重大变化，必要时，可对其进行修订。

伦敦市长希望新的伦敦规划将与之前的版本有所不同，新的版本将更简明清晰，操作起来更方便，以主题来分章节，以便能更方便地找到对应的具体问题。各章节结构安排如下：第一章概述该规划及政策的背景；第二章以清晰的空间视角对"地区"这一概念进行说明；对应于伦敦部分的按主题划分为人民（包括住房和社会基础设施）、经济、应对气候变化、交通、住房空间和具体实施监督。

伦敦规划的最大意义在于其对城市建设的导向和项目审批的衡量标准。在项目评估时，综合考虑基础设施、生活质量、气候变化等影响因素，规划师和决策者要在市场和规划、企业和市民、建设和自然、支出和收益之间做出权宜和平衡。交通管理的政策和管理措施也非常有效，对国内交通策略和城市发展有重要的借鉴作用。

第五节 伦敦都市圈中小城市案例分析
——新城米尔顿·凯恩斯

一、新城米尔顿·凯恩斯概况

位于英格兰中部的米尔顿·凯恩斯（Milton Keynes），地处伦敦与伯明翰之间，东南距伦敦80公里，西北距伯明翰100公里。1967年1月23日，这里被英国政府规划为新城，用以容纳从伦敦迁徙来的15万人口。新城占地8900公顷，用地范围包括已有小镇布莱切利（Bletchley）、斯托尼－特拉特福（Stony Stratford）、沃尔弗顿（Wolverton）和纽波特－帕格内尔（Newport Pagnell），连同13个村庄，原有村镇人口4万人左右，已有人口与长期以来人口的自然增长使得现在的人口总数达到了25万。该地区是20世纪规模最大的新城开发项目之一，也是英国最后一批现代新城。

该地区东西分别是享誉世界的剑桥大学和牛津大学，以米尔顿·凯恩斯为中心，1小时车程为半径的地区内，约有人口800万，英国超过1/7的人口聚居于此。得天独厚的地理位置为该地区的经济发展提供了优势，众多大型跨国公司在此投资落户，其中20%为外企。从整个城镇的劳动力分布来看，从事服务业的人口占到了80%，而在服务业当中，占据比例较重的为零售批发业。发达的服务业以及其他企业的发展为米尔顿·凯恩斯提供了大量的工作岗位，缓解了周围大城市的居住人口和就业压力。

此外，米尔顿·凯恩斯与大都市之间通过四通八达的铁路网络相连接，使得从伦敦的尤斯顿火车站到米尔顿·凯恩斯只需半个小时，轨道交通的方便、准时，使这里成为越来越多人的理想选择。该镇还毗邻连接伦敦和伯明翰的M1高速公路，通常情况下，高速公路不收费，不设置关口。该镇周围还有大大小小在内的 5 个机场，如此便利的交通环境，使该地区的发展具有巨大的潜力。

二、米尔顿·凯恩斯发展过程

1. 新城建设前的小城镇概况

为缓解伦敦都市圈中心城市的人口压力，克服大城市过度发展和战后城市重建所带来的双重危机，英国在 20 世纪 70 年代末期开发了一批人口在 15 万~40 万的新城，米尔顿·凯恩斯是其中的典型代表。在成为新城米尔顿·凯恩斯之前，这里已有小镇布莱切利（Bletchley）、斯托尼－特拉特福（Stony Stratford）、沃尔弗顿（Wolverton）和纽波特－帕格内尔（Newport Pagnell）等。

（1）布莱切利

米尔顿·凯恩斯中心区的西南部为布莱切利。布莱切利的历史可以追溯到罗马时期，据记载，布莱切利以城镇出现是在 1108 年。1837 年伦敦到伯明翰的铁路开通以及 9 年后伦敦到贝德福特的线路开通，使布莱切利成为重要的交通节点，这大大促进了布莱切利的进一步发展。在那段时期，除了铁路，包括制砖、碎石和印刷厂在内的工业都到了很大的发展。1938 年，政府收购了布莱切利公园，将其用作二战期间解码中心，同时世界第一台计算机在这里诞生。布莱切利作为一个蓬勃发展的小镇与地区中心，可以看作是一个有生命力的博物馆，在这里人们可以了解到密码是如何通过《密码学之旅》得以破解，讨论电子技术如何通过一系列计算机进一步发展等。

（2）沃尔弗顿

沃尔弗顿最初是位于伦敦和伯明翰之间的一个小村庄，1838 年伦敦和伯明翰铁路公司在距这两个城市距离均等的位置选址建立了车站和茶点室，以方便乘客在旅途期间稍事休息。同时，在这里建立了大型车厢和机车厂，沃尔弗顿的铁路镇在距离原始定居地不远处开始迅速成长。1846 年，铁路公司与其他公司合并成立了伦敦及西北部铁路公司，一些印刷公司在看到伦敦及西北部铁路公司的发展下，纷纷来此设厂，为广大铁路职工的子女提供工作。1910 年，该地区的铁路工作达到了顶峰，从周围村镇雇佣的从业人员达到了 5000 人。1887 年生产的蒸汽电车保持良好的运营状态直到 1926 年，高峰期间每天约有 700 人搭乘火车往返于斯托尼－特拉特福和沃尔弗顿之间。

2. 新城米尔顿·凯恩斯的发展建设

米尔顿·凯恩斯的建设初衷是达到住房和就业的平衡，这样大量的人口就不需要在当地和其他大城市之间往返。城市发展提供了一系列的就业机会，区域内对城市用地也进行了功能划分。在米尔顿·凯恩斯的首期开发中，把原有的几个小镇连在一起，新城开发和老城改造相结合。将现有的城镇角色进一步强化，包括规定区域内的 13 个村庄和其他不在规定区域内的，将认为较适合地区的边界进一步扩大。从 1967 年开始规划，1970 年动工建设，米尔顿·凯恩斯地区从最初仅有 4 万多城市人口，发展到如今的近 25 万人，增加了 5 倍之多。

米尔顿·凯恩斯以一个地势平坦的农业区为基础，规划试图通过景观设计使之成为具有吸引力和较强标志性的城市。开发初期，汽车为该地区的主要交通工具。在道路布局方面，引入美国洛杉矶的网格式道路布局模式，即每个社区为一个网格，每个网格 1 平方公里，每 1 公里有一个交叉口（如图 1－6 所示）。住房与就业的分散分布使得交通呈均匀分布状态，这样的道路布局模式可以避免高峰期交通拥堵，另一个好处是可以避免高速公路穿过由城市道路组成的方格网。该地方主路的设计目标是为了给城市社区内的行人和非机动车使用者提供一个安全、轻松的移动环境。这一目标与 1980 年的"当地主路计划"相适应。交通方便快捷作为新城规划的目标之一，对公共交通以及私人交通设施都提出了更高的标准。

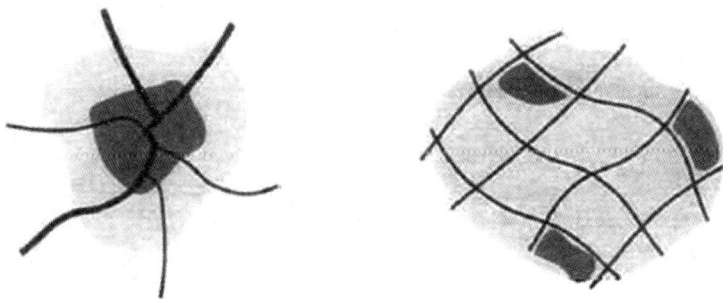

图 1－6　网格式布局模式

资料来源：The Planning of Milton Keynes . Milton Keynes Council，2012。

米尔顿·凯恩斯在城市的规划和建设中还充分体现了人文主义的理念，尽可能地满足市民需求。城市内除了中心城区允许最高可以达到 6 层的建筑外，其余地区不能有超过 3 层以上的住房，建筑布局井井有条。在建筑材料的选取上，采用了最新技术并充分考虑了节能问题。为缓解中心城市的人口压力和过度拥挤，吸引更多的低收入者在新城购房入住，新城早期开发的住宅多以简单廉价为主。为保证住宅区内良好的休息环境，汽车禁止停放在小区以内。住宅建设均考虑朝向，住宅减免一半的供暖费用。城市整体用地布局清晰明确，为广大市民提供良好的生活居住环境。

1980 年的经济调整时期，新城兴建了火车站，建起欧洲第一个美国式的购物中心，使只有 20 万人口的米尔顿·凯恩斯每周吸引约 60 万人次来此购物，从而在一定意义上达到了促进经济发展的目的。在未来的建设中，米尔顿·凯恩斯还要建立新的购物中心、戏院和欧洲最大的人造滑雪场，建设新住宅和举办建筑展览会，采用多种方法来吸引更多的人前来消费。米尔顿·凯恩斯作为第三代新城的典型代表，已经不再只是中心城市的住宅郊区，这里有完善的生活服务设施和文化娱乐设施，既能满足大规模住宅区的建设，也适用于工商业的发展。预留的大片土地可以为远期的城市产业结构转型和可持续发展提供强有力的保障。米尔顿·凯恩斯与伦敦、伯明翰等大城市的互补关系，使得中心城市和自身都得以稳定的发展。

三、米尔顿·凯恩斯的城市规划

1970 年米尔顿·凯恩斯的总体规划对城市创建和社会的健康发展起到了指导性的作用，整体规划充分强调了交通系统和土地利用之间的平衡关系。该规划的目的不是成为城镇地图或城市发展的蓝图，而是希望作为一个战略框架，能够灵活地应对各种变化，满足不同时期的需求。在整体规划的指导下，该地区计划达到以下目标。

①机会和选择充分自由。城市规划过程中，规划者对住房、学校、医疗、休闲娱乐等服务设施的设计上采取了多种方式，在大小、样式和地点等方面费尽了心思，力求使每一个建筑都具有自身的特色，同时可以满足不同人群的需求。

②良好的出行环境和可达性。方便的交通是每个城市规划过程中最看重的一个环节，保证居民安全、快速、便捷地从一处移动到另一处是该城市交通规划的发展目标，同时在提供完善的公共交通和私人交通设施的同时，注重行人、非机动车驾驶者享有一个安全自由、舒畅的交通环境。

③高度的公共认知。群众参与规划，且规划具有较高的灵活性。

④资源的有效利用，同时在不断地变化中力求平衡，使之成为一个具有高度吸引力的城市。

整体规划明确了一系列关键的结构发展原则，为城市发展提供了框架。资源和环境的发展也得到了高度的重视。城市的每一处街景都是精心安排的，带有强烈的当地特色，历史悠久的村庄和景观特色串联起来形成了大量的城市开放空间，为居住者提供了良好的生活娱乐环境。

第六节 小 结

一、伦敦都市圈发展特点

1. 合理的城市规划为伦敦都市圈发展指明方向

伦敦都市圈初期阶段只有中心城市发展较快，造成大量人口向中心城市涌入，导致周边小城镇发展迟缓，地区间贫富不均问题日益明显。为达到整个都市圈的协调发展，伦敦相关部门组织成立了大伦敦委员会，该组织对整个地区的发展进行了一系列的规划，并制定了相应的政策法规，这对加强大伦敦地区各行政区的交流沟通起到了很大的促进作用。如为在城市发展过程中相对落后的东伦敦泰晤士河门廊地区寻求新的经济增长刺激点，2012 年伦敦奥运会馆址选定于此，各种市政基础设施为奥运会而建，高速铁路的贯穿也为东伦敦地区的发展注入了活力。

我国北京、上海等大城市的规划发展近几年也取得了令人瞩目的巨大成就，但与世界城市相比，还存在一定差距。我国也可借鉴伦敦都市圈的发展经验，建立跨区域合作的行政部门，对整个都市圈的发展进行全面的规划统筹，充分考虑各城市自身发展特点，解决各区域实际问题，力求从一个高标准、高定位的领域内实现各城市发展的协调布局。

2. 完善的评估体系是伦敦都市圈顺利发展的有力保障

现行 2011 版伦敦规划对伦敦各部分发展制定了可行合理的发展战略，同时，该规划一直受到一个完整的综合影响评估（Integrated Impact Assessment，IIA）的监测。在实施可持续发展评估（SA，包括战略环境评估和居住规范评估）的过程中，IIA 涉及了相关的法律要求及规范。此外，IIA 还涵盖了一个健康影响评估（HIA）和平等性影响评估（EIA），以满足在大伦敦管理局规定下伦敦市长的职责。最后，IIA 覆盖了社区安全影响评估（CSIA）的相关方面，保证了 1998 年犯罪条例的法定要求，同时达到了 2006 年新颁布的警察和司法规范的要求。IIA 和居住规范评估有助于为新的伦敦规划提供准备工作，确保在更广的范围内实现可持续发展，同时将每个发展阶段中保护特定居住区的重要性纳入考虑范围。

3. 产业结构升级推动伦敦都市圈蓬勃发展

自工业革命起，伦敦经历了数次重大的产业革命浪潮，但是伦敦始终能够活跃在世界经济的舞台中心，究其原因，最关键的是不断进行产业升级，其最具代表性的就是伦敦都市圈次级中心城市伯明翰。近年来，伯明翰的工业经济实现了向现代服务业的迅速转型，包括深化对传统制造业的技术革新，进行产业格局的重新调整，加大物流、会展、创意产业等的投入及研发，转移传统加工工业，扩展产业链，发展配套的现代生产服务业等。此外，伦敦都市圈在近些年的发展过程中非常重视创意产业的发展。英国政府更是专门成立了文化、媒体和体育部，实施"创意伦敦"的概念运作。凭借着每年 210 亿英镑的产出值，创意产业成为仅次于金融服务业的第二大支柱产业。

4. 交通系统实现道路、城轨与铁路的完美结合

伦敦作为都市圈的核心区域，已经形成了轨道交通与道路交通相衔接，地上与地下相结合，集地铁、火车、轻轨、公交、出租于一体的立体化公共交通网络。在注重可持续发展的今天，相关规划部门对公共交通基础设施进行了大量的投资建设，在全区域范围内提高公共交通的便利性及可达性。

此外，为方便中小城市交通方式与中心城市地铁等交通方式的有效衔接和换乘，在整个伦敦都市圈内形成了以伦敦为中心，不断向外辐射的庞大郊区铁路网络。郊区铁路线网密度高，分布均匀，连接了几乎所有的主要市镇，大大方便了人们在中小城市与中心城市之间的换乘。加之四通八达的高速公路网络，伦敦都市圈内部城市之间的关系通过道路、城轨和铁路得以强化，对促进整个地区的经济发展起到了巨大的推动作用。

二、伦敦都市圈发展过程中经历的问题

1. 中小城市规划不能适应时代发展

伦敦都市圈新城的建设虽取得了一定的成绩，但仍存在不足之处。新城的发展大大超出了预计规划设想，由于大部分新城的建设初衷是以车为本，因而步行系统在当地不能发挥全部作用，整个城市的交通网络呈分散布局形式，难

以达到公交系统的高效运营组织。此外，原本设想在城市内部达到居住与就业的平衡发展，然而，很多新城仍然有一部分人口需要到伦敦就业。如新城米尔顿·凯恩斯，约有 1/3 的人员要到伦敦就业，另有 1/3 的外来就业人员，随着人口规模的不断扩大，这样的平衡将越来越没法控制。因此，在制定城市发展规划的过程中，应适应时代发展，实时更新，适度调整，全面发展。

2. 过度发展经济引起环境恶化

工业革命的爆发，对伦敦都市圈的经济发展起到了巨大的促进作用，同时也为伦敦的环境发展带来了严峻的挑战。伦敦作为国际化大都市，曾经一度是一个污染极其严重的城市。伦敦都市圈内烟囱林立，浓烟滚滚，在未找到可替代能源之前，包括伦敦、曼彻斯特等在内的众多城市饱受空气污染之苦长达十年之久。大规模煤的燃烧，使得空气中烟尘、二氧化硫等有害气体的含量不断攀升，对整个伦敦都市圈居民的生存环境产生了致命的影响。1952 年的伦敦烟雾惨案，正是环境污染导致的恶果，伦敦从而也成为众所周知的“雾都”。对此，大伦敦规划草案中专门针对环境问题提出了战略规划，希望一改雾伦敦的面貌，给广大市民提供一个健康、清洁的居住环境。

参考文献

[1] 刘瞳. 世界主要都市圈经验的借鉴和北京都市圈的发展. 中共中央党校硕士论文, 2011, 5

[2] 左学金. 世界城市空间转型与产业转型比较研究. 北京：社会科学文献出版社, 2011

[3] Great London Authority：http：//www. london. gov. uk/priorities/transport, 2012.

[4] City of London：http：//www. cityoflondon. gov. uk/Pages/default. aspx, 2009.

[5] 互动百科, 2009, http：//tupian. baike. com/a1 _ 45 _ 10 _ 01000000000000119081031407445 _ jpg. ht.

[6] 李明超. 英国新城开发的回顾与分析. 管理学刊, 2009（1）

[7] 戴锦辉. 伦敦旧城更新浅议. 城市建筑, 2009（1）

[8] The London Plan：http：//www. london. gov. uk/thelondonplan, 2011.

[9] 杨诗源. 后工业化时期伦敦创意产业的发展及启示. 科学咨询（决策与管理）, 2008（3）

[10] 宿凤鸣, 张永水. 伦敦交通运输枢纽发展经验及启示. 综合运输, 2011（9）

[11] 特里·法雷尔. 伦敦城市构型形成与发展. 武汉：华中科技大学出版社, 2010

[12] 李仁涵. 我国大都市交通圈发展模式的研究. 上海：同济大学, 2007

[13] Transport for London：http：//www. tfl. gov. uk/accessibility/, 2008.

[14] Focus on London：http：//data. london. gov. uk/focus – on – london, 2011.

[15] Harrow council：http：//www. harrow. gov. uk/site/scripts/documents. php? categoryID = 100002，2013.

[16] 王亚宏. 英国米尔顿凯恩斯：工商业催生绿色城市. 参考消息，2013

[17] The Planning of Milton Keynes . Milton Keynes Council，2012

[18] 张鳌. 米尔顿·凯恩斯（Milton Keynes）的布莱切利（Bletchley）. 上海市科学技术委员会，2009.

[19] 童博. 伦敦都市圈发展路径对建设武汉城市圈的启示. 中国商界，2010（11）

第二章　巴黎国际都市圈与中小城市发展研究

第一节　巴黎国际都市圈概况

一、巴黎国际都市圈区位、人口及其规模

巴黎国际都市圈以法国巴黎为中心，位于欧洲大陆西部，沿塞纳河、莱茵河延伸，其中涵盖了法国城市群、德国城市群、荷兰城市群和比利时城市群，总面积14.5万平方公里，总人口4600万，人口平均密度为317人/平方公里，是世界上最大的跨国都市圈，同时也是世界上仅次于纽约和东京的世界第三大经济体。巴黎国际都市圈的主要城市包括巴黎、阿姆斯特丹、鹿特丹、海牙、安特卫普、布鲁塞尔、科隆等，除此之外还有30多座人口10万人以上的城市。这里的巴黎国际都市圈相当于中国的京津冀都市圈，中国京津冀都市圈占地面积为18.4万平方公里，人口约为7600万。

大巴黎地区，也称为法兰西半岛，它是整个巴黎国际都市圈的核心，由巴黎市、上塞纳省、瓦勒德马恩省、塞纳－圣但尼省、塞纳－马恩省、伊芙林省、埃松省以及瓦勒德瓦兹八个省组成（如表2－1），总面积约为1.2万平方公里，人口约为1100万，大约占整个国际都市圈人口的25%，人口平均密度为916.7人/平方公里。移民约占所有人口的20%，主要来自阿尔及利亚、摩洛哥和突尼斯等地，大巴黎地区将近75%的人口居住在郊区。这里的大巴黎地区相当于北京市，北京市占地1.6万平方公里，人口约为2000万。

巴黎市为大巴黎地区的核心区。巴黎市中心位于北纬48°52′，东经2°19′，距离塞纳河入海口375公里，是法国的首都，也是欧洲大陆上最大的城市。巴黎市面积105.4平方公里，主要包括巴黎城墙以内的地区，分为20区，人口约220万人，人口平均密度为每平方公里2190人。这里的巴黎市相当于北京

表 2 - 1 大巴黎地区行政区划表

省市名称	翻译城市名	省市名称	翻译城市名
Paris	巴黎市	Seine-et-Marne	塞纳 - 马恩省
Hauts-de-Seine	上塞纳省	Yvelines	伊芙林省
Val-de-Marne	瓦勒德马恩省	Essonne	埃松省
Seine-Saint-Denis	塞纳 - 圣但尼省	Val – d' Oise	瓦勒德瓦兹

市城内六区，北京市城内六区面积 1367 平方公里，人口约为 591 万人。

巴黎国际都市圈、大巴黎地区和巴黎市是从属关系。随着经济的发展，巴黎市慢慢发展延伸形成了大巴黎地区，在大巴黎地区的带动下，其与周围四个国家的城市圈形成了更大的都市圈，也就是现在所说的巴黎国际都市圈。在广义上讲，巴黎国际都市圈为 4 个国家的城市圈的总和，但狭义上说，巴黎国际都市圈也可以泛指为大巴黎地区。本书旨在研究巴黎在城市化发展过程中是如何演化为巴黎国际都市圈的，并且探寻城市发展的内部演化规律，找到其发展的经验及教训，为我国城镇化发展提供借鉴。

二、经济发展概况

从 19 世纪末开始，随着工业化进程的加速，巴黎国际都市圈的经济显著性增长，其中大巴黎地区在法国具有极其重要的中心地位。截止到 2013 年，大巴黎地区的各个省市的国内生产总值如表 2 - 2 所示。由此画出的大巴黎地区经济分布图 2 - 1 可以发现，在大巴黎地区经济最发达的地方为巴黎市和上塞纳省，国内生产总值占整个大巴黎地区的 57%；同样，由人均生产总值可以看出，富有地区也为巴黎市和上塞纳省。除此之外，全法国 38% 的公司总部、50% 的研究机构、70% 的保险公司总部、96% 的银行总部都设在大巴黎地区，并且大巴黎地区还集中了全法国 2300 家跨国公司、22% 的工业就业岗位和 26% 的投资总额。

同时，大巴黎地区也是欧洲最具实力的五大经济实体之一，在欧洲具有非常重要的战略地位。它是联系南北欧洲之间的中枢节点，作为拥有 3.8 亿消费者的市场大门，其战略重要性远在卢森堡、爱尔兰、丹麦、希腊、比利时和葡萄牙之上。此外，大巴黎地区还集中了众多的国际企业和高级研究机构，进行着频繁的国际商业活动。跨国企业或者世界 500 强企业的拥有量是衡量都市圈经济发展的重要指标之一，而根据 2012 年《财富》杂志对世界 500 强企业在

表2-2　　　　　大巴黎地区国内生产总值和人均生产总值表

地区	国内生产总值（亿欧元）	人均生产总值（欧元）
巴黎	1642.14	75439
上塞纳省	1119.75	73277
塞纳-圣但尼省	406.76	27420
瓦勒德马恩省	378.16	29250
塞纳-马恩省	297.55	23480
伊芙琳省	424.85	30507
埃松省	318.83	26718
瓦勒德瓦兹省	297.05	25765

资料来源：法国统计局，2013。

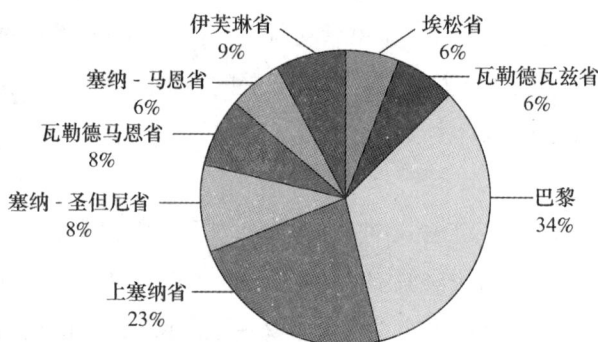

图2-1　大巴黎地区经济发展分布图

全球的分布统计表明，巴黎国际都市圈拥有40家世界500强企业，年收入总和为14000亿美元，仅此于东京都市圈，是全球第二大500强企业集聚区。此外，巴黎国际都市圈从业人口540万，其中约27%为高素质专业人才，有来自100多个国家的70多万从业者，还有近8万名研发人员，这些都促使巴黎国际都市圈成为欧洲的第一大研发基地。巴黎市是世界著名的国际会议中心，同时也是法国的行政中心和有关国际组织如经济合作与发展组织（OECD）和联合国教科文组织（UNESCO）的所在地。政府与国际组织所在地、主要商务、工业中心以及大片农业腹地，使大巴黎地区具有极其重要的区域主导地位。

三、产业发展概况

大巴黎地区的现代服务业发达，并且在空间布局上形成了"一主两辅"

的布局形式，这"一主两辅"是以巴黎市区为主，拉德芳斯和马尔纳－拉瓦莱地区为辅：巴黎市区以金融机构、企业服务业和商业为主，包含了巴黎70%的金融机构、60%以上的企业服务业、15%的商业中心；拉德芳斯则以企业集聚区和商务中心区为主，共有1600多家企业，这其中包括法国最大的20个财团和8家世界500强企业；马尔纳－拉瓦莱地区则是以研发服务以及商业服务企业为主，同时也是休闲产业的集聚区。此外，巴黎市还是全球最大的展览和会议城市，它以明媚的风光、丰富的名胜古迹以及现代化的服务设施著称，每年举办会展多达2000个，其中国际性会展360多个。大巴黎地区还有令其骄傲的奢侈品产业，如香奈尔、迪奥、普拉达等知名品牌，并且奢侈品产业在整个工业生产中位居第二位。

四、人口发展概况

按照行政规划，大巴黎地区由8个省市组成，各自面积、人口等如表2－3所示。由表2－3可以看到，巴黎市区聚集了最多的人口，达到220万，而巴黎市内的面积却是最小的，仅为105平方公里，所以其人口密度也是最大的。其次可以看到巴黎近郊的三个省面积和人口大致相同，即上塞纳省、塞纳－圣丹尼省、瓦勒德马恩省的面积分别为176平方公里、236平方公里、245平方

表2－3 　　　　　　　大巴黎地区各省市面积、人口表

地　区		面积（平方公里）	人口（万）	25岁以下比例（%）	65岁以上比例（%）	2030年人口预测
巴黎市		105	219.95	28.1	13.2	207.9
近郊三省	上塞纳省	176	155.75	31.7	12.6	175.1
	塞纳－圣但尼省	236	151.7	36.1	10.1	160.5
	瓦勒德马恩省	245	131.15	32.8	12.3	136.7
远郊四省	塞纳－马恩省	5915	130.15	35.1	10.5	156.4
	伊芙琳省	2285	140.9	33.7	12.1	144.5
	埃松省	1804	120.95	34.1	11.7	130.9
	瓦勒德瓦兹省	1246	116.7	35.8	10.4	127.9
大巴黎地区		1167.2	1095.21	33	11.8	1240.9

资料来源：法国统计局，2009。http://www.insee.fr/fr/。

公里，人口分别为 155.75 万人、151.7 万人、131.15 万人，人口密度较低。对于巴黎远郊的四个省而言，它们的面积最大，但是人口相对较少，这也导致人口密度集聚下降。

从图 2-2 则可以清晰地看出大巴黎地区的人口密度由中央向外逐步减少。另外，从 25 岁以下和 65 岁以上人口的比例上看，巴黎市 25 岁以下人口的比例在所有的八个省市中最低，65 岁以上人口的比例在所有的省市中最高，可见巴黎人口老龄化现象比较严重。

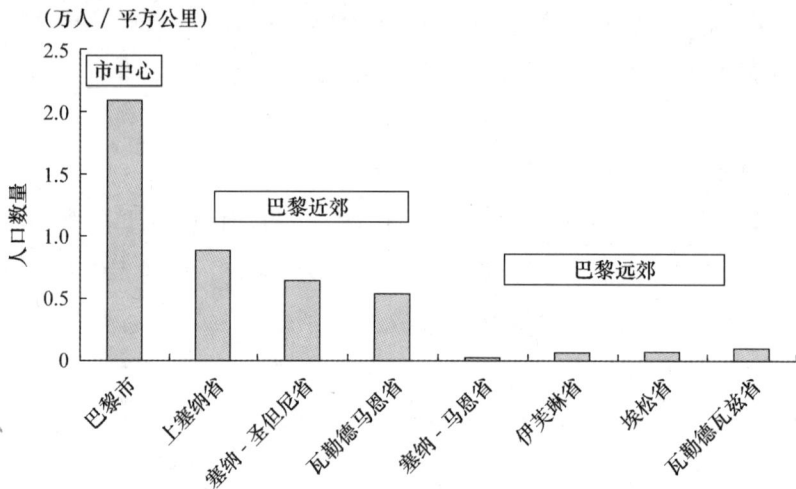

图 2-2 大巴黎地区人口密度分布图

五、交通发展概况

巴黎为解决城市化发展过程中的交通问题实施了导向型公共交通战略，即通过建造快速大容量的城市轨道交通线网来引导城市按轴向发展，以形成城市发展轴线。20 世纪上半叶，巴黎市区高密度的轨道交通建设适应了市区公共交通出行的要求。无论是巴黎市区内的通勤和大巴黎地区中心城市与中小城市的联系，还是巴黎国际都市圈内各个大城市之间的交流，都主要是通过快速大容量的轨道交通来解决的。巴黎中心城区的交通主要由地铁系统负责，城际轨道交通则服务于大巴黎地区，而高速铁路则承担了巴黎国际都市圈内的交通任务。当然，除了快速大容量的城市轨道网外，飞机、公交汽车、轮船、私家车也同样在巴黎国际都市圈中起到了重要的作用。

在巴黎国际都市圈内，主要以铁路和空港、海港来促进都市圈各个城市之间的交流和发展。巴黎市的近郊有两个国际机场，一是位于北郊区的戴高乐机场，另一个是位于南郊区的奥里机场，国际航线大部分由戴高乐机场升降，而国内及近距离航线则通常使用奥里机场。巴黎与都市圈内其他城市的交通主要是通过铁路和高速公路来完成的，巴黎国际都市圈内拥有密集的高速公路网和铁路网。另外，海港的分布非常密集，著名的海港有阿姆斯特丹港等。大巴黎地区的交通主要以城市交通为主，其轨道交通工具包括地铁、轻轨铁路和高速列车，轨道交通承担了巴黎公共交通 70% 的运量。巴黎市区交通系统发达，交通环境井然有序，地上地下各负其责，地铁公路相互协调，确保了巴黎交通的正常运转。巴黎市内的交通主要以公共交通为主，据统计巴黎市区内乘坐公共交通的人占 42.7%。巴黎共有 14 条地铁线路，200 多公里，是内城公共交通的骨干，年客运量 12 亿人次，主要运行在小巴黎范围内。巴黎市区有 60 条公共汽车线路，线路总长为 500 公里，设 1700 个车站；郊区 240 条线路，线路总长 2600 公里，设 5200 个车站。另外，巴黎公交总公司还设有多条夜间运营的公共汽车线路。

巴黎政府将每年财政预算支出的 1/3 以上用于交通、道路、给排水、环境保护等城市基础设施建设，因此道路建设的资金来源得以保证。在交通多元化发展的引导下，巴黎市政府目前正致力于延长地铁线路、扩建有轨电车、优化出租车管理、鼓励使用自行车等一系列工作。

第二节 巴黎国际都市圈中心城市及中小城市发展过程及其规律

早在 2000 多年前就有了古代巴黎，当时的巴黎还仅仅是塞纳河西岱岛上的一个小渔村。经过几次战争后，公元前 1 世纪巴黎被罗马人征服。500 年后，巴黎成为法国的王都。11 世纪时巴黎已经冲破了西岱岛的边界，沿着塞纳河右岸扩张。在随后的几百年间，巴黎的城墙被推倒了 6 次，但每一次巴黎都变得更大。17～18 世纪，法国处于封建主义向资本主义过渡的时期，启蒙思想开始产生，人们对王权和宗教权威进行反思和批判。1789 年，法国大革命爆发，人民寻求建立一个自由、平等、博爱的新社会。在这之后不到 100 年的时间里，法国经历了四次大规模的革命，两个帝国，两个王朝，三个共和国。就在这动荡的百年后，法国逐步走向了工业化，同时也促使巴黎成为世界城市。

一、18 世纪末期到 19 世纪中期：由农业城市向工业城市转型

18 世纪 60 年代，英国率先发生了工业革命，英国资产阶级队伍逐渐壮大，其工业发展也获得了极大的进步。而当时的法国，封建专制制度严重束缚着工农业经济发展和社会进步。于是，在 1789 年，法国资产阶级大革命爆发，封建贵族和宗教特权不断受到自由主义政治组织及上街抗议民众的冲击，旧观念逐渐被全新的天赋人权、三权分立所取代。从此以后，巴黎就成了法国革命运动的中心城市，各种新思想、新文化也在此自由的交流。法国大革命摧毁了法国的封建统治，传播了资产阶级自由民主的进步思想，同时也为巴黎的城市发展注入了一种追求创新、不断革新的民族性格和城市精神，为后来巴黎的政治体制改革、城市规划改革、社会改革等埋下了创新、创造的种子。

从法国大革命开始，法国和巴黎就经历着纷乱复杂的危机，每一代王朝统治者都非常重视巴黎的战略地位，因此每个朝代都会探索不同的经济政策来推动巴黎工农业的发展。但是对于整个欧洲大陆的经济发展而言，法国的经济水平则相对落后，法国政府一方面鼓励发展工商业、特色农业、加工业等产业，另一方面却禁止欧洲大陆各国与英国发生任何经济联系。虽然这些经济政策并不能很好地发挥作用，但还是在一定程度上推动了法国工农业经济的发展，为法国产业革命的发生奠定了良好的物质基础。此时，大巴黎地区的人口总量仅为 54.7 万人，占全国人口的 2%。由于城市本身处在成长初期，规模不大，功能单一，辐射和影响范围大多仅限于周边地区，不同城市间仅存在少量人口流动，规模也较小。

直到 19 世纪中期，法国在继承 18 世纪传统的以农为本的经济体系基础上，逐步开始了工业化进程，在法国政局的动荡中完成了农业社会向工业社会的第一次转型。而对于巴黎而言，随着法国大革命后经济的缓慢复苏，巴黎的纺织业和时尚业开始迅速发展，工业化进程也逐步加快，这都为之后巴黎成为国际时尚中心奠定了坚实的物质基础。但此时的工业发展并不先进，仍以小工业为主。根据 1872 年的统计，法国每个企业雇佣的工人数量平均只有 2.9 人，就是在工业比较集中的巴黎，也不过是 4 人。但由于工业的逐步发展，越来越多的企业需要员工，这就为巴黎带来了更多的就业机会，吸引了越来越多的人来到巴黎。截止 1850 年，巴黎已经有居民 60 万人。

在法国大革命的推动下，法国的工业在该时期得到了初步发展，主要以小工业为主，并且人口也逐步向巴黎集中，从而促使了巴黎逐渐由以前的农业城市变为工业城市。

二、19 世纪末期到 20 世纪初期：巴黎市工业中心地位得到巩固

19 世纪末 20 世纪初，除了纺织业和时尚业外，巴黎的电子、汽车制造和航空工业也得到了飞速发展，仅冶金工业的就业人数就达到 70 万人，年产值占法国冶金工业产值的 43%，是巴黎的主导工业部门。1870 年，巴黎市的人口数量超过 100 万，成为超大型的国际大都市。自工业革命爆发以来，巴黎一直是法国最重要、最完备也是最集中的工业区之一。在 20 世纪中期以前，法国的工业不仅集中在巴黎市，同时也集中在如里昂等其他的大城市。

随着巴黎国际都市圈的逐步形成，作为巴黎国际都市圈的核心城市巴黎市定会产生强大的吸引力。空间经济活动追求规模效益的内在冲动，牵引资本、劳动力等各种要素不断向中心城市集聚，使得巴黎市中心城市的人口得到集聚膨胀。大巴黎地区在 1950 年前后的人口总量约为 637.7 万，短短的 150 年，大巴黎地区的人口增长了 11 倍，人口数量在全国所占的比例也提高到 15.7%。

第二次世界大战以后，由于巴黎市具备经济基础好、技术雄厚、能源原料便宜、交通便利等优点，使得法国的工业和人口进一步向巴黎地区集中，并且使巴黎一跃成为一座巨大的工业城市，巩固了巴黎市工业中心的地位。与此同时，在中心城市集聚膨胀的过程中，大巴黎地区也出现了很多问题，如人口过度集中、交通瘫痪、地区发展不平衡等。而正是由于这些问题的存在，使法国政府开始对大巴黎地区进行第一次的规划。

三、20 世纪初期到 20 世纪末期：单中心城市发展为多中心城市

第二次世界大战结束后，法国经济发展逐渐走向战后重建时期，人口明显增加，国土的大都市化趋势日渐明显，巴黎已经开始从小型城市过渡到国际大都市。巴黎市成为全国最大的城市，也是欧洲最大的城市之一，巴黎的集聚效应非常明显，人口集聚增长，经济也得到了巨大的发展。20 世纪 50 年代，巴

黎就已经拥有整个法国 60% 的汽车工业、电子工业、航空工业、机械工业、医药工业和 50% 的复印工业、相卡片工业，有 1/3 的公司税额在巴黎征收，3/4 的研究活动在巴黎举行，新兴工业基地的 1/3 在巴黎地区建设。

与此同时，城市的发展也面临其他问题的严峻挑战。由于工业的集聚，大巴黎地区与其他地区间的差距越来越大，使法国的发展越来越不平衡；并且由于人口的高度集中，大巴黎地区地价开始大幅上涨，工业产品的成本逐渐上升，大巴黎地区的建筑开始向高层发展。除此之外，由于工业的极大发展，环境受到严重污染，工业垃圾也开始逐渐增多。在此背景下，从 20 世纪 60 年代开始，大巴黎地区有了战略性的转变，主要是使大巴黎地区从单中心结构的密集型发展模式转换到多中心结构的大巴黎地区。这种转变促使巴黎市逐步发展成为大巴黎地区并加速了整个地区的现代化进程。同时，政府通过对交通设施、基础设施、综合娱乐设施以及生活环境设施等各方面的建设提高了大巴黎地区的生活质量，实现了大巴黎地区的综合现代化。

在工业方面，法国政府开始实施"工业分散"政策，对大巴黎地区的工业布局进行了调整：一部分对环境污染较小的企业被留在了市区内，包括生产时尚、易变产品的工业部门和手工业；而另一部分传统的资本、劳动密集型工业部门被迫向郊区转移，如汽车制造业、食品加工业、印刷出版业、电力和电子工业等，由此来使大巴黎地区的工业增长达到平衡状态，同时带动大巴黎地区周边的经济发展。据资料统计，1962～1973 年间巴黎市区减少了 7.7 万个工业岗位，而整个大巴黎地区却增加了 67 万个。20 世纪 80 年代，整个世界经济开始复苏，这使巴黎国际都市圈有了新的发展前景。此时，政府对于大巴黎地区的发展定位是要适应国际经济形势的需要，针对城市原有发展基础以及未来发展趋势，从扩大区域城市规模、调整区域产业结构、促使产业转型、加强区域性城市交通设施建设、树立地区城市形象等各个方面出发进行区域开发建设。而从 20 世纪 90 年代开始，大巴黎地区可持续发展原则的提出使整个大巴黎地区的城市化发展有了更为实质的发展内容，政府分别从开辟绿色空间、改良地区水质、处理固体废弃物、推行交通限制措施等方面提高生活环境品质，使城市发展具有可持续性。

在人口方面，大巴黎地区的人口数量处于快速扩容阶段，由于经济腹地不断增长，人口规模进一步膨胀，到 1990 年，大巴黎地区的总人口数超过 1000

万，达到 1065 万人。

在这一时期，大巴黎地区经历了城市中心区滞后——衰落——更新的历史过程，产业结构进一步调整，生活质量进一步提高，这些都为下一时期巴黎的城市创意产业和消费产业的蓬勃发展奠定了重要基础。截至 20 世纪后半叶，随着法国政治体制的改革、科技创新的不断进步，大巴黎地区已经完全由单中心城市转变成了多中心的大都市区域。

四、21 世纪以后：多中心城市蓬勃发展

人类发展进入 21 世纪，互联网时代作为一个新的时代已经到来。随着全球互联网的发展，全球经济社会发展也进入到更高层次的全球经济网络时期，整个世界变成了一个大工厂，全球经济一体化逐步形成。如何通过制定创新机制获取经济平稳增长成为全球共识和共同目标。但是环境一再污染，气候又不断变化，这就促使许多国家和世界城市开始寻求新的经济增长方式。这时，低碳经济、公平社会、人文城市成为全球城市经济社会发展的新趋向、新方向。巴黎也不例外，2005 年巴黎地区爆发了震惊世界的郊区骚乱，这对巴黎的移民政策和社会公平提出了挑战，此外城市发展面临着空间有限、交通网络脱节和资源分配不均的问题。正是在这一大的背景下，大巴黎地区的发展也逐渐由经济导向的服务性城市开始向低碳、公平、包容的和谐城市转变。2006年巴黎政府推出了《城市地方规划》，主要目的是完善巴黎市民的生活品质，缩小各阶层之间的差距，汇聚大巴黎地区的优势，推动特殊产业的发展。2007 年，巴黎政府推行了"自行车城市"计划，鼓励市民选择自行车作为交通工具，同时又投放了千辆环保汽车供居民租借，这减少了汽车对于城市环境的污染，促进了低碳城市的建设。此外，巴黎市政府还制定了《新巴黎城市规划》，试图打造"后京都议定书时代全球绿色和设计最大胆的城市"，使巴黎成为一座全世界仰慕的城市、创造的城市、革新的城市、充满凝集力的城市。

在这个时期，巴黎的中心城市和中小城市都得到了充分的发展，多中心发展模式也得到了进一步的确定。另外，由于大巴黎地区的集聚效应，使得大巴黎地区周边的其他大城市也得到了迅速的发展，这些还包括了德国的莱茵－鲁尔城市圈、荷兰的兰斯塔德城市圈，以及比利时的安德卫普城市圈。由这四个国家的四个城市圈组成的巴黎国际都市圈也开始逐渐成形。

第三节 巴黎国际都市圈中心城市及中小城市 相互关系及互动机制

一、巴黎国际都市圈中心城市及其中小城市空间关系

20 世纪 60 年代以前，巴黎始终坚持单中心的发展模式，但是由于巴黎市的发展过快，导致巴黎面积越扩越大，人口也越来越多。随之产生了很多问题：中心城市负荷明显加重，环境持续恶化，区域发展不均衡，导致单中心的发展模式无法承载巴黎的现代化发展。在 20 世纪下半叶，巴黎政府确定了新的发展模式，那就是多中心发展模式，使大巴黎地区的发展分散到整个区域中，而不是集中发展巴黎市中心城市。其具体的措施是，通过建立远郊新城和近郊副中心，使巴黎人口向部分远郊地区和近郊地区扩散；同时，乡村人口也由农村向城市集聚区和城市化周边市镇转移。这样，巴黎城市的边界就不断跨越行政边界向外发展，在面积仅有 78 平方公里的巴黎城周围，形成了方圆约 2500 平方公里、人口约 880 万人的城市化郊区，对维持巴黎的生存和繁荣发挥着重要作用。

巴黎新城的建立主要集中在巴黎周边 30～50 公里范围内，距离巴黎市 30 分钟路程。起初，巴黎政府考虑到巴黎地区的自然环境、地理条件、历史发展以及实施的可行性，在塞纳－马恩和瓦兹河谷规定了两条平行的城市发展轴线，并且设立了 8 座新城。但是经过了近 10 年的发展，由于错误地估计了大巴黎地区的经济发展，导致最终在巴黎周边仅确定了 5 个新城，它们分别是塞尔基、马恩拉瓦莱、圣冈代、埃夫里、默龙色纳。它们各自具有独特的区位和地形，在新城的规划建设中也逐渐形成了自身独特的新城格局。此外，新城的布局有意识地追求与现状城市化地区之间的空间连贯，以保持地区城市化发展在空间上的延续性，形成整体化区域空间格局。因此新城的区位选择比较靠近中心城市，而且与巴黎保持便捷的交通联系，其间虽有山体、林地、沼泽等的间隔，但没有因为人为设置的隔离地带而出现空间断裂，两者在空间上基本连成一体。

与此同时，在巴黎市中心城市和新城的中间，距离巴黎市 10 公里左右的圈层上建设了 9 个副中心，这种多中心的新型城市结构打破了原有的单中心城市布局，减轻了巴黎市中心区的压力。这9个副中心分别是德方斯、圣德纳、博尔加、博比尼、罗士尼、凡尔赛、弗利泽、伦吉和克雷特伊，形成了若干具有相当水平的工业小区。此外，大巴黎地区还建设了5个郊区生态平衡区和16个自然村。

2007年，大巴黎地区再次对整体规划进行调整，提出了未来的城市空间发展方向，确定了2000公顷城市用地，并对其进行一定的分割，同时确保其间的各部分具有足够的交通连接和绿廊连接，使之形成形态有序的发展空间。

总体来看，起初巴黎市的发展以单中心城市为主，但随着大巴黎地区人口的不断膨胀，巴黎市的空间结构不能承受过快的经济发展和人口发展。这时，巴黎市政府逐步规划了新城和副中心，使大巴黎地区的经济和人口在整个大区域中均衡发展。然而，在建立的过程中也走了弯路，由于错误地估计了大巴黎地区的经济和人口发展，使得规划的8个新城并没有成功的发展起来，所以在之后的规划中，把一开始规划的8个新城缩小到5个，又增加了近郊的9个副中心。而在进入21世纪之后，法国政府继续依靠规划来疏解城市人口压力，使大巴黎地区均衡发展，如图2-3所示。

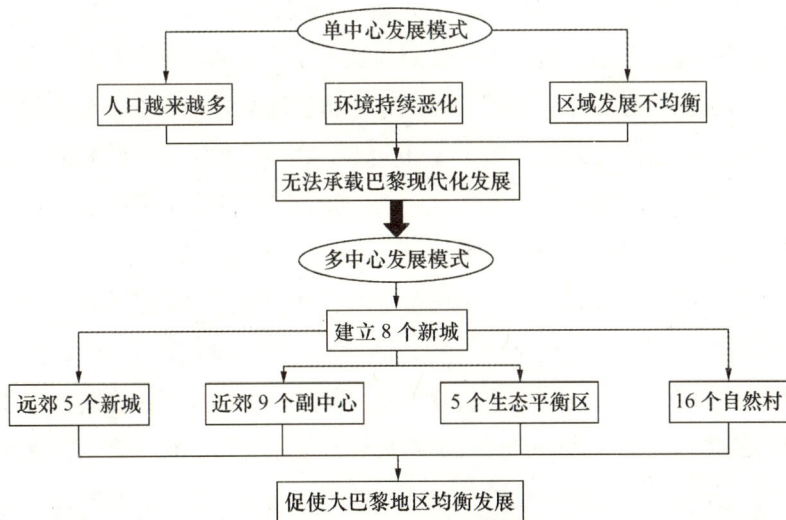

图2-3 大巴黎地区空间结构变化过程

巴黎的新城并不是在一片处女地上从无到有发展起来的，而是在已经半城市化的地域内，利用新建城市中心的辐射作用，吸引工业企业、住宅开发、娱乐设施等继续集聚，提高半城市化地区的建设密度，带动其逐步向真正的城市化地区转变。这个特点决定了巴黎新城具有浓厚的城市氛围，而且在规划建设之初，必须考虑与现有城市发展相结合，不能因过度追求空间布局的形式主义而忽略社会经济的实质内容。

巴黎新城的内部空间组织因每座新城的具体条件不同而有所差异，但总体上存在着一些共同原则。例如，新城一般由中心区、住宅区、工业区和开敞空间等功能空间组成；新城的城市空间结构一般以 ERE 的站场为核心形成组团，呈圈层状布局；新城内部的城市交通采用等级化的结构模式；等等。

二、巴黎国际都市圈中心城市及其中小城市交通发展关系

早在 1939 年批准的《普罗斯特规划》中，就曾提出建设"放射路＋环路"的路网结构布局，并规划设计了第一条环绕巴黎中心城区的环线，这对大巴黎地区未来的交通格局具有深远影响。1960 年提出的交通规划对近郊的公路网进行了进一步的调整，使得中环线的作用得以加强。1965 年的大巴黎地区总体规划对整个大巴黎地区的城市交通提出了规划，并提出要有效联系各个城市功能区，保证每个公民都有方便地选择几种出行方式的可能，满足日益增长的私人小汽车通行的需求，更好地沟通巴黎的中心城区与其他中小城市、其他国家的交通。但是随着经济的发展，拥有小汽车的居民人数越来越多，汽车逐渐成为生活的必需品。而随着小汽车的迅速增多，道路交通的拥堵现象也日益严重，因此公共交通的建设就必不可少。在 70 年代后，巴黎的公共交通设施建设速度不断加快，并且在 80 年代后期巴黎明确提出了限制私人小汽车的发展，公共交通战略成为发展重点。

大巴黎地区的中心城镇和中小城市中的交通模式主要以高等级高速公路和快速铁路为主。截止到 1995 年底，大巴黎地区共有 735 公里长的高速公路和快速道路，这些高等级的高速公路为大巴黎地区的居民提供了便利的生活环境。而大巴黎地区的快速铁路模式是解决中心城市和中小城市交通问题的一个很好典范。首先，快速铁路模式是地铁、市郊铁路的结合体，在郊区一般行驶于地面，进入市区后转入地下。与地铁相比，它的车站间距大、运行速度快、能够在一定程度上节约投资成本。而大巴黎地区的快速铁路建设的目的就是将巴黎市中心和 5 个新城、9 个副中心联系起来，并且每座新城和副中心都有属于自己的车站。其次，快速铁路的另一个好处就是可以在短时间内运送大量的人，从而缓解上下班通勤时间内的交通流。这种穿越城市中心连接各远郊区的快速铁路在推动大巴黎多中心格局发展、疏散城市中心的密集人口和缓解中心城市的交通拥挤方面起到了非常明显的作用。

三、巴黎国际都市圈中心城市及其中小城市经济产业发展布局关系

根据巴黎国际都市圈的中心城市的经济发展和产业布局情况，可以把巴黎市划分为核心层、内环、外环三个圈层。

金融业是巴黎核心层的核心产业，其金融业的雇员数占整个巴黎市的67%、占核心区的25%。因此，金融业作为巴黎核心区的主导产业是毋庸置疑的。除此之外，巴黎市核心区的制造业的地位也是其他地区无法取代的，其中最突出的是出版印刷业。制造业在巴黎核心区的雇员只占3%，但其集聚度却高达46%，经过多年的制造业产业调整，这种都市型制造业依然在地价高昂的巴黎市核心区生存下来并得以发展。

巴黎内环圈层的产业结构与核心区的产业结构有一定的差异。虽然从雇员的人数分析，巴黎内环的第一产业是政府和教育部门，但是这些产业都不是主导产业，而服装业和出版业才是本圈层的主导产业，企业和雇员分别占巴黎同行业的46%和39%、31%和32%，与核心区形成了良好的产业转移与衔接关系。除此之外，金融业在该圈层的雇员只有1.2万人，占巴黎市的8%，远低于核心区9.8万人、67%这一水平，但是金融业仍是内环圈层重要的产业结构之一。

外环的主导产业与内环类似，主导产业都是政府和教育部门、企业服务业和商业。由于这一圈层面积最大、人口最多，所以各个产业的雇员人数在三个圈层中也最多。但是内环的主导产业服装业和出版业却在外环有着不同的变化。在巴黎市的外环，服装业的雇员只占巴黎市的14%，仅有3000多人从事这一行业，相比于核心区和内环区大幅度降低。而出版印刷业人数却远远高于核心区和内环区，有将近15000人，占巴黎市的出版印刷行业的38%、占外环的2%，出版业也是外环区制造业中从业人数最多的行业。

大巴黎地区的中心城市的产业分布之所以如此，是因为"工业分散"政策对巴黎市产业布局产生了较大的影响。从20世纪50年代开始，尤其是60年代之后，法国政府实施了大巴黎地区的整体规划，对巴黎地区工业的布局进行了调整，严格限制了巴黎中心工业的继续集中，迫使工业企业向周边地区扩

散。与此同时，法国政府也进一步加强了高级服务功能，如管理、研究发展、计划和营销等功能在城市中心的集中。在引导工业企业扩散的过程中，也加强了对产业布局的调整。留在市区的主要是那些生产时尚、易变产品的工业部门和手工业，而传统的资本、劳动密集型工业部门却向郊区转移。这使得巴黎市中心区成为巴黎市的商业金融服务中心。

与中心城市相比，大巴黎地区的中小城市的主要功能定位为吸纳新增人口，特别是半城市、半乡村的城乡交接地带，避免人口向巴黎市中心的过度聚集，从而使得整个大巴黎地区均衡发展。其中，小城市的产业结构并不是完全以工业部门为主，因为这些中心城镇并不是卫星城的概念，而是功能完善的独立新城。所以大巴黎地区的中小城市包含了各种功能结构，主要涉及商务、服务、主要发展工业以及居民所需的基础和服务设施。但是每一座中小城市的发展都是在中心城市的带动下发展起来的，政府也鼓励城市居民向周边的中小城市分散，并且通过法律和政策吸引对新城的投资，从而诱导巴黎中心城市的部分企业向新城搬迁并且发展其自身的产业。

四、巴黎国际都市圈中心城市及其中小城市互动机制

在大巴黎地区发展的初期，政府主要投资建设的是巴黎市的中心区，由于中心城市的经济快速发展，吸引了很多投资者前来建厂，这就导致巴黎地区需要大量的劳动力。由于集聚效应，大量的外来人员来到巴黎市打工，导致了人口向中心城市聚集。但是中心城市的面积是有限的，人口的过度膨胀导致了各种各样的问题，如交通拥堵、环境恶化。这时巴黎政府转变城市建设的方针，开始逐渐向周边发展。同时，法律法规和城市规划在城市的发展过程中起到了重要的作用，法律法规为城市的发展提供了有力的保障，而城市规划是城市发展的基础。几次重要的城市规划都提出了大巴黎地区的发展必须向周边扩散，以发展中小城市的思想，其中在巴黎市的近郊地区要建立9个副中心，在巴黎市的远郊区要建立5座新城，与此同时也确立了巴黎市区的中心地位。在规划后，中心城市的人口开始逐步向新城和副中心疏散，同时政府鼓励一些工业园区迁移到郊区，这样就在一定程度上缓解了大巴黎地区人口密集的问题。当然，在人口疏散和产业迁移的同时，中心城市与副中心和新城的交通也在不断地发展，连接中心城市和郊区的不仅仅有发达的高速公路网，巴黎政府还投资建设了RER快速铁路线以方便市民往返于市中心和郊区。交通发达了，中心

城市和中小城市的发展联系也就密切了，这就使得中心城市和中小城市在经济
上相互促进，共同发展，而人口分布也就逐渐趋向均匀，不会聚集在中心城市
中阻碍城市的发展，进而使得整个大巴黎地区均衡发展（如图 2-4）。

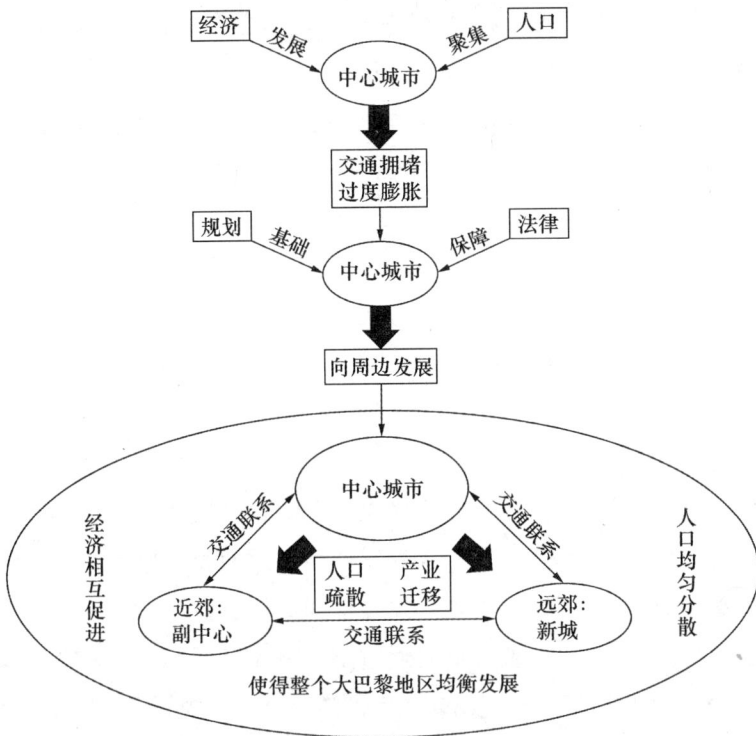

图 2-4 巴黎国际都市圈中心城市和中小城市互动机制

第四节 巴黎国际都市圈相关规划、
法规、政策及其影响

从 19 世纪末开始，大巴黎地区的经济发展逐步加快，城市的建设也进入
了扩张阶段。由于城市的快速扩张，巴黎地区引发了交通拥挤、郊区扩散、公
共设施严重不足、管理混乱等城市问题。巴黎政府也意识到了必须从政府的高
度出发才能协调好城市空间布局，解决城市扩张所带来的一系列问题。到目前
为止，巴黎政府已经做出六次影响力比较大的城市规划。

1932 年法国政府邀请规划师普罗斯特代为制定巴黎地区的空间规划，

1934 年巴黎第一次大都市圈规划《PROST 规划》正式出台。PROST 规划是在大巴黎地区郊区扩散现象日趋严重的情况下出台的，目的就是对郊区扩散现象加以抑制，从政府的高度对城市建成区进行调整和完善。该规划将大巴黎地区划定在以巴黎圣母院为中心、半径 35 公里的范围之内，对区域道路结构、绿色空间保护和城市建设范围三方面作出了详细规定。此次规划限定了可建设用地的范围，提出了放射路和环路相结合的道路结构形态，保护了现有森林公园等绿地和重要历史景观地段，成功遏制了郊区的蔓延并且为未来的城市发展留下了充足的用地储备。

1956 年，法国政府制定颁布了新的《巴黎地区国土开发计划》（简称 PARP 规划），这是大巴黎地区的第二次城市规划。第二次规划继承了第一次规划以限制郊区发展为重点的规划思想，提出了疏散中心区人口、在郊区建设大型住宅区以及在外围边缘建设卫星城等措施，从而降低巴黎中心区密度、提高郊区密度、促进区域均衡发展。

1958 年法国通过颁布法令开辟"优先城市化地区"，促进了大型住宅区在巴黎郊区的建设，抑制了巴黎中心区的发展。经过两年的修改后，1960 年由戴高乐政府主持的《巴黎地区国土开发与空间组织总体计划》（简称 PADOG 规划）正式出台。此次规划主旨仍是通过限定城市建设区范围来遏止郊区蔓延，追求地区整体均衡发展。与第二次不同的是，此次规划视野限定在城市中心区而不是郊区，并且鼓励现有企业利用扩大或者转产的机会向郊区转移。除此之外，本次规划还有一个创新的地方，那就是将建设新的发展极核作为城市发展战略的重要内容，通过鼓励在大巴黎地区以外新建卫星城镇，提高农村地区的活力。这也是"新城"概念第一次出现在正式的规划文件中。本次规划继续执行了限制巴黎中心区增长的政策，并且很好地控制了大巴黎地区的人口增长。

1965 年巴黎政府出台了《巴黎大区国土开发与城市规划指导纲要》（简称 SDAURP 规划）。此次规划是大巴黎地区规划的转折点，因为此前历次区域规划重视了城市发展质量而忽视其数量需求，而这次规划不但兼顾了城市发展在数量上的需求，也兼顾了质量上的需求，即在完善现有城市中心区的同时，有意识地在其外围地区为新的城市化提供可能的发展空间。其主要内容包括改变先前的中心放射状布局，扬弃简单模仿英国大伦敦地区的新城模式，主张开发新城作为中间层次的地区城市中心，提出了将 8 座新城沿交通干线布局，并且确定了这 8 座新城地区的城市中心。此次规划为城市建设提供了新的发展空间，构架了区域空间格局的雏形，对未来大巴黎地区的发展奠定了空间基础。

1976 年，法国政府经过对 SDAURP 规划的两次修改颁布了《法兰西之岛地区国土开发与城市规划指导纲要（1975～2000）》（简称 SDAURIF 规划）。该规划重申了大巴黎地区城市发展的四个基本原则，即轴线－多中心空间格局原则；地区增长中心综合化、多样化建设原则；区域开敞空间严格保护原则；环状放射的便利交通系统原则。并且规定巴黎市中心区应保持多样化的居住形式，稳定就业水平，减缓人口递减趋势；巴黎近郊地区应该保持并完善现有的城市结构，整治和改善当地环境；巴黎远郊地区应尽快发展新城，并且建设轨道交通系统，加强与中心城市和近郊地区的联系交流。此次规划的实施，稳定了巴黎市中心区的经济发展，促进了巴黎近郊地区的综合发展，为巴黎远郊地区的发展提供了必要的政策保障。

1994 年《法兰西岛地区发展指导纲要（1990～2015）》（简称 SDRIF 规划）编制完成，制定了新世纪巴黎地区发展总体目标和战略。该规划确定了 3 条土地利用的基本原则，打破了行政边界的隔阂，加强了城市之间的联系，更加注重社会、文化、环境等人文因素的空间整合，坚持以多中心建设大巴黎地区的空间布局思想。此次是第五次规划的延续，其中大部分的发展原则和规划思想是一脉相承的，只是根据当今发展现状和国际潮流进行了必要的补充和完善。此次规划实施后，大巴黎地区继续扩展了城市发展的空间，增加了解决城市问题的途径，多中心的空间概念也深化到整个巴黎国际都市圈。

通过六次城市规划，大巴黎地区的城市建设也得到了进一步发展。前三次政府规划主要对城市建设的增加起到了抑制作用，在某种程度上带有消极性。但是，1965 年后的三次规划方案继承了以推动巴黎地区整体均衡发展为核心的城市发展思路，将人为限制城市建设区的扩张转变为有计划地为城市建设寻找新的发展空间，城市发展空间不断扩大，解决城市问题的手段也逐步增多。由此看出，政府的规划、法规和相关政策的制定对于整个大巴黎地区起到了决定性的作用。一旦一个城市的规划得以实行，无论对城市发展是促进还是抑制，城市发展的大方向总会随着规划中的内容进行。所以在制定每个区域的整体规划时，一定要考虑在该规划的指导下能否对城市的发展起到促进性作用，只有这样才能促进城市圈更快、更好地发展。

规划、政策以及相应的法规除了能够把握城市发展的方向外，还能够调节该地区的经济发展状况、人口发展状况和交通发展状况。在 1932 年后，由于大巴黎地区的城市规划，使得其经济活动由中心地带逐步向郊区发展，从而使得大巴黎地区的经济发展日趋平衡。另外，由于第五次和第六次城市规划的原因，使得大巴黎地区的人口规模逐渐减小，大巴黎地区的人口由 1975 年的 988 万降为 1994 年的 906 万，其占全法国的比重相应的由 18.7% 降为 15.6%，巴黎市区人口由 1975 年的 230 万降为 1994 年的 217 万。总体来看，由于规划的影响，大巴黎地区的人口基本呈现负增长状况。此外，巴黎郊区的新城建设规划也经受了多次政府更迭和政府财政危机的考验，已经发展成为功能齐全、具有自我发展能力的新型发展区域。对于 5 个新城来说，1968 ~ 1984 年的 25 年间，第四次和第五次的城市规划使得郊区人口新增 37 万人，就业岗位新增 16 万个，占该地区人口总数的 59.6% 和就业岗位的 71.4%。其新增人口占整个巴黎区新增人口的比重由 1968 ~ 1975 年间的 18% 上升到 1975 ~ 1982 年的 47%（曹刚、王琛，2004）。同时由于六次规划的出台，大巴黎地区内部的轨道交通系统和巴黎市区内部的公共交通系统也得到了极大的发展。

当然，随着城市的发展，规划中也会存在一些不合理的地方，这些不合理的地方会对城市发展起到一定的抑制作用。例如，在大巴黎地区新城建设发展的过程中，其政府对于新城的规划就走过弯路。由于政府对人口增长的错误估计，最初曾计划在巴黎郊区建设 8 座新城，后来不得不把新城的数量下调为 5 个。这就对时间和财政资源造成了一定的浪费，延误了大巴黎地区的发展。另外大巴黎地区发展的第七个五年计划期间，由于政府的财力有限，使得政府资助的资金不能到位，导致新城实际建造的住宅数还不到规划数的一半。而巴黎郊区新城发展规划早在 1958 年就已经提出，但直到 1976 年，议会才批准了巴黎郊区新城发展规划，从而延误了新城的发展。这些措施都是规划中不合理的措施，它们抑制了城市的发展。

第五节　巴黎国际都市圈中小城市案例分析
——马恩拉瓦莱新城

一、马恩拉瓦莱新城概述

马恩拉瓦莱新城是巴黎地区的 5 个新城之一，位于大巴黎地区北部城市优先发展轴的东端，由来自 3 个省 26 个市镇共同组成，占地约为 152 平方公里，在东西长 22 公里、南北宽 3~7 公里不等的地域范围内呈线性分布，并且被重新划分为 4 个城市分区，包括巴黎之门、莫比埃古、比西谷和欧洲谷。它在区位、交通、环境、人文、空间等方面都有得天独厚的优势，是公认的巴黎新城中发展最快并且最为成功的一个。

马恩拉瓦莱新城的区位优势主要体现在地理位置上。它是 5 座新城中距离巴黎市中心最近的一个，与环城公路的最短距离仅为 10 公里。由于处在半城市化郊区和传统农业的过渡地带，新城不仅可以吸引巴黎市的居民，使巴黎市区的人民分散到马恩拉瓦莱新城，还可以服务郊区居民，使郊区居民可以搬到新城中生活，促进新城的城镇化发展。这样的双重发展有利于强化它作为中心城市的地位。

在交通方面，马恩拉瓦莱新城更是具有很大的优势。它处在巴黎以东的交通要道上，是通往东欧和北欧的高速公路的交汇处，境内有多条公路、铁路穿行，极大地方便了新城人民与其他地区的交通联系，如图 2 - 5 所示。其中，公路交通方面，郊区环路（即 86 号高速公路）和弗朗西兰环路（即 104 号高速公路）分别在新城以西和新城境内通过，直接连接巴黎的戴高乐机场和奥利机场，而 4 号公路直接通往巴黎市中心；在铁路方面，法国铁路公司的两条线路从巴黎东站出发，分别从南城和北城两侧经过，其间共设 4 个停靠站；RER 的 A 号线横贯新城，并设有 9 个车站，可以在 50 分钟内抵达巴黎市中心；高速铁路有两条线经过马恩拉瓦莱新城，一条在新城的北部，一条贯穿新城东部地区，并且通往戴高乐机场、比利时、荷兰和英国等地。

在环境方面，马恩拉瓦莱新城北枕马恩河，南倚大片森林，西抵台地之麓，东临大莫林河谷，区内的地势平缓起伏，河流蜿蜒纵横，绿化植被十分茂密，自然条件也十分优越，景观特质鲜明。在人文方面，马恩拉瓦莱新城内有

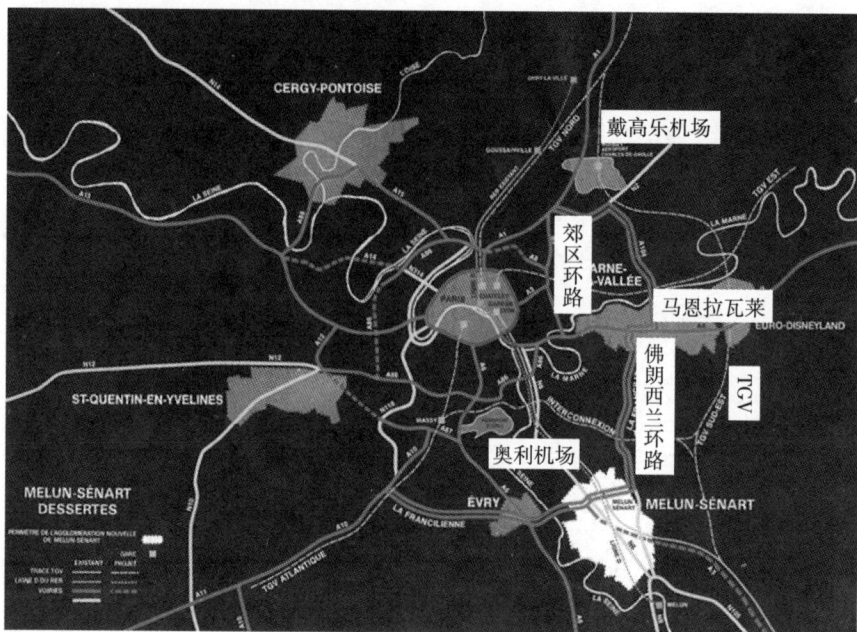

图 2 - 5 马恩拉瓦莱新城交通示意图

资料来源：百度文库，城市发展案例——巴黎著名新城马恩拉瓦莱，2013，http：//wenku. baidu. com/view/94cb1172f46527d3240ce02a. html。

大量的历史文化遗产，这也导致了马恩拉瓦莱新城具有其自身的特点。在空间方面，由于马恩拉瓦莱新城处于传统农业地区和半郊区化的地区，所以在其东部地区有大量的农业生产用地，这也为今后的城市发展提供了更丰富的储备空间。

二、马恩拉瓦莱新城发展过程

关于马恩拉瓦莱新城的建设，最早是在 1965 年的 SDAFURP 规划中提到的。在 SDAFURP 规划中提到了要在马恩河以南、巴黎城市建成区以东建立一个新城。规划中还提到了建设新城要全力保护规划区内的自然空间和历史建筑，同时优先发展公共交通，增加第二和第三产业的就业岗位，促进工作与居住之间的相对平衡，努力使新城成为不同于巴黎的新型中心城市，既服务于新城市化地区，也面向半城市化的郊区，以缓解郊区就业岗位缺乏、设施不足等矛盾，促进巴黎东部地区的均衡发展。在最初的发展过程中，巴黎政府首先围绕该地区最西端的努瓦希勒格朗建设城市中心，如表 2 - 4 所示。

表 2 - 4 　　　　　　　　　1969 年马恩拉瓦莱新城最初规划表

城市分区	面积（平方公里）	人口（万）	功能定位
努瓦西勒格朗	29	17	新城中心
Champs-Lognes-Noisiel-Trorcy	42.5	9	居住
Genitoy	44	10	居住
未定	46	14～15	第三产业就业中心

资料来源：刘健，《基于区域整体的郊区发展——巴黎的区域实践对北京的启示》，东南大学出版社 2004 年版。

20 世纪 70 年代初期，马恩拉瓦莱新城建设开始启动，首先开始建设的是马恩拉瓦莱新城的第一分区——巴黎之门的开发。由于此时新城建设优先考虑满足城市发展在数量上的巨大需求，所以从约 2 平方公里的新城中心开始，建设了大量的商业、办公、教育、体育等公共服务设施，以及 3500 户住宅和城市公园，随后又在新城建设了一批住宅区。但是，对住宅区过快的开发也导致了一些问题，比如增加的就业职位远远少于开发的住宅区的数量，这就导致了一些居民失业，从而陷入了经济和社会的困境。

在第一分区的发展带动下，越来越多的人开始向新城的中心集聚。为了容纳新城中心吸引产生的人口增长，马恩拉瓦莱新城的第二分区（莫比埃古）在 20 世纪 70 年代开始建设，由于第二分区拥有当地独特的自然环境优势——优美、舒适的居住环境，所以很快就吸引了大批的居民来此落户。同时，随着巴黎地区社会经济发展的变化，一些新的城市功能空间（如产业园区、研发中心等）在第二分区中不断出现。

在 20 世纪 80 年代，马恩拉瓦莱新城的第三分区才开始逐步修建，比前两个分区晚了十多年。到目前，第三分区也处于发展的初始阶段。第三分区的主要职能是接纳以知识经济生产为特征的新型企业，以适应 20 世纪 80 年代以来巴黎地区经济的发展向后工业化过渡的新趋势，并且形成了住宅、商务办公和产业开发等几大功能分区。

由于 20 世纪 70 年代后法国经济的不景气，马恩拉瓦莱新城的建设也遭遇了严重的经济困难，直到 1987 年与迪士尼公司签署合作协议之后，第四分区（欧洲谷）的建设才逐步开始。并且巴黎政府还专门成立了国土开发公共机构（简称 EPAFRANCE），对第四分区的建设进行管理。在 1992 年的时候，迪士尼主题公园正式开放，吸引了大量的游客来到新城，并且促进了第四分区的财政收入。1994 年，由于为迪士尼主题公园修建高速铁路，并且 SDRIF 规划将马恩拉瓦莱新城确定为巴黎地区的 5 个重点发展极核之一，第四分区有了进一步的发展。

从马恩拉瓦莱新城的发展过程可以看出，马恩拉瓦莱新城的发展方向是由东向西分步发展起来的。现在的马恩拉瓦莱新城已经进入了平稳发展的时期，巴黎之门、莫比埃古、比西固和欧洲谷这四个分区的发展也呈现繁荣的景象。每个分区的市镇、面积、人口如表2－5所示。可以发现，每个分区的人口都在逐步的增长，这说明新城吸引了一定的人口聚集，有助于大巴黎地区的城镇化发展。

表 2－5 马恩拉瓦莱新城分区面积、人口、功能定位

城市分区	市镇（个）	面积（平方公里）	实际人口（万）				规划人口（万）
			1975 年	1982 年	1990 年	1999 年	
巴黎之门	3	21	6.12	7.44	9.06	9.9	10.66
莫比埃谷	6	38	1.57	4.7	7.90	8.51	8.66
比西谷	12	61	2.4	2.74	3.62	4.98	7.42
欧洲谷	5	32	0.25	0.33	0.52	1.19	4.05
合计	26	152	10.34	15.22	21.10	24.65	30.70

资料来源：EPAMARNE，EPAFRANCE. Marne－la－Vallee en Chiffres，2000。

三、马恩拉瓦莱新城城市规划与设计

马恩拉瓦莱新城并不像传统城市那样在漫长的历史长河中缓慢成长起来，而是在地区城市化迅速发展的前提下，在短期内迅速建设而成，因此马恩拉瓦莱新城的建设就会存在许多不定的因素。在这种情况下，就更需要城市规划具有超前的思想和理念。对于马恩拉瓦莱新城来说，主要通过 4 个方面的设计理念来对新城进行规划，这 4 个规划理念是：优先发展交通干线周边的地区，形成不连续的布局状态，等级化的交通体系和具有凝聚力的城市组团。

1. 优先发展交通干线周边的地区

由于马恩拉瓦莱新城处在马恩河和大片森林的中间，并且两者都是严格的自然保护区，新城的发展只能呈线型发展。所以马恩拉瓦莱新城采用了 SDAU-RP 规划提出的首先沿交通干线布置城市建设、形成城市优先发展轴的设想。

马恩拉瓦莱新城中有 A 号线从城市中央穿过，并且有郊区环路和弗朗西兰环路分别从新城以西和新城境内通过。正是依托这些交通要道，才使马恩拉瓦莱新城由西向东形成轴线发展。这样的布局在功能上具有实效性，因为交通干线可以为周边的发展提供便捷的交通服务，更加有利于经济和人口的发展。另外，这样的布局形式也可以增强新城在建设中时间和空间上的灵活性，并且可以根据实际需求的变化，同时容纳不同风格和类型的建设项目，形成多元并存的局面。

2. 形成不连续的布局状态

由于马恩河和大片森林在马恩拉瓦莱新城周围，使得新城不得不被分解成若干的独立城市组团，形成不连续的城市空间。但是这些不连续的城市空间通过 RER 的 A 号线和 4 号公路相互联系，中间被南北向的绿化带所隔离。马恩拉瓦莱新城共分为四个不连续的分区，每个分区根据其核心由中心向外发展，并且每个分区都有 RER 线与其他分区联系。这种布局形式与传统城市的布局形式有明显的不同，这同时也是马恩拉瓦莱新城空间发展的独创性所在，事实证明这也是正确的。

3. 等级化的交通体系

一个新城是否能够顺利发展，交通的好坏也起到了决定性的作用。马恩拉瓦莱新城的交通包括新城内部交通和对外交通。在新城内部以及与巴黎之间的交通主要以公共交通为主，主要包括轨道交通和公共汽车交通。轨道交通主要解决新城内部各个分区之间的交流和各个分区与巴黎市中心的交流，公共汽车主要服务于城市组团内部及其周边地区的沟通交流。而对外的交通主要依靠私人小汽车，通过发达的公路网使得居民在任何一个分区都可以快速地找到高速公路，到达其他城市或者机场。

4. 具有凝聚力的城市组团

马恩拉瓦莱每个分区都是围绕 RER 车站呈圈层状布局的，不同功能的区域都会围绕核心车站向外扩散，这就使得每个分区的建设密度和人口密度由中心向外缘逐步降低。自然的水系和被设计过的林荫道一起形成了一条绿脉，与密集的建筑物一起形成了一条靓丽的风景线。RER 车站是每个分区核心的地标，在车站周围集中了各种社会服务和商务办公区，形成了相对密集的组团中心；在组团中心以外，为住宅和低干扰企业的混合区，并且结合居住区的服务设施形成了小区中心；在小区中心的外围是第二、第三产业的活动区，这些活动区大部分沿着铁路和公路设置，形成工业园区；在工业园区的外围就是低密度的郊区住宅和大片的自然空间了。这种组团式的布局模式缩短了住宅与交通枢纽、服务设施、工作地点和自然空间之间的距离，有利于发展公共服务设施的集聚效益，增强各分区的基本城市单元凝聚力。

第六节 小 结

一、巴黎国际都市圈城市规划方面的经验及对我国的启示

从巴黎国际都市圈的发展历程来看，促使今天巴黎国际都市圈和大巴黎地区的形成与繁荣发展的主要根源是大巴黎地区六次主要的城市规划。这六次主要的城市规划使大巴黎地区逐渐由单中心的城市发展模式过渡到地区均衡发展的多中心发展模式，这其中的经验是值得我国借鉴和学习的。

1. 及时调整不合理的行政区划

行政区划是指一个国家行政管理的区域组织系统，国家为了行政管理的方便，更有效地控制各个地域，通常在其所辖的领土范围内按照自然地理条件、政治经济状况、民族与人口的分布、历史文化传统和军事传统的需要，将其划分为若干个不同的区域。所以在城市规划的过程中，行政区划对于一个地区的发展起到了至关重要的作用。而大巴黎地区在制定城市规划的过程中就充分考虑到了行政区划的问题，及时调整行政区划以促进城市的发展。如，在1964年颁布的 SDAURP 规划中，大巴黎地区对塞纳、塞纳瓦兹和塞纳马恩三省在内的大巴黎地区进行了行政上的调整，把塞纳省分为巴黎市区、上塞纳省、塞纳圣德尼省和瓦尔德马恩省；把塞纳瓦兹省分为埃松、瓦尔德瓦兹和伊夫三省。这样的调整有利于政府对每个区域进行管理，从而促进了整个大巴黎地区的协调发展。而对于我国的发展来讲，许多都市圈也存在着行政区域规划不合理的地方，这会阻碍都市圈的均衡发展，而在我国的城市发展过程中也很少发生行政区划发生改变的时候，所以在适当的时机和适当的地方，应该加强对行政区划合理的调整，从而促进各个城市的发展。

2. 建立副中心和新城，均衡区域发展

在20世纪60年代以前，大巴黎地区的发展十分不均衡，市中心的人口极

度膨胀，交通愈发拥堵，环境持续恶化。为了缓解办公、商业活动和交通等方面对于巴黎中心区的压力，巴黎政府在城市规划中提出要在巴黎市周边建设中小城市的概念。这些中小城市包括在近郊建立副中心和在远郊建立新城。规划要求在巴黎市近郊原有的基础上建立9个新的商贸、服务、交通副中心，以实现分散巴黎市民的目的；在距离巴黎市中心20～30公里的范围内，建立5个新城，并且每个新城都各自具有独特的区位和地形。最主要的是这些新城都不是卫星城的概念，而是功能完善的独立新城。所以大巴黎地区的新城包含了各种功能结构，涉及商务、服务、主要发展工业以及居民所需的基础和服务设施。这样不仅能够更好地吸引中心区的人口向周边分散开来，而且能够提高每个新城居民的生活质量。在我国，同样也有很多大城市在周边发展中小城市来缓解中心城市的压力，如北京、上海等地，但是在发展的过程中，一定要注意对中小城市的规划。如果中小城市的规划不能够吸引足够的居民到这些地方中去，那么就意味着这些新建的中小城市就会成为"死城"，投资建设的资金也就会成为水漂。

3. 建立相应的城市规划机构

巴黎市政府对城市规划问题有着高度的重视，并且设置了一系列相应的城市规划机构来专门对大巴黎地区的规划做研究和指导。1960年，巴黎政府首先设立了城市规划研究中心，负责就大巴黎地区在规划治理方面的问题向政府提供咨询。同时，巴黎地区行政下还设立了"巴黎地区城市规划与开发研究所"，该机构主要为大巴黎地区的规划建设进行一系列的研究，为大巴黎地区的建设和发展做出了十分重要的贡献。此后，巴黎市政府还设立专门的城市建设管理机构，以提高城市规划的总体水平。正是由于建立了这一系列的城市规划机构，才使得大巴黎地区的城市规划取得了如此大的成就。对我国而言，城市规划的政府机构主要是中国城市规划设计院，对于各个地区而言，缺少相关的专门进行城市规划研究的机构。所以根据大巴黎地区的发展经验，我国应对城市规划系统加以完善。

4. 完善的法律法规保障

巴黎国际都市圈城市发展之所以能取得如此大的成功，完善的法律是必不可少的基础。为了能够使大巴黎地区均衡的发展，巴黎市政府先后制定了很多有利于其发展的相关法律，其中《巴黎大区总体规划》就是目前大巴黎地区发展中必须执行的法律文件。此外，在制定法律文件的同时，巴黎市政府还会根据大巴黎地区的实际发展对法律文件进行进一步的完善。在整个大巴黎地区的发展过程中，巴黎市政府一共进行了六次规划的修订，正是由于及时地对规划方案进行调整，才使得大巴黎地区得到了均衡的发展。一系列法律法规的完善和实施，不仅促进了巴黎大都市圈城市内部和城市之间协调发展和生产力的合理布局，更为重要的是使巴黎大都市圈的规划有法可依，使巴黎大都市圈的建设和管理纳入法制轨道。同时，这些完善的法律法规也是大巴黎地区经济整合的保证。从大巴黎地区的发展经验来看，完善的法律法规制度是城市规划成功的必不可少的基础。对于我国来讲，早在20世纪90年代，我国就提出了法制社会的概念，近些年我国的法律制度也在不断地完善，同时在城市规划方面的法律法规也在不断完善。我国只有在完善的法律法规的基础上，才能使城市的发展不走弯路。

二、巴黎国际都市圈交通发展的经验及对我国的启示

无论是巴黎市，还是大巴黎地区，抑或是巴黎国际都市圈，其交通系统都十分发达。正是由于巴黎交通系统发达，交通环境井然有序，地上地下各负其责，才确保了巴黎国际都市圈交通系统的正常运转。

1. 大力发展公共交通

在巴黎的市内，有许许多多的历史建筑，而这些建筑都是需要被保护并且不能破坏的。但是巴黎地区本身的面积仅有105平方公里，而常住人口却超过215万，这就需要巴黎市在有限的空间中，并且在历史建筑不被损坏的前提下解决交通问题。在解决交通问题的传统方法中，拓宽路面是一种最基本的方法，但是这种方法在巴黎却行不通，所以巴黎市政府反其道而行之，不仅不拓宽道路，反而不断缩减机动车道的数量，并且在路面上增加交通信号灯，使有车的人开车成本增加，使得他们不开车或者少开车。既然不拓宽道路，那么巴黎市政府就只有大力发展公共交通，在这其中，轨道交通必然成为解决巴黎市交通的重要途径。在政府的带动下，巴黎市地铁系统得到了迅速的发展，目前已经成为世界上第三大地铁系统。除此之外，巴黎市的公共汽车发展也非常迅速，现在巴黎市区有60条公共汽车线路，线路总长为500公里，设1700个车站；郊区240条线路，线路总长2600公里，设5200个车站。我国的大都市，如北京、上海、广州等地已经建立了相对完善的地铁系统，而一些二、三线城市也意识到了发展公共交通的重要性，并且开始逐步投入资金进行地铁的建设。

2. 扩大市内公交的辐射范围

巴黎市作为大巴黎地区的集聚中心，将大量的客流、信息流集中在一起，使得巴黎市成为客运交通密度最高的地方。巴黎市建立了市区内部高质量的地面公共交通服务，使市区内部联系方便、紧密，从而产生更大的集群效应，发挥市区的经济潜质。随着巴黎市范围的不断外展，外围郊区迅速发展。居民生活水平日益提高，以城市为目的地的工作、购物、休闲娱乐等出行需求迅速上升。为了满足分散居民逐渐多元化、高频率的日常出行需求，公共交通的发展方向应当是逐步扩大传统公交的辐射范围，由"市区公交"向"都市圈公交"转变，以提高公交系统的可达性。

3. 中心城市与中小城市以快速、大容量的交通方式连接

巴黎国际都市圈形成后，中心城市与其中小城市在功能上存在一定的互补性。因此，在商品、服务、资金、信息和通勤等方面将形成密切的双向联系、往返式流动的特点。为了增强中心城市和中小城市的沟通交流，就需要在中心城市与中小城市之间大力发展快捷、大容量的交通干线来满足中心城市与中小城市之间快速、高密度的客货运输需求。在大巴黎地区，连接中心城市与中小城市的主要交通方式为高速公路、高速地铁和市郊铁路。在我国，连接主要中心城市和中小城市的方式主要以高速公路、地铁和郊区公交为主，而市郊铁路并没有得到很好的发展。在中国城镇化的进程中，市郊铁路也必定是连接中心城市和中小城市最重要的一环。

4. 建立城市群之间的快速衔接

巴黎国际都市圈的形成和城市化发展，使得原来单一的城市产业布局分散到城市群，分布于更为广阔的地域上，城市之间的合作也日趋紧密，传统城市内部的交通流有相当部分也相应地转移到中心城市以外的都市圈地域，其流动特点表现为周期性和高频率。因此，布局合理、能力充分、高效集约的城际运输通道作为城际间的"传送带"，对于都市圈的形成和发展起着至关重要的支撑和促进作用，因此就需要城际间快速、大容量的交通干线。在巴黎国际都市圈中，解决这个问题的交通方式主要以高速公路、高速铁路和飞机为主。而我国解决城市群之间交通问题的手段也主要以高速铁路为主。近些年，中国的高速铁路发展十分迅速，主要城市群之间的高速铁路也基本建成并通车，这样就

大大缩短了城市间的往来时间，同时更好地促进了整个城市群的快速发展。

5. 提高多种交通方式的换乘效率

一个都市圈的集聚能力和扩散范围，在很大程度上取决于能否实现物资、人员、信息等生产要素的顺畅、高效流动，而生产要素的流动效率，则取决于公路、铁路、水路、航空、城市道路等各种交通基础设施的网络化水平以及网络内部和网络之间的配合效率。巴黎国际都市圈的集聚能力和扩散范围在世界都市圈中算是比较强的，突出的一点就是在各种交通网络衔接上面，减少了人流、物流在交通方式转换上面的时间，增加了换乘效率，从而使得巴黎国际都市圈的交通发展也更为顺畅。而我国在这方面做得并不是很好，各种交通方式的换乘衔接也不是特别高效，这点需要在今后的建设中引起足够的重视。

三、巴黎国际都市圈其他方面的经验及对我国的启示

1. 重视都市圈生态环境的可持续发展

在巴黎国际都市圈城市化发展的过程中，资源环境的可持续发展也是巴黎国际都市圈中所考虑的重要问题，政府也采取了一些战略措施来保护地区自然环境、资源，使得城市可持续发展。为了适应现代社会的需要，政府通过建设5 条绿带和发展郊区农业以构筑"自然平衡保护带"，达到改善巴黎地区土地利用结构和提高社会生产、生活环境质量的目的，同时也给未来发展留下一定的空间。另外，整治郊区森林和绿地，保护郊区的自然环境，使得大巴黎地区的生态环境达到平衡状态。除此之外，一些针对巴黎国际都市圈资源环境可持续发展的措施包括建立区域性土地利用与管理模型、实施绿色空间计划、废弃物管理以及污水处理等。同样的，我国也越来越重视可持续发展的问题，在进行经济建设的同时不能以污染环境为代价。

2. 注重保护历史文化遗产

巴黎市区拥有很多具有重要保护价值的古代建筑，同时法国也是世界上最早保护文化遗产的国家。早在 20 世纪初，法国就颁布了《建筑保护法》。此后经过多次法律修改，政府主要从以下两个方面对古代建筑进行保护。第一，保护古建筑，严格限制市中心新建建筑物的高度，保持市容的和谐统一；第二，对古建筑内部进行改造，增加现代化设备，使之满足现代社会的要求。经过将近 100 年的规划与整治，巴黎城区内留下了大量宫殿、府邸、寺庙、教堂和其他公共建筑，并且历史规划和布局也没有改变，依然保留着传统的样子，

这使得巴黎越来越富有历史感、文化感。直到今天，巴黎市城区也是如此的优美动人，并且被评为欧洲"最浪漫的城市"。我国同样也是历史文明古国，大批有价值的历史建筑存在于各个城市中。在城镇化进程中，必须要对这些建筑进行有针对性的保护，充分利用和发挥这些历史遗产带来的价值，从而促进城市的更好发展。

参考文献

[1] 百度百科，2013，http：//baike. baidu. com/picview/11269/5044037/0/32bb9c8b213abdc7fd1f101d. html#albumindex=5&picindex=6.

[2] 东方早报，2007，http：//epaper. dfdaily. com/dfzb/html/2007－08/20/content_ 5858. html.

[3] 上海情报服务平台，2009，http：//www. istis. sh. cn/list/list. aspx? id=5925.

[4] 新浪财经，2007，http：//finance. sina. com. cn/stock/othermarket/20070531/19353649907. html.

[5] 法国统计局，2009，http：//www. insee. fr/fr/.

[6] 百度知道，2010，http：//zhidao. baidu. com/question/159126118.

[7] 左学金. 世界城市空间转型与产业转型比较研究. 北京：社会科学文献出版社，2011

[8] 朱晓龙，王洪辉. 巴黎工业结构演变及特点. 国外城市规划，2004

[9] 吴瑞君. 上海大都市圈人口发展战略研究. 上海：华东师范大学，2005

[10] 曲凌雁. 大巴黎地区的形成与其整体规划发展. 世界地理研究，2000（4）

[11] 欧洲旅游网，2013，http：//europe. tour. 1736. cn/art/95/.

[12] 曹刚，王琛. 巴黎地区的发展与规划. 国外城市规划，2004（5）

[13] 马亚西. 东京、巴黎打造城市副中心为北京建设世界城市提供的借鉴. 北京规划建设，2010（6）

[14] 潘海啸. 大都市地区快速交通和城镇发展. 上海：同济大学出版社，2002

[15] 车春鹏，高汝熹. 国际三大都市圈中心城市产业布局实证研究及启示. 科技管理研究，2009（9）

[16] 董晓峰，史育龙，张志强等. 都市圈理论发展研究. 地球科学进展，2005（10）

[17] 刘健. 巴黎地区区域规划研究. 世界都市，2002（1）

[18] 邹欢. 巴黎大区总体规划. 城市总体规划，2000（4）

[19] 百度文库，城市发展案例——巴黎著名新城马恩拉瓦莱，2013，http：//wenku. baidu. com/view/94cb1172f46527d3240ce02a. html.

[20] 刘健. 基于区域整体的郊区发展——巴黎的区域实践对北京的启示. 南京：东南大学出版社，2004

[21] EPAMARNE, EPAFRANCE. Marne-la-Vallee en Chiffres, 2000.

[22] 谈俊. 马恩拉瓦莱新城城市设计案例分析. 山西建筑，2008（25）

[23] 马衍军、杨爱国、金敬东. 都市圈发展对交通运输的需求分析. 交通世界，2008（111）

第三章　纽约都市圈与中小城市发展研究

第一节　纽约都市圈概况

一、地理区位及人口现状

纽约都市圈作为世界六大都市圈之一，已经具备了比较完整的发展形态。经过了近百年的规划历史，纽约正逐步由全球经济的参与者转向主导者和开拓者，带领都市圈走向集金融、政治、科技一体化的国际化大都市带。

本章研究的对象是纽约都市圈。对纽约都市圈的研究离不开中心城市纽约和核心地带大纽约地区。下面对纽约、大纽约地区以及纽约都市圈进行一一阐述。

1. 纽约

纽约市（New York City）处于纽约州东南部，是纽约大都市区的中心城市，同时也是纽约都市区的金融中心，包括了曼哈顿、布朗克斯、布鲁克林、皇后区和斯塔滕岛五个行政区。

纽约占地面积约 800 平方公里，人口 918 万，人口密度为 10630 人/平方公里，全市人口中有 36% 为外国移民。纽约凭借港口优势成为美国最大的商港和世界经济中心，被人们誉为世界之都。详细见表3 – 1。

2. 大纽约地区

大纽约地区又称纽约大都市地区，是指纽约 – 新泽西北部 – 长岛联合统计区（NY-NJ-CT-PA CSA，全称 New York-Northern New Jersey-Long Island Combined Statistical Area），一直以来是美国最有名的地区之一，是一个除纽约市外还包含纽约州、新泽西州和康涅狄格州的 26 个县市的"三州大都市地区"。面积约为 3.3 万平方公里，人口约为 1680 万人，平均人口密度约为 518.5 人/平方公里，是一个多民族的综合的社会经济区域。

表 3 - 1 　　　　　　　　　　　　　纽约概况

	概　　况
主要包含地区（个）	包括曼哈顿、布朗克斯、布鲁克林、皇后区和斯塔滕岛
面积（平方公里）	市区面积约 800 多平方公里。包括：曼哈顿区约 80 平方公里；布朗克斯区约 105 平方公里；布鲁克林约 200 平方公里；斯塔滕岛区约 150 平方公里
人口（万人）	纽约市人口 918 万。包括：曼哈顿人口 150 万人；布朗克斯区人口约 120 万人；布鲁克林人口约 300 万人；斯塔滕岛区人口约 38 万人

3. 纽约都市圈

纽约都市圈北起缅因州，跨越了 10 个州至弗吉尼亚州，包括波士顿、纽约、费城、华盛顿、巴尔的摩五大中心城市以及围绕在这些城市周围的 40 个 10 万人以上的中小城市，是世界上最大的都市圈之一。都市圈总面积为 13.8 万平方公里，占美国陆地面积的 1.5%；人口达到 6500 万，占美国总人口的 21%，人口密度为 470.1 人/平方公里；城市化水平达到 90% 以上。纽约都市圈的制造业产值占全美的 30% 以上，被视为美国经济的中心。早在 20 世纪 50 年代，纽约大都市圈就被学者们认定为典型的大都市连绵区。

纽约大都市区及其核心城市纽约相当于中国京津冀都市圈中的整个北京市及其城内两区。因此，本章的研究重点是纽约大都市圈及其核心地区纽约大都市地区和它的中心城市纽约。

二、经济发展现状

在发达资本主义国家，经济全球化的显著特点是在老城区限制工业化发展，在城市扩张中发展经济以及从城市到郊区经济活动的扩散。大都市在美国经济中始终扮演着十分重要的角色。根据美国经济统计局给出的数据，2011 年在专业和商业服务、耐用品制造业、贸易等领域的带领下，美国 366 个都市区的实际 GDP 均有所增长，2010 年增长了 3.1%，2011 年增长了 1.6%，可见大都市区最能体现美国经济的发展与走势。

在美国最大的十个都市区中，2010 年实际国内生产总值增长最快的前三个都市区分别是波士顿的剑桥 - 昆西（4.8%）、纽约 - 北新泽西州 - 长岛（4.7%）和华盛顿的阿灵敦 - 亚历山大（3.6%）。2011 年美国国内生产总值增长了 1.5%，而大都市地区的实际国内生产总值增长了 1.6%，其中增长最快的是休斯敦－糖土地贝城（Houston-Sugar Land Baytown）（3.7%），达拉斯－福特沃斯－阿灵顿（Dallas－Fort Worth－Arlington）（3.1%），以及圣弗朗西斯科－奥克兰－弗里蒙特（San Francisco－Oakland－Fremont）（2.6%）。纽约大都市区 2008 年和 2009 年遭遇经济危机，GDP 略微下降，到 2010 年 GDP 显著上升（如表 3－2）。总体来看，纽约大都市区一直处于世界经济的中枢地位，虽然土地面积小，承载人口多，人口密度大，但整个区域的产值总量和就业率高，产业结构和布局结构合理，经济能量高度集聚，对整个都市圈的经济发展有巨大的推动力。

表 3－2　纽约大都市区 2007～2010 年 GDP（参照 2005 年美元）　单位：百万美元

年　份	2007	2008	2009	2010
纽约－新泽西北－长岛	1141534	1138364	1096869	1147917

资料来源：美国经济统计局，2013，http://www.bea.gov/newsreleases/regional/gdp_metro。

自 20 世纪 40 年代以来，整个都市区的主导行业由制造业向金融、保险、运输、信息、公共事业和各种服务业的第三产业转变。虽然制造业产业比重不断下降，但其在都市区中的贡献依然很大，如 1997 年纽约大都市的制造业产值达 1466.46 美元，占纽约州、新泽西州、康涅狄格州三洲制造业产值的 50.4%。

现在，纽约大都区以服务业为主的第三产业占主导地位。纽约大都市区的核心城市纽约是全球著名的金融中心，也是美国重要的经济中心。1963～2003 年，农业在纽约经济中一直低于 0.5%，2003 年第二产业产值占全国总产值的比重达 10.45%，第三产业对整个大都市区的贡献率最大，在第二次工业革命后一直保持在 90% 左右，成为纽约经济的支柱性产业。

纽约大都市区与美国的人均国内生产总值的比较同样也能体现出大纽约地区的经济发展现状。对比近十年来美国与纽约大都市区人均实际国内生产总值走向，可以很明显地看出，美国的人均 GDP 变化较为平稳，呈现缓慢上升趋势，而纽约大都市区的人均 GDP 波动幅度要比美国人均的大，说明该地区更容易受到经济的影响，对经济的变化更为敏感。其次，2001～2011 年，纽约大都市区的人均 GDP 远远超过美国的人均水平，从 2001 年高出 14805 美元到 2011 年高出 17010 美元，差值逐渐增大。造成这种差距的原因不仅因为美国的人口基数大，而且纽约大都市区云集了各行各业高新技术人才，带动周围地区共同发展，导致该地区经济水平高于其他地区。而且就人均 GDP 的增长率来说，美国由 2001 年的人均 39879 美元增长到 2011 年的 42070 美元，增长率达 5.5%，相比之下，纽约大都市区人均 GDP 从 54684 美元增长到 59080 美元，增长了约 8%。可见，纽约大都市区的整体经济水平不仅高于美国，而且增长速度也要快。

总之，纽约大都市地区高度发达的经济依赖于交通基础设施一体化、产业结构优化、产业链条一体化、区域规划一体化，同时造就了纽约大都市区经济、金融中心地位，不仅是美国经济增长的中心，也是世界经济发展变化的风向标，其影响之大，作用之广，世界瞩目。

三、产业发展现状

纽约都市圈的整体产业水平与美国产业结构息息相关。美国产业结构整体水平自工业革命以来一直都在蓬勃发展，20 世纪 50 年代，美国第一产业的产值比重和就业人数持续下降，随着工业化发展，到 80 年代第三产业 GDP 已经上涨到了 64.1%。进入 21 世纪以来，2004～2011 年美国产业部门产业价值变动幅度不大，基本保持稳中有升的趋势，其中服务业、私营工业、金融、保险、房地产等行业始终是美国国民经济中的主导产业；而农林牧渔业是美国的第一产业，在美国国内生产总值中，第一产业始终保持在 1% 左右，货物生产部门和金融、保险、房地产、租赁同样占有较大的比重，但货物生产部门 GDP 逐年略微下降，说明第二产业价值有下降趋势，金融、保险、房地产和租赁有小幅上升，虽然上升幅度不大，但第三产业的发展越来越受到更多人的重视。

同全美平均水平相比，纽约都市圈的产业结构与美国产业结构比例是一致的，均是以第三产业为主导产业，且不论是各行业的产值或是从业人数的比例与全美平均水平大体相当。但纽约都市圈作为全美经济政治中心，三次产业中第三产业所占比重最大，始终保持在 90% 以上，都市圈中 90% 以上的人在从事第三产业，而全美第三产业人数所占比例不到 80%。纽约以农业生产为主导的第一产业和以货物生产、制造为主的第二产业所占比重均低于美国同期平均水平，更加凸显了都市圈中第三产业发展的重要性。

四、纽约都市圈发展特点

1. 完善的产业层级结构

整个纽约都市圈发挥各个中心城市的比较优势，错位发展，相互补充，由五大中心城市支柱产业支撑起了整个都市圈，形成完善的产业分工格局，呈现出一种很明显的层级结构（如图3-1）。第一层是纽约，纽约作为都市圈的起源城市，处于产业层级结构的最上层，居于区域内的核心位置，具有辐射与带动作用。第二层是波士顿、费城、华盛顿、巴尔的摩这4座大城市，它们处于中间层的位置，具有承上启下的作用，它们以自己的主导产业为中心，与纽约这个核心城市形成合理的产业分工格局，从而统筹周边的中小城市，带动它们的产业发展。第三层则是围绕在这5座核心城市周围的40多座中小城市，中小城市与中心城市一同构建了整个都市圈，都市圈内的功能并不是简单的机械相加，都市圈内各个城市之间合理的产业分工协作，完善的产业功能格局，形成以纽约为核心，以制造业产业链、服务业、交通网络作为纽带，形成多样化、协同化的城市群体系。

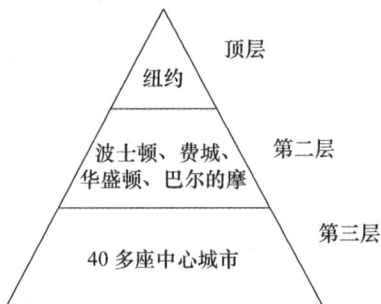

图3-1 纽约都市圈产业层级结构

2. 明确的区域功能格局

纽约都市圈地处大西洋沿岸，凭借天然的港口优势带动都市圈的迅速发展与扩张。随着都市圈的逐渐成熟，各城市在都市圈中所发挥的作用以及它们的功能格局也是不同的。都市圈对世界经济的巨大影响，主要归功于纽约都市圈中5个大都市之间比较明确的职能与分工（见表3-3）。

（1）金融中心——纽约

纽约不仅是美国的经济中心，更是世界的金融中心和商贸中心。纽约的经济繁荣绝大程度上源于市内著名的华尔街，这里云集了全美乃至全世界知名的大公司大企业，包括纽约证券交易所、美联储、高盛以及摩根斯坦利等世界闻名的金融巨头。纽约证交所内股票价格的波动左右全球的证券走势，美联储作为美国的最高货币政策主管机关，奠定了纽约作为全美的"银行之都"。

表 3-3　　　　　　　　　　纽约都市圈功能格局状况

五大都市区	主要产业	核心职能
纽约大都市区	金融、商贸、生产服务业	全美的金融中心、商贸中心
波士顿大都市区	高科技产业、金融、商业、教育、医疗服务、建筑、运输服务业	都市圈的科技中心，高科技产业和教育是特色产业，服务业发达
费城大都市区	清洁能源、制药业、制造业、教育服务、交通运输业	费城是都市圈的交通枢纽，同时也是全国重要的制造业中心
华盛顿大都市区	信息、金融、商业服务、健康和教育服务、休闲旅游业、生物科技、国际商务	全美政治中心
巴尔的摩大都市区	工业制造业、商贸、服务业	制造业和进出口贸易中心

（2）科技中心——波士顿

波士顿不仅是纽约都市圈的科技中心，其高科技产业和教育也是波士顿最有特色和优势的产业。另外，波士顿还是教育、建筑、医疗服务和运输服务业的中心。高科技的发展源于波士顿郊区 128 号公路两侧数以千计的著名学府和高科技企业，从而使之享有"美国东海岸硅谷"的美誉。

（3）政治中心——华盛顿

华盛顿哥伦比亚特区（Washington D. C.）位于美国的东北部，靠近弗吉尼亚州和马里兰州，是美国的政治和文化中心。但它对整个都市圈的影响也绝非一个政治中心那么简单，圈内的经济变化形势不仅要紧跟华盛顿的政策，同时也受惠于联邦政府的经济政策。所以，都市圈利用华盛顿强大的政治辐射力和对全美经济的宏观调控进一步提升纽约的金融地位。

（4）历史名城——费城

费城是美国的第五大城市，同时也是纽约都市圈内仅次于纽约的第二大城市，在 1790～1800 年曾是美国首都。由于费城特殊的历史以及优越的地理位置，使这里云集了多样化的制造业、制药业、清洁能源和交通服务业，同时城市外围还有炼油及钢铁中心，电机、机械、汽车等重要的工业部门，被称为"美国的鲁尔"。

（5）老工业区——巴尔的摩

巴尔的摩是美国大西洋沿岸重要的海港城市，距离首都华盛顿仅60多公里的路程。由于距离华盛顿相当近，受到首都政策的影响，在冷战时期更容易得到联邦开支和城府采购合同，因此，当时的国防工业有了相当大的发展。随着冷战结束，国防合同减少，国防工业有所下降，取而代之的是制造业和服装业的兴盛。同时港口贸易也在经济中占据重要位置。

第二节　纽约都市圈中心城市和中小城市发展过程及其规律

纽约都市圈的发展可以追溯到1601年。都市圈从最初的单个城市阶段到连绵都市带成熟阶段，都是伴随着美国经济的发展，至今已有400多年历史。如今，纽约都市圈不仅是美国的经济中心，引导美国经济整体的发展，其发展起源和发展历史已经成为世界各研究机构关注的重点，同时也为各国都市圈的发展提供了借鉴。

纽约都市圈的发展起源不得不从纽约开始说起，而纽约的发展也是都市圈内中心城市及其中小城市发展过程的典型案例。早期的纽约是印第安人的居住地，1601年荷兰人到达北美，于1626年从印第安人手中买下了曼哈顿岛并将其设立为贸易中心，称之为"新阿姆斯特丹"。纽约城市建立于公元1686年，由于其特殊的地理位置使之成为大西洋沿岸与欧洲各国进行贸易往来的重要港口之一。随着工业革命的影响和现代化的进程，纽约进入城市化发展阶段。1868年，奥姆斯特德林提出了林荫道系统规划，促进了城市的膨胀与扩张。1926～1995年，纽约城市进入减速化阶段，此阶段虽然都市圈中心城市进一步蔓延，但是居住向整个地区扩散，导致交通设施不够完善，人们的出勤时间大大增加。1995～2002年，纽约进入城市化发展新阶段，面对相继出现的制造业衰退、服务业比重上升、基础设施老化等问题，规划者先后提出第三次区域规划、区域交通规划、纽约战略规划，拉动纽约及周边城镇进入世界新纪元。

纽约依靠海运和发达的先进技术迅速发展成为区域经济核心力量，并通过这一股核心力量向周边辐射，带动周边城市发展，形成大规模的产业集聚与城市蔓延。在这样一个发展背景下，纽约都市圈中心城市及中小城市发展过程经历了大致五个阶段：第一阶段是 1870 年之前的孤立分散的城市发展阶段；第二阶段是 1870~1920 年的单中心城市体系形成阶段；第三阶段是 1920~1950 年的以多中心为主导的都市圈雏形阶段；第四阶段是 1950~1990 年的中心城市连绵发展的都市圈成熟阶段；第五阶段是 20 世纪末期到 21 世纪初，所谓的中心城市与中小城市发展新阶段。

一、1870 年以前：各城市孤立分散阶段

在这个阶段，农业是美国经济的主导产业，三次产业结构呈现一、二、三的格局特征，随着交通与经济的发展，大量外来人口聚集到城市，使城市出现膨胀状态，但是各个城市之间的发展仍相对独立，主要发展自己的主导产业，与周边城市缺少联系，众多小城市呈现松散分布状态，整个地理分布结构十分松散。

纽约人在建城后不久就热情高涨地投入到城市的建设中去。1850 年纽约州的铁路里程位居各州之首，成为东西向铁路沿线重要的枢纽城市，同时加上水路条件的改善，纽约发展成为美国最大的贸易口岸。1870 年的统计显示，纽约人口已经高达 942292 人。人口的激增和工商业的繁荣使城市交通越来越拥挤，城市规模扩大到超出步行的空间尺度，这些推动了公共交通的发展。19 世纪下半叶，科学技术的突飞猛进带动了电力、钢铁、化工、机车等新兴产业的兴起，工业化的滚滚热潮又推动欧美国家进入快速城市化时期。虽然这段时期纽约有了飞速的发展，但是还未形成完整的功能明确的城市体系。

二、1870~1920 年：区域单中心城市体系形成阶段

该时期美国的产业结构发生了巨大的变化，由原先的一、二、三格局转变为二、三、一的产业格局，进入以钢铁、煤炭为主的重工业发展时期。随着铁路网的延伸和工业革命的推进，形成以纽约、费城两个特大城市为核心的区域城市发展轴线，同时带动轴线上中小城市经济发展，继续扩大城市规模，使得区域城市化水平进一步提高。早期的纽约和周边地区的合并是逐步完成的。数座桥梁已经把曼哈顿和周边地区在空间上连成一体，而纽约和布鲁克林、布朗克斯、昆斯、斯塔滕岛的合并最终在 19 世纪末完成，为大纽约的形成奠定了基础。今天，这座包含 5 个行政区的城市仍被当作纽约，而大纽约则指纽约大都市区。根据美国人口普查局的定义，纽约大都市区包括纽约、新泽西北部、长岛等更大范围地区，人口接近 2000 万。

三、1920～1950 年：以多中心为主导的都市圈雏形阶段

20 世纪初期是美国历史上的转折时期，在这段时期，美国社会经济进入工业化后期，三大产业结构中第二、三产业所占比值越来越大，已达 95% 左右，非农劳动力占 87% 左右。以纽约和费城为核心的城市规模继续扩大，单个城市的人口和经济活动向心聚集达到顶点，城市内部的土地、公共设施已经不能满足人口和经济活动所带来的需求，城市发展超越了建成区的地域，向周边郊区扩展，城市化逐渐呈现新的模式，由中心城市发展占主导地位转向中心城市和郊区共同发展，逐渐形成了大都市区。20 世纪最初的 30 年是城市快速发展的时期，由于城市扩张、经济辐射范围扩大，城乡界限不再明显。随着汽车和石油工业的发展，城市之间的联系更为密切，第三产业呈现出强劲的发展势头，区域城市体系的枢纽得到充分体现。其中，大西洋沿岸和中西部成为全国经济和工业发展的先锋，以及城市化的中心地区。波士顿、纽约、费城和华盛顿等老城市经过产业转型，从传统的工业中心和商埠发展成金融、商贸、文化和政治中心。

四、1950～1990 年：中心城市连绵发展的都市圈成熟阶段

1950 年以后，科学技术的迅猛发展带来了交通和通讯行业革命，劳动力结构也向知识型转变，使城市的产业结构不断升级换代。第三产业产值和从事第三产业的劳动力一直处于快速上升的态势，所占比重已经超过了所有产业的 50%。城市郊区化的出现，导致都市圈的空间范围扩大，并沿着发展轴紧密相连，大都市带自身的形态演化和枢纽功能逐渐走向完善，逐渐形成了以纽约为核心的都市圈。从地域范围上看，波士顿、纽约、费城、华盛顿和巴尔的摩 5 大都市群横向蔓延、相互连接，最后发展为跨越数州的大都市连绵带。

20 世纪中期，美国人口和经济快速增长，进入大都市区化的城市发展阶段。从人口规模和社会、经济、文化影响上看，纽约大都市区是美国最大、最重要的大都市区。1956～1959 年，纽约、康涅狄格、新泽西三个州在大都市区范围内持续增长和扩散，中心城市均出现严重衰落。虽然经历了城市衰退和财政危机，但纽约在金融、广告、媒体、制造、娱乐等方面仍保持领先地位，在新一轮的经济增长和城市复兴中，纽约仍是领军城市。

五、20 世纪末到 21 世纪初：中心城市与中小城市发展新阶段

走过 20 世纪 60 年代的城市危机和 70 年代的财政危机，经过了 80 年代的缓慢复苏，城市迅速进入经济复苏阶段，并完成了迈向后工业时代的以信息服务业为主导的产业结构转型，许多轻型工业区改造后转变为居住、商业、娱乐用途为一体的综合开发区，并且终于迎来了经济繁荣的 90 年代。20 世纪末期，中心区的增长达到了二战后的最快速度。在这个阶段，以纽约为中心的都市圈面临各种各样的挑战，如都市中心的衰败、城市环境日益恶化、就业待遇选举不公平、基础设施老化、工业衰退、服务业比重上升等，面对这些问题，寻求一个社会和谐发展的解决思路是纽约发展新阶段所关注的重点。

第三节 纽约都市圈中心城市与中小城市相互关系及其互动机制

一、纽约都市圈中心城市及其中小城市空间关系

纽约都市圈是典型的多核型都市圈，它北起缅因州，南至弗吉尼亚，跨越 10 个州，在这样一个 13.8 万平方公里的土地上形成了以纽约、华盛顿、波士顿、费城、巴尔的摩多核心的城市群连绵带。纽约都市圈的空间扩展模式是从"点"到"面"的轴向扩展，主要体现在中心城市及其中小城市的互动关系中。

1870 年以前，都市圈内各城市之间相互独立发展，在空间上呈现孤立分散的"点"形式。这一阶段，社会生产力水平比较低，少数经济中心聚集在沿海的重要港口，港口贸易成为该时期主要的经济贸易。各城市内部居民以自给自足生活方式为主，城市之间联系较少，经济活动范围和影响范围有限。

1870～1920 年是以聚集为主的城市化阶段。由于工业革命浪潮的推动和横贯大陆铁路网的建设，中心城市进入了以吸引周边城镇为主的城市发展阶段。人口和产业不断向城市聚集，周边地区如长岛、杨克斯（Yonkers）、锡考克斯（Secaucus）等中小城市的劳动力向纽约聚集，来寻找更多的就业机会，同时也为纽约提供了大量的资源与劳动力，纽约城市规模迅速扩张，城市化水平不断提升，形成人口、产业、资本、技术高度聚集的由"点"趋向"圆"，且不断外扩，吸收周边人口与产业的单中心城市体系。

1920~1950 年是中心城市向外扩张及大都市区的形成阶段。由于中心城区用地紧张、资源有限、环境恶化，布鲁克林与曼哈顿均呈现出城市化弊病，对周边劳动力和居民的吸引力逐渐降低。中心城区的部分人口和产业向郊区转移，产业结构慢慢发生转变，城市不断向周边郊区扩展，同时郊区在市场经济体制下形成新的经济体系，并参与到中心城市的经济活动中去。随着纽约大城市的郊区化，周边的中小城市如长岛、纽瓦克便成为中心城市人口、产业疏散的最好去处，人们更多地选择周边居住环境舒适、交通较为便捷的中小城市。在此基础上，中心城市和郊区相互联系、相互作用，产生新的经济中心。该阶段郊区和中心城区一起构成以中心城市为核心的大都市区，在原有单中心城市体系的基础上形成以纽约、费城两个超级城市为核心，囊括周边中小城市并向外辐射的城市发展轴线结构，被称为都市圈的雏形。

1950 年至今，中心城市与中小城市相互作用，使纽约都市圈的发展走向成熟，形成了大都市连绵带。随着信息技术革命的发展，产业结构向知识密集型转变，中心城市通过发达的交通线网使各个城市、地区之间的经济、文化、科技联系更为紧密，其周边的优良地区被逐个开发，如长岛已被发展成为公路密布、海陆空十分发达的地区，其中萨福克县因其绿化水平高成为旅游胜地。中小城市区域性基础设施逐步完善，大都市区规模越来越大，形成以波士顿、巴尔的摩、华盛顿为核心的新一批超级城市，它们与纽约和费城一起，通过沿海交通主干线将周边区域连接起来，形成一个区域性大都市体系，组建成密切联系的功能性网络。图 3-2 所示，纽约都市圈从雏形到走向成熟的空间扩展模式是从"点"的轴向发展到"面"的轴向发展，并发展成为中心城市带动周边中小城市发展为区域空间一体化的结构。

二、纽约都市圈中心城市及其中小城市经济产业发展布局关系

城市化发展是都市圈演变的前期阶段，同时也是中心城市与中小城市紧密联系不可缺少的阶段。城市化发展的动力来源是生产力的发展，包括交通网络和通信技术的进步、运输工具的转变与提升、居住环境的不断改善。由于生产力水平的提高加强了中心城市和中小城市之间的经济联系，促进中心城市与周边区域的相互融合，从而导致了纽约都市圈的演变和发展。而城市与城市之间经济结构功能布局的转变，以及在不同时期产业集聚与扩散的过程，更是促进了中心城市及其中小城市的经济发展。

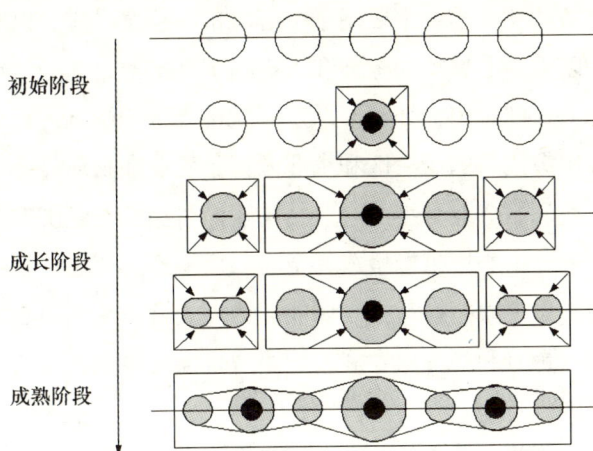

图 3 - 2　纽约都市圈空间扩展阶段示意图

资料来源：胡序威等，《中国沿海城镇密集地区空间集聚与扩散研究》，科学出版社 2000 年版，第 48 页。

1. 产业向中心城市聚集

都市圈发展初期是在产业集聚作用下初见规模的。工业化为大都市圈的形成发展奠定了坚实的经济基础，18 世纪发生工业化浪潮，城市作为社会经济的载体，在工业革命的拉动下进入城市化快速发展阶段。这段时期，大量人口涌入中心城市，在市场需求的作用下，以制造业为主的产业进驻中心区域，从而引起经济的快速发展、企业对人才的渴望和技术的革新，这就使得周边地区的人才更多地涌入中心城市，以及建立相应的科研机构和知名高校为中心城市科学技术的创新提供发展动力，最终形成区域内的产业聚集效应。

2. 产业向中小城市扩散

随着中心城市的人口和产业聚集，城市内部一系列的问题相继出现，如交通拥挤、住房短缺、地价昂贵以及以制造业为主的一些产业带来了严重的环境污染，迫使大部分制造业工厂向周围地区扩散，同时使得许多白领和高科技人才随着工作地的迁徙将居住地选择在郊区，从而形成产业扩散效应。在产业空间布局方面，制造业仍保持着自 1970 年以来从城市向郊区转移的趋势，而周边地区受到中心城市的经济辐射和产业冲击，以农、牧、渔业为主的小城镇发生了翻天覆地的变化。如纽约州东南部的长岛地区，原先是一个人口稀少的郊区，以种植蔬菜、土豆为主。由于其拥有纽约大都市区外围城郊农业带的特殊地域，长岛的种植业、捕捞业主要用于中心城市的蔬菜供应，以农业为主，产业结构较单一。随着中心城市的经济和人口向郊区扩散，地处纽约近郊的长岛成为疏散工业和人口的理想去处，渐渐受到城市郊区化影响，长岛纳索县和萨福克县的大片农田改成新的居住区和工业园区，农业在长岛经济中的地位逐渐降低，以现代工业和服务业为主的产业结构逐渐占据长岛经济的主体。正是由于产业扩散的影响，中心城市慢慢成为金融、房地产、交通、教育等第三产业为主导的聚集地，发挥着指挥与控制职能。而周边城镇受到中心城市经济的辐射，促使其产业向更有利的方向发展，竞争力也随之增强，逐渐发展成为城市化水平更高的地区。

三、纽约都市圈中心城市及其中小城市交通发展关系

1. 纽约都市圈中心城市及其中小城市的交通衔接方式

19 世纪前期，美国发展以航运为主的交通形式，在这一阶段，美国大规模的开凿运河来发展经济，人们主要居住在航道线附近，日常货物的运输、人员的流动都通过航运来实现。19 世纪 30 年代，蒸汽机的制造和铁轨的生产带来了铁路的蓬勃发展，使人们可以摆脱航道的地域限制，拉近了城市之间的经济往来，将孤立的城市结构转变为有机联系的城市体系，进一步促进了大都市圈的形成。

在经济高速发展的今天，世界城市在全球产业分工中具有独特地位。纽约作为当今最大的世界级城市之一，对世界政治经济格局也有相当大的影响力。纽约都市圈是以纽约为核心，涵盖常住人口 2000 万，该地区每天有 1/3 的人通勤上下班，随着城市的蔓延、扩张，人口的不断激增必然加大都市圈内交通的压力，都市圈内各个交通体系如何更好的衔接，如何建设发展各交通系统以满足日益增长的客流量成为研究人员关注的重点。

不同形式的轨道交通具有不同的运输技术特性，服务于不同区域层次的交通需求。总结国际发达城市大都市区轨道交通层次体系与服务特征，如图 3-3，可以将大都市区轨道交通层次体系分为区域铁路与城市轨道两个层次。其中区域铁路主要服务于都市区对外客流联系需求，具体按服务范围又可以分为国家铁路和城际轨道两个层级；而城市轨道服务于大都市区范围内的居民出行需求，按照服务范围又可以分为市郊轨道系统和城区轨道系统。

传统的城市轨道交通主要服务于中心城区，如市区内的地铁，地铁又属城

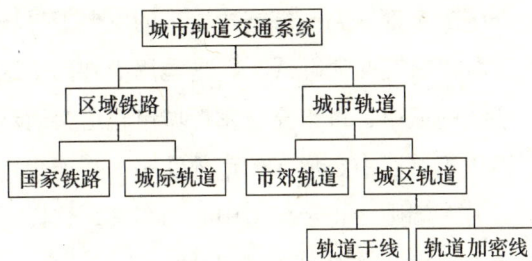

图3-3 大都市区轨道交通线网层次体系

资料来源：杨明、杨涛、凌小静、邬岚，"大都市区轨道交通线网体系与衔接模式研究——以扬州为例"，《现代城市研究》2011年第4期，第73~77页。

市快速轨道交通系统，城市快速轨道交通系统主要服务于城市内部以及城市中心区与市郊之间的快速轨道交通，其服务对象包括城市内部居民出行客流及中心城市与卫星城镇的大运量通勤客流。纽约都市圈地铁（New York Metropolitan Region Subway）是典型的城市快速轨道交通系统，它在输送旅客方面起到了至关重要的作用，是都市圈的快速大众交通系统，也是全球最错综复杂、历史最悠久的公共地下铁路系统之一。据相关部门统计，纽约都市圈内地铁轨道总里程达到1355公里，商业营运线路总长度为366公里，站点总数达到468站。纽约都市圈地铁线路基本由曼哈顿中心向其他地区辐射，遍布于整个纽约大都市，极大地增加了人们出行的便利。

中心城区以外则由相应的市郊轨道系统服务。由于经历了不同城市化发展过程，市郊轨道交通系统与城区轨道系统的布局衔接模式也有所不同，总体上可以概括为三类：在市中心边缘设终点站，在市中心设终点站以及线路贯穿市中心，如图3-4所示。

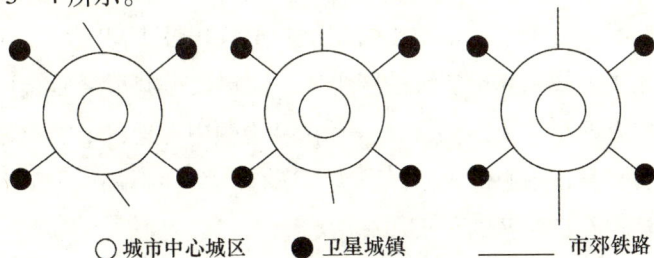

○城市中心城区　●卫星城镇　———市郊铁路

图3-4 市郊铁路与城市衔接形式示意图

资料来源：朱治国、杨晓，"市郊铁路与中心城市的衔接形式研究"，《铁路运输与经济》2011年第11期，第87~89页。

终止于中心城外围的市郊铁路一端连接城市的主要卫星城镇和对外交通枢纽，另一端则终止于城市轨道交通环线上，这适用于外围郊区人口渐增，且城区已建有轨道交通环线的城市，可以充分发挥城市轨道交通环线和市中心轨道交通线路的连接。终止于城区中心形式的市郊铁路一端连接了城市的主要卫星城和对外交通枢纽，另一端则终止于城市中心的车站，这样郊区乘客可以不经过换乘直接到达市中心，大大缩短了换乘时间，不过增加了市中心的交通压力。穿越城市中心的市郊铁路两端均连接着城市的主要卫星城和对外交通枢纽，城区两端的连接贯通建立了郊区与市中心之间的快速通道，通常将通道建在地下。

市郊轨道与城区轨道不同的衔接方式，对城市发展以及交通服务的影响都不同。纽约的市郊铁路是终止于城区中心的形式，主要承担纽约市外围区和邻近地区居民至中心区上下班的通勤客流输送任务，在通勤高峰期发挥着重要作用，又可称通勤铁路。纽约市有三个主要的通勤铁路系统服务，包括长岛铁路系统、北方铁路系统和新泽西铁路系统，分别以中心区的三个车站（纽约中央站、宾州站和大西洋站）为起点向长岛、纽约北部郊区和新泽西三个方向辐射，形成了长岛铁路、北方铁路和新泽西铁路。

北方铁路（MNRR）是美国最繁忙的通勤铁路（2012年统计），是由城市交管局（MTA，一个专门服务于纽约市、区交通运输的机构）操作运转，与康涅狄格和新泽西两个地区的交通运输部相结合。它主要的终端是中央火车站。上班族们可能要转移到新泽西运输线路的斯考克斯市（Secaucus）连接点乘坐火车到纽约宾夕法尼亚车站，或者是从霍博肯终端坐PATH（跨哈德逊港口管理局）火车进入曼哈顿。

长岛铁路是美国第二繁忙的通勤铁路，全长超过1100公里，拥有124座车站，由2条主干线和8条支线铁路组成，同样也由城市交通管理局（MTA）管理控制。它有两个主要的终端，一个在曼哈顿中部地区的宾夕法尼亚车站，另一个在布鲁克林市中心的大西洋码头。还有一些小终端在长岛市车站以及一个主要的转运点在皇后区的牙买加车站。

新泽西铁路（NJT）是美国第三个最繁忙的通勤铁路，由新泽西运输公司管理。新泽西运输公司是新泽西州的一个机构，位于地铁北铁路和美国铁路公司的结合处。它的主要终端在曼哈顿的宾夕法尼亚车站、霍博肯终端以及纽瓦克宾夕法尼亚车站（Newark Pennsylvania Station），其主要传输点位于新泽西哈德逊县（Hudson County, New Jersey）的锡考克斯节点（Secaucus Junction）处。

2. 纽约都市圈中心城市及其中小城市交通组织模式

美国有着发达的高速公路网，一眼望去，便是如蛛网般交织在大地上的高速公路和各式各样的公路立交桥以及成千上万的汽车，它有着当今世界"小汽车王国"的称号。在各世界城市中，纽约拥有世界上最长的高速公路网，密密麻麻的高速公路网遍布于纽约市内与市郊，城市内的汽车专用路线总长将近 3000 公里。纽约都市圈以中心城市为核心的近郊和远郊小汽车使用率达到 95% 以上，因此，纽约中心城市与都市圈内其他区域主要是通过高速公路联系起来，主要的交通工具是小汽车，公路干道则是近郊区域与中心城市的辅助交通方式。故纽约都市圈内中心城市及其中小城市的交通网络模式主要是以自配小汽车为主。

小汽车只是都市圈中的一种交通工具，纽约的高速公路网再发达，也需要其他运输网络和交通方式相互衔接完成都市圈的交通运输。都市圈的交通模式还与都市圈规模与布局、人口密度等紧密相关，可以通过面积线网密度、人口线网密度等因素反映出来。如表 3－4 所示，通过对全球四大都市圈的区域交通比较可以得出，除了纽约都市圈外，其他三个都市圈的轨道交通各项指标均比高速公路高，而人口密度相对较低的纽约区域高速公路网的各项指标均高于其区域轨道交通网，这是因为纽约都市圈的人口密度低，工作岗位和服务设施分散，采用小汽车出行更为方便。但纽约都市圈的轨道交通网与公路交通网是互补的，特别是在近郊地区，市郊通勤铁路成了近郊区域与中心城区联系的主要方式。目前的纽约通勤铁路总长约 1600 公里，其中分布于中心城的有 167 公里，在近远郊区有 1465 公里，占到总长的 91%，且通勤铁路具有快速、便捷特性，主要服务于近郊 80 公里以内的地区。

综上所述，纽约都市圈中心城市及其中小城市形成了以高速公路网为骨干，同时也具有一定规模的轨道交通网的交通发展模式。该区域内以自配小汽车为主，通勤铁路为辅。

表 3 – 4　　　　　　　　　　世界主要都市圈区域交通比较

项　目		区　域			
		东京	纽约	伦敦	巴黎
面积（平方公里）		13143	33165	27224	12011
人口（万人）		3180	1984	1755	1066
人均 GDP（美元）		30000	30000	25000	25000
人口密度（人/平方公里）		2420	600	640	800
区域高速公路	长度（km）	911	2996	720	782
	面积线网密度（km/km^2）	0.069	0.090	0.026	0.065
	人口线网密度（km/万人）	0.29	1.51	0.41	0.73
区域轨道交通	长度（km）	2.865	1.602	3.070	1.629
	面积线网密度（km/km^2）	0.22	0.05	0.11	0.14
	人口线网密度（km/万人）	0.97	0.81	1.75	1.53

　　资料来源：叶玉玲、季令、刘志杰，"都市圈交通运输结构分析与研究"，《城市轨道交通学报》2007 年第 7 期，第 1~5 页。

四、纽约都市圈中心城市及其中小城市人口发展关系

　　经历了 20 世纪初叶和中叶的工业化发展浪潮后，世界主要的都市圈处于城市化快速发展阶段。外来人员向城市中心聚集，造成城市人口快速增加。近几十年来，发达国家城市化达到一定水平后出现"逆城市化"的新特点，并且相继进入后工业化和"后人口转变"时代，主要表现为大城市人口增长速度减缓，中心城市人口和产业向郊区扩散，郊区人口增速显著大于市中心人口增长速度。随着人口的缓慢迁移与变化，将对以后的人口和经济整体分布格局产生影响。

　　以下以纽约－新泽西北部－长岛联合统计区为研究目标，其中以纽约作为重点研究对象。如表 3 – 5 所示，纽约大都市区的人口格局变化经历了城市化—郊区化—逆城市化—再城市化四个阶段。同样，纽约自 1686 年成立以来，由一个人口稀少的小城镇发展成为一座拥有 800 多万人的国际化大都市，城市的人口同样也经历了由缓慢增长到加速增长的城市化阶段，然后再进入郊区化和逆城市化过程，最后发展至今，处于再城市化发展阶段，人口向中心城区转移。

表 3－5 纽约大都市区人口格局变化

年　代	1950 年以前	1950～1970 年	1970～1990 年	1990 年以后
趋势变化	城市化	郊区化	逆城市化	再城市化

1. 人口向城市中心聚集

20 世纪 50 年代以前纽约大都市区处于城市化发展阶段，此时大都市区内的城市保持着相对较高速度的增长。随着工业革命的影响，各产业向市中心聚集。城市发展初期，纽约市人口的变动主要来自于移民的影响。1686～1830 年，人口增长相对缓慢，当伊利运河的航线和大量铁路建设后，交通条件的改善吸引了世界各地移民的涌入。1830～1950 年是纽约城市人口快速增长的阶段。其中，1830 年到 19 世纪 90 年代是人口加速增长阶段，这一时期美国基本完成了第一次工业革命，工业革命的发展和影响促进了经济水平的大幅度提升，加速了城市化进程。19 世纪 90 年代到 20 世纪 50 年代，美国完成第一次和第二次工业革命后，纽约市人口进入迅速膨胀阶段。到 1920 年，美国城市人口已经占到总人口的 51%，纽约也从之前的移民城市转变为国家化的大都市。

2. 人口向郊区扩散

1950～1970 年纽约大都市区处于郊区化阶段。在这个阶段，美国由工业化中期向工业化后期过渡，大都市区人口郊区化势头强劲，由于城市中心地价上涨，居住环境恶化，犯罪率上升，再加上人们生活水平提高，交通条件改善，促使大量人口由城区向郊区迁移。该时期中心城区人口趋于稳定，1960 年后，核心区基本处于增长停滞阶段，内圈增长缓慢，中间圈和外圈则处于快速增长状态。根据纽约市人口规模数据，纽约市作为都市圈中的核心区，在 1950～1970 年间，人口总量基本不变，这是因为此时纽约正进行产业结构和就业结构的调整。

3. 中心城市空心化

1970～1990 年，美国部分区域进入逆城市化阶段。郊区基础设施进一步完善、房地产市场外移、商业等基础设施配置水平提高、私人汽车快速发展，这些使得大量居民从中心城区向郊区转移。1970～1975 年美国人口从 2.033 亿增加到 2.131 亿，年平均增长 0.9%；美国范围内所有都市圈人口从 1.489 亿增加到 1.55 亿，年均增长 0.8%，而非都市圈人口从 0.544 亿增加到 0.58 亿，年平均增长1.2%，超过了都市圈的年均增长率。在人口郊区化的大浪潮下，中心城市人口受到相当大的冲击，整体来看，人口增加地区从都市圈向非都市圈转移，由原来的老工业区向新工业区转移。该阶段，纽约大都市地区中心城市失去了30多万个就业岗位，而郊区则增加了200万个工作岗位。1970～1990年间，纽约市区人口规模急剧下降，属于中心市区的布朗克斯区和布鲁克林区人口减幅分别高达18.21%和11.57%，曼哈顿地区也减少了3.31%，而地处郊区的斯塔滕岛区人口却猛增了28.47%，最终导致中心城市空心化。

4. "再城市化"现象出现

20世纪90年代以后，经历过人口郊区化的大热潮，纽约大都市区开始出现"再城市化"现象。政府和企业在城市范围内对发展战略进行了调整，新经济蓬勃发展、国际移民显著增多使得人口和企业慢慢向中心城区转移。如表3-6所示，1990年后纽约大都市区总人口总体攀升，两个十年间人口数量变化百分比分别为8.3%和3.4%，人口增长态势明显。自20世纪90年代以来，纽约在约20年的时间内，人口净增长约130万，增长速度达到6.7%。

表3-6　　　　　　　1990～2010年纽约大都市区统计人口　　　　　单位：百万人

区域	1990年	2000年	2010年	1990～2000年人口变化	2000～2010年人口变化
纽约大都市区	19.84	21.49	22.21	8.3%	3.4%

资料来源：纽约政府网站，2013，http://www.nyc.gov/html/dcp/html/census/demo_tables_2010.shtml。

五、纽约都市圈中心城市及其中小城市互动机制

纽约大都市地区是以纽约为中心城市带动周边地区发展起来的，纽约作为都市圈中最典型的城市，处于层级结构的最上层，是全球十大国际大都市之一，且被认为是全美经济中心和世界国际金融中心。由于其特殊的地位和发展历史，它的城市化发展进程以及和周边中小城市的互动机制一直以来是人们研究的重点。

1. 中心城市拉动中小城市发展

纽约位于纽约州东南部，它的城市化进程开始的比较晚，但是发展却十分迅速。1850年，随着铁路的建设和水路条件的改善，纽约发展成为美国最大的贸易口岸，物资的引进和外销主要通过港口来实现，拉近了纽约同外部地区的联系，同时增加了纽约贸易额。同时期，大量欧洲移民涌入纽约，人口急剧增长。19 世纪末到 20 世纪初，以制造业为主的产业得到空前发展，纽约成为全美第一大制造业中心，不同类型的产业和工厂向市中心集中化，导致大量的劳动力和人口纷纷向纽约市中心聚集，城市开始迅速扩张，短时间内纽约已基本完成了城市化进程。

然而随着人口的激增和产业布局过于集中化，中心城市占地面积有限，地价昂贵，导致市中心已经难以承担如此高密度的人口和产业布局，同时交通发展比较滞后造成了纽约市中心的拥堵。随着城市化进程的加速，为了克服市中心发展规划的局限，综合利用土地资源，中心城市在经济、产业、人口、交通、政府五大因素作用下向郊区扩散，拉动周边中小城市发展。

（1）生产力发展

生产力发展是城市化和郊区化的主要推动力。在都市圈的经济发展过程中，由于生产力的发展拉动了信息技术、科学技术的进步，使得大量生产要素向中心城市聚集，体现在科学技术人才的增加、各种资源要素的汇聚以及生产工具的先进化。从而中心区的竞争力不断加强，劳动者的素质和技术显著增强，导致各种要素相互作用，提高了要素之间的流动性，并从中心城市向中小城市扩散，在整个区域中实现生产要素的合理配置和布局。

（2）产业扩散

部分产业在中心城区已经无法得到更好的发展，再加上人口外迁，部分劳动力和高技术人才流向郊区，中心城市的市场竞争日益激烈，城区土地价格日益上涨，各厂家的投资成本不断攀升，使得中心城市的产业向外扩散，寻求更好地发展机会，推动中心城市和中小城市经济产业结构向更高层次发展。人才、资本、技术扩散到周边地区，同时也将中心城市的知识信息带到郊区，在科技的带动下推动了中小城市经济发展，加强了中心城市和中小城市之间的联系。

（3）交通网络逐步完善

纽约都市圈的交通体系由轨道交通、公交车、小汽车、轮渡、航空构成。城市体系在逐步完善过程中，其资本、技术、产业的扩散主要是沿着交通轴线向中小城市蔓延的。目前纽约拥有高速公路、轨道系统、航空以及轮渡等构建的立体交通网，它从最初的单一交通体系发展成为现在的复合交通体系，其交通网络的逐步完善缩短了城市之间的距离，提高了城市间的交通可达性，使得广大上班者能实现居住地和工作地分离，不仅加强了中心城市和中小城市之间的联系，方便了更多人的出行，同时促进各先进要素流向中小城市，实现中小城市的快速发展。

（4）政府规划

中心城市与中小城市在相互作用过程中，不仅受到市场机制的作用，同时也依赖于政府手段。政府在城市化和郊区化过程中扮演者引导、管制、规划的角色，它运用政策手段引导中心城市及中小城市向更正确的方向发展，避免无限制的空间蔓延和恶性竞争，合理规划产业布局。如纽约区域规划，1923 年提出的第一次区域规划指出城市化向郊区化转移，办公就业从中心城市（曼哈顿）疏散出去，工业布置在沿主要的郊区交通枢纽的工业园中，居住向整个地区扩散。而后，针对郊区在纽约大都市区迅速蔓延，成为"铺开的城市"，1968 年 RPA（Regional Planning Association）提出第二次区域规划，核心是对城市中心进行"再聚集"规划策略，兼顾老城区与郊区的发展，其中对住宅、环境、交通、服务设施有了详细的规划。

2. 中小城市推动中心城市区域一体化

中心城市周边中小城市在郊区化过程中产业结构不断发生转变。以前，交通不便利、公共设施不齐全、经济发展水平比较低，周围小城镇较少能接收到中心城市的信息，均是在一种比较封闭的状态下进行着城镇内部农产品的交换，偶尔也为中心城区供应农副产品和廉价劳动力来解决自身的经济问题。随着中心城市人口和产业外移，中心城区大量的资金、技术向周边城镇扩散，周边小城镇受到强大的经济辐射和作用，在"郊区化"的过程中重组自身产业结构，直接参与到大都市的经济运作中去，成为整个区域经济体系不可分割的一部分。如纽约的安大略县位于纽约西部，是美国最古老的县之一。它盛产葡萄酒，外销葡萄酒成为它的主要经济来源。经过城市化推进后，整个镇的产业结构从传统的农、林、渔业转向了第二、三产业，经济发展水平高于美国平均水平，为纽约的经济发展做出重大贡献。

图 3-5 所示，中小城市在产业转变过程中能更好地参与到大都市的经济活动中去，与中心城市共同组成大都市地区社会经济运行的新秩序，为整个区域做出必要的经济支撑。

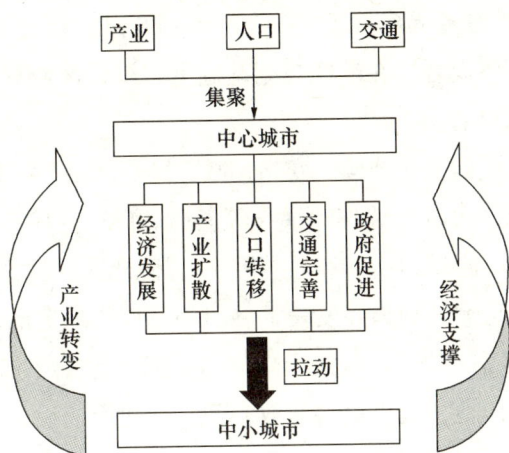

图3-5 中心城市与中小城市互动机制关系

第四节 纽约都市圈相关规划、法规、政策及其影响研究

一、20世纪以前——奥姆斯特德、格林和中央公园系统规划

纽约都市区规划是从奥姆斯特德（Frederick Law Olmsted）对大纽约市的设想开始。奥姆斯特德和建筑师卡尔弗特·沃克斯（Calvert Vaux）一起进行了一项规划设计，主要以中央公园和林荫道的设计为主，包括公园设计和大都市休闲娱乐系列，开创了现代城市规划的一些方法和理论，对以后的中央公园建设产生了重大影响。1868年，奥姆斯特德为纽约区域提出了规划思想，即利用公园大道将曼哈顿和布鲁克林的主要公园和滨水区联系起来，共同构成一个开放的空间体系。然而由于政府不支持，公园大道体系被搁置一旁。

奥姆斯特德和格林对纽约城市规划的设想范围超过曼哈顿，包括布鲁克林、昆斯和布朗克斯，并且在宏观层面上做了整体考虑，对以后公共项目的规划起到推动作用。

二、20世纪初期——第一次区域规划

区域规划最早开始于经济发展迅速的地区。美国城市化自20世纪20年代起，从大城市发展转向了大都市区发展的阶段，区域发展被提上了重要议事日程。其中有两个比较重要的机构，一个是纽约港务局，另一个是纽约区域规划

协会（RPA）。纽约港务局成立于 1921 年 4 月 30 日，港务局成立后，出台了有关港区发展的总体规划。在港区规划基础上，纽约区域规划协会在 1921 年提出了第一次区域规划。

这一阶段随着美国产业结构的变化，城市规模也在不断扩大，造成了城市的无序发展和蔓延，大量开放空间缺乏等问题。1921～1929 年，RPA 基于大都市区的空间布局，将城市功能布局应用于大都市区的规划，对纽约大都市地区展开了第一次的区域规划，并发表了《纽约及周边地区的区域规划》。这次规划的主题是"再中心化"，包括十项政策：通过区划来指导地方层面的区划；合理利用城市用地，提供更多开放空间；新建交通设施，缓解交通拥挤；疏散与中心区联系不紧密的功能，集聚不能疏散的功能，保持区域的完整性；减少高层建筑的建设；加强运河和港口的建设；为未来机场建设预留大面积的城市建设用地；避免非平原地区的过度开发；调整工业发达地区和不发达地区的不公平财政税；通过建立开发建设公司调整工业布局和卫星城建设。

《纽约及周边地区的区域规划》的提出，加强了 CBD 的建设，促进区域内共同公路网、铁路网以及公园体系的建立，通过合理利用城市用地拥有了更多开放空间。但此次规划也存在一些明显不足，它忽视了那些中、低收入者的住房需求；由于区域规划涉及的范围跨越了州的行政界线，政府部门沟通难以统一，因而其轨道交通的大胆设想也未能实现。

三、20 世纪中期——第二次区域规划

第一次区域规划虽然有些许不足，但随着规划委员会的建立和运作，纽约城市规划体系得到初步建立，区域规划协会于 1968 年提出了第二次区域规划方案。

这一时期，生产性服务业已经开始成为纽约经济的主要增长点，经济产业结构变化、中心区功能不断集聚、社会阶层分化严重以及郊区化过程中导致的环境问题和交通问题对社会构成产生了极大的影响。第二次世界大战后，在公路建设的推动下，低密度的郊区在纽约大都市区迅速蔓延，形成了"铺开的城市"（spread city）。"铺开的城市"是指城市向外过分扩张形成的铺展范围太大且城市之间相对分散，联系较少。RPA 认为如果没有及时有效合理的规划，"铺开的城市"将演变成一个缺乏交通设施和公共中心的被隔离的社会，同时还增加了通勤者的往返路程。

于是 1968 年 RPA 提出第二次区域规划，主要目标在于解决由城市铺展引起的土地开发问题，抑制城市的蔓延。其中包括五项基本原则：建立新的城市中心，为大量增长的新就业岗位做准备；修改新住宅的分区政策，提供一个更加合理化的住宅类型和密度；提高新老城区服务设施水平，改善生活环境，吸引各个社会阶层的人；保证新城市的发展免受污染；加强公共交通运输规划。

区域规划出台以后，虽然没有得到全面实施，但其中部分提议还是产生了效果。如通过推广新策略来控制郊区蔓延、重建城市，加强区域内部公共运输系统的衔接，这些策略为纽约大都市区带来了 10 亿美元的投资计划，为以后区域的蓬勃发展奠定了基础。但纽约的城市发展并没有朝着 RPA 的设想而去，反而出现了以下问题。首先，区域人口增长速度放缓，并且人口向郊区化蔓延，中心城区人口和就业岗位大量减少。据统计，1970 年修建了 170 万个住房单元，其中 80% 建在区域的外环地带。其次，人口向郊区扩散模式导致郊区用地紧张，并增加了区域的交通负担。此外，中心城市还出现经济衰退的现象。

四、20 世纪末以后——第三次区域规划和 2006 年区域发展规划

1. 1996 年第三次区域规划

RPA 的第一和第二次区域规划分别制定了区域的交通和环境的基础设施，并且导致地方政府的建立。然而随着全球经济的快速发展，纽约正面临着区域衰退与缓慢复兴的现状，其国际金融中心的地位受到挑战，社会不公平现象凸显，社会分化严重，环境受到污染。为了跟上科技创新的脚步，提高纽约在全球经济中的竞争力，RPA 提出了第三次区域规划。

第三次区域规划是这个时代中被严格定义的全面、长期、广泛应用于区域的计划。它将大都市地区作为全球经济中的基本单位，指出生活质量正日益成为评判区域在国内竞争力的标准。规划中"3E"是指经济（economy）、环境（environment）与公平（equity），它们是生活质量的基本保证。规划的基本目标就是重建"3E"，提高区域的生活质量，而不是单纯地追求其中某个方面。基于以上的分析，RPA 提出了 5 要素，即绿化（greensward）、中心（centers）、机动性（mobility）、劳动力（workforce）、管理（government）。其中，"绿化"保证森林、分水岭、河口、农田等绿色基础设施，确保绿化率；"中心"是指增加市中心的就业岗位以及提高居住质量；"机动性"是建立一个全新立体的交通网络，将城市中心和周边区域连接起来；"劳动力"为那些居住于中心的团体与个人提供必需的技能与联系，为主流经济提供必要支撑；为此，需要通过新的途径来组织政治机构与民众机构，即"管理"。

第三次区域规划在政府部门的监督下发展，由"第三部门"组织实施，历经六年完成，体现了一种在世界大都市地区集经济、社会、环境、土地利用和公共投资政策为一体的独特而重要的发展模式。本次规划已经超出了僵化的政治边界，拓宽了重大创新视野，着眼于全球经济、社会与环境并考虑了规划的经济可行性，使得纽约三州地区的上百万居民获益。

2. 2006 年纽约区域发展规划

第三次区域规划以生活质量为目标，提高了纽约在全球经济竞争中的地位，但随着人们生活节奏的加快，城市增长、城市基础设施老化和城市环境的威胁成为纽约未来面临的主要挑战。具体包括：第一，人口的迅速增长给滞后发展的交通，特别是轨道交通系统施加重大压力，造成城市过于拥挤，上下班通勤时间延长；第二，在土地资源紧张的情况下，有限的住房难以满足快速增长的人口，并且基础设施老化严重，急需政府出台政策改善基础设施；第三，大范围的人类活动、车增长带来的尾气排放、能源无节制开发使城市的环境受到威胁，并且随着人口总量的增长未来将有 100 个邻里社区缺乏足够的活动场地。

于是 2006 年 12 月 12 日，纽约市规划局（Department of City Planning）颁布了题为《一个绿色、繁荣的纽约》（*PLANYC*：*A Greener and Greater New York*）的报告。该规划的期限为 2030 年，目的是将纽约建设成为一个更绿、更持续发展、更低碳、更强大的世界城市。整个报告由土地（包括住房供应、开放空间和棕地再开发）、水资源（包括保证水质、优化水务系统）、交通（包括减少交通拥堵、维护交通系统）、能源、空气（提高空气质量）、气候变化等部分组成。

第五节　纽约都市圈中小城市案例分析——纽瓦克

一、纽瓦克概述

1. 纽瓦克基本概况

纽瓦克（Newark）是纽约大都市区的一部分，距离曼哈顿西部仅 16 公里，同时也是美国新泽西州第一大港口城市。它位于纽约州东北部特拉华州纽卡斯尔县，距威尔明顿 19 公里，濒帕塞伊克河西岸和纽瓦克湾。根据美国人口调查局资料，该城市面积约为 67.617 平方公里，其中有 62.644 平方公里的陆地面积和 4.973 平方公里的海域面积。它是美国 100 个人口最稠密的城市中第三个面积最小的地区。纽瓦克周围是郊区住宅，沿着淀山山脉（Watchung Mountains）、巴赛克河和纽瓦克湾从城市西部一直延伸到东部，城市的南部和西南部是人口密集地区，中产阶级郊区住宅和工业用地位于北部。该城市是新泽西州最大的门户地区，它处于新泽西州运输线路的核心，同时也是全国主要的航空、海运以及铁路枢纽，成为纽约对外连接的重要通道。纽瓦克港，是纽约和新泽西港的主要集装箱航运码头，是东海岸最大的港口。而纽瓦克国际机场则是美国第一个政府参与的商业机场，并且到目前为止也是美国最繁忙的机场之一。2005 年纽瓦克机场吞吐量达 3300 万吨左右。

纽瓦克是新泽西州最大的城市（按人口计算），也是第二大种族多元化城市。据美国人口统计局 2010 年数据显示，该城市拥有人口 277140 人，人口密度为 4424.1 人/平方公里，其中白人占 36.31%，黑人占半数以上，达到 52.35%，美国本地人只有 0.16%，大多数居民为外来移民者。移民给这个城市带来劳动力、资源多样化优势，而纽约恰恰也是一个移民城市，在纽约居民饱和的情况下，多数人会选择周边地区，如纽瓦克移居，这也成为纽瓦克人口构成的一个重要因素。如表 3-7 所示为纽瓦克历年人数变化。纽瓦克人口在 1930 年到达峰值 442337 人后，人口缓慢下降，到 2010 年人口数量衰退了近 40%，这是因为纽约经历"逆城市化"过程后中心区人口急剧下降，纷纷向周边中小城市扩散，导致中心区"空心化"，经济衰败。因此 1990 年以后，纽约政府采取一系列优惠政策，如降低房价、改善环境与基础设施、增添就业岗位等，通过这些措施吸引周边地区人口、资源涌向纽约中心城区，从而形成了纽瓦克人口衰退现象。

2. 纽瓦克经济产业发展现状

纽瓦克是全国工业化水平最高、人口最稠密的地区之一，是继纽约市和哈特福特（Hartford）的第三大金融中心。世界部分巨头公司的总部设在此地，同时也是许多企业的发源地。保德信（Prudential）金融集团和互惠人寿保险公司（Mutual Benefit Life companies）起源于该城市，而包括 IDT 公司、新泽

表 3 - 7　　　　　　　　　　纽瓦克历年人数变化

年　份	人数（人）	年　份	人数（人）
1800	6000	1910	347469
1810	8008	1920	414524
1820	6507	1930	442337
1830	10953	1940	429760
1840	17290	1950	438776
1850	38894	1960	405220
1860	71941	1970	381930
1870	105059	1980	329248
1880	136508	1990	275221
1890	181830	2000	273246
1900	246070	2010	277140

资料来源：城市道路博客网，2013，http：//www. streetsblog. org/wp - content/uploads/2008/03/transit_ map. gif。

西运输公司、公共服务企业集团（PSEG）以及犹太食品品牌公司 Manischewitz 在内的其他知名公司总部都设在纽瓦克。目前，金融业的长足发展促进了纽瓦克经济的快速发展，而其经济产业发展也不断受到纽约影响。

众所周知，纽瓦克过去并不是工业巨头，也不是金融中心，但是随着纽约第三产业的发展，原本位于纽约中心区的制造业大部分往周边中小城市撤离，这给纽瓦克带来了巨大商机。在工业化的推动下，纽瓦克承接纽约的产业转移，同时随着信息时代的到来，来自纽约的经济产业信息流向纽瓦克。在产业推动下纽瓦克已经跃然成为纽约州最主要的工业中心，其产业种类繁多，有电子设备、皮革、化工品、纺织品、食品等。城市南部地区自二战以来建立了许多工厂，其中包括一个大型的安海斯－布斯啤酒厂（Anheuser-Busch Brewery）。服务行业也在快速增长，渐渐取代那些曾占据纽瓦克主要经济地位的制造业。

此外，纽瓦克作为新泽西州最大港口城市，是纽瓦克港－伊丽莎白海运码头的一部分，并且还是纽约和新泽西港的最大货运集散地。从纽瓦克发展至今，交通运输业一直是其经济支柱，在 2011 年提供了超过 17000 个就业机会。

3. 纽瓦克交通发展现状

纽瓦克是航空、公路、铁路、船舶的综合交通枢纽，是通向纽约大都市区以及美国东北部地区重要的关口。纽瓦克自由国际机场是纽约地区第二大繁忙机场，并且在旅客运输方面是美国排名第 14 位的机场，拥有三条跑道及一个直升机起降坪，2010 年运送了 33107041 名乘客、860845 吨货物以及处理了 82479 吨航空邮件。纽瓦克机场也是新纽约地区第一个商用机场，于 1928 年建成，因其靠近纽约，该机场成为纽约对外主要通道，每年进出纽约的客流量成为纽瓦克机场客流量的主要构成。机场东部濒临纽瓦克港口。纽瓦克港口位于新泽西湾，由于纽瓦克独特的地理位置和区位优势，纽瓦克港口发展成为全世界第 15 个最繁忙的港口以及美国东海岸最大的集装箱码头。在纽约这个经济贸易中心的带动下，纽瓦克已经跃然成为纽约大都市区货物进出口以及货物销向北美东北地区的主要通道，并奠定了其在整个大纽约地区货物进出口的地位，2003 年货物运输就超过了 100 亿美元，促使其向更大的港口城市发展。

纽瓦克境内有多条高速公路，包括新泽西收费公路（95 号州际公路）、280 号州际公路和花园州际公园大道等。纽瓦克通过普拉斯基高架路（Pulaski Skyway），跨越了帕塞伊克河以及哈肯萨克河（Hackensack），一直连接到荷兰隧道和曼哈顿下城。

纽瓦克的公共交通系统由铁路和公交系统构成。纽瓦克宾州车站位于东部的市中心，是城市主要列车站，它把城市间 PATH 系统（连接纽瓦克到曼哈顿）、三个新泽西运输通勤铁路线路和美国铁路公司服务系统连接到费城和华盛顿。另一个纽瓦克布罗德（Broad）车站有两条通勤铁路通过。这两个车站通过纽瓦克轻轨系统相连，而轻轨系统从纽瓦克宾州车站出发，贯穿北部社区一直通向邻近的城镇贝尔维尔（Belleville）和布卢姆菲尔德（Bloomfield）。纽瓦克公交系统也较为发达。NJ 交通管理局运营一个覆盖纽瓦克 46 个地方、市郊的长途汽车路线和大约 800 个公交停靠站的当地公交网络。

二、纽瓦克发展过程

纽瓦克东距曼哈顿区仅 16 公里，濒临大西洋纽瓦克湾。其作为纽约大都市区的一部分，在发展过程中不断受到中心城市纽约的影响。并且纽约在资本、技术、产业扩散过程中主要是沿着交通轴线往外蔓延，而纽瓦克天然的港口以及世界著名的纽瓦克自由国际机场成为纽约资本、技术、产业扩散的主要途径以及纽瓦克繁荣发展的重要条件。

1. 港口贸易带动纽瓦克发展

纽瓦克于1666年建立移民定居地。1830年后铁路的修建和莫里斯运河的通航为城市的发展奠定了基础，纽瓦克工业开始发展，商品的流通和交换通过铁路和运河来实现。1880年后欧洲大量移民涌入纽瓦克，人口开始迅猛激增，此时需要更多地就业岗位来满足人们的需求。1915年纽瓦克开通港口，港口贸易拉动了纽瓦克经济长足发展，它在第一次世界大战期间曾是美国主要造船中心之一。然而，20世纪初到20世纪中是纽约以聚集化为主的城市化阶段，此阶段横贯大陆的铁路网已经建成，纽约周边地区的人口和产业不断向中心城市集聚，导致纽瓦克经济发展停滞，直到60年代中期在运输业的拉动下纽瓦克的经济才恢复发展。纽约在经历城市化快速发展阶段后，由于面临人口、产业快速膨胀导致的地价上涨、环境恶化等问题，中心城市不得不沿着交通轴线向外蔓延，从而为纽瓦克带来了人才技术的支撑，加速了纽瓦克经济发展，主要体现在运输业上。纽瓦克港是纽约-新泽西综合港的主要组成部分，占地292公顷，有36个远洋船只泊位、22.2万平方米的货仓。它承担着纽约地区30%的海上货运量，是美国东海岸汽车和木材的主要进口港，纽约部分汽车、木材的进购通过该港来实现，并且与就近的伊丽莎白港共拥有年装卸1200万吨集装箱的货运能力，是世界最大的集装箱装卸区之一。

2. 机场是纽瓦克繁荣发展的重要条件

纽瓦克机场于1928年10月1日建成，是纽约地区第一个主要机场，自建成以来一直是全球最繁忙的机场之一，承担进出纽约的部分客源。1973年纽瓦克自由国际机场落成，该机场距纽约市曼哈顿仅26公里，机场的铁路连接站可使乘客快速到达地区的大众轨道交通线路网，大幅缩减了从机场到曼哈顿的距离，从机场到达曼哈顿中心的宾州车站所需时间不超过30分钟。它取代肯尼迪机场成为纽约进出国际的门户地区，是纽约都会区内最大的航空服务业者，在纽约大都市区各机场中占据着重要地位。

纽瓦克的发展离不开纽约的积聚与扩散。当纽约城市规模发展到一定阶段时，由于高密集度和有限的城市空间给纽约带来了诸多"城市病"问题，促使它不得不往郊区扩散。纽瓦克便成了纽约产品输出、高技术人才撤离中心区等生产要素和生产力扩散的理想地区。在纽约郊区蔓延过程中，交通成为中心城市在空间上扩散的表现形式，同时也是推动大都市圈空间形态不断演化，实现区域内空间组织优化的重要手段。

三、纽瓦克的城市规划

纽瓦克总体规划（Newark's Master Plan）采用系统的方法来实现政府在三个领域的主要目标，主要是指经济发展、城市健康和谐发展和社区安全、城市多功能化。该项规划重点强调每个"物理元素"的高层次目标，该处的"物理元素"主要是指我们每天能看到、接触到的具体事物，不同的系统和层级组成了一个复杂的城市环境，包括工商业、房屋、公共事业和基础设施、社区、自然资源、历史资源等等。因此，纽瓦克总体目标的实现依赖于单个"物理元素"目标的具体实现。

1. 经济发展

经济的需求和稳定提供了当前和未来居民一系列的工作机会和商业机会，来促进纽瓦克经济增长，提升未来生活质量和促进家庭繁荣。

这项目标将通过四个方面实施：①加强纽瓦克在特殊行业中的地位；②复兴市中心，将其作为生活、工作、娱乐的区域目标；③加强现有的商业结构，来支持充满活力的社区发展，并且夺回纽瓦克区域零售市场份额；④在纽瓦克的大学、商界以及本地居民之间建立长期合作伙伴关系。

2. 城市健康和谐发展和社区安全

通过创造有形的和自我改进的过程来提升纽瓦克社区的质量和包容性，支持紧密的社区生活，促进人类健康、和谐的发展。

该项目标体现在四个方面：①提高纽瓦克居民的生活质量；②为居民身体、心理健康提供更多机会，促进城市和谐发展；③创建更加安全、积极、充满活力和联系紧密的地区；④鼓励居民参加社区生活、服从地方管理。

3. 多功能城市

通过改善环境质量以及加强纽瓦克和周边区域之间的联系，获得更为广泛的商业、教育、文化资源，使纽瓦克发展成为各种各样的人愿意生活、工作和学习的地方。

这项目标包括四方面政策：①合理利用纽瓦克的文化和历史资产；②推动"一个中心"思想，振兴海滨；③为邻里之间、市中心与区域以外提供一个更为安全、便捷的连接；④创建和维持一个健康的环境。

第六节 小 结

一、纽约都市圈发展经验与教训

1. 城市规划应围绕经济、环境、公平"3E"整体目标

进入 20 世纪 90 年代后，纽约大都市区在国际经济中的地位受到了挑战，社会的不公平现象严重，环境质量呈现明显下降趋势。从提高纽约在全球经济中的竞争力的角度出发，RPA 于 1996 年提出第三次纽约区域规划，规划的目标是提高区域的生活质量，也就是俗称的"3E"，即经济、环境、公平。此次规划的重点是将区域的经济、环境和社会视为一个整体，凸显除经济外，公平与环境在规划中的重要性。城市规划需尊重经济社会发展规律，从经济、环境、公平整体目标出发，保证城市与区域的可持续发展，提高区域的整体优势和实力。

2. 合理的城市分工体系是纽约都市圈持续发展的基础和保障

纽约都市圈在形成过程中建立了合理的城市分工体系，具有明确的区域分工格局。纽约位于纽约都市圈产业层级结构的最上层，是都市圈经济实力最强的中心城市，它作为世界金融中心，金融、贸易功能独占鳌头，其辐射能力促使都市圈内其他中小城市经济得到快速发展。华盛顿、费城、波士顿和巴尔的摩凭借其独有的区域职能与其他城市一起相互促进、相互融合，共同组成了都市圈完整的城市体系。华盛顿是全美政治中心，它的经济发展受到区域政策影响，并且其政治影响力辐射到都市圈内其他中小城市，在有限的范围内促进都市圈经济协调发展。费城是一座历史名城，然而它的优势不只在于历史悠久，优越的地理位置使它拥有世界最大的河口港之一费城港，而且也是全国重要的制造业中心，重工业、化工业发达，被称为"美国的鲁尔"。波士顿作为纽约都市圈的科技中心，曾经是一个重要的航运港口和制造业中心，而现在是高等教育和医疗保健中心，它的经济基础是科研、金融与技术，其重要的区域职能为都市圈提供了科技支撑。巴尔的摩是重要的海港城市，主要承担进出口贸易。都市圈内部各城市合理的职能与分工提高了都市圈的经济效率，使其成为世界经济发展中心，是都市圈持续发展的基础与保障。

3. 合理调整区域产业结构是纽约都市圈协调发展的重要手段

随着产业的集聚和扩散过程，城市在不断的向前发展。纽约都市圈最初是

以制造业为主导，当时纽约地区以发展重工业和制造业为主，并一度成为全美的制造业中心，城市规模迅速扩张。随着人口增长、地价昂贵、市场竞争激烈，到 20 世纪 30 年代，纽约都市圈的工业开始进入到衰退期，以金融、证券、服务等为主导的第三产业逐渐占据中心城市的市场，而周边小城镇的产业结构则是在城市郊区化过程中由原来农业为主的第一产业渐渐发展成为农业、种植业、渔业、房地产、服务业等多产业并行的趋势结构，成为中心区产业结构不够分割的一部分，以服务中心区和促进自身经济建设为主。都市圈经济发展的过程中，在各种机制的作用影响下，各个城市寻找到自身优势，错位发展，合理调整产业结构，发展具有潜力的产业，形成了分工明确的产业格局和完整的区域经济结构。

4. 构建多层次立体交通网络是推动纽约都市圈经济发展的前提条件

目前纽约都市圈有轨道交通、公共汽车、小汽车、轮渡和航空等多种运输方式，构成的公共交通运输体系。其中，地铁和铁路占据了重要的位置，2009 年比例高达 51.57%，轨道交通网遍布于都市圈内各个区域，其凭借容量大、快速、便捷的特性深受民众喜爱。纽约都市圈采取优先发展公共交通的政策，鼓励市民多乘坐公交车，少开私家车，以后城区内公交和地铁将成为人们出行时首要选择的交通方式。轮渡和航空所占的比例虽然不高，却也在都市圈发展过程中发挥了重要的辅助性作用。现在，互联网的发展促进纽约都市圈内部经济的联系，交通网络的发展成为大都市圈经济发展的推动因素之一。因此，随着交通方式的多样化，构建综合交通枢纽和多层次立体交通网络能实现真正意义上的城市化，加强城市之间的相互联系，是都市圈繁荣发展的前提条件。

5. 政府、非政府部门协调管理共同促进纽约都市圈发展

政府部门在纽约都市圈的发展过程中扮演着十分重要的角色，不同部门的职能不同，但究其宗旨都是对所属区域进行管理和服务，并在区域的不同发展时期进行深入思考，颁布一些政策法规促使都市圈走上持续发展、经济繁荣的世界经济中心道路。如 1921 年纽约和新泽西联合成立的港务局负责管理整个区域内多数交通运输设备，在此基础上还致力于基础设施的建造，关注当前设施的改革和发展。政府部门在都市圈的发展中起到统一管理控制的作用，但都市圈的管理不仅是通过政府机制去调节，还需要非政府机构进行调控。"非政府组织是在地方、国家或国际级别上组织起来的非赢利性的、自愿公民组

织。"在纽约大都市区的发展过程中，纽约区域规划协会是典型的非政府和非营利组织，从 1929 年成立至今，共组织编制和推进实施过三次较大规模的"纽约区域规划"，推动了城市区域的协调发展，为今后的区域规划提供了重要借鉴，成为政府部门行政管理政策上的有益补充。总而言之，只有政府和非政府部门协调管理，才能提高都市圈的运行效率。

二、纽约都市圈发展对我国的借鉴

1. 由"一核集中"向"多中心"转化，实现区域总体发展

在纽约都市圈的形成演变过程中，其空间结构经历了由"单中心"城市体系向"多中心"区域一体化的转变。我国的京津冀都市圈在发展过程中出现了以北京为核心向外扩张的超级大城市，目前仍在"强核化阶段"，它虽然包括了河北省在内的 10 个地市以及天津市，但在发展过程中过分突出做大做强北京这个超级核心，忽略了其他地方的发展。因此应该借鉴纽约都市圈这种由一个"点"扩散到一个"面"的空间扩展方式，发挥各个中心城市的独有功能，从而带动整个都市圈内区域的总体发展，避免出现像北京、上海这样"摊大饼"的现象。

2. 合理发挥中心城市扩散效益，避免城郊发展失衡

美国是一个典型的城市郊区化国家，在纽约都市圈的发展过程中，中心城市发挥着举足轻重的作用。它既引领着中小城市的发展方向，同时也为周边地区提供了经济、产业发展资源。伴随着工业时期人口过度密集以及产业结构急需转型的需求，中心城市人口大规模外流、企业外迁，在都市圈的发展初期，中心城市向外扩张，发挥着积极的扩散作用（智库百科，2009）。然而在郊区化因素的推动下，政府没有合理控制好中心城市的扩散，导致中心城市发展停滞、经济地位衰落，并出现了"空心化"现象。而郊区的发展速度在一段时期内超过中心城市，已经逐步减低对中心城市的依赖性，甚至开始部分取代城市功能，出现了严重的城郊发展不平衡现象。我国目前正处于城市化阶段，正面临着中心城市向外扩张的问题，我们首要考虑的是如何处理好中心城市与中小城市的发展关系，既要避免出现像北京、上海、广州这样超强中心，同样也不能重蹈纽约都市圈覆辙，出现中心城市发展衰落、城郊发展失衡的现象。

3. 着力解决城乡二元结构，推进城乡建设一体化

纽约都市圈在城市化和郊区化进程中，推动城市向郊区扩展，着力实现城

郊一体化建设，如安大略县目前的经济水平已经超过了许多美国中心城市，并为纽约州做出了重要的经济贡献。从我国目前的农村发展情况来看，一些问题依然比较显著。虽然政府加大了对农民的补助，但农民收入偏低，生产工具以及生产方式较为落后，缺乏相应的管理技术，产业结构比较单一，只依靠农业生产难以实现脱贫致富的道路；而且农村基础设施简陋，到处可见"黄泥路"，生活垃圾随意堆放，规划建设水平低，缺乏统一的规划管理；农民普遍的素质也比较低，受教育水平也不如城市。因此，我们可以借鉴纽约都市圈的发展模式，通过中心城市带动中小城市发展，将中心城市良好的资源、人才、技术引到周边城镇，并建设好中小城市的交通网络，缩短其与中心城市的距离，同时推进城乡建设一体化，避免城市无限蔓延，综合处理好医疗、就业、教育等问题，实现城乡协调发展。

参考文献

［1］田莉. 纽约大都市区规划. 城市与区域规划研究，2002（1）

［2］百度百科，纽约城市介绍，2013，http：//baike. baidu. com/view/7708. htm.

［3］陆军等. 世界城市·研究——兼与北京比较. 北京：中国社会科学出版社，2011

［4］武延海. 纽约大都市地区规划的历史与现状. 国外城市规划，2000（2）

［5］维基百科，纽约大都市区介绍，2013，http：//en. wikipedia. org/wiki/File：New_ York _ Metropolitan.

［6］张晓兰. 东京和纽约都市圈演化机制与发展模式分析. 吉林大学硕士论文，2010

［7］刘瞳. 世界主要都市圈经验的借鉴和北京都市圈的发展. 中共中央党校硕士论文，2011

［8］东滩顾问网，2013，http：//www. dongtanimc. com/research/detail－71. html.

［9］THOMAS J. VICINO, BERNADETTE HANLON and JOHN RENNIE SHORT. Megalopolis 50 Years On：The Transformation of a City Region. International Journal of Urban and Regional Research，2007. 7（31）：page 344～367.

［10］美国经济统计局，2013，http：//www. bea. gov/newsreleases/regional/gdp_ metro.

［11］王圣军. 大都市圈发展的经济整合机制研究. 西南财经大学博士论文，2008

［12］唐艺彬. 美国纽约大都市圈经济发展研究. 吉林大学博士论文，2011

［13］洪文迁. 纽约大都市区规划百年：新城市化时期的探索与创新. 厦门：厦门大学出版社，2010

［14］汤建中. 美国纽约城市化郊区——长岛的发展概况. 国外城市规划，1987（7）

［15］陈翔云. 快速轨道交通与城镇群发展相互关系研究. 长安大学硕士论文，2005

［16］庞德良，唐艺彬. 纽约都市圈的城市空间结构功能及其演化动力因素. 社会科学战线，2012（7）

［17］胡序威等. 中国沿海城镇密集地区空间集聚与扩散研究. 北京：科学出版社，2000

［18］曹传新．国外大都市圈规划调控实践及空间发展趋势——对我国大都市圈发展规划的借鉴与启示．规划师，2002，18（006）

［19］王旭．90 年代美国城市发展的四大趋势——城市状况年度报告：2000 述评．美国研究，2001（3）

［20］张晓东，李爽．世界城市交通系统对比研究——以纽约、伦敦和东京为例．北京规划建设，2010（6）

［21］杨明，杨涛，凌小静，邹岚．大都市区轨道交通线网体系与衔接模式研究——以扬州为例．现代城市研究，2011（4）

［22］Lerner – Lam Eva．An Introduction to Rail Service in the New York Metropolitan Region．The Orbit Time of City Traffic，2007：page 40 ~ 44．

［23］朱治国，杨晓．市郊铁路与中心城市的衔接形式研究．铁路运输与经济，2011（10）

［24］叶玉玲，季令，刘志杰．都市圈交通运输结构分析与研究．城市轨道交通学报，2007（7）

［25］谭诗樵．美国高速公路考察纪实．综合运输，1995（12）

［26］彭际作．大都市圈人口空间格局与区域经济发展——以长江三角洲大都市圈为例．华东师范大学博士论文，2006

［27］张善余．世界大都市圈的人口发展及特征分析．城市规划，2003（27）

［28］Steven G．Wilson，David A．Plane，Paul J．Mackun，Thomas R．Fischettiand Justyna Goworowska（with Darryl T．Cohen，Marc J．Perry，and Geoffrey W．Hatchard）．Patterns of Metropolitan and Micropolitan Population Change：2000 to 2010．U．S．Department of Commerce，2012．

［29］纽约政府网站，2013，http：//www.nyc.gov/html/dcp/html/census/demo_ tables_ 2010. shtml.

［30］许玲．大城市周边地区小城镇发展研究．西北农林科技大学硕士论文，2004

［31］陆岗，陆琪．美国城镇发展现状对我国城市化进程的启示——以纽约州安大略县为例．淮阴工学院学报，2012（5）

［32］百度文库，纽约城市规划，2013，http：//wenku. baidu. com/view/c52152c15fbfc77da269b1d3. html.

［33］城市公交网，2013，http：//urbanomnibus. net/2010/03/innovation – and – the – american – metropolis/.

［34］联合国教科文组织网站，2013，http：//www. unesco. org/most/usa11. htm.

［35］城市道路博客网，2013，http：//www. streetsblog. org/wp – content/uploads/2008/03/transit_ map. gif.

［36］维基百科，纽瓦克城市，2013，http：//en. wikipedia. org/wiki/Newark_ New_ Jersey.

［37］百度百科，纽瓦克，2013，http：//baike. baidu. com/view/84513. htm.

［38］Newark's Master Plan，2013，http：//www. ci. newark. nj. us/.

［39］联合国新闻部．非政府组织问题与解答，2013，http：//www. un. org/chinese/aboutun/ngo/qanda. html.

［40］王旭，梁茂信．当代美国大都市区城郊发展失衡现象及其影响．城市史研究，2005（1）

第四章 东京都市圈与中小城市发展研究

第一节 东京大都市圈概况

日本学术界对都市圈的研究始于二战以后，自20世纪50年代起，日本经过不懈的努力，在国土开发和区域规划方面取得了一定的成绩，形成了由首都圈（以东京为核心）、近畿圈（以大阪为核心）以及中部圈（以名古屋为核心）三大都市圈构成的大城市带，覆盖了自日本海经东京湾至太平洋的东南沿海地区，经济发展水平极高。作为日本三大都市圈之首，东京大都市圈经过五次规划调整，由"一极集中"的发展格局逐渐演化成"分散的网状"格局，对周边地区的经济拉动发挥了重要作用，并且跻身为世界级都市圈之列。

东京大都市圈作为亚洲规模最大的世界级都市圈，与中国的发展模式较为相近，发展历程相似度较高。根据东京大都市圈各阶段中心城市东京都的发展对其周边小城镇发展的影响，总结其发展过程中存在的经验教训，可以对我国都市圈及中小城市的发展有所裨益。

一、基本区位概况

1. 日本的行政区划

都、道、府、县是日本平行的一级行政区，直属中央政府，各都、道、府、县都拥有自治权。全国分为1都（东京都：Tokyo）、1道（北海道：Hokkaido）、2府（大阪府：Osaka，京都府：Kyoto）和43个县（相当于中国的省）。每个都、道、府、县下设若干个市、町（相当于中国的镇）、村（人民网，2008）。

2. 东京都简介

东京（Tokyo），原名江户，位于日本列岛中央、关东地方的南部，由关东地方的西南部和太平洋上的伊豆诸岛、小笠原诸岛等岛屿组成，东南临东京湾，面向太平洋，东部以江户川为界与千叶县连接，西部以山地为界与山梨县连接，南部以多摩川为界与神奈川县连接，北依关东大平原，与埼玉县相接。总面积为 2187 平方公里，仅占日本面积的 0.6%，是全日本面积第三小的城市。

作为全国的政治中心，国家立法、司法、行政机关中枢、国会、最高裁判所、各级地行政中心都聚集在东京；作为经济中心，第二次世界大战之后东京的经济地位不断提高，大型公司的总公司都集中设在东京市内商务区，资本向东京高度集中，大银行总社都向东京集中；作为文化中心，东京市内大学数量众多，是全国创新和人才聚集地，各种研究所、日本一流的图书馆、美术馆、博物馆等文化设施遍布东京，日本大部分报社、电视台都设在东京，东京又成为日本国内乃至国际性的情报网中心。

东京都是都行政机构，由区部、多摩地区和岛部组成，各部分都由更小的行政单位组成，包括区和市、町、村。

区部由 23 个特别行政区构成，为都心区域，是比较狭义的"东京市区"所指的范围，23 区面积约为 621.49 平方公里，相当于北京的城内两区和近郊四区，即城六区。由于该地域范围比较符合"市区"的界定，故又称为"东京市"。西部的多摩地区由 26 个市、3 个町、1 个村组成。太平洋上的伊豆诸岛和小笠原诸岛，由 2 个町和 7 个村组成。

23 个特别区和多摩地区形成了一个狭长的地带，东西宽 90 公里，南北长 25 公里，这是最接近东京都实际行政范围的定义，相当于省略掉岛屿区之后的东京都，面积约为 2103 平方公里，约有 1316 万人口（2010 年），相当于全日本的 1/10。

3. 研究区域概念的区分

东京大都市圈近年来备受关注，然而，在部分学术研究中对其地域范围和名称发生混淆的情况较多，因此有必要对此作以说明。各区域都县名如图4-1所示。

（1）关东地方

关东地方包含了东京都、千叶县、埼玉县、神奈川县、茨城县、栃木县以及群马县这 1 都 6 县。

图 4 - 1 东京大都市圈区域范围

（2）东京圈（南关东）

东京圈包括了东京都、埼玉县、神奈川县以及千叶县这 1 都 3 县，在关东地区的南部，故也叫南关东。东京圈总面积为 13369 平方公里，比北京市域面积略小。该区域有时在规划文件中被称为"大东京都市区"（The Greater Tokyo Metropolitan Area）。

（3）东京大都市圈（首都圈）

日本"首都圈"（National Capital Region）是在中央政府制定区域政策时使用的，也叫东京大都市圈。根据 1965 年《首都圈整备法（修正）》的规定，日本首都圈是指以东京为中心，半径 100 公里范围内的地区，主要包括 1 都 7 县：东京都、神奈川县、千叶县、埼玉县、茨城县、栃木县、群马县以及山梨县，总面积为 36436 平方公里，比京津地区的面积略大。

20 世纪 60 年代以来，日本进行了五次首都基本规划，使得东京大都市圈形成了三个圈层：一是核心区东京都；二是中间圈层埼玉县、神奈川县、千叶县；三是外围圈层，即茨城县、栃木县、群马县和山梨县。

东京大都市圈城镇化水平达到 80% 以上。下面主要介绍东京大都市圈的中心城市东京都与其周边小城镇的发展过程以及发展机制。

二、人口面积概况

按照行政区划，东京大都市圈总面积为 36436 平方公里，仅占日本国土的 9.8%，人口却高达 4346.7 万人（2010 年），占日本总人口的 33.9%，人口密度为每平方公里 1807 人，是全国平均人口密度的三倍多，比北京市人口密度每平方公里约 1187 人高出 52.2%。

2010 年东京都人口集中地区人口为 12917 人，占东京都总人口的 98.2%，占东京大都市圈总人口的 29.7%；人口集中地区人口密度为 12022 人/平方公里，是东京大都市圈平均人口密度的 6.65 倍，是人口密度最小的群马县的 3 倍。东京大都市圈核心区及中间圈层的人口密度明显高于外圈 4 县。

三、经济产业概况

2009 年，东京大都市圈的 GDP 总量达到 21456 亿美元[①]，位居世界主要大城市群首位。核心区东京都的 GDP 有压倒性优势，达到 9548 亿美元，比 2009 年京津冀总 GDP 4088 亿美元还高出 133.6%，占整个东京大都市圈 GDP 的 44%，中间圈层三县 GDP 总和占整个大都市圈的 43%；人均 GDP 东京都也有相当的优势，人均 73501 美元，千叶县次之，人均 57668 美元，茨城县及埼玉县略高于 2009 年全日本国的人均 GDP（39731 美元）；群马县和山梨县平分秋色，人均 3.8 万美元；栃木县最低，为人均 2 万美元，但均远远高于 2009 年北京市人均 GDP（8216 美元）。

对东京大都市圈进行三次产业结构分析得出如下结论：东京大都市圈内 1 都 7 县均以服务业和工业为主，三次产业存在结构趋同现象，可见地理位置接近中心区域与否并没有影响内部产业结构的相似性。具体来说，东京大都市圈核心区域东京都的第三产业占据绝对优势，达到了 86.6%；中间圈层三县中，埼玉县和神奈川县产业结构比较类似，第三产业占到 70% 以上，第二产业占 26% 左右；千叶县与外圈的栃木县产业结构类似，第二产业占到了 40% 以上，与第三产业相比只少了不到 10%；茨城县和群马县的产业结构类似，第三产业均在 65% 以上，第二产业在 30% 以上；1 都 7 县中山梨县的第一产业比例最

---

① 资料来源于各都县政府网站，2009。

高，达到了 7.2%。

东京与伦敦和纽约为三大世界城市，但许多学者指出东京经济结构有别于伦敦和纽约。东京包含了大量的制造业并聚集了大量中小企业，尽管金融和服务业经历了急剧的增长，但制造业仍然举足轻重。东京大都市圈经济总量约占全国的 2/3，工业产值却占全国的 3/4，商品零售总额占 30%。有学者认为纽约和伦敦是金融/资本全球化，而东京则是工业全球化，东京全球化的重点在于日本制造业的国际化。因此，日本的经济特点可以概括为经济职能全面发达，并拥有一个强大的制造业。

四、交通发展概况

东京大都市圈是日本最重要的交通与信息枢纽，聚集了 4346.7 万人，人口密度大大超过了伦敦、纽约、巴黎三大城市，高密度的人口和频繁的经济活动产生了巨大的交通需求。其交通以高速铁路（新干线）运输为主，高速公路和地铁为辅，拥有日本最大的港口群体和两大国际机场。东京大都市圈整个公交系统年运送乘客约为 158.5 亿人次。其中，JR 线为 54.5 亿人次；私铁（含单轨及导向轨）为 49.8 亿人次；地下铁道为 26.8 亿人次；路面电车 4000 万人次；公共汽车为 19.7 亿人次；出租汽车为 7.3 亿人次。

都市圈的核心城市东京的交通主要由新干线、铁路电车、地铁、公交巴士及计程车组成。在城际交通方面，目前东京大都市圈的客运交通圈内共拥有轨道交通近万公里，其中郊区铁路 2000 多公里。同时，在各条铁路沿线的站点，都建设了相当数量的停车场，停车换乘系统得到了大规模的发展。轨道交通构成了城市公共交通的骨架体系，特别是在连接市区与郊区及远郊区的放射线方向上，更是占据主导地位，公共交通在都市圈的交通出行方式中占绝对比重。海运方面，主要有东京、大阪、名古屋等著名港口，海运发达。

地理上，东京大都市圈虽然有横滨市、浦和市、柏市、千叶市、町田市等多个副中心，但东京都中心的地位远远高于这几个副中心。从城市交通形态的角度分析，东京都市圈仍表现为单中心形式。每天从郊区涌向都中心大量的交通流给交通系统带来沉重的压力，东京大都市圈内高峰小时的平均车速为 21.0 公里/小时，而行政区内为 18.5 公里/小时，仅为日本全国平均水平 35.2 公里/小时的一半。面积率为 15.6% 的道路网无法满足高峰小时的交通需求，超过90%的通勤者依赖于轨道线网。即便拥有12条轨道线和低于2~3分钟的发车间隔，目前东京大都市圈内很多地铁路段还是已经达到了200%的拥挤度。

第二节 东京大都市圈中心城市及中小城市发展过程

一、20 世纪 60 年代之前：中心城市强核发展

1. 政治中心带来的聚集效应

500 多年前，江户（东京旧名）仅是一个人口稀少的小渔村，1603 年，德川幕府以江户为根据地，开始统治日本，江户成为日本的政治中心。1868 年，日本明治维新后，江户更名为东京，成为日本的首都人口、产业快速向东京聚集，19 世纪初东京的人口已超过百万。20 世纪初期，位于市中心附近地区的"武家地"是皇室贵族、实业家、高级官僚的高级住宅区；下町和工厂区是工人阶层居住区，成为工业与居住混合的高密度地区；新兴白领阶层的居住区沿着主要的通勤线路——山手线向西部郊外扩散。

这一时期，住宅区的扩张表现为混乱无序的状态，市区内外道路等基础设施的建设严重落后，人口密集，出现了大量贫民区。

2. 地震后的重建——灾难中的机遇，改善了东京都的城市规划

1923 年关东大地震，使得东京市中心和东部的下町地区变成了一片瓦砾废墟，东京市的烧毁面积占市域总面积的44%，死亡10万余人，数百万人无家可归。这次大地震造成了一定程度的社会混乱，给城市经济的发展带来了严重的消极影响。但正是这次大地震，使得东京及横滨的城市改造获得了难得的机会。从1923 年开始，日本政府大力推进"灾后重建工程"，未得到广泛执行的1919 年颁布的《城市规划法》得到了全面实施，东京很快复兴起来，保持甚至强化了它在全国的支配地位。

3. "败"也战争，"成"也战争——战争促成了东京大都市圈的产业布局

（1）第一次世界大战

明治维新以后，日本采取了"富国强兵"的政策，并通过日清战争和日俄战争获得了海外殖民地及其利益，并逐渐发展成为亚洲的军事强国。随着国

内工业革命的展开，近代工业的发展迅速，第一次世界大战又为日本国内以军工业为中心的重型化工业的快速发展提供了一次绝好的机遇。

1932 年，东京 15 个区与周边的 82 个市町村合并，建立了当时为 35 个区的大东京市。其面积从 83.6 平方公里扩展为 550.8 平方公里，人口从 200 万（1925 年）扩展为 497 万（1930 年）。到 20 世纪 30 年代，东京号称拥有一个兴盛的中心商业区，高楼林立，百货商店云集，交通系统完备。东京成为自工业化以来亚洲第一个能与纽约或伦敦相媲美的城市。

（2）第二次世界大战

1930 ~ 1945 年，第二次世界大战以日本战败而结束。战争时期的东京，除了与战争有关的产业和设施以外，并没有太大的发展，这一时期的城市建设和城市规划都是围绕着备战和防空为目的进行的。从 20 世纪 30 年代后期开始，战争时期的工业疏散政策使得有相当数量的工业设施分散到东京市周边 20 ~ 50 公里的圈内。这一时期东京周边地区工业设施的扩散和军事设施的建设，为战后东京大都市圈的快速发展打下了一定的产业基础。而战争时期对规划管制的放松，使战时工业无序扩散，造成了居住与工业混杂的状况，对战后的城市改造造成了极大的困难。

日本经济从战败后到 1950 年之前，经历了一段严重衰退的时期，工业生产水平倒退到 20 世纪 30 年代的 10% 左右。1949 年，日本经济状况恶化，政府财政赤字扩大，再加上美国占领军对作为战败国日本发展的阻挠，使其战灾复兴项目中途停止。所以，到 1949 年，日本战后复兴的进程还十分缓慢，工业生产濒于破灭，东京都等城市的战后重建远未达到效果，各种建筑开发没有明显增长，连城市交通量都远远低于战前水平。

（3）朝鲜战争

1949 年之后，中华人民共和国建国和美苏冷战开始，美国对日政策发生了极大地转变，放松对日本的管制。从 1950 年朝鲜战争爆发开始，日本实质上成为美军的后方军需基地，从而带动了东京都周边的工业带快速增长，内陆地区的工业建设也在加速发展，对于港口、道路建设的投资不断增加，大量的农村青年劳动力开始涌入城市，进一步加大了对住宅的要求。战前已形成的郊外还未城市化的区域，低密度的乱开发十分明显，从而导致城市规模的快速扩张，居住的郊区化速度也越来越快。

4. 核心饱和，外溢向郊区化发展

二战后，东京的经济地位不断提高，随着日本经济的复苏，大量人口和企业向东京集中，单核的发展使东京都面临着居住环境不断恶化、交通阻塞、公共设施不完备、住宅紧缺等诸多问题。20 世纪 60 年代以后，东京区部已经无法满足城市发展的各项需求，城市用地和各项城市功能迅速向外扩展和蔓延，东京大都市圈的近郊开始了城市化的进程。

为了解决东京都心的拥挤状况，东京都复兴建设委员会提出了 50 公里圈域的整备计划，制定了日本首都建设计划《首都建设法》，依据该法，将东京的地域面积扩大为以东京区部为中心半径 50 公里的圈域。1956 年，东京经济得到进一步发展，人口和企业的高密度集聚，导致其向外区域辐射能力逐渐增强。东京为中心的半径 50 公里圈域内的开发和建设接近于饱和，且出现了布局混乱的势头。

二、20 世纪 60～70 年代：环状三圈层结构

1. 第一次首都圈基本规划，环状三圈层空间结构的初步确立

为了限制东京都的无度扩张，1958 年，日本政府以 1956 年的《首都圈整备法》为依据，颁布了《第一次首都圈基本计划》。此次规划主要仿照 1944 年大伦敦规划，主要规定了三点内容（冯建超，2009）：①从都心开始 10～15 公里的圈域为建成区（其中包括东京都区部、三鹰市、武藏野市、川崎、横滨和川口各市）；②在东京都的外圈 8～10 公里的地域规划出绿化带，在该地域不得大规模兴建住宅；③绿化带外建立卫星城市，吸纳圈外的工业投资和人口，以减少建成区压力，同时有利于城镇开发区的经济建设，扩大工业城市的建成区面积。

然而，此次卫星城市的建立只承担了居住功能，商贸功能、物流功能以及生产功能仍然受制于东京市，进一步加大了东京市的负担。而且，由于交通工具和设施的落后，这种职住分离的空间布局造成了巨大的生存成本，人口向东京市内迁移的现象屡见不鲜。该规划预计到 1975 年，将圈内人口控制在 2660 万人，但是，人口和产业的迅速集中超出了预期和控制范围。

1965 年，日本政府对《首都圈整备法》进行了修正，提出了从东京都心

向外延伸 100 ~ 120 公里，总面积为 2.6 万平方公里的区域作为首都圈。该圈域范围内包括东京、神奈川、埼玉、千叶 4 县的全域，以及山梨、群马、栃木、茨城 4 县的部分地区。

《首都圈整备法（修正）》中指出：将城市开发地区的城市培育成工业城市、住宅城市、研究学园以及流通中心等具有独立功能的城市；将近郊整备地带与建成区进行综合的统一开发，使其构成统一整体，并要求逐步有计划地进行开发。

2. 第二次首都圈基本规划，取代近郊绿化带并开展周边城市建设

第一次首都圈基本规划后，东京人口和企业主要集中在 30 公里圈域内，为了解决东京的"一极集中"的非均衡的地域发展状况，1968 年，日本政府又公布了《第二次首都圈基本计划》，将规划范围扩展至 1 都 7 县的全部区域，总面积达到 3.7 万平方公里。这一次地域范围的划定一直延续使用至今，成为目前统一的有关日本首都圈即东京大都市圈的划定标准。

这次规划提出了构造广域都市圈的设想，对近郊整备地带做了具体的划定，对三部分地区的空间结构调整做出了明确的规定：①将东京作为经济高速增长的全国管理中枢，实施以实现合理中枢功能为目标的城市改造，为了缩短城市间的通达时间，修建铁路、公路等交通体系。②在距都心 50 公里的地域设立新的近郊整备地带，代替第一次规划中的近郊绿化地带，对中心城区进行大规模城市改造活动的同时，开始建设城市外围绿化带。③在外围的城市开发地区，继续建设卫星城市的工业体系，完善卫星城市的流通、教育等功能，使之具有集聚工业开发和现代化农业等物质生产功能，并具有流通与文化功能的大规模、复合型城市。

三、20 世纪 70 年代后期至 80 年代：多核型区域城市复合体

20 世纪 70 年代，伴随高速经济增长，东京大都市圈出现了大气污染、水污染、噪音污染等环境问题，同时，受到 1973 年石油危机的影响，多年来的高度经济增长暂时告一段落。城市化进入稳定阶段，人口与中枢管理职能向首都圈过度集中，形成"一极集中"的单极国土结构，影响国家均衡健康发展。

1976 年，首都圈第三次基本规划提出：①选择性地分散东京的高级中枢管理功能，建设"区域多中心城市复合体"，形成多极夺权型结构。②充实周边地区的社会文化功能，以形成不依赖于东京都心的大都市外围地区。但是，

由于日本中央政府和地方政府在什么范围内分散中枢管理职能的问题上存在分歧. 因此该规划的实施受到了一定程度的制约。这一时期成为东京大都市圈从"一极集中"向"多核多圈层"地域结构的过渡时期。

四、1985 年之后：多核多圈层、分散型都市圈网络

1. 《首都圈改造计划》，多核多圈层计划开始

1985 年日本出台了《首都改造计划》，放弃了向东京都心区一极集中的地域结构规划，转向开发"多核多圈域"的地域结构。"多核"即培育多个核心城市，"多圈域"即由不同核心城市形成自主独立的不同圈域。此次改造方针是由多数目多层级的都市圈联合构建首都圈。

2. 东京都市圈的第四次规划，多核多圈层结构的形成

1986 年，日本进行了第四次首都圈规划，计划中基本延续第三次规划思想，进一步强化都市圈中心区的国际金融和高层次中枢管理职能，正式提出发展副都心，以承担中心区部分产业和政务功能。

不难看出，《首都改造计划》以及《第四次首都圈基本计划》在《第三次首都圈基本计划》基础上进一步推进了日本首都圈从"一极集中"向"多核多圈域"地域结构的彻底转变。实行"多核多圈域"的首都圈地域结构政策将功能分散于各个核心城市，减轻了东京的人口和产业压力。

3. 东京都市圈的第五次规划，分散型都市圈网络

进入 20 世纪 90 年代，土地和股票价格飞涨，也就是所谓的"泡沫经济"现象。伴随着泡沫经济的崩溃，经济出现负增长，核心区域竞争力下降，产业外移，首都圈中心空洞化。

为了将都市圈建设成为更具经济活力、充满个性、与环境共生，具备安全舒适高品质生活环境的可持续发展区域，面对全球化、老龄化、信息化时代的到来，1999 年《第五次首都圈规划》提出重振首都圈。在第三、四次规划基础上，再次强调建立区域多中心城市"分散型网络结构"的空间模式。在东京都心外围区域的近郊地区增加了业务核心城市的数量，通过培育、利用业务核心城市，推进广域交通、通信等基础设施的整治改造和都市空间职能的重组，实现以据点城市为中心、彼此相对独立并能方便交流的自立、互补、高密度的"分散型网络区域空间结构"。

以上所说的不同时期的东京大都市圈区域空间结构如图 4-2 所示。

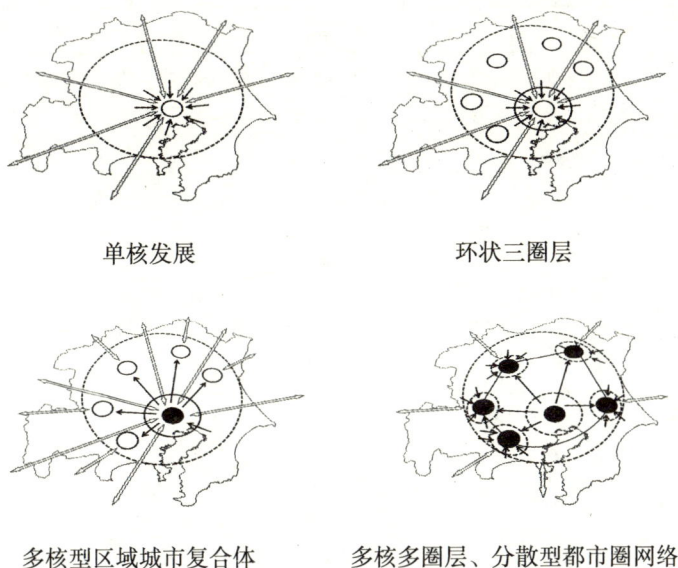

单核发展   环状三圈层

多核型区域城市复合体   多核多圈层、分散型都市圈网络

图 4 - 2 东京大都市圈区域空间结构转变

第三节 东京大都市圈中心城市及其中小城市
相互关系及互动机制

一、东京大都市圈中心城市及其中小城市空间关系

20 世纪 60 年代以来日本进行了五次首都基本规划，使得 20 世纪 90 年代末期，东京地区逐步形成了"中心区—副都心新城—周边新城"的城市格局。根据日本首都圈的规划规定，以东京为中心，160 公里为半径的区域为首都圈的地域范围。以半径长度为标尺，又可将日本大都市圈按 10 公里为标尺，划分成 12 个同心圆的圈域，每个圈域及其内部城市名称由表 4 - 1 表示。每个同心圆内的城市受东京辐射的半径相同，具有一定的相似性，然而由于所处的地理位置的不同，又存在不同的差异性。

东京周边有 8 个副都心城市（池袋、新宿、涩谷等）、9 个外围特色新城（横滨、千叶、筑波、幕张等），由多个卫星城配合来协同发展，来分散中心城市的功能、人口、设施、产业，整个圈域形成了多中心多圈层的城市体系。

表 4 – 1　　　　　　　　　根据 10km 为标尺划分日本首都圈

10km 圈	东京都区部
20km 圈	川口，草加，八潮，三乡，厥，户田，鸠之谷市，松户，市川，浦安，川崎，狛江，调布，三鹰，武藏野，西东京，和光，清濑
30km 圈	埼玉，所泽，越谷，吉川，朝霞，志木，富士见，新座，流山，柏，船桥，习志野，鎌之谷市，白井，横滨，多摩，稻城，国立，国分寺，小平，东村山，东久留米，小金井，府中
40km 圈	八千代，印西，我孙子，取手，千叶，四街道，市原，木更津，袖之浦市，大和，座间，相模原，町田，日野，昭岛，福生，羽村，入间，武藏村山，狭山，川越，上尾，莲田，春日部，野田，守谷，ふじみ野，东大和，立川
50km 圈	逗子，镰仓，藤泽，茅之崎市，横须贺，富津，君津，绫濑，海老名，厚木，青梅，八王子，桶川，日高，坂户，鹤之岛，北本，鸿巢，久喜，幸手，坂东，水海道，牛久，龍之崎，佐仓，八街，筑波未来
60km 圈	饭能，东松山，行田，加须，羽生，古河，下妻，常总，筑波，土浦，稻敷，成田，富里，山武，东金，茂原，三浦，平塚，伊势原，秦野，あきる野
70km 圈	结城，筑西，小山，霞之浦，香取，匝瑳市，いすみ市，鸭川，南房总，上野原，熊谷，馆林
80km 圈	馆山，樱川，石冈，行方，潮来，旭，胜浦，小田原，南足柄，都留，大月，秩父，深谷，太田，足利，佐野，栃木，下野
90km 圈	小美玉，鹿岛，笠间，鉾田，神栖，铫子，甲州，本庄，藤冈，伊势崎，真冈
100km 圈	水户，富士吉田，笛吹，山梨，高崎，前桥，桐生，绿色，鹿沼，宇都宫
110km 圈	那珂，石冈，安中，富冈，甲府，甲斐，中央
160km 圈	日立，常陆太田，常陆大宫，高荻，北茨城，那须乌山，大田原，那须盐原，矢板，樱花，日光，沼田，涩川，韭崎，南阿尔卑斯山，北社

资料来源：冯建超，"日本首都圈城市功能分类研究"，吉林大学博士学位论文，2009。

二、东京大都市圈中心城市及其中小城市交通发展关系

1. 轨道交通网构成了东京大都市圈的骨架体系

东京大都市圈轨道线网以东京都商业文化中心的东京站、秋叶原和新桥为辐射中心，呈环形的放射型线布局，每条辐射走廊都有 2 ~ 4 条线路辐射。轨道交通具有安全好、效率高、运量大、密度高、污染少等技术特点，地铁、放射线及双环线（内、外环线）与人口、产业和信息高度集中的大城市的其他

交通系统紧密相连，形成了一个完整的交通运输网，为出行者提供准时、方便、高质量的运输服务，较好地适应了分布在周围的人口及大量通勤、通学的高出行效率的运输需求，但同时运输压力很大，处于十分紧张繁忙的状态，有的线路在高峰时期超员一倍多。

东京大都市圈内的快速地铁包括三个主要部分：一是以山手线为首的 JR 线，环绕东京都心地区运转，连接着东京站、上野站、品川站、涩谷站、新宿站、池袋站等都内各主要车站，这些车站同时也是各主要电铁线路和地铁换乘的中枢车站。东京车站是东京都最主要的车站，同时也是日本铁路网的中心。新宿站是东京都心西部的中心车站，日均乘客数高居日本第 1、世界第 1 位（世界第 2 位为附近的池袋车站）。二是连接都心部和郊外卫星城的近距离及中距离区间铁路，以山手线沿线各站为中心向外辐射，主要有京急电铁、东急电铁、小田急电铁、京王电铁、西武铁道、东武铁道、埼玉高速铁道、首都圈新都市铁道、京成电铁等。三是 JR 东日本的东海道线、中央线、埼京线、湘南新宿线、常磐线、京叶线、横须贺线、武藏野线等。东京同日本国内其他都市区之间由公营的长距离铁路相连接，以东京站为起点依次有：高速铁路东海道新干线、东北新干线、上越新干线、长野新干线和一般铁路东海道本线、东北本线、中央本线、常磐线、総武本线等。这些公营和私营铁道共同组成了东京都会区的交通网络。在各条铁路沿线的站点，建设了相当数量的停车场，停车换乘系统得到了大规模的发展。

轨道交通构成了城市公共交通的骨架体系，特别是在连接市区与郊区及远郊区的放射线方向上，更是占据主导地位。公共交通在都市圈的交通出行方式中占绝对比重。

2. 作为补充的东京大都市圈高速公路交通网

进入 21 世纪以来，首都圈环线道路的建设成为重点，形成了三环九射道路（见图 4-3）。三环道路指首都圈中央联络公路线、东京外环道路以及中央环状线。迄今为止，东名高速公路、中央路、关越道、东北道等放射方向的高速公路已经建立完善，环状公路的建设大幅落后。北京、首尔环状公路已经完成 100% 的同时，东京的建成率却约为 48%（2012 年 3 月公布的资料），首都圈三环公路早期竣工已经成为当务之急。

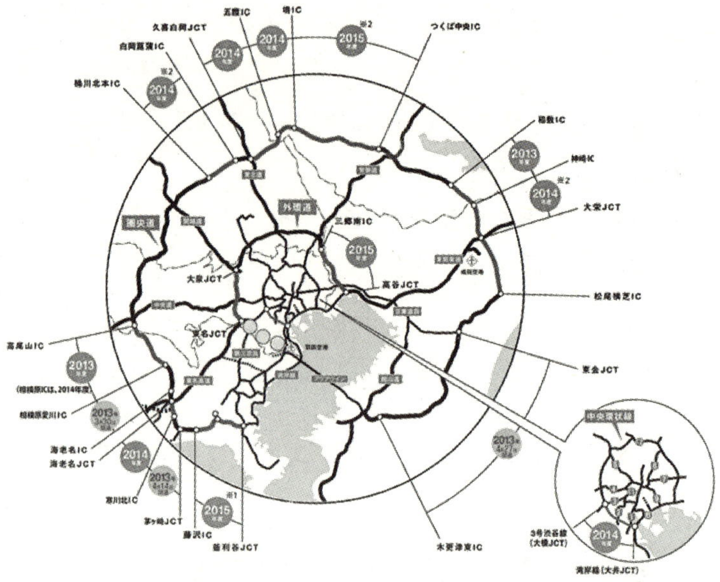

图 4 - 3　日本首都圈的三环九射道路示意图

资料来源：东京都建设局网站，三环状道路概要，2013，http：//www. kensetsu. metro. tokyo. jp/douro/sankanjyo/gaiyou/index. html。

3. 作为都市圈对外联系窗口的机场与海港

港口、机场作为地区间交流的要塞，是一个地区与其他地区进行经济、文化、社会等各种交流和联系的通道和桥梁。同时，港口和机场作为与外界联系的交通基础设施，对地区发展具有重要作用。由于力求更加便捷地获得本地区发展的所需资源，港口和机场逐渐受到极大的重视。

（1）东京市及周边的机场状况

东京都内拥有东京国际机场、调布机场、大岛机场、三宅岛机场、八丈岛机场、新岛机场、神津岛机场等各类民用机场。

东京国际机场通常被称为羽田机场，位于东京都南部的大田区，是日本国内最大的机场。其与东京都心地区通过东京都市轻轨，和京急电铁相连。除了以国内航线为主、区域国际航线为辅的羽田机场之外，东京都真正的国际机场是位临县、千叶县的成田国际机场（旧名"新东京国际机场"），两个机场与周边主要地区的距离如图 4 - 4 所示。

东京国际机场建成于 1931 年，近年来逐渐成为日本最大的国际机场，航班次数和客运量均位于日本第一，货物运输仅次于成田国际机场。自成田国际

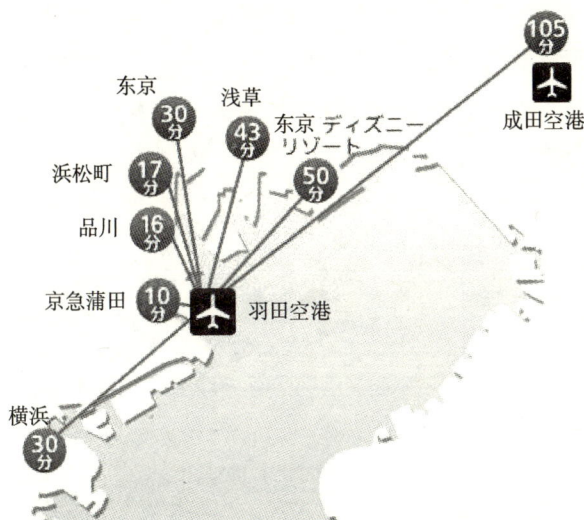

图 4 - 4 东京周边两大主要机场与主要地区的距离

资料来源：乐游日本网站，2012，http：//travel. jpwind. com/index. php？task = traffic&md = detail&idx
= 1053。

机场开港以后，东京国际机场主要承担国内航线，由于距离东京都心较近，成
为负责皇家、内阁总理大臣以及国宾和政府贵宾等的专用机场。成田机场
1978 年开港，货物运输量居日本第一，国际货物运输量占到了日本全国总量
的 70% 以上。

东京国际机场与成田机场在功能上具有明确的划分。东京国际机场主要负
责国内航线的客运和货运，成田机场承担了主要的国际货物运输和国际旅客运
输。通过职能分工，机场在建设和经营管理方面的专业化程度增强，客流量和
货物运输量不断增加。两座机场承担了全国 60% 以上的国际、国内客运和货
运任务，并且进出口货物中，首都圈生产和进口的货物占有率近 50%。

为了减轻成田机场的运输压力，减少首都圈西北部地区的货物的运输成
本，在首都圈内拟建第三座国际机场。首都圈第三国际机场的拟建是为了满足
在首都圈内日益扩大的航空运输需要。2000 年日本政府计划将位于茨城县小
美玉市的百里机场由军用机场改建为首都圈第三国际机场，并于 2010 年正式
投入使用，称为茨城国际机场。

（2）东京市及周边的港口状况

日本首都圈毗邻东京湾和太平洋港口，资源丰富，现拥有大小港口 40 个，

主要集中在茨城、千叶、东京以及神奈川四都县。根据图4-5可知，大型港口主要集中在东京湾内，如东京港、横滨港、千叶港、川崎港、横须贺港、木更津港，在太平洋沿岸有鹿岛港和常陆那珂港等较有规模的港口。

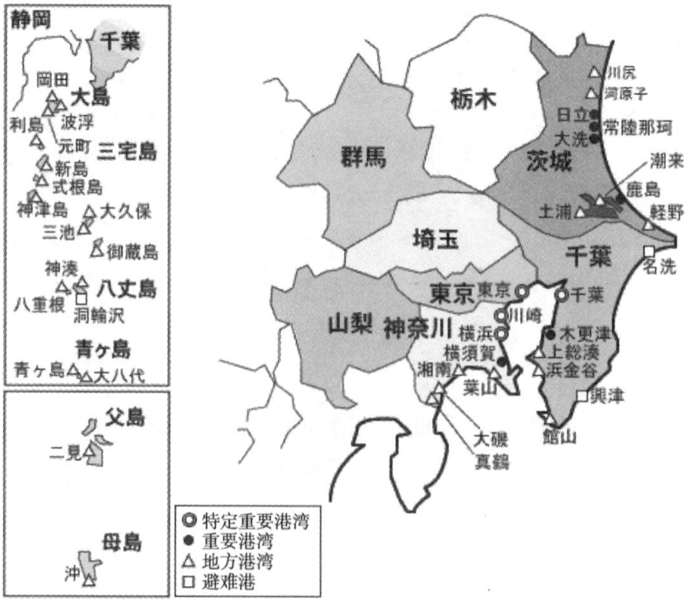

图4-5 东京大都市圈港湾分布图

资料来源：国土交通省关东地方整备局，港湾空港部，2013，http://www.pa.ktr.mlit.go.jp/kyoku/02minato/02data/01.html。

这些港口之间有着较为明确的职能分工，与工业原材料运输为主的横滨港和千叶港等相比，东京港的主要运输货物为生活性货物。而鹿岛港等因靠近鹿岛临海工业地带，主要运输当地进出口的工业原材料和工业制成品。

北关东栃木县和群马县的工业基地通往鹿岛港等太平洋沿岸港口的道路交通不够便捷，而且受港口吞吐能力的限制，多利用东京湾的港口，导致北关东通往东京湾的高速公路运输量逐渐增多，港口的运力压力增大。面对此问题，日本政府通过建设首都圈三环状道路，削弱圈内城市与东京的单向联系，弱化向都心一极集中的趋势，加强地方城市间的联系，分散经济行为，促进各个地区的均衡发展。

三、东京大都市圈中心城市及其中小城市经济产业发展布局关系

以东京为中心周围各圈层城市的经济发展与产业布局，如图4-6所示。

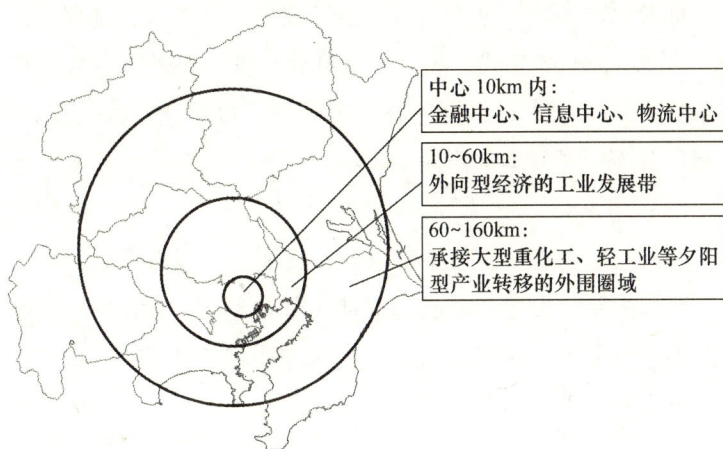

中心 10km 内:
金融中心、信息中心、物流中心

10~60km:
外向型经济的工业发展带

60~160km:
承接大型重化工、轻工业等夕阳型产业转移的外围圈域

图 4-6　东京大都市圈产业分布图层示意图

资料来源:陈振华、张章,"世界城市郊区小城镇发展对北京的启示——以伦敦、东京和纽约为例",《北京规划建设》2010 年第 4 期。

第一阶梯:10 公里圈内的东京都区部

东京都区部以金融保险业、出版印刷业、精密仪器制造业、商品零售业及交通物流业为支柱产业,巩固了其金融中心、信息中心及物流中心的地位。全国 1/4 的公司(总公司),60% 资本在 1000 亿日元以上的大公司都云集东京。商业贸易极为发达,商店不下 30 万家。

第二阶梯:位于首都圈的 50 公里圈内,主要以物流和轻工业为主的 3 县

(1) 神奈川县

神奈川县西部山区人烟稀少,而中午台地和东部丘陵平原几乎都辟为城市用地。以"产官研"的发展模式为基础,着力加强科研机构与高新技术产业的联合发展,同时,发挥其优越的地理区位优势,进一步强化其物流枢纽功能。工业产值居全国第二,与东京都连成一片,形成了京滨工业带。东京湾海岸浅滩,几乎全用于填海造陆,建成以石化、钢铁、造船、汽车为主的重化工业区。农业比重不大,但机械化程度很高,务农者只占就业人口的 1.3%。

(2) 千叶县

千叶县山地仅占 7.6%,是全国地势最为低平的县。土地平整肥沃,农产品特别丰富。千叶县凭借与东京都的地缘优势,发展食品、纺织等轻工业,向

东京都及周边县域提供生活必需品，被誉为"东京的厨房"。

自 20 世纪 50 年代开始，千叶县就积极围海造地，达一万多公顷。形成 60 千米长、3～5 千米宽的京叶临海工业区，以重化工业为主，千叶已经从"东京厨房"变成了日本的门户。

（3）埼玉县

埼玉县东南部平原位于东京延长线上，已经宅地化，成为东京的卫星城市群。西部的秩父山地日益成为东京人向往大自然的观光郊游地。工业从东京都向此地扩散以来，埼玉县的农民越来越少，1958 年尚占就业人口的 45%，如今已下降到了 3%；1960 年埼玉县人口为 240 万，而现在已增至 719 万，是全国人口增长最快的地区。这些居民多为从东京或其他县流入的人口。

第三阶梯：位于 60～160 公里的外围圈域 4 县

该 4 县的经济起步较晚，但在 20 世纪 70 年代得到长足发展。由于发达地区的产业升级导致部分夕阳产业向外围圈域转移，四县将大型机械制造业等重化工业以及轻工业作为主导产业发展，从而拉动了当地的经济。

（1）茨城县

茨城县山区占 1/3，其余为平原，是日本有名的农业县，盛产稻米、小麦、甘薯，被誉为"关东地区的粮仓"。该县的工业以前比较薄弱，然而作为东京大都市圈的一环，近几十年来，面貌发生了巨大的变化。县东南的鹿岛滩已开辟为临海工业带，成为日本最大的新工业基地之一。与此同时，由国家出资，效仿美国硅谷，在筑波山南麓建立了世界最大的科学城——筑波学园。从此，茨城县迈入了工业县、科技县的行列。

（2）栃木县

栃木县东西两面皆为山区丘陵，只有中间较为低平，形成东京前往日本北部地区的通道。全县 60% 土地为森林，耕地约占 1/4，出产稻米、小麦和果蔬，饲养乳牛、肉牛。1965 年在东武铁路宇都宫线上开设了"玩具城站"，于是这里形成了由 50 个厂家组成的玩具城。除此之外，来自东京、关西的其他厂家也在该县落户，形成了以电器和汽车工业为主的工业区。

（3）群马县

群马县位于关东平原边缘，其余三面均被高山所环绕，日本第二大河利根川发源于该县北端，流经全境，汇纳了许多支流。利根川源头及支流上修建了 50 余座水库，这些水库起着向首都供水的重要作用，故又被称为"首都圈的水缸"。

群马县农业人口仅占 8%，山麓地带养蚕业兴盛，有"养蚕王国"之称。传统工业以绢纺最为突出。近年来，电子、汽车和机械工业发展很快，县中南部地区建立了许多工业区。

（4）山梨县

山梨县是个山区县，富士山就耸立在该县与静冈县的交界处。山梨县地广人稀，盛产水果。山梨县虽是山区县，但交通并不闭塞，松下等高科技产业纷纷在山梨县建厂，日本 1/4 的机器人产自山梨县。

四、东京大都市圈中心城市及其中小城市人口发展关系

1. 东京大都市圈人口数量发展历程

日本明治维新前，根据估算，还是江户城的东京人口总数大约为 130 万人，人口密度约为 23064 人/平方公里，其中町人地的人口密度达到 67317 人/平方公里。明治维新后，东京老城区的人口在 1872 年减少至 52 万，其后逐渐得到恢复，1878 年为 67 万，1887 年达到约 106 万。据 1881 年的调查，当时市中心的贫民区的人口密度为 2857 人/公顷，按照今日现代城市中较为合理的人口密度标准，这段时期东京的大部分地区已经是高密度的居住地区。

1943 年，大东京市改为东京都，东京都内分为 35 个区，当时的人口为 733.2 万人，到 1945 年战败时，东京都人口减少到 349 万人。

二战以后，日本大都市圈的人口规模处于不断增长的态势，1965～1990 年为人口高速增长时期。1965 年总人口为 2696 万人，到 1990 年约为 3939 万人，25 年间人口增长了 46.11%。1990～2010 年为人口增长的低速时期，2007 年总人口为 4270 万人，2010 年总人口为 4347 万人，20 年间人口增长 10.36%。东京都的人口发展表现为波动性上涨态势，其中有两个阶段人口减少，分别是 1975～1980 年和 1990～1995 年，对照东京都历年移动人口净数量可以看出，这两个阶段迁出的人口较多，中部圈域和外围圈域保持着逐年增长的势头。

2. 东京大都市圈人口发展特点

（1）东京都市圈人口数量远远大于非大都市圈的城市

东京大都市圈发展的一个显著特点是大都市圈的人口增长速度远远大于非大都市圈的一批大都市的人口增长速度。

（2）都市圈范围内人口分布不均

由于向心力的作用，东京大都市圈内人口分布极其不平衡。东京区部人口数量和密度远大于都市圈内其他核心城市。但是从人口增长变化角度来观察，近年来东京大都市圈内部中枢和副中心城市人口增长率明显高于东京区部，甚至东京市中心人口出现了负增长，人口密度开始下降。

东京大都市圈内各城市人口分布极其不均匀。出现以上情况的原因主要是工业产业所需技能水平的分化现象不断加剧，大部分从事简单工业或者基础工业的人口逐渐向人口相对稀疏的东京区部以外的千叶、埼玉、神奈川等地区转移，东京市中心人口正在朝向高精尖产业的方向发展。大部分从事高技术、高附加值工作的人口在东京市中心也是通勤人口，造成东京市中心人口昼夜密度变化显著的现象。但是由于近年来东京市中心区的不断改建，居住条件的改善等措施实施，估计未来东京市中心的人口还应该存在增加的空间。

（3）人口数量迅速增加，人口密度快速加大

由表4－2可知，东京大都市圈50公里范围内人口数量1960年为1578万人，1965年为1890万人，1970年为2195万人，1975年为2476万人，1980年为2633万人。从这些数据可以看出，1950～1970年东京大都市圈内部的人口数量和人口密度经历了一个飞速增长的阶段，尤其是距大都市圈中心20～40公里范围内的人口数量和密度，变化最大。经历了飞速增长之后，人口增长趋势在1970年以后开始减缓下来。50～70年代可以看作是人口增长加速期，而70年代以后可以看作是平稳期。

表4－2　　　　　　　　　东京大都市圈各圈层人口变化

距中心距离 （km）	人口增长率（%）			
	1950～1965年	1965～1970年	1970～1975年	1975～1980年
0～10	1.4	6.5	6.5	6.3
10～20	25.3	11.9	6.2	2.1
20～30	40.4	31.6	22.5	9.2
30～40	37.0	43.6	29.7	14.2
40～50	14.9	19.6	22.1	16.1
共计	19.7	15.9	12.7	6.4

资料来源：胡娜，"东京大都市圈形成过程地理分析"，东北师范大学硕士学位论文，2006。

（4）城市人口高素质特征明显

城市人口素质用每百万人中在校大学生人数作为参考标准。对于东京都来说，在校大学生人数占总人口的比例从 1958 年的 3.0% 快速涨至 20 世纪 80 年代的顶峰 6.3%，近年来一直稳定在 5.5%。结合东京都人口和都市圈内其他县人口数量的关系，该数值在整个东京都市圈范围内也将达到 4% 以上。此数值排在世界前列，而中国城市北京、上海，在 2010 年的此项指标为 0.5% 左右。

（5）年龄结构呈现老龄化、少子化

近年来，日本人口的年龄结构主要有两个特点，即老龄化和少子化。日本已经是世界上人均寿命最长的国家。到 2001 年，日本男性的人均寿命已经达到 78.07 岁，女性更达到了 84.93 岁，均在世界上名列前茅。平均寿命的延长意味着死亡率的降低，人口死亡率降低必然会进一步促使人口老龄化。

图 4-7 分别列举了东京于 1920 年、1940 年、1950 年、1970 年、1990 年和 2010 年的人口年龄结构分布。

1920～1940 年的东京，人口数量增速很快，但总体结构保持稳定，出生率维持在一个较高的水平。二战以后，日本鼓励生育，来弥补战争中人口锐减所带来的劳动力的不足，其中，东京这一情况最为明显，1950 年的东京，0～4 岁的人口在全民中所占的比重最大，年龄从高到低呈金字塔形状分布。但是，劳动人口的年龄分布主要集中在 20～60 岁，而具备较高劳动经验技能和身体精力状况的人口，则集中于 30～50 岁。这一年龄段的人口所占的比重越大。这说明，在相同经济条件下，该城市的劳动生产能力越强。

可以看到，1970 年以前，东京人均 GDP 的增速比较缓慢。而 1970 年的东京人口结构中，最明显的特点就是，生育高峰结束，生育率降低，高水平劳动人口在全部人口的比重中占有明显优势，人口结构从高到低呈树形分布，所以，具备劳动能力的人在城市中开始占主要比例，与此同时东京的人均 GDP 进入了快速增长时期。但是不得不提到的是，世界多数国家将 65 岁以上人口在总人口中所占比率即老龄人口系数超过 7% 作为进入老龄化社会的标准。日本是从 1970 年开始进入老龄化社会的。那一年，日本 65 岁以上人口达到了 739 万人，老龄人口系数为 7.1%。

随着生活水平的提高，东京人口的平均年龄增长，1990 年的人口结构图

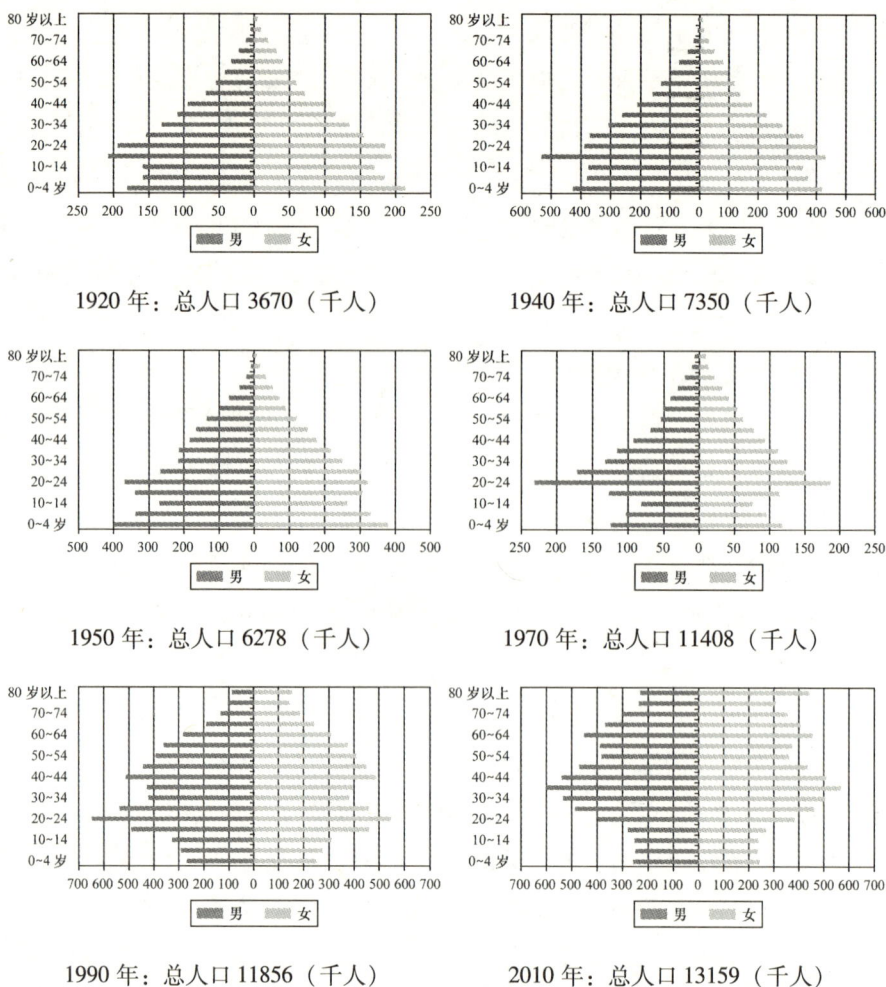

1920 年：总人口 3670（千人）　　　　　1940 年：总人口 7350（千人）

1950 年：总人口 6278（千人）　　　　　1970 年：总人口 11408（千人）

1990 年：总人口 11856（千人）　　　　　2010 年：总人口 13159（千人）

图 4-7　东京都男女人口年龄构成的变化

资料来源：东京都统计年鉴，2010，http：//www.toukei.metro.tokyo.jp/tnenkan/2010/tn10q3i002.htm.

已经呈现出老龄化的特征，养老金及养老服务等社会成本增加，高水平劳动人口在全部人口中的比例明显降低。所以，从 1990 年开始，东京的人均 GDP 增速放缓，1998 年更达到 16.4%。日本的人口老龄化速度也在世界上排名第一。

　　出生率的下降是促使人口老龄化的另一个重要因素。在日本战后第一次生育高峰时的 1947 年，日本的人口出生率曾达 3.43%，但 1990 年后降至 1.0% 以下。出生率的下降不仅促进了老龄化的进展，还直接导致了另一个人口现象——"少子化"。这一指标近年来也明显下降，1996 年为 1.43%，1998 年又下降到 1.38%，这说明日本的年轻夫妇已经不愿意多要孩子甚至根本不要孩子。

到了 2010 年，东京的人口结构从低到高呈现了明显的瓦罐形结构。老龄人口的数量已经相当庞大，劳动人口的年龄主要集中在 30 岁以后，在这种情况下，平均 GDP 已经停止增长，只是维持在一个水平上。

虽然人口结构不是人均 GDP 增长与否的唯一因素，但老龄化问题依然是制约现代城市发展的突出问题。这是东京城市以及都市圈规划者们必须面对和解决的一大课题。

3. 人口特点对东京大都市圈的影响

人口的高度集中，为东京都市圈的飞速建设提供了劳动力上的保障，使东京在 50 年之内，由战后的残破衰颓迅速发展为世界上最为现代化的顶级都市圈。密集的高等学校，可以向东京都市圈内的各行各业提供优秀的专业人才，再配合良好的政策环境，使得各种高附加值或者高技术含量的产业，都可以在东京都市圈内得到良好的发展。但是，明显的高龄化，不仅让东京都市圈的未来产能面临挑战，还会增加东京都市圈的社会福利成本，这也是现代世界上发达城市普遍面临的问题。

五、东京大都市圈中心城市及其中小城市互动机制

1. 政治地位及区位条件是东京大都市圈形成发展的先天优势

都市圈的形成不具有普遍性，资源禀赋的优劣在一定程度上左右着一个城市区域能否发展成为都市圈。其中，政治地位是非常重要的一个因素，东京都作为日本的首都，其政治中心的优势使得各种企业、资本更倾向于向东京集聚。其次，东京都是个沿海的港口城市，其优越的地理位置是加速东京大都市圈发展的主要动因，在开放的经济条件下，东京依靠其港口的优势，通过海运带动国际贸易，充分利用世界的资源，促进自身区域经济的发展，并不断向周围区域进行扩散与辐射，带动周边城市的发展，形成大规模的产业集聚与城市的蔓延。

2. 应对自然灾害，城市和区域规划开拓新局面

1923 年的关东大地震，使得东京市、神奈川县等地区遭受了前所未有的重大破坏，但也正是这次大地震使得东京及横滨的城市改造获得了难得的机会。从 1923 年开始，日本政府大力推进"灾后重建工程"，之前因种种改造困难未得到广泛执行的 1919 年颁布的《城市规划法》得到了全面实施，"灾

后重建工程"中所完成的各种项目使得东京城市基础设施能力得到了空前的提高,东京及横滨的协同规划与建设也在一定程度上迎合了京滨工业带的形成。

其次,东京都易地震的特性在某种程度上促进了首都功能向外转移,转移至一个地震或其他大规模灾害发生率较低的地区,以达到分散灾害危险和提高抵御灾害能力的目的。转移后腾出的建筑用地,也有助于改善东京城市自身的灾害防御能力。

3. 技术进步、产业升级是带动城市和区域发展的源动力

技术是生产要素之一,技术进步提高了工业化水平,促进圈外企业的迁入形成规模经济,促进了产业结构的变迁和升级,从而促进城市化的深入发展,是推动区域发展的最本质的因素。

如表4-3所示,20世纪80年代后期,东京在一次次的产业升级中不断带动周边区域的产业升级及经济发展,从而形成了一个规模庞大、功能齐全的国际金融中心。

表4-3 东京都产业结构的发展过程

时期	15世纪	二战前	20世纪			
			50年代	60年代初	70年代初期后	80年代后期
产业结构	农业	劳动密集型轻工业	劳动密集型制造业	资本技术密集型	知识密集型	信息工业

4. 快速交通网络的形成促进了城市职能的扩散

都市圈的形成在于城市间形成紧密的经济、文化、政治等联系。劳动力、技术、资金和生产资料以及商品、信息等在区位上形成的位移,就需要通过缩短时间上的距离来弥补,而缩短时间上的距离就是依靠便利、快速的交通网络设施。

5. 人口数量的增加及人口结构的变化奠定了城市外扩的基石

城市功能的形成和发展有赖于人口的高度聚集。在城市化初期,人口的聚集是城市功能形成的资本,当人口过度集中出现了聚集不经济(比如老龄人口比例增加)时,说明城市功能应当进行分化或调整,促使人口分布的扩散,从而进入了新一轮的城市发展。

第四节 东京大都市圈的规划及法规与
全国综合开发规划相辅相成

日本是开展国土规划工作较早的国家，其国土开发严格按照国土规划进行。20 世纪初东京就开始了规划的摸索，不同的时代背景赋予了各个法规不同的特点。自二战结束后至今，日本的发展过程中经历过多次规划、建设。其中，针对全国的国土规划有五次《全国综合开发规划》，分别简称"一全综"、"二全综"、"三全综"、"四全综"和"五全综"，五次国土规划构建起了日本立体开发的框架。2008 年的《日本国土形成规划》，简称"六全综"；专门针对东京大都市圈的有五次规划，简称"首都圈五次规划"，五次首都圈规划的公布历时 41 年（1958～1999），贯穿了东京 1955 年至今经历的高速增长期、稳定增长期和后泡沫经济期。

一、二战前东京的规划措施

19 世纪 80 年代明治维新后，东京正式成为日本的首都，开始了现代城市建设的探索。由于旧江户城市结构与各种新型经济活动之间的矛盾，从1888～1918 年，东京政府实施了以城市改造为目的的"市区改正规划"。规划中主要涉及了道路、河流、铁路、桥梁以及港口，也可以说"市区改正规划"是以供水管的建设开始，以有轨电车的铺设结束的。

20 世纪前十年，东京的城市发展进入了郊区化时期，城市规模不断扩大，郊区住宅区无序开发。东京政府希望通过城市规划等手段，对城市的发展和扩张进行适当的引导和管理，1919 年《城市规划法》和《市街地建筑物法》、1925 年《第一次区划方案》公布，引进了欧美等国家的城市规划制度和手段。区划方案中提出了居住、商业和工业这三种用地分类，但各种用地的开发控制内容和标准都十分宽松，也没有将保护城市环境列入条例。

1923 年关东大地震后，"灾后重建工程"大力推进，在"同润会"这一组织的协助下，主要进行了土地区划和基础设施建设，共同调整、改造、重建了东京市，使得城市结构相对旧江户城有了很大的改变，城市基础设施得到了空前的改善，住宅开发向郊外转移，加剧了郊区人口增长。

二、1945～1955 年：二战后恢复期的复兴计划

1945 年，日本政府宣布投降后 5 个月，就公布了《战灾地区复兴规划基本方针》，同年又公布了《国土规划基本方针》。第一部关于国土开发的基本法——《国土综合开发法》也于 1946 年颁布，该法依据国土的自然条件，从经济、社会、文化等措施的综合观点出发，在综合开发、利用和保全国土并使产业布局合理化的同时，提高社会福利水平；东京都规划局在战败宣布投降后不到两周的时间内就宣布了"帝都再建方策"，1946 年又公布了"东京都政概要"及"战灾复兴城市规划"，进一步诠释了"帝都再建方策"。

这几次规划主要有三点内容：①首次提出建设卫星城的设想，在市中心向外 40～50 公里范围内建设数十个人口规模在 10 万左右的卫星城市（人口规模在 20 万左右的外围城市周围也同样规划有卫星城市），将首都的一些主要设施疏散到这些卫星城中；②为控制东京与卫星城市的人口增长，将主要城市之间的中间地带规划为农业地区，在中心城市周围建设楔形绿地和环状绿地，这种设置绿化环带的思想在之后的规划中也得以延续；③建设连接东京与其他城市之间的交通网络。

经过这几次规划，东京初步形成了"中心城市——绿化带——卫星城市"的空间模式。

但是，由于预算紧张等原因，造成了战灾复兴项目实施的滞后，为了得到中央政府对东京规划和开发资金上更多的支持，东京都政府向中央政府提出了"制定首都建设法的请求"。1950 年正式颁布实施了《首都建设法》，该法案中强调了东京都作为日本首都的重要性、制定高效率的规划建设方案的必要性，使东京都的城市建设和规划管理成为国家性政策内容，从而得到了中央政府的重视与支持。

1950 年后，日本经济复苏，东京都开始全面的建设规划。这一时期东京政府及首都建设委员会公布了一系列的针对基础建设的规划、法律，具体见表 4-4 所示，这些项目的实施，为日后都市圈的发展打下了坚实的基础。

三、1955～1970 年：经济高速增长时期的规划

这一时期经济的高速增长使得人口产业向东京集聚，城市快速增长，市内

表 4 - 4　　　　经济复苏期公布的交通、住宅方面的规划、法律

年　份	规划、法律名称	年　份	规划、法律名称
1946	《地铁网络规划》	1950	《住宅金融公库法》
1953	《首都高速公路规划》	1951	《公共住宅法》
1954	《停车场建设促进法草案》	1955	《住宅公团法》

住宅供应不足。东京政府先后在 1955 年和 1958 年公布了《首都圈构想草案》和《第一次首都圈基本计划》。草案和第一次首都圈规划都借鉴了"大伦敦规划"，在城市中 100 公里圈的范围内，按照同心圆的模式，设定市区地带、近郊地带、周边地带，在东京中心区外设置 5 ~ 10 公里绿化环带，在绿环外围建设卫星城，吸收流入的人口和产业，以保障中心区的环境质量、控制东京都市圈的快速扩张。但是，这一时期卫星城的建设不够完善，使得人口和产业仍向中心城市聚集，人口数量提前超出了规划，50 公里圈内接近饱和。

1962 年，日本政府通过了"全国综合开发计划"（简称"一全综"）。"一全综"的主要目的是实现地区间的均衡发展，着力解决经济高速增长过程中产生的都市过大化问题和地区差距等地区问题。"一全综"指出应站在长期的、国民经济的视点上进行国土综合开发，为了缩小地区差距，必须进行工业的分散，在原有的东京等大型工业城市周边开发基地，形成了太平洋工业带。

由于第一次首都圈基本规划失败，1965 年，东京政府又颁布了《首都圈整备法（修正案）》，对第一次首都圈规划进行了修正，将规划范围扩大至一都三县加外围四县的部分地区，响应"一全综""缩小地区差异、工业分散"的号召，继续建设卫星城市，完善其各项职能。

但是，之后东京大都市圈经济高速增长，地区发展不平衡加剧。1968 年，《第二次首都圈基本计划》颁布，规划包含了 1 都 7 县全部区域，主要内容有以下两点：①将东京作为中心，实施以实现合理中枢功能为目的的城市改造；②取代绿化带，设立近郊整备地带，开展城市建设，以求城市和绿地空间的协调共存。

第二次首都圈规划取消了中环绿化带，使城市间连成一线，与之后日本政府的"二全综"中的思想不谋而合，打破了先前消极控制大城市发展的格局，转向疏散、引导，将过度集中的城市功能转移至卫星城、促进副中心地区的发展局面上来。

1968 年日本公布的《城市规划法》中，首次将城市规划的决定权转交给

了地方政府，还增加了"公众参与到部分城市规划的程序"中。

1969 年，"二全综"的颁布推动了大型交通网络建设，采取了"新网络构想"的开发方式，将工业区和地方圈连接起来，形成了"大规模项目开发"的模式。"二全综"强调国土综合开发的理念，但过度强调经济效益，在实施后的短短四年里，产生了严重的公害问题。

四、20 世纪 80 ~ 90 年代：稳定增长时期的规划

受公害问题和石油危机影响，日本经济发展趋于稳定，经济社会结构发生变化，东京大都市圈的建设速度放缓。1976 年，东京政府公布了《第三次首都圈基本计划》，规划中指出：选择性地分散东京的高级中枢管理功能，提出建设"区域多中心城市复合体"，形成多极夺权型结构；充实周边地区的社会文化功能，以形成不依赖于东京都心的大都市外围地区。此次规划分散职能的思想对周围城市的发展起到了至关重要的作用，使东京大都市圈形成了多核型区域城市复合体的格局。

为了解决人口分布过于集中的"过密过疏"问题，促使人口向地方定居，1977 年颁布的"三全综"提出了"安居圈"的构想，将自然环境的保全作为重要课题，建设"头脑布局地区"和"技术聚集型城市"，促进了日本产业结构调整和区域经济振兴，与第三次首都圈建设中发展周边地区的思想是一致的。

20 世纪 90 年代开始，日本逐步进入老龄化社会。为解决东京一级集中、收入差距的扩大等问题，1986 年，东京政府颁布了《第四次首都圈基本计划》。它基本延续了第三次规划思想，进一步强化都市圈中心区的国际金融和高层次中枢管理职能；正式提出发展副都心，承担中心区部分产业和政务功能。1987 年，日本政府颁布了《第四次全国综合开发规划》，提出"交流网络构想"开发模式，以形成"多级分散型国土结构"。

五、面向 21 世纪的全新规划

经过 20 世纪近 60 年的努力，日本的国土空间结构和产业布局已经基本成型，其重化工业、高污染的产业也逐渐离开本土向周边发展中国家转移。20世纪 90 年代，泡沫经济破灭后，十多年的经济萧条使得首都圈中心竞争力降低、首都圈中心空洞化、高龄少子等社会问题更加突出。

1998 年 3 月，第五次全国综合开发计划（《21 世纪的国土的宏伟蓝图——促进地方自立与美好国土的创造》）审议通过，简称"五全综"。"五全综"通

过"参与协作"的模式,为形成21世纪理想的国土面貌——一极多轴型的国土构造奠定了基础,代替前四次开发计划中优先发展事业的做法,转向重视国民追求的富裕生活以及生态、环境、历史和文化。

1999年,东京都政府公布了《第五次首都圈基本计划》,此次规划在前几次都市圈及全国的规划基础上,再次强调建立区域多中心城市"分散型网络结构"的空间模式。通过不断完善环状区域交通系统,把周边的地区有机地联系起来,形成了"分散型都市圈网络结构"。

进入21世纪后,2008年,日本政府又公布了规划至2020年的《日本国土形成规划》,简称"六全综"。"六全综"以可持续发展为主,融入了21世纪的时代特点和发展理念,实现了由"国土综合开发"向"国土形成"的转变,标志着日本进入了国土规划的新时代。其突出的特点是将更大的区域单元作为国土战略的主题,按照各地区人口、经济规模和环境承载能力等的不同,将日本分为10个广域经济圈,包括北海道圈、东北圈、关东圈、中部圈、北陆圈、近畿圈、中国圈、四国圈、九州圈和冲绳圈;并且,设想构建人口在30万左右、交通时间距离在一个小时左右的"生活圈域",每个经济圈间、生活圈间相互独立、各有特色,又相互交流与协作。

第五节 东京大都市圈中小城市发展案例分析
——从横滨到新横滨

一、横滨市概述——毗邻东京的港口都市

横滨(Yokohama)是神奈川县的首府,日本第二大城市,东临东京湾,南与横须贺等城市毗连,北接川崎市,横滨港是日本第二大港口,也是世界亿吨大港之一,并且是世界十大集装箱港口之一。面积426.7平方公里,人口363多万,分为18个行政区。

作为日本著名的国际贸易港城市,横滨具有直通首都圈各重镇的发达交通网,绿意盎然的居住环境,优秀的人才教育机制,广大的首都圈市场,适合城市发展的商业环境。并且,横滨作为观光旅游地与博览会的举办城市,国内外许多人来访交流,是个充满活力的城市。这些优势,在很大程度上源于横滨在日本首都圈内所处的重要位置:毗邻东京,沿海而立,是东京连接日本南部城

市的纽带和门户。

二、横滨市发展与现状——获益于海港功能与东京产业辐射

1. 横滨市的由来——由海港建立起来的城市

横滨港域的历史可以追溯到镰仓幕府时，现在的横滨港的原型被认为就是神奈川港。根据日本史书记载，室町时代（1392 年）的中期神奈川港是东京湾内的一个主要出港口。1590 年德川家康入主江户后神奈川港一同管理。1601 年神奈川港的凑町成为东海道的宿场（即运输中转站），之后成为江户幕府的直辖地。伴随着江户的发展，日本全国各地的物资通过江户港（东京港）向海内外进行输送，神奈川港里的各个港口开始出现了运营船务的商家。1858 年在神奈川港的军舰上签订《日美修好通商条约》（《安政五国条约》），神奈川港正式开港。1859 年 7 月 1 日横滨港成为自由贸易港，此时的横滨，是日本停止闭关锁国政策后首批开放的五大港口之一。从此以后，以港口为中心，横滨开始成为人们聚集居住的地方，从而渐渐形成了城市。

2. 横滨市近现代的工业发展——两次成功的产业调整

1923 年的关东大地震及二战中美军的空袭，使横滨市遭受了严重的破坏。1945 年后，美国军队代表盟军驻扎在横滨和横须贺。由于军事上的限制，横滨城市的发展一直停滞不前，而同一时期的东京，却因人口大量聚集而发展成一个特大城市，横滨邻近东京的部分地区也变成了东京的住宅区。可以说，在战后 20 年里，横滨与其他日本城市相比，发展是缓慢的，许多必要的城市基础设施也未能进行合理的规划和有效的建设。

1957 年，横滨市政当局制定了《横滨国际港都建设综合基本计划》，开始把发展现代化工业列为横滨的发展重点，同时将东京的一部分重工业引入横滨，先后在大黑町、根岸湾一带进行了大规模的填海造地工程，建成了东京火力发电厂、日本石油、三井化学、日产汽车、日本钢管等临港工业。二十世纪五六十年代，由于东京产业结构的带动，横滨实现了从以传统纺织工业为主的轻型工业，向重型工业的第一次产业升级，石油、化工、造船、汽车等重型工业得到了迅速发展壮大。

横滨市，因为毗邻东京，受到的产业辐射能量巨大，很快成为日本重要的工业基地之一，与东京市合称为京滨工业带。1973 年，世界石油危机后，横滨许多耗能大的原材料型产品由于油价的猛涨，逐渐失去了昔日的竞争优势。

于是横滨市政当局及时调整产业结构，增加了耗能少、加工度高的技术密集型产品，如家用电器、电子计算机、点击、汽车等，从而实现了横滨从耗能大的重化工业向电子技术、信息系统、机械制造、交通运输等技术资金密集型产业的转化。在此期间，来自东京的金融投资以及源自各东京高校的技术人才，对横滨的产业转型起到了极大的促进作用。

3. 横滨港——靠填海造地工程拓展的城市海港

二战后，日本以外贸立国，大力发展原材料依靠进口、产品面向海外市场的外向型经济。尤其在以工业生产为主的东京都市圈地区，大量的原材料进口以及大量的产品生产，都依赖于海港。而位于东京市腹地的东京港吞吐量有限，于是附近海港进行业务上的分担与补充，横滨港的发展得益于此。

横滨市于 20 世纪 60 年代开始填海建港，到现在为止，横滨城市面积比 1987 年增加近 5 平方公里。

在专业化码头的建设方面，横滨港一方面积极改造老化的杂货码头泊位，一方面新建吞吐能力更强的专业泊位，使专业码头比例不断增加。目前，集装箱、汽车、木材、海鲜、加工企业等专用码头都具有特殊附加功能，并且已经占全港码头总数的 65% 以上。20 世纪 80 年代以后，随着船舶大型化、航线主干线与经营联盟化的世界航运格局，横滨港不断新建、扩建了可以全天候接卸第六代集装箱船舶的专用深水泊位。目前，横滨港已经成为日本最大、亚洲最深、世界著名的集装箱码头。

1998 年 3 月，横滨港口新港地区的填海造地事业竣工，至此，横滨港的填海造地事业基本完成，基本情况如表 4-5 所示。

表 4-5　　　　　　　　横滨港口新港地区填海造地工程

区域	填海造地面积（公顷）	竣工时间
中央地区	59.9	1992 年 4 月
高岛地区	5.5	1996 年 11 月
一文字地区	7.3	1995 年 4 月
堤坝间	1.2	1998 年 3 月
总计	73.9	

资料来源：横滨市统计局，土地住宅统计，2008，http：//www. city. yokohama. lg. jp/ex/stat/census/jutakutochi0810. html。

经过多年的建设，横滨港及其周围区域，已经不仅是一个纯粹吞吐货物的海港。未来港21地区以及新港地区，已经成为集商务、居住、购物和娱乐于一体的生活休闲区，服务于整个横滨市的居民。

4. 横滨市的交通——东京南部的交通枢纽

横滨市十分重视港口疏运设施建设，这里有完善的以铁路、公路、水路为主的高度密集的交通网络，做到了各码头、仓库之间以及其他港口之间均有铁路、公路连接。以横滨到东京为例，在50公里的范围内，主干线中就有高速公路3条、国道一级公路2条、铁路3条，其中经新横滨（并不直接通过横滨车站）通向东京、名古屋、大阪的东海道新干线是一条高速铁路，它极大地促进了港口与内陆之间的协调与发展。

发达的铁路网，使东京及首都圈内其他城市与横滨之间的人员往来十分便利，让人体会不到任何城市间的隔阂。便利的横滨市内地下铁，与铁路网相连，构成了区域与区域间、城市与城市间互联互通的密集交通网（如图4-8）。

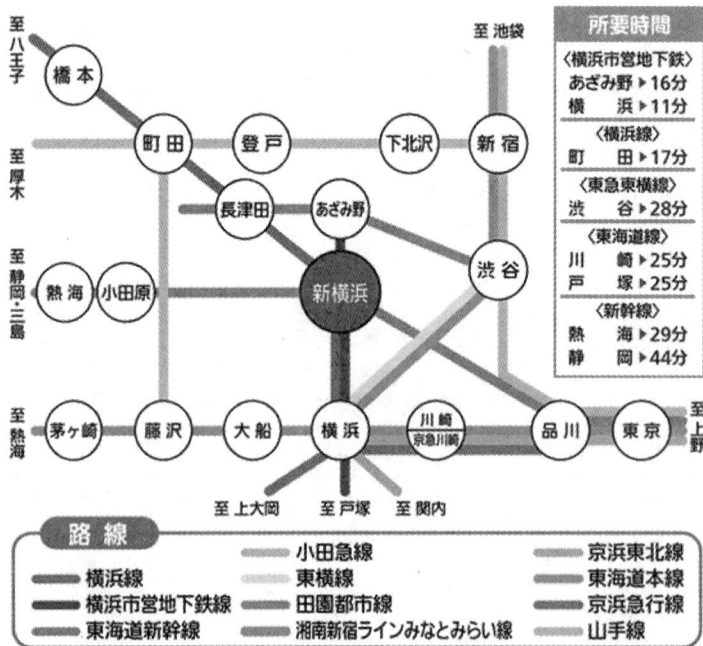

图4-8 横滨轨道交通示意图

资料来源：谷歌图片，新横滨轨道交通图，2013，http：//www. dental - hygienist. ac. jp/access. html。

三条主要铁路，经由横滨站，直通品川和东京都市中心，快车慢车相间，既可以沿途到达各站，也可以快速直通东京主要都市区，为沿途和异地工作的居民提供了极大的便利。这使在东京工作、在横滨居住成为可能，带动了横滨本地置业产业的发展以及居住条件的提升。

5. 横滨的人口与置业——职业发展与宜居的双全选择

1990～2010 年这 20 年中，横滨市的人口密度增加了 14%，而同期东京市人口密度的增长率为 10%。这说明，东京作为一个地区吸引人才和就业劳动力的中心，也带动了周边其他城镇的劳动力市场。而横滨作为首都圈内新兴的、充满活力的城市，在发展过程中对人才和劳动力的需求更大。

1988～2008 这 20 年间，横滨的住宅数量增长了 49%。而在这 20 年间，横滨市区的总人口由 311 万增长到了 363 万，增长幅度只有 17%。这说明，很多非横滨市居民也在横滨市进行置业，拥有自己的私人不动产。这些购房者多数来自于东京市。由于东京的人口密度过大，导致房价要明显高于首都圈其他地区，所以很多在东京工作的居民选择离东京市区稍远的地方购买房屋。而横滨具有以下三大特点，使它成为备受青睐的购房地域之一：①交通便利，尤其是去往东京，电车在车速和发车密度上都有保障；②生活环境好，自然风光和城市风光均达到一个旅游城市的水准；③城市设施完备，城市文化足够吸引人。

6. 横滨的教育、旅游及文化产业——多元化的城市发展

受到东京教育模式的影响，横滨的文化教育事业也很发达，设有横滨国立大学、横滨市立大学、神奈川大学等多所高等院校和博物馆、图书馆等文化设施，每年教育经费将近占 GDP 的 5%。发达的教育业，为本地各个产业的人才输入提供了保障。

横滨有各种各样的观光景点，主要有山下公园、未来港 21 地区、三溪园、横滨海洋塔、帆船日本丸和横滨港口博物馆、面包超人博物馆、新横滨拉面博物馆、八景岛海岛乐园、总持寺、弘明寺、伊势山皇大神宫、观港公园等。美丽的海滨港口大城市里，有许多风格各异的西洋建筑。东京作为世界闻名的大都市，来自日本国内和世界各地的旅客络绎不绝。而拥有诸多自然人文景观的横滨，因为毗邻东京，对国内外的游客有很大的吸引力，这为横滨旅游业的发展提供了良好的条件。

横滨市通过文化艺术活动而实现城市的活性化，形成以聚集创造性产业和人才为目标的城市环境。尤其是未来港21区，以进行"映像文化城市建设"，聚集映像产业、娱乐装饰产业，建设个性化城区为目标。

三、横滨市的城市规划

1. 横滨城市角色规划——具有特色的都市圈副中心城

1964年的东京奥运会，使日本的东京地区掀起了一个建设高潮，体现了日本当时最高建筑水平，也引起了日本国内各界对城市建设的关注和重视。就在东京奥运会后的1965年，横滨成立了"横滨城市美学协会"，开始系统地对横滨市进行规划和建设。这时，横滨等日本大城市先后都进入了一个经济高速增长阶段，人口集聚，工业用地急剧增长。城市的高速发展，是要以良好的城市发展规划为基础的，而规划的目的是看清城市自身存在的优势，预见可能出现的问题并提出应对策略。

作为与东京最近的现代化都市，横滨有着得天独厚的发展条件。为此，横滨在发展之初便被定位为和东京相呼应的"双核城市"中的另一核。两座城市在城市发展定位上有着明显的错位。东京是日本的首都，是现代化的国际大都市，城市功能非常发达，使东京成为国际公认的金融中心、商业中心、信息中心和国际文化交流中心，同时东京又是国际时装中心、会议中心、展览中心。而作为"双核城市"的横滨在城市发展中形成了自身的特色，如上所述，横滨的特色是港口优势突出，临海工业发达，是著名的滨海旅游与休闲城市。在首都经济圈中，横滨与东京共同成为"双核城市"，对区域的发展起到了龙头和辐射作用。

为了体现和东京发展方向上的错位，横滨需要鲜明地体现出自己的优势功能，也就是海港功能。以海港为中心，筹划黄金地段进行以商业为主的重点开发，外围以民居和制造业为主，相间开发，这就是横滨自始至终贯彻的城市规划理念。

横滨在城市规划和建设方面，最为世人所称道的，是位于横滨港口中央区的大型商业休闲中心——未来港21区，它是横滨市区规划方式的集中体现。

2. 未来港21地区的规划——人文规划体现个性化城区

横滨未来港21区，简称MM21，是横滨博览会旧址上兴起的一座未来都市，建筑规模达300万~400万平方米，耗资约140亿美元，目前是一个融合了观光旅游、商务、购物、会议、展览、博物馆于一体的新城市片区综合体。横滨港未来 21 区原是临海的造船基地，从 1983 年才开始填海造地和开发建设。

未来港 21 地区，结合了沿海周围环境及中央地区、新港地区各自的地区特色，政府当局制定了城市建设的结构和方法。这些规划的目的是，为市民创造舒适的工作空间，丰富多彩的休闲娱乐空间，安全富裕的生活空间，并建设令人憧憬的优雅城市景观。

未来港 21 地区的土地所有者与横滨未来港 21（公司）于 1988 年签订了《未来港 21 城市建设基本协定》。这个协定规定了城市的建设原则，包括对基本建设构想进行共同协调，对推进建设城市这一根本目的达成了一致。《未来港 21 城市建设基本协定》中规范的内容如下：①建筑物的使用面积、高度、步行区域、外墙厚度等标准；②于城市信息化建设、资源循环利用方面的管理；③城市防灾建设和对周边影响的管理。

为了确立城市建设的法律制度，根据《未来港 21 城市规划基本协定》，1989 年 10 月制定了《未来港 21 中央地区规划》。整个 21 区的构建都是本着"人文、环保和自然"的理念，包括其整个规划的过程中园林的面积占到了1/4，而且创造了既安全又舒适的游人步行空间，给办公者和游客带来了舒适安逸。港区以一个 21 世纪的环保都市为基本方针，环保先行，建成环境优美的港口都市综合体。横滨未来 21 区没有把代价昂贵、区位优越的"宝地"用作纯商务中心区开发，而是在中央地区布置美术广场，安排象征横滨历史文化的"日本丸"公园和海洋博物馆，并划出总用地的 1/4 作为公园用地，以保持和谐的城市综合功能。21 区的另一大特色是最大限度地保留了历史遗迹，在原址留有的建于 1911 年的红砖仓库被精心保留下来改为红砖公园，当年船厂的石砌船坞竣工，很好地融合了现代的建筑特色。

21 区与横滨市内其他地区甚至市外重镇之间的交通十分便利，乘坐横滨地下铁、东日本旅客铁道根岸线、高速铁道港未来线以及水上巴士都可以直达21 区。21 区不仅拥有较发达的外部铁路系统、公共交通系统以及临港的航运系统，而且有着较发达的内部交通系统，包括高架行人通道、长距离的步行传送带及游艇等，为 21 区带来强有力的交通支持。

未来港 21 区建设的成功，是城区功能性规划和人文建设相结合的集中体现。它建设之初就确立了明确的建设目的和实施方案，并将历史和文化融入高度现代化的工程建设之中。

不过未来港21区的建设并不是一帆风顺的，其中也有一些经验教训值得我们借鉴。其中包括：21区的规划时间非常长，采用大量先进技术和超前的环保抗灾设计，并大面积地填海造地，这些因素使得该地区转让地价和使用期的物业管理费用直线攀升，加上经济危机影响，使得工期的进展和效益的回收没有达到预期的设想。

四、新横滨的出现和发展——横滨城市拓展的前沿阵地

随着横滨市中心城区的发展，不少企业开始在这里落户，渐渐地横滨市中心也成为一个类似于东京的就业中心地带。而横滨市内就业人员的安家问题，也逐渐浮出水面。由于横滨市中心的高度开发，其商业价值日渐高涨，民用住宅的建设开始远离横滨市中心的其他各区分布。这就使得横滨市的其他各区，如原本就作为地区交通枢纽的新横滨街区，也得到了相应的发展。

新横滨位于日本神奈川县横滨市港北区，是一条新近得到开发的年轻街区。

新横滨在若干年前，只是一个处于横滨市北部的火车站，附近基础建设薄弱，住宅稀少。而其如今的发展，主要得益于它交通枢纽的身份。新横滨可以说是首都圈南西部的玄关口，通往东京、名古屋，交通便利。其中，JR线列车有两条干线通过新横滨车站；横滨市地下铁也可经由新横滨站将旅客带到横滨市各地；世界闻名的新干线也贯穿新横滨站，搭乘新干线列车至东京只要15分钟，至名古屋81分钟，至新大阪132分钟。在高速公路方面，东京西南门户——港北IC高速公路，也通过此街区。新横滨的地理位置值得夸耀，畅通的铁路、公路交通网，更加提高了它的便利性，车站周边的外资企业和IT系公司也逐渐增多。

新横滨街区的发展是以横滨站为中心，以公寓、民用住宅和酒店建设为主，同时也遍布面向中小企业的写字楼。在积极发展居住社区的同时，各项基础设施建设同样紧跟步伐：以新横滨车站为中心的商业区，基本上可以满足整个街区住户的消费需要，此外美术馆、博物馆、体育场的建设，也凸显出新横滨街区民用设施的完备性与人文气息。

可以说，横滨市的发展得益于东京的带动，而新横滨街区的发展，又得益于横滨市的带动。这种逐步向外分散的发展模式——从核心城市到区域中心城市，再到更小区域的中心城区街区，有利于人口的分散、产业及城市功能的分化，同时，也可以在一定程度上缓解区域发展的不平衡性。

五、横滨城市发展的经验

首先，任何一个城市或城区，必须根据自身城市化的特点，审时度势，及时开展城市设计活动，以确保城市空间环境、人文环境和生态环境在城市开发建设过程中能够协调、均衡地发展，促进城市生活质量的实质性提高，顺应并一定程度上引导地区城市化的进程。横滨市在发展过程中，以海港为依托，因地制宜，寻找到了一条适合自己发展的道路。

其次，城市设计活动中，确立一种合情合理的价值准则和理性标准是十分重要的。这不应该以某种既定模式为基准，而要结合特定的国情和地区特点形成自己的特色。横滨市位于日本首都圈，获得的东京产业辐射能量较大。这样在东京都市圈发展的大背景下，横滨市可以综合考量自己所处的位置、自己应该承担的角色、不同产业在自己境内发展的利弊，从而完成与都市圈内其他城市，尤其是东京的产业互补，增加自己的发展动力。而横滨的两次成功的产业转型，也表现出产业类型和城市发展阶段相互结合的力量。

此外，城市环境的广延性、城市建设的连续性和具体决策的分散性，需要我们用一套适用而有效的行政机制来对建设实行持续的长效管理，同时具备一套理论和适用技术支持这种管理。传统的垂直式行政架构体制应该改革，建立由行政部门和其他利益群体合作的开发机制，并保证有足够的公众参与。横滨未来港21区，在规划建设期间，得到了统一规划、统一管理，使得整个城区有很强的整体感，并且也为所有工程的质量提供了保障。而在交通规划上，横滨市不仅完善地建设了市区中心的横滨站交通枢纽，也着力开发周边地区，建设了新横滨、上大冈等地区性交通枢纽，使辖区内的交通网络更加繁荣便捷。

最后，景观和美学在城市设计中是重要的，但环境改善是一个整体的问题，它应包含并协调多重价值准则。尤其在今天，社会、生态、历史积淀及人文重建等问题都已经成为城市设计的重要领域。横滨城市高速发展的同时，保存了自己的历史遗迹和人文景观，在对外展示发达和先进的同时，也使得自己的城市文化底蕴被世界所接受。

第六节 小 结

一、东京大都市圈发展经验与教训

1. 东京大都市圈规划及建设亮点

（1）东京大都市圈规划以法制为基础

东京都市圈规划具备完备的法律法规保障。东京周边新兴城区规划建设从编制到实施，有着强大的法律支撑，形成了一个庞大完备的法律体系，使得开发建设向着政府期望的目标进行。

（2）东京大都市圈从整体利益出发进行规划

东京都市圈的规划，是以集体利益为立足点的，重点考虑各城市需共同解决的问题。都市圈规划是跨行政地区的规划，如何协调城市之间的关系是非常关键的问题，建设具有实际管理事权的区域协调机构成为都市圈规划实施的保障。都市圈规划需要把区域作为整体来考虑，不是要让每个城市都统一行动，但要针对区域共同的问题提出规划方案。

（3）东京大都市圈建设以快速交通体系为重点

东京都市圈的轨道交通是世界上最先进的轨道交通网之一，其具有覆盖面积广、调度精确、车次安排合理、运载量大等优点。轨道交通网和快速道路系统是城市密集地区演变为都市圈的重要基础。快速铁路、地铁、轻轨等轨道交通和快速道路系统保障了东京都市圈的运转效率，使都市圈内城市间通勤成为可能，使远距离的城市间联系更加紧密。除此之外，还要加快住宅、基础设施等项目的规划建设。

（4）东京大都市圈重视环境保护和整治

近20年，东京都市圈的建设一直以低碳环保为主要课题。生态环境的治理是城市与区域发展过程中必然要重点解决的问题，尤其是以降低碳排放量、缓解温室效应为主，局部地区无法单独治理，必须通过跨区域的协作来解决。东京都市圈通过制订统一的环境污染治理政策和措施，通过区域协作落实，取得了良好的成效。

2. 东京大都市圈发展过程中经历的问题

（1）规划初期消极地控制城市发展

1945~1955 年战后复兴期，东京作为核心城市，初步形成了与周边地区一体化发展的结构形态。这个时期，延续了战前的规划理念，仍然以控制城市规模的扩大为主要目标之一。但 1955~1970 年，人口规模快速扩大，提前超过了第一次首都圈规划中设定的人口规模；经济高速发展，各类产业设施进一步向东京及东京大都市圈集聚；城市交通堵塞、基础设施不足、居住环境恶化、开敞空间缺乏等城市问题日益严重。

这些问题都充分体现了东京大都市圈初期规划的不足，但日本政府及时调整了规划政策，从强调控制城市规模，逐渐转变为重视城市功能的空间布局，积极引导城市和区域结构的调整，以及合理的功能配置，从而最终形成了多核心型城市结构。

（2）政府引导不够，导致房地产市场发展失控

在战后的高速增长期，日本以国家政策为主导，以政府公共项目为中心的区域与城市开发体系发挥了极为重要的作用。但 20 世纪 80 年代之后，随着城市发展开始从促进宏观经济增长，逐渐转向自身功能的综合提高，以及民间企业的开发力量逐渐增强，日本政府的城市开发体系缺乏对于市场机制下城市开发活动的宏观管理能力和有效的制度建设，造成了 80 年代后期的乱开发和房地产泡沫。

此次教训说明，在城市开发和建设中，一方面需要发挥政府主导型开发模式，另一方面也需要积极地培育城市开发市场机制的建设，加强政府对于各类城市开发活动的管理和政策引导，健全相关的法制体系，积极引导民间企业开发力量的发展。

参考文献

［1］陆军等. 世界城市·研究——兼与北京比较. 北京：中国社会科学出版社，2011

［2］维基百科，日本行政区划，2013，http//upload. wikimedia. org/wikipedia/commons/4/4f/Regions_ and_ Prefectures_ of_ Japan_ 2. png.

［3］百度百科，东京都介绍，2013，http：//baike. baidu. com/view/89720. htm.

[4] 胡娜. 东京大都市圈形成过程地理分析. 东北师范大学硕士学位论文, 2006

[5] 冯建超. 日本首都圈城市功能分类研究. 吉林大学硕士学位论文, 2009

[6] 维基百科, 东京都行政分区图, 2007, http//ja. wikipedia. org/wiki/% E3% 83% 95% E3% 82% A1% E3% 82% A4% E3% 83% AB;% E6% 9D% B1% E4% BA% AC% E9% 83% BD% E8% A1% 8C% E6% 94% BF% E5% 8C% BA% E5% 88% 86% E5% 9B% B3. png.

[7] 段继阳. 从大东京都市圈看辽宁中部城市群. 沈阳日报, 2007

[8] 日本全国知事会网, 日本各都道府县人口、面积, 2010, http： //www. nga. gr. jp/chinese/kisodata/ kisotop. html.

[9] 豆丁文档, 东京大都市区一体化经验, 2012, http： //www. docin. com/p－470193260. html.

[10] 杨朗, 石京, 陆化普. 日本东京都市圈的交通发展战略. 综合运输, 2005 (10)

[11] 王郁. 城市管理创新：世界城市东京的发展战略. 上海：同济大学出版社, 2004

[12] 金元浦等. 北京：走向世界城市. 北京：北京科学技术出版社, 2010

[13] 王旭, 梁茂信. 当代美国大都市区城郊发展失衡现象及其影响. 城市史研究, 2005 (1)

[14] 张良, 吕斌. 日本首都圈规划的主要进程及其历史经验. 城市发展研究, 2009 (12)

[15] 董晓峰, 成刚. 国外典型大都市圈规划研究. 现代城市研究, 2006 (8)

[16] 袁蕾. 东京新城发展及对北京的启示. 科技信息, 2011 (14)

[17] 国土交通省关东地方整备局, 港湾空港部, 2013, http： //www. pa. ktr. mlit. go. jp/kyoku/ 02minato/02data/01. html.

[18] 胡朝懿, 魏需荣. 日本东京都市圈轨道交通考察报告. 广东交通, 2002 (004)

[19] 谷歌地图, 首都圈路线图, 2013, http： //maps. google. co. jp/.

[20] 东京都建设局网站, 三环状道路概要, 2013, http： //www. kensetsu. metro. tokyo. jp/douro/sankan- jyo/gaiyou/index. html.

[21] 乐游日本网站, 2012, http： //travel. jpwind. com/index. php? task = traffic&md = detail&idx = 1053.

[22] 陈振华, 张章. 世界城市郊区小城镇发展对北京的启示——以伦敦、东京和纽约为例. 北京城市 规划, 2010 (4)

[23] 日本地图册. 北京：中国地图出版社, 2012 (2)

[24] 东京都统计年鉴, 2010, http： //www. toukei. metro. tokyo. jp/tnenkan/2010/tn10q3i002. htm.

[25] 张晓兰. 东京和纽约都市圈演化机制与发展模式分析. 吉林大学硕士论文, 2010

[26] 毛其智. 日本首都功能转移考. 国外城市规划, 2000 (2)

[27] 穆占一. 均衡发展之路——日本国土规划的历程及特点. 中国党政干部论坛, 2012

[28] 安翠娟, 侯华丽. 日本国土综合开发规划对我国的启示. 国土资源, 2007

[29] 冯继强. 日本国土开发计划的开展和终结. 中国集体经济, 2011 (24)

[30] 杜德斌, 智瑞芝. 日本首都圈的建设及其经验. 世界地理研究, 2004 (13)

［31］百度文库，城市综合体案例研究日本横滨未来 21 区，2012，http：//wenku. baidu. com/view/b4990b9cdd88d0d233d46a7f. html.

［32］三江口，国内外发达城市对宁波发展启示，2013，http：//news. cnnb. com. cn/system/2006/03/28/005094098. shtml.

［33］魏然. 国际著名港城横滨. 港口经济，2002（5）

［34］横滨市统计局，土地住宅统计，2008，http：//www. city. yokohama. lg. jp/ex/stat/census/jutakutochi0810. html.

［35］谷歌图片，新横滨轨道交通图，2013，http：//www. dental－hygienist. ac. jp/access. html.

［36］刘重. 借鉴日本横滨发展经验建设天津国际港口城市. 城市，2007（4）

［37］谷歌图片，新横滨的公路网，2013，http：//www. shinyokohama. jp/clinic＿ intro/access. html.

［38］王建国. 横滨城市设计的历史经验. 新建筑，1997（1）

第五章 首尔都市圈与中小城市发展研究

第一节 首尔都市圈概况

首尔都市圈是韩国政治、经济、科技、文化中心，包括首尔特别市、仁川广域市和京畿道，以及水原、城南、东川豆、光明、松炭、安养、富川等城市，土地总面积11726平方公里，占韩国国土面积的11.8%，人口2000多万，占韩国总人口的近一半。其中，首尔特别市的土地面积605.5平方公里，1999年人口1032万人，占首尔都市圈总人口的一半多。

首尔都市圈的形成始于20世纪70年代中期，1982年颁布的《首都圈管理法》确定了这一区域的边界，图5－1是韩国行政区划图。

地域	名称	韩语	首府	人口	面积	二级政区	图号
京畿	首尔特别市	서울특별시	中区	9853972	606	25区	1
	京畿道	경기도	水原	8937752	10136	27市4郡13区	8
	仁川广域市	인천광역시	南洞区	2466338	958	8区2郡	4
江原	江原道	강원도	春川	1484536	16536	7市11郡	9
全罗	全罗北道	전라북도	全州	1887239	8,047	6市8郡2区	12
	全罗南道	전라남도	务安市	1994287	11956	5市17郡	13
	光州广域市	광주광역시	西区	1350948	501	5区	5
庆尚	庆尚北道	경상북도	大邱广域市	2716218	19021	10市13郡2区	14
	庆尚南道	경상남도	昌原	2970929	10518	10市10郡2区	15
	釜山广域市	부산광역시	莲堤区	3655437	886	15区1郡	2
	大邱广域市	대구광역시	中区	2473990	886	7区1郡	3
	蔚山广域市	울산광역시	南区	1012110	1056	4区1郡	7
忠清	忠清北道	충청북도	清州	1462621	7433	3市8郡2区	10
	忠清南道	충청남도	大田广域市	1840410	8590	6市9郡	11
	大田广域市	대전광역시	中区	1365961	540	5区	6
济州	济州特别自治道	제주특별자치도	济州	512541	1846	2市	16

图5－1 韩国行政区划图

韩国经济发展迅速，2012 年数据显示，国内生产总值达 1.622 万亿美元，排名世界第 13 位，实际增长率为 2.7%，位于世界第 122 位，主要依靠出口半导体、无线通讯设备、汽车、电脑、船只、石油化工产品等，总出口总值 5482 亿美元，居世界第 8 位。最著名的大型跨国公司有三星、乐金（LG）、现代、起亚（KIA）集团和 SK 集团等，其总部均设在首尔。总之，韩国经济中，首尔都市圈的发展贡献了巨大的力量。

以首尔、仁川为核心，包括京畿道在内的首都圈不仅是韩国产业的密集区，同样也是较为成熟的具有国际影响力的都市圈之一，它集中了全韩国 40% 的人口，近一半的制造业和 70% 的 GDP。通过多年的发展，韩国首都圈内已经形成了两大核心城市功能分工明确的产业结构，其中首尔以现代服务业为主导产业，仁川以工业及交通运输业为主。

一、1960 年以前：首尔都市圈发展的铺垫阶段

首尔地区作为韩国的政治中心，自古以来就占有最为重要的地位。从近代城市化的角度来看，在日本殖民时期韩国的城市化已经开始了。表 5 - 1 展示了首尔都市圈在先后相连的两个殖民阶段的发展情况。

表 5 - 1　　　　　　　　　　首尔都市圈殖民时期的发展情况

阶段	时间	相关法规	影响与发展
一	1910～1930 年	《都市计划法》	铁路得到扩修，行政区域得到改编，为城市发展做了铺垫
二	1931～1945 年	《朝鲜市街地计划令》	以行政中心建设为主，以港口为中心的物流集散地、军事据点和以加工原料为目的的工业城市建设为辅，城市建设主要服务于殖民统治

在这一时期，人口与土地发展迅速，尤其是首尔地区到了明显的发展。日本殖民者为殖民利益的需要，改建和扩建首尔的市域，增加首尔地区的劳动人口，使首尔的人口和面积都有了较大增长。首尔的人口由 1910 年的 20 多万增长到 1944 年的近百万，同时首尔地区的城镇面积，沿汉江迅速扩展，到 1946 年该地区的城镇面积几乎翻了三倍。

城市规划与交通建设方面，1910 年以来日本殖民者在首尔地区的城市规划与建设，其本质是在韩国巩固其殖民统治。日本殖民者为加强统治而建设行政城市——京城府，为供给原料和粮食而建设仁川等港口城市，为侵略中国东北而建设北部工业城市，为运送兵力和物资而建设以釜山－首尔－新义州为轴的京釜铁路，这些是日后都市圈发展的基础。

这个时期，重大事件频发，1945～1959年间韩国经历了国家解放、朝鲜战争，造成了原有的经济生活、社会生活的混乱。这诸多的混乱打破了传统的韩国城市生活和居民家庭结构，人们接触的社会生活领域不断扩大，城市居民积极地接受了这种变化，并且不断追求新的变化。

总的来说，1960年之前主要是一个铺垫与基础奠定时期。在日本人的带领下，人口逐渐集中到首都圈首尔，首尔市附近的中小城市得到迅速发展，土地开发面积集聚扩张，使首尔都市圈有了人力、土地基础等设施；同时殖民者通过建立主要铁路线路京釜铁路，打通了这一区域的物流通道，使都市圈发展有了与外市的交换通道；加上政治事件频发，经济与社会生活混乱，大韩民族早已习惯快节奏的局势变化生活，为后来的都市圈发展推进有着重要铺垫作用。

二、20世纪60年代：首尔都市圈发展起步与人口膨胀时期

1960年之后，韩国开始近代的城市化。从60年代到90年代，韩国城市化飞速发展，首尔地区快速地完成了城市化，首都圈的概念也在这一过程中形成，成为韩国城市化的龙头城市。

1960年韩国城市化进入了快速增长时期，城市的数量以及城市人口大幅增长，城市化率从28%增长到43.2%。在快速城市化的过程中，大量农村人口向大城市迁移。60年代的快速城市化集中在首尔及其周边几个大城市，由于人口的大规模移动，中小城市反而出现了人口减少的现象。因为人口急剧地向城市集中，首尔人口由1960年的240万增长到1970年的550万，在1960年只有20万人口的仁川在60年代末成长为50万人口的大城市，整个首都圈人口到1970年达到880万。随着1969年城市行政疆域的扩展，首尔市的市域面积增长到613平方公里。

三、20世纪70年代：首尔都市圈发展城市化全面推进时期

20世纪70年代的城市化是60年代城市化的深化，这个时期的人口迁移主要是区域内的迁移，而非区域间的人口迁移。其特征是首尔等大城市迅速扩展，各种产业基地的大规模开发，首都圈周边工业城市的迅速成长，并伴随着就业机会的增加，加上住房问题的解决、政府的各项政策鼓励支持、交通通畅性，使得城市中心区扩张到首尔地区的 45 公里以外，农村人口不断向城市集中（Yong et al.，2007）。

70 年代，第一次国土综合开发计划（1972～1981 年）开始，该计划本来打算把首尔、仁川、釜山和蔚山等城市指定为发展的据点，然后利用这些据点进行国土空间的全面开发。但实际上，投资较集中的首尔、仁川继续快速成长，获得投资较少的釜山和蔚山地区发展相对较缓，结果是地域间的差距越来越大。成长据点开发使首都圈区域得到了高效的发展，但使地域间不平衡的问题加深了。

70 年代中后期政府发现了这一不平衡发展问题，此时首尔的城市空间扩展受到了限制，但是空间的限制不能阻挡人口的增长，到 70 年代末首尔市的人口突破了 800 万。同时，首尔周边卫星城继续加快建设，到 1980 年首尔周围已经拥有 6 个卫星城。由于工业发展的需要，首都圈的人口仍然大量增加，到 1975 年首都圈的人口突破了 1000 万。

四、20 世纪 80 年代：首尔都市圈的平衡发展时期

1980 年韩国城市化率达到 69.4%，到了 1985 年为 77.3%，1990 年达到了 82.7%，韩国的城市化进入了收尾阶段。作为聚集点开发的成果，首尔与釜山的两极化现象十分严重。在首尔只占 22% 的国土面积上，集中了全国 59.5% 的人口和 81.6% 的工业产值。于是政府对据点开发战略实施了调整，目的是开发新的地方城市作为成长据点，把人口集中在这些据点城市，抑制首尔等大城市的人口集中。为了缓和首都圈的人口集中问题，政府实施了首尔周边的新城市开发策略，在这些地方建设学校、扩充医疗设备、强化基础设施等。结果，首尔的人口集中现象在一定程度上得到控制，但是首尔周围的卫星城人口反而急速增加，首都圈资源也正是在此时得以均衡和充实。在 80 年代，不但城市人口增加了，而且城市数量也急剧地增加了。1951 年光明等 10 个城市升级为行政市，在 1986 年有 11 个地方城市升级为行政市，1989 年又有 12 个地方城市升级为行政市。因此，到 1990 年韩国城市总数已达到 73 个，十年间增加了 33 个。80 年代成为韩国历史上新设城市最多的时期。

首都圈在 80 年代得到了巨大的发展。首尔市的人口继续在增加，尽管速度已经放慢，但到 80 年代末人口仍然突破了 1000 万。首尔外京畿道和仁川出

现了快速增长的趋势，京畿道城市数量得到了增加，仁川的港口和机场得到了扩建，两地的人口总数在80年代末已经接近800万。也正是在这一时期，国家通过法律形式确定了首都圈的范围以及管理机构。首尔周边的卫星城建设更是突飞猛进，由1980年的6个增加到1990年的16个，而且1985～1995年首都圈50万人口以上的卫星城由1个上升到8个。同时，利用举办奥运会的有利时机，首都圈的市政、交通、环境等都得到了大幅度的改善和提升。

五、1990年以后：首尔都市圈发展稳定时期与新世纪的腾飞

1990年，韩国的城市化率为82.7%，经过1995年的86.4%，到1997年达到86.8%，韩国城市化的巩固阶段得以完成。90年代的国土规划取得了一定的成果，但并没有达到预期的要求。这一时期，首都圈的发展相对较缓，整个首都圈人口由1990年的1800万增长到90年代末的2100万，然而首尔市的人口出现了负增长，由1990年的1060万下降到1020万，净迁出人口约40万。虽然首尔的人口有所下降，但除首尔外每个城市人口仍呈上升趋势。在1997年蔚山变成了100万以上的大城市，昌原人口达到50万，始兴成长为20万以上的城市。90年代城市升级的主要特征是依据城乡复合形态设置的市，而这部分城市主要是首都圈以外的城市。90年代韩国新升级的城市有6个，到2000年为止城市数总量达到了78个。这一时期首都圈以外的城市得到较大的发展，首都圈发展步入缓慢阶段，总体上全国的城市水平开始走向均衡。

如果与20世纪60年代相比，首都圈21世纪的发展可以看作第二次腾飞。表5-2针对两次腾飞的各个重点方向进行了对比分析。

表5-2　　　　　　　　首尔都市圈两次腾飞时期的对比

	第一次腾飞（1960～1990年）	第二次腾飞（2000年）
权利	集中化	去中心化和分散化
发展引导类型	国家引导型增长	区域主导型增长
战略模式	资本输入驱动战略	创新驱动战略
发展模式	非持续发展的标准模式	可持续发展的特殊模式
投资政策	被动的投资政策	主动的投资政策

进入21世纪，首尔都市圈中的问题越来越明显，如出现了市民难以忍受的交通拥堵、空气污染、土地价格高涨。同时，都市圈以外其他省份则面临经济停滞、缺乏活力、人口减少等问题。韩国政府意识到，这个现象主要归根于

过去30~40年所奉行的资本驱动型战略到如今已经发展到极致,再加上劳动力和土地成本的不断上升,所以知识经济和创新经济才是参与当前国际竞争的驱动器。因此,韩国政府采取"国家平衡发展战略"来取代先前的"地区平衡发展战略"。新战略不仅强调不同地域上的空间平衡发展,更重要的是提出了下放权力、去中心化和区域发展将作为增强竞争力的新方式。可以说,韩国整个国家发展战略的范式由过去的资本推动向创新驱动转型。首尔首都圈及周边地区凭借已存在的大量科研机构和发达的服务产业,恰到好处地利用创新驱动的经济增长模式进行进一步转型,巩固了自身的优势。同时,将非自身所必要的制造业和资本投入进行限制,走上了可持续发展的道路。

此外,地区创新的战略也包含了新的中心城市和中小城市相互关系的探索。在旧的战略范式下,去中心化和下放权力的目的是实现价值在不同区域之间转移或重新分配。这种十分注重"整体平衡发展"战略,更在乎提升结果的公平。但是这种模式的现实结果就整体而言往往意味着效率损失,因为在实施过程中总需要将更具活力和发展能力的中心城市的资源分配到其他地区,类似于中国的城市反哺农村的概念。而在新的范式下,政策实施追求的不是"零和"游戏,而是双赢的局面,即动态平衡发展。在这个新的过程中,政策和规划的目标是在地区之间的合作与竞争中创造价值,并利用中心城市和周边中小城市之间存在的不同来促进更多的自身创新和自我价值实现。表5-3是去中心化和权力下放的模式转换的对比。

表5-3 去中心化和权力下放模式的新旧观念对比

	去中心化和权力下放的旧模式	去中心化和权力下放的新模式
收益方式	零和	双赢
价值生产	分布价值	创造价值
重心	公平	效率
平衡模式	中外结合的模式	动态平衡模式

总之,区域创新战略是作为创新驱动战略一部分所出现的,将整个地区作为一个整体来看待和分析。在实施该战略的过程中,首尔核心区域获得了新的发展动力,像金融、服务业、信息产业等迎来了再一次的蓬勃发展。另一方面,去中心化和权力下放的政策确保首尔核心地区强有力地利用资源创造价值的同时,其周边的副中心和中小城市能获得公平和效率的保证。因此,区域创

新战略走的是一条"自下而上"（bottom-up），而不是"自上而下"（top-down）的模式，每个地区都参与到整个地区的发展规划和协作中，地区本身负责自身发展的结果，并在这个意义上可以接受不同的结果。在这样的指导思想下，首尔都市圈迎来了新世纪的再一次腾飞（Kim et al.，2007）。

第二节　首尔都市圈中心城市与中小城市关系及互动机制

一、首尔都市圈中心城市及与中小城市空间关系

从地理上看，首尔的扩张影响快而且广，在摒弃了曾经城墙似的城市之后，很多周边的小城镇都迅速地融入都市圈，成为都市圈的有机组成部分，包括道路设计、公园布局和住房、学校、医院的设立等。其中首尔南侧的汉江成为具有吸引力的新的居住环境。从首尔的城市化进程的扩展方向来看，扩展区域主要集中在其北方和西南方向的区域。东南方向是当时已很繁华的江南地区，一直没有得到进一步扩张，直到政府有了成熟的发展规划。

汉江流域发展后，首尔东南部分也随着发展，区域发展迅速扩张到江南地区，而且持续高涨。在80年代后期，城市化发展政策重心集中到江南的老区。从此，城市中的高层建筑不断增多，复杂的商品房替代了原有的小平房。这也就成就了首尔及其周边城镇的当今的面貌（Rii et al.，2002）。

二、首尔都市圈中心城市及与中小城市交通发展关系

在人口和旅游业高速增加的形势下，大量的人流量、车流量等随之而来，首都都市圈各种联结系统同步高速发展。

1. 首都圈内的交通发展

（1）道路交通发展

首尔都市圈中人口的膨胀，带来了机动车保有量的急速发展。为满足大量的机动车通行基础需求，只有大力发展道路交通设施，才能不断满足日益增长的需求。20世纪60年代，韩国政府从制度和交通事业项目建设两方面共同提高。这个时期的工作中心是交通建设。从此之后，首都圈的交通呈飞速发展，表5-4从道路、高速公路、港口和机场4方面展示了首都圈的交通设施。

表 5 - 4　　　　　　　首都圈交通设施状态（2002 年）

	道路（km,%）	高速公路（km,%）	港口（个,%）	机场（个,%）
首　　尔	8135（8.4）	23（1.0）	—	1（6.25）
仁　　川	2118（2.3）	77（2.6）	3（5.8）	1（6.25）
京畿道	12048（12.5）	439（15.8）	1（2.0）	—
首都圈	22301（23.2）	539（19.4）	4（7.8）	2（17.5）
全　　国	96039（100）	2778（100）	51（100）	16（100）

资料来源：Yong et al.，2007

（2）轨道交通系统

都市圈中的轨道交通系统包括地铁和城市轨道这两个系统。这两个系统的建设由首都圈专有政府全权管理并建设，并下交首都圈地铁公司（SMSC）直接管理 1 ~ 4 号线，首都圈快速交通（SMRTC）管理 5 ~ 8 号线。1997 年，地铁总长达到 133 公里，城市铁路（metro-rails）总长达到 83.5 公里，再加上都市圈中跨城市铁路交通 57.3 公里的铁路，韩国以首都都市圈为核心的轨道交通系统基本健全。

表 5 - 5　　　　　　　首尔地铁构成与现状

类　　型	SMSC 公司	SMRTC 公司
长度（km）	133	83.5
建设时间	1971 ~ 1996 年	1990 ~ 1996 年
车站数量	114	83
车辆数	1944	83

资料来源：Yong et al.，2007

在高峰时期，地铁平均以标准的 207% 超负荷运行，并且平均运营间隙在 3 ~ 5 分钟。地铁票价根据里程的不同而不同。每个小区间隔只需要 450 韩元或 550 韩元。另外，中央政府通过资金补贴，鼓励各大城市进行地铁建设和运营，补贴额达 30%。

各条线路中，最为重要的为 1 号线，北部连接京畿道的首府议政府，中间经过首尔市，南达仁川及首都圈南部重要城市水原和天安。5 号线连接金浦国际机场和首都圈的东部。随着首都圈交通网络的建设，首尔地铁线路构成了更加紧密的首都圈轨道交通体系。

（3）首都圈公共交通系统

首都圈的公交交通系统有公司运营和社区运营两种类型，如表 5-6 所示。到 1997 年，总共 89 个私人公交公司，利用 8655 辆公交车，一共运营着 398 条线路。公交产业从 1996 年在规模上削减。1997 年后，公交系统推出三种形式的公交产品，6399 辆普通公交车、1960 辆豪华公交车、296 辆城市环线公交车，对应的价格为 450 韩元、1000 韩元、450 韩元，无区间价格。除了购买公交卡，别的乘坐没有折扣。公司公交下降的同时，社区公交增加了。在 1997 年，共有 1260 辆公交车运行在 232 条社区线路上，每次乘车 300 韩元。从 1992~2001 年，共修建了 242.8 公里的公交专用道，以保证良好的公共交通秩序和高效性。具体各年公交系统的建设线路数如表 5-6 所示。

表 5-6 私人公共汽车系统

公交管理类型	统计类型	1985 年	1990 年	1995 年	1996 年	1997 年
公司公交	线路数	348	379	460	448	398
	车辆数	8301	8283	8725	8725	8655
	公司数	90	90	89	89	87
社区公交	线路数	—	112	—	—	232
	车辆数	—	446	—	—	1260
公交专用道长度	公里数	—	—	161.4	228.5	242.8

资料来源：Wong-Yong, Kwon, Kwang-Joong Kim. Urban management inSeoul. Korea, 2001。

除了公共汽车，首都圈还有大量公共出租车运营，保障追求时间、效率的人的出行。1997 年，共有 23187 辆公司出租车和 46448 辆私人出租车共同组成首尔都市圈中的出租车公交系统，其中还包括 4652 辆豪华出租车。目前，出租车的上座率为 70%，但是打车还是很难。首都圈中普通出租车起步价为 1300 韩元，超过 2 公里，每 210 米增加 100 韩元，每低速运行 51 秒增加 100 韩元。通常情况下，打车出行 6 公里，一般花费 3500 韩元。豪华出租车起步价 3000 韩元，超过 3 公里，每 250 米或低速运行 20 秒增加 200 韩元。

随着轨道交通的大力发展，其运营的高效率和准点性，使其脱颖而出，乘坐公交车和出租车的人越来越少，再加上机动车的污染量大，造成大量的交通拥堵，给环境和自然带来巨大压力，地铁的优势就更加明显了。政府对城市轨道交通投入大量的建设资金，大大提高了人民的生活水平和效率，减少了机动车的使用，给环境和资源等各个方面带来了巨大的利益。首尔都市圈公交车的使用量逐年下降，而城市轨道交通大量提升，最终超过公交车的分担比例。

2. 首都圈的对外交通网络构建

物流产业是带动金融、业务、旅游等多样服务的高附加值产业。物流枢纽产生货物运输手段，即船只、飞机、铁路和车辆的集中，人力和物资以及资本和信息的集中，创造运输、通讯、金融、保险、法律、旅游等多样服务，通过物流产业的发展来提高全球竞争力，可以刺激经济的持续增长。通过港口设施的功能激活铁路与道路网的扩充，来实现节点城市的发育、产业集群的起步、欠发达区域的发展和与各地方的分工，最终可以提高首尔都市圈竞争力和促进可持续发展。

首先在首都圈与韩国境内区域的交通方面，主要依靠道路交通和铁路交通保障系统。道路交通依靠其投资少、中短途运输速度快、可达性强、机动灵活、覆盖范围广等优势成为中短途物流的首选；而铁路货物运输的运输能力大、运行速度快、单位运输成本低等优势使其在中长途运输中崭露头角。道路交通运输结合铁路交通运输，基本可以解决首都圈与韩国境内的所有物流运输问题。

（1）道路网建设

首都圈中，在1996年道路网总长度达到7689公里，其中宽度超过12米的双向车道有1590公里，仅占总道路长度的20.5%，道路比率在1997年为20.42%，比其他国家的城市都要低。表5-7为首都圈的道路建设情况。

表5-7　　　　　　　　　首都圈道路建设情况

年　份	长度（km）	面积（平方公里）	双向车道率（%）
1990	7427	69.3	18.5
1995	7675	74.4	19.85
1996	7689	75.6	20.19
1997	—	—	20.42

资料来源：Wong - Yong，Kwon，Kwang - Joong Kim. Urban management inSeoul. Korea，2001。

奥运专线、内环线、河畔高速和东部高速路共同组成了首尔的核心道路中心，但总共也才177公里。

伴随着经济的高速发展，人民的生活水平提高，机动车保有量不断增加，同时给道路网带来很大压力，因此推动了道路网的不断扩展与大力发展。在过去的 10 年中，主干道上的交通流量持续增长，特别是在首尔的行政管理边境线附近，高峰时期交通是平常的 3 倍之多，经过调查，其中大部分的交通量是长途旅行的交通车辆，因此，首都圈管理政府在未来的规划中主要集中解决长途出行的交通问题。

交通拥堵成本逐年增加，引起产业活动和经济活动成本的增加，从而降低生产率和竞争力。为实现节点城市的功能完善和产业集群的形成，不仅需要扩充广域道路网，而且需要提高公共交通运行的畅通性和公共交通运输的高效性，从而提高公共交通和城市轨道在交通分担上的分担率。

为推进公共交通的激活和扩大绿色交通，构建广域性换乘体系，实施对换乘公共交通的市民减免交通费，引进可确保交通的通畅性和准时性以及可减排二氧化碳的智能型交通系统（ITS），扩充将节点城市之间联系起来的干线和广域快速公交系统（BRT），改善其通行速度。

（2）铁路网构建

1960 年以后，首尔都市圈通过利用原有经济、技术、交通系统设施比较全面的"京釜线"，大力发展沿线周边城市。为了使首尔都市圈区域与世界接轨，推进节点城市的国际化，需要扩展港口运输、航空运输和以大宗货物运输为主的铁路系统，从而形成多核分散的空间结构。

铁路运输具有安全程度高、运输速度快、运输距离长、运输能力大、运输成本低等优点，且具有污染小、潜能大、不受天气条件影响的优势，是公路、水运、航空、管道运输所无法比拟的，并且有经济、环保、安全、高效等优势，加上路权专用，动力电气化等优点成为发展国际网络必须采取的交通方式。

政府通过引导、鼓励资本投向铁路建设，促进铁路发展，同时激活区域经济。首尔都市圈与周边城市联系的铁路线主要有如下七个：将首尔和仁川联系起的京仁轴；将首尔和安养及安山联系起的安山轴；将首尔和龙仁及地方联系起的龙仁轴；仁川 – 杨平轴；将首尔和南扬州及地方联系起的南扬州轴；将首尔和扬州及东豆川地方联系起的东豆川轴；将首尔和坡州联系起的坡州轴。有了这 7 条主要铁路线，韩国的城市之家的交通基本可以达到全覆盖，极大方便了人们的出行。

（3）海港和空港的物流通道

韩国通过加强仁川港与背后物流基地和自由经济区域之间的紧密联系，通过货物的适当仓储和运输及物流成本的降低，培养新的物流枢纽，提高海港的物流信息化和标准化水平，培养高级专业人力资源。国际和国内的渡轮每天均从仁川渡轮码头出发数次，此外，仁川成为海量的国际货运的集装箱码头，其中不乏与中国之间的货运物流（Seoul Capital Area，2013）。通过与周边产业集群的联系，发展成为世界性海港，确保在世界竞争中具有竞争优势。

在空港方面，首尔都市圈地区的旅游纽带，主要有航空运输和水路运输。韩国两个最大的机场——仁川国际机场和金浦机场，均位于首都圈内。由于仁川国际机场联系着三个小时飞行距离内的诸多大城市，通过调整仁川国际机场和金浦机场的功能，使韩国的空港建设发挥世界性空港的作用。随着仁川国际机场的建设和运营，金浦机场将国际航线转给仁川国际机场，而只运营国内航线与日本东京和中国上海的航线。仁川国际机场由于离首尔都市圈中心较远，需要更高的通行成本，为解决这些问题，应将仁川国际机场的 2～3 个小时内的航线转给金浦机场，使仁川国际机场畅通的运输和距离负担的减轻及专业化，而金浦机场接受短距离航线，提高短距离航运的竞争力。长期来看，需要随着吞吐量的变化扩充设施。

三、首尔都市圈中心城市及其中小城市经济发展及产业布局

韩国在过去 40 年展示了令人难以置信的增长和全球一体化进程，并成为一个高科技工业化国家。在 20 世纪 60 年代，韩国人均 GDP 与贫穷国家的非洲和亚洲水平相当，2004 年，韩国进入了万亿美元的世界经济行列，成为世界上 20 个最大经济体之一。

1. 首都圈的经济发展

在 20 世纪 50 年代，包括首尔都市圈在内的韩国经济几乎没有从内战的破坏中恢复过来，而农业和渔业占国民生产总值的大部分份额，与中国类似的，韩国也推行了"五年计划"的发展方案，表 5－8 展示了五年计划的工作重心与实践阶段。

从 20 世纪 60 年代开始，首尔都市圈经历了"从进口替代的内向型经济向出口导向的外向型经济发展战略"的第一次产业调整，继而又根据世界经济格局调整变化，而首尔都市圈是起先锋模范作用的发展基地，从 1970 年起先

表5-8 韩国五年计划的工作重心布置

五年计划	时 间	工作重心
第一个	1962~1966年	扩大劳动密集的轻工制造业，寻求有利于纺织行业的发展，使韩国自给自足
第二个	1967~1971年	寻求对韩国更有竞争力的世界市场
第三个	1972~1976年	建立基础性、战略性产业，提供了国内供应的材料的出口重化工业化计划
第四个	1977~1981年	强调农村发展和区域发展
第五个	1982~1986年	转向经济的稳定和分配目标
第六个	1987~1991年	转向经济的稳定和分配目标

后进行了"资本技术密集型"产业结构和"技术知识密集型"产业结构的调整。

1962年推出的第一个五年经济计划，以扩大劳动密集的轻工制造业为重点。在境外融资后，为改善贸易平衡，首尔都市圈政府计划扩大在生产中增加进口替代部门，在有限的资本投资里，根据地区的投资政策谨慎选择目标行业。在20世纪60年代的经济规划的战略选择，政府选取了以支持出口为导向的制造业，特别是劳动密集的轻工业，如鞋、胶合板、纺织品。为了筹集资金，以资助公共和私人投资项目，政府强制国内储蓄高利率和税收，而且还实行一个反向的利率结构，例如，30%为定期存款和26%为1966年的贷款。

此外，国际借贷扩展到各种基础设施和区域开发项目。由于美国的援助水平已稳定下来，首尔都市圈中央政权将开始与其他国家"金融外交"。1965年，与日本的关系正常化带来了日本的资金、贷款和补偿，加上国家于1964年对德意志联邦共和国进行了国事访问的，加大了对本国政府的援助和商业信贷，提供资金和出口水平的增加提高了首尔的信用度，使得它可以在开放的国际市场增加借贷。此外，在印度支那的冲突刺激经济增长，受教育程度高的劳动力和有利的国际市场也促成了首尔的出口大规模增加。都市圈中很多企业发现，他们的实力已经可以在国外竞争。同时，由于闲置产能和新的制造业投资的需求提升，越来越多的外国投资者被吸引到首尔都市圈中发展（Economic Development，2013）。

第二次经济计划（1967~1971年）期间，出口比第一个经济计划期间增长了 36.2%，产品制造业在出口中所占的份额从 1961 年的 21.9% 上升到 86.0%。

前两个五年计划中的工业发展充分利用了大都市地区良好的基础设施，包括首都圈中的制造业和首尔、釜山、大邱及周边地区建立的庞大的工业区。

由于 20 世纪 70 年代初的能源危机，世界经济动摇，加上韩国境内一连串的政治事件，打击了韩国的经济。第三个五年计划重点建立基础性、战略性产业，给国内的材料供应和出口原料作出供给，其中政府更为主导重工业和化学物资的供应。第四个五年计划则强调农村发展和区域发展，政府出台相应的法案，成立了首都圈南部的农业地区，如光州、忠州、群山、顺天等小城市。

第五、六次五年计划，重心转向经济稳定和分配。当时人们对多数经济理论提出了质疑，保守的政治家和规划者更加支持区域平衡的措施，因此出台了一系列严格的政治法令。这些法令在一定程度上控制了首都都市圈地区和釜山地区的增长，但 1983 年颁布的《农村收入来源发展法》，鼓励了农村城镇的经济发展。

2. 首都圈产业变革

在市场经济主导的社会，市场决定了工业发展的方向。在市场的引导下，首都圈在工业化进程中进行了四次大的产业结构调整，1953～1961 年以恢复经济和发展消费品替代工业为中心的第一次产业结构调整；1962～1971 年以实施轻纺工业出口导向战略为中心的第二次产业结构调整；1972～1980 年以推行重化工业战略为中心的第三次产业结构调整；1981 年以来以实现技术立国和实现经济稳定增长战略为中心的第四次产业结构调整。随着这四次产业结构的调整，首都圈引导韩国完成了从农业国到工业国的转变、由轻工业向重工业的转变、由劳动密集型向知识、技术密集型产业的转变。

从 60 年代开始，韩国政府基于国内丰富的资源大力发展劳动力密集型的产品制造业，努力扩大出口。因此，大批的出口加工区、自由贸易区、大型工业基地在沿海和内陆被建设起来。1963～1974 年间第一批以扩大出口为目标的免税出口工业区被建立起来，位于首都圈的京仁工业区（首尔－仁川工业区）也在此时建成。60 年代产业结构调整的主要成果是，农业比例急剧下降，第三产业快速增长，轻工业比重增长超过了 60%。

70 年代由于投资少、见效快的轻工业价格优势逐渐丧失，首都圈的产业重心向重化工业转变，钢铁、造船、石油化工、建筑工程和重型机械制造成为70年代的战略重点。整个70年代占制造业80%的投资集中于重化工业。这一时期，首都圈的发展主要体现在首都圈的外围得到很大的发展，即中心区首尔的发展受到一定限制，仁川等地区却得以快速发展。1973年仁川建成了大型的石油化工基地，同年，位于首尔以南的大德规划建设为新的教育科研基地，以吸收部分来自首尔的科研机构和科研人员，首尔西南部的安山新城也是为转移首尔市内中小工厂和公害企业而建设的。

1977年，政府颁布《环境保护法》，将市内的所有污染工业强行迁至安山新城。1979～1980年，政府对首尔3000家公司发布"位置变更法令"，迫使他们进入京仁工业区和其他工业新城。70年代产业结构调整的成果主要是，重工业比例明显提高，到70年代末，重工业的比例超过了50%。进入80年代以后，随着经济环境的重大变化，国家的国际竞争力大大削弱。为此，韩国大刀阔斧地进行产业结构调整，推行高新技术产业发展战略，大力发展技术密集型产业。这种产业结构的调整必然带来地区结构的变化。这时首尔地区又出现了重新集中现象，首尔及其周边地区集中了大量的高新技术产业。首尔、仁川、京畿道整个首都圈的高技术企业数占全国的69.7%，高技术产值占全国的62.8%；整个制造业企业数占全国的57.0%，其产值占全国的43.6%。其中，首尔集中了全国50家大企业中的48家，同时首尔成为众多外国公司总部的所在地。中心城市产业结构调整升级的结果是，商贸、金融、服务、高科技企业等先进行业取代制造业成为中心城市的主导产业，而市中心的工厂、交通事业、研究所、仓库业等纷纷迁往郊区高速公路通道及地方机场的四周等交通便利的地方，形成所谓的产业园区。首都圈外围城市，制造业发展特别迅速，并逐渐走向专门化。于是首都圈形成了核心城市以服务业为主、周围地区以工业为主，并有快速交通线路相连、结构上相互依赖又各具特色的有机整体。

经过首尔都市圈的引领，加上各个经济区的大力发展，90年代国家的产业结构基本稳定。服务业约占50%，工业制造业占40%以上，农业低于10%。这一时期成功完成了产业结构的调整，实现了由农业社会向工业社会的转变。产业结构调整完成了国家的工业化，同时工业化又推动了城市化发展。以制造业来看，1990年首都圈的制造业吸纳了占全国48.8%的制造业工人，其中位于仁川的南洞工业区集中了1500多家企业和超过1.8万产业工人。产业的集中造成了人口的大量集中，首都圈新的产业结构成为新的城市发展节点，首都圈由单中心模式向多中心模式发展。

四、首尔都市圈中心城市及其中小城市互动机制

1. 首尔的城市扩张

在第一个五年经济发展计划开始之前，首尔市是现在本市面积的一半大，人口是 1999 年的 23.7%。60 年代后期，第一五年经济计划完成后，韩国工业高速发展，经济结构发生改变，人口逐步从农村偏远地区搬迁到城市化程度较高的地区，这也意味着首尔的城市化扩张与周围地区发展内在联系。

到 1985 年，65.4% 的韩国人居住在大城市地区，首尔有 960 万人口，占据了全韩国人口的 23.8%，使首尔成为一个大都市圈。为了满足日益壮大的住宅、农业、林业项目，1989 年，政府修建一山（ilsan）、盆唐（pundang）、山本（sanbon）、坪村（pyongchon）和中洞（chungdong）来缓解首尔中心城的住房压力。首尔不再是一个独立的城市，而是一个大型城市的蔓延中心。

20 世纪 90 年代，首尔继续保持快速变化。首尔的工业基础从劳动力密集型向技术密集型、资本为中心的工业发展。信息和通信产业的快速发展，使首尔有了较强的经济增长的基础，并获得了国外的技术与资金投资。另外，仁川国际机场的建设提供了一个交通网络的基础设施，成为首尔重要的交通枢纽和与世界交流的窗口。

2. 首尔都市圈中心城市和中小城市协调与合作机制

随着首尔都市圈的不断发展与扩张，都市圈中心和卫星城、中小城市的协调与合作变得越发重要，它是确保整个都市圈共同促进、共同发展的重要保障。

（1）首尔内部跨辖区之间的协调关系

为了加强首尔中心城市与地方政府之间的交流，首尔都市圈组织例行会议讨论相关事宜，例如，每个季度首尔市长和地区市长进行季度会议，区副市长和部门负责人进行每月工作会议等。

调整地区间财政能力的差距。首尔各区民政事务处之间财政能力的差距不断扩大，首尔南部地区比较富裕，财政独立性较强，自主发展能力和主动性也比较强；而北部地区则显得财政独立性相对较低，自主性较弱，不够发达。首尔市政府制定了相关条例用于平衡区域自主能力和对自主能力较弱的地区给予

90%的基础社会经济援助和10%基于意外情况的资金援助。

重新布置不受欢迎的基础设施，如垃圾焚烧厂。1993 年以前，首尔市对于垃圾的处理采取的是填埋政策，但是随着时间的推移，垃圾填埋场的地方越来越缺乏，因此焚烧厂是不可缺少的设施。但是焚烧厂耗能大、灰尘多、污染大，都是大家不愿意接受的额外设施，从而引发了区域之间居民与区域、与首尔市政府之间的矛盾，因此首尔市政府与区域之间通过积极协商与讨论，采取了在不受欢迎的设施周边设立便利设施和医疗保健中心，从而减小居民的忧虑，推动整个都市圈内部的基础设施建设与区域平衡发展。

（2）首尔及周边地方政府之间的合作关系

首尔都市圈除了首尔市、仁川、京畿道三个主要城市外，还包括果川市（gwachon）、安阳（anyang）、城南（sugnnam）、光阳（gwangyang）、高阳（goyang）、九里（guri）等一些小城市。由于首尔都市圈人口有 2300 万，占据了整个韩国人口的 48%，韩国成立了针对首都圈与中小城市的管理系统机构，并且由韩国总理根据相关法律和首都圈的特殊情况修正圈内的规划、道路建设、交通与环境等。在这个首都圈管理系统中，通过采取频繁的例会，制造交流的机会，筹集资金，协商问题等，共同优化首都圈的经济、文化事业的发展与繁荣。

以建设区域范围道路为例，由于首尔内部的交通拥堵严重，首尔拒绝再主动继续修建道路并扩展到邻近区域，但通过跨辖区的交流协商，京畿道通过自身的道路建设，主动提供接入首尔地区的道路网络接口。为此，区域内还由 30 名中央政府官员、当地政府官员和交通专家成立了交通管理委员会，并颁布《区域交通管理特别法》，来管理首都圈区域的交通道路建设。

第三节　首尔都市圈相关规划、法规、政策及其影响研究

一、首都圈整治相关政策

从 60 年代开始，全国工业基地的兴起和交通事业的大力发展，提供了大量的工作岗位，由此便带来了城市人口的大量增加，但同时出现了住宅开发和道路等基础建设跟不上人口上涨的问题。于是，政府开始注重对城市规划的法

律建设。

首都圈政策整治工作的高峰期在 20 世纪 60~70 年代，主要法规和各自的工作中心如表 5-9 所示。

表 5-9　　　　　　　　20 世纪 60~70 年代几部主要的法律

法律名称	针对中心
《土地使用法》	土地的使用性质
《城市规划法》	城市的建设、整顿、城市规划的决策与执行
《建筑法》	建筑的用途、结构
《国土建设综合计划法》	国土综合开发
《土地地区整治事业法》	地区规划的方法、秩序与费用分配
《城市公园法》	公园的设置和管理
《地方工业开发法》	制造业的分散活动布局、区域工业化的发展

根据《城市规划法》，首尔市进行了市域的扩展，首尔市面积从 268.5 平方公里扩大到 613.04 平方公里，成为可容纳 1000 万人口的大都市。也是在这个时期，人口和产业设施集中到了首都圈中心，这也就带来了首尔和其他地区之间的差距。随着经济的高速成长，各地的不动产价格急剧上升，对房地产的投机盛行，由此，政府又在 1967 年制定了针对不动产投机起抑制作用的《关于不动产投机抑制临时措施税法》，但是效果并不明显。除了地价不均的问题，还出现了剩余分配不均、贫富差距拉大、首都圈管理等问题。

70 年代，政府出台并实施了《首尔特别市市政综合计划》，主要用于督促完善首尔的中枢管理职能，完善城市交通体系，通过整顿，将首尔变成一个容纳 750 万人口的城市，达到舒适、高效生活城市的目的。从整体上对首尔区域进行长期展望，成为市行政和人民经济活动的指南针。

总之，首都圈从五个方面调整首尔都市圈的现状：严格限制能导致人口增加的工业设施，严格防止城市无限扩展的可能性；对首都圈中的各个城市进行智能分担的分配工作，促进多核心大都市圈的生活圈形成；对交通等基础设施进行维护；加大环境保护力度，预防为主，确保舒适的人民生活空间；加强国防建设，保证国家的安全。

二、科技发展战略

在短短几十年间，首尔都市圈无论经济还是科技都取得了令世人瞩目的成就，同时，科技竞争力2001年达到世界第十位，其原因主要是首尔都市圈政府带领整个国家，制定了恰当的科技发展战略。

首先，"科技立国"战略深入人心。历经几十年的时间，这个理念已经渗透到各界，各个企业的成功与发展与科学紧密相关。同时，技术前瞻、规划实施和后期评估紧密结合，形成科技规划与计划工作的完整框架。

其次，给科技创新夯实基础，提供良好的资源支持与供给。韩国致力于为民众的创新制造强大的人力、财力支持，大力扶持科技创新的核心成员——政府、企业、大学和科研机构，同时扶持中小企业，优化国家的创新能力。以上这些在首都圈中体现得尤为明显。在创新环境方面，韩国政府克服闭门造车的陈旧思维，充分利用全球的开放创新环境，建立了全球研发体系，利用全球的资源为韩国服务的观念深入韩国人民心中。

另外，还通过吸引、吸收先进技术，有效实施专利战略，加强科技成果转化，培养专业科技人才，使科技工作紧密结合产业发展。由于韩国科技发展的基础比较薄弱，自主开发能力差，政府选择了一条积极引进技术、以引进技术带动自主开发，形成产业优势的发展道路，同时，特别注重对技术的消化吸收和二次开发。

最后，政府通过干预、自主开发、重点突破，从根本上提高自身的科技竞争力，形成了产业国际竞争力。就目前来看，韩国已有多项具有国际竞争力的产业，如汽车业、制造业、钢铁生产业、网络游戏业和通信业等。这些产业的形成，离不开政府在产业发展中发挥的重要引导作用。

三、公共援助计划政策

在飞速发展的首都圈经济的背后，值得一提的是公共援助计划政策。该计划从1961年开始萌芽，1965年改制，到2001年严格推行并得到了广大家庭的支持。它和中国目前实行的低保政策有很大的相似之处。但不同之处在于，这个贫困线定义有一个绝对的概念，穷人和没有家庭支持的人没有资格参与到被援助的行列中。

第四节　首尔都市圈城市扩张——五城镇发展案例分析

根据都市圈发展的一般规律，都市圈的形成，是在经济发展与产业调整过程中，随着城市功能的积聚，都市圈核心城市成为核心的商业与商务中心，达到区域容量限制后，商业和商务功能向周围的中小城市转移，并分担部分职能，从而实现与中心城市的共同协调。首尔都市圈则有些不一样，它的发展主要是需要解决当时的现实问题——住房问题。这是因为，在首尔都市圈的发展过程中，由于人口大规模向首尔主城区迁徙，有限的资源被过剩的人口使用，使住房量较少，房地产价格不稳定。首尔政府在前期采取过大量的措施，包括大面积修建住房、建立"城中村"，但是效果都不好。其根本问题在于人口量已经大大超过固有的土地资源，住房的增长速度远远跟不上人口需求的住房数。在这样的背景下，新城镇开发成为首尔都市圈发展的一项新战略。

一、五城镇特征及地理空间关系

1989年，政府提出建设首都圈新城镇的提案。按照提案，此项措施中涉及的城镇必须位于首尔市外，并毗邻绿带区。这就形成了一整个的大规模住房计划，即著名的"二百万单位住房建设规划（1988~1992）"。这五个著名的城镇分别是一山、中洞、山本、坪村、盆唐，其中一山位于首尔的西北部地区，中洞位于首尔西南部，其他三个位于首尔南部，且相距较近，主要区域位置如图5-2中黑点所示。

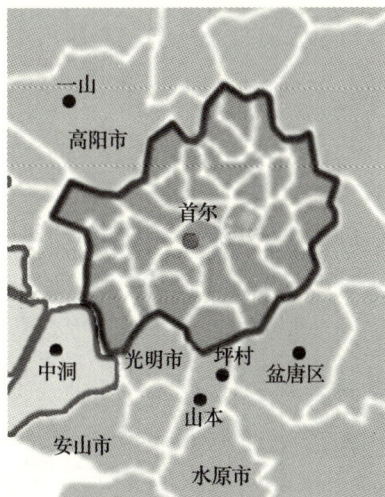

图5-2　首尔与五大规划城镇的空间位置关系

资料来源：KIM Jeong - Ho. Public policies for new Towns in korea: an Appraisal. SCTF Bangkok Conference: Cities of the Pacific Rim - Diversity & Sustainability. 2000, 115~128。

从图5-2中可以看出，五个城镇离首尔中心城市都差不多（20～25公里）。但是从面积上看，盆唐区1964ha（韩国面积单位，1ha = 10000m²）、一山1574ha，比其他三个城镇（面积从420ha到545ha不等）大多了。另外，那两个大城镇位于开发区的中心位置。

选取这五个城镇的原因，主要在于两个方面：住房和用地面积。因为在70年代大规模往城市迁移的时候，韩国所有大城市住房增长量都是原来的3倍，而这几个城镇的住房增长仅是原来的2倍。所以在这几个城镇中大力建造住房，可以解决首尔中心城区的住房紧张问题，还可以推动城镇发展，加强经济建设。

在决定大力发展5个新城镇后，政府通过《公共购买和发展》（*Public Purchase and Development*）的政策解决了土地的获取问题，并通过财政集资等手段大力筹措经费。在规划中政府官员认为，盆唐区和一山的面积较大，而中洞、山本、坪村这三个地区仅仅是"城中村"而已，所以最初决定将盆唐区和一山作为自给自足的独立城镇。

盆唐区离汉江流域发展迅速的江南很近，70%的地区是农业地区，30%是未开发地区。规划者认为，盆唐具备得天独厚的地理条件和原生态城市，可为中高层收入的江南地区的人们提供住房，并且作为首尔的附属中心。一山曾经是农业区，离军事区域较近，没有便捷的通往首尔市中心的交通系统，但这个地方适宜种植水稻。其他三个城镇分别处于富川、金浦、安阳的区域规划中，所以中洞、山本、坪村被规划为这三个城市的中央商务区（CBD）。

二、五城镇规划

根据各城镇与中心城市首尔的距离、到市中心的时间、景点位置、既有的交通网等因素，这几个城镇被规划了商业发展的空间，使之不仅能够解决当时的住房需求问题，还能进一步地实现商业发展进而带动经济的增长。在各个城镇的规划建设中，不仅将一部分土地用于住房、既有道路、公共设施等建设，还预留大块的地方给通往江南、首尔的道路设施的修建，进而满足中心城市职工们的要求。根据表5-10，五城镇中山本住宅面积占43.1%，盆唐区为32.3%；而道路利用方面，中洞26.1%的道路建设比例最高，山本15.2%的道路比例最低；公共设施和开放空间（如公园等）最高为24.1%的一山，12.9%的中洞最低；相比起来商业规划区的面积比例差别较大，中洞为

10.4%，山本为4.2%。在规划结果中，一山以其最高的公共空间闻名，环境特别适宜人口居住。

表5－10 五城镇的面积分配总结

距首尔中心距离	盆唐东南25km		一山西北20km		坪村南20km		山本南25km		中洞西南20km	
总面积（ha,%）	1964	100	1574	100	511	100	420	100	545	100
居住面积（ha,%）	635	32.3	526	33.5	193	37.8	181	43.1	188	34.4
商业面积（ha,%）	164	8.3	123	7.8	25	4.8	18	4.2	57	10.4
道路（ha,%）	386	19.7	329	20.9	119	23.3	64	15.2	143	26.1
开放空间（ha,%）	432	22	379	24.1	71	13.9	89	21.2	70	12.9
其他（ha,%）	347	17.6	216	13.7	103	20.1	68	16.3	88	16.1

资料来源：C-M. Lee，K-H. Ahn. Five new towns in the Seoul metropolitan area and their attractions in non-working trips: Implications on self-containment of new towns. US: Elsevier, 2005。

从五城镇的发展结果来看，有些人觉得尽管进行了大力的住房建设，但实际上这只是开启了新的城镇土地投资的大浪潮，会使有钱人更富裕，穷人因租金的膨胀式增加变得更穷，并批评新城镇的开发程序，破坏了国家经济。但是在当时住房情况紧缺的情况下，其利是大于弊的，具体表现在新城计划对住房市场的压力有了关键性的缓解，减轻了首尔的住房压力。从长远来看，也平衡了房价，并且从根本上提高了房屋拥有量和住房环境质量。

三、五城镇居民生活环境评价

韩国国土研究院的研究表明，新城里的居民主要来自于首尔，其中，89%的盆唐人、65%的一山人和61%的坪村人都来自于首尔。在当时的住房环境与价格情况下，在中心城区，只有65%的人们是永久居民，但是新城建成后，居民中90%都成为永久居民，很明显这些都是新城计划的有利方面。在韩国，房屋的拥有与否代表一个人的成就，这也是一个人是否能成为中层阶级身份的象征。从政治意义上看，新城计划还加强了政治与社会的稳定性。

大多数搬到新城镇中的人，都很喜欢城镇生活中的环境，空间大、环境质量好、生活空间比起中心城市增加了20%～150%。当然，评价新城镇生活的好坏还应当将居民到市中心的交通时间等社会效益考虑进来，从而进行优劣性对比。客观地讲，从福利待遇来看，城镇中的福利远远弥补不了离开城中心的损失，但是很多城镇居民还是非常享受城镇中的生活，并且愿意花更多的时间和精力在去市中心的交通上。

四、新城镇的自给自足与独立性发展

为了缓解首尔中心城区高度集中化的问题，专家们和政府一致同意将新城镇建设成一个具有分散中心城市压力职能和承担首尔迁出的工厂设施的二级中心圈。由于大规模的人口从农村迁移到城市，具有大量住房的新城镇连同首尔等中心城市共同解决这些人口的必要的住房及基础设施。

在新城规划初期，规划者还准备将其建成一个中人口密度、空间和管理独立的城镇。新城镇建设后，由于人口的大量涌进，当地政府受益于随之而来的财富，随即进一步做大独立发展的城镇工作，因为这样的独立使之不受上级省市的干涉和税收的共享，在此期间，城镇经济迅速发展，税收也同步增多，城镇政府亦受益匪浅。总之，新城镇的建设，将城镇政府变得财政上富裕，政治上独立，鼓舞了政府带领城镇独立工作，从而将首尔中心城市中的人口、经济产业也相应地引导到各个新城镇中，最大化地分担了中心城市的住房、就业、环境等压力，从而平衡整个大首都圈中的经济、资源。

从表5-11可以看出，虽然政府期望五城都达到自给自足的局面，但是不同的城镇各自商业化的情况却相差较大，只有盆唐和一山平均每人的商业占地比例能达到首都圈平均水平（4平方米/人左右），坪村和山本远远低于首都圈水平，各为1.1平方米/人、1.5平方米/人。

表5-11　　　　　　　　　　五个新城镇的商业与首都圈比例对比

区　域	商业用地比例（％）	平均每人占用商业地比例（平方米/人）
首都圈	1.6	4
盆唐区	8.1	4.2
一　山	7.8	4.5
坪　村	4.8	1.5
山　本	4.2	1.1
中　洞	10.4	3.4

资料来源：C-M. Lee, K-H. Ahn. Five new towns in the Seoul metropolitan area and their attractions in non-working trips: Implications on self-containment of new towns. US: Elsevier, 2005。

不过，在发展的同时，也伴随着一些不好的声音。比如，自给自足的商业区还不够发达，因为直到2000年，商业用地的销售情况远不到预期，因此很多地方还没有大力发展。以盆唐为例，只有57%的中心区商业用地被利用开发，远远低于预期效果。总的来看，盆唐和一山对首尔中心的依赖性较小，五项主要的生活需求已经不需要到首尔中心区购买。相比起来，坪村、山本、中洞则对首尔地区的依赖性较大，主要与其区域面积和离首尔距离略近有一定关系。

尽管存在诸多问题，该五城镇的规划与开发是成功的，它解决了让政府头疼的重大难题，即过剩的人口在首尔市中心聚集的状况。它缓解了城市的住宅供应不足和房价膨胀式发展两个主要矛盾。在分散首尔市中心的人口压力和住房压力的同时，五城镇逐步发展成自给自足的独立新城镇，尤其是盆唐和一山。根据调查显示，盆唐的商业依赖性在过去的5年中骤减，不断提升自身的商品品质，增强独立性。随着独立发展的进一步增强，五城镇不再是当初人们眼中仅仅为了给首尔提供住宅的"公寓"城镇，而逐步成为具有各项城市功能的、对首尔市中心依赖越来越少的独立新城镇。

第五节 小 结

从20世纪50年代起至今，韩国首都圈总体上保持了快速的人口和经济增长，但期间经历了波动发展。60~70年代，快速增长的人口使首尔都市圈的规划急速扩大，一些弊端不断显现；80年代首都圈的规划与发展相对科学与合理；90年代至今，圈内整体实力得到了有效提升，城市功能不断完善。

首尔都市圈在发展过程中，坚持国家主导的战略。从60年代开始，政府通过培养和引导大型工业的成长，使首尔中心区域的经济活力增大。首都圈从周边的城市引进大量的优秀人才，进一步促进区域经济的发展。随着人口向中心城市的大量迁移，首尔中心城市负荷太大，此时，政府加大基础设施建设，同时对周边的卫星城加大投入力度，将都市圈核心城区中的过剩人力资源转移到外围，形成以首尔、仁川、京畿道为核心的都市圈。这样做，不仅科学地利用了有限的土地、环境资源，还间接地缓解了区域发展不平衡的问题。

韩国首都圈在得到大力发展的同时，也留有很多"大城市病"。首尔是历史悠久的古都，是韩国的政治、经济和文化中心，举办了1988年汉城奥运会，也创造了经济快速发展的奇迹。但是从 20 世纪 90 年代至今的几十年中，整个首都圈经历了史无前例的城市发展，1960 年城市人口仅占总人口的 39%，2000 年，这一比例膨胀到 89%。随着首尔日益成为国际大都市，交通堵塞、住房紧张、房地产投机、大气污染等典型城市病日益严重。虽然为缓解住房问题在都市圈周围建立了 6 个卫星城，但是房价仍居高不下。由于韩国政府长期以来力推重工业和石化工业，导致首都圈出现严重的空气污染问题。

首尔都市圈的结构组成与我国的北京首都圈（京津冀）有相似性，北京如同首尔，是政治、文化中心。天津如同仁川，区位特征、经济及城市功能具有较大可比性，而河北如同京畿道，环抱着首都圈中心。

纵观韩国过去 50 年间的发展过程，政府在首都圈中建设的作用是巨大的。首先，政府主导制定完善的宏观指导及规划政策，使首都圈的发展进程快而不乱，沿着总纲大步前进；其次，通过运用各种法律法规，约束企业与个人的行为，保持良好的公共竞争秩序；再次，针对整个首都圈的发展，成立针对性的机构，专一性的指导首都圈的发展工作；最后，在整个区域发展时，一方面控制不按既定规划的发展，另一方面鼓励产业发展，使发展快而精。相比韩国首都圈，我国的首都圈在发展过程中，长期以来缺乏统一协调，累积了各种矛盾，制约了首都圈乃至北方地区的发展。

当然，韩国长期以来的政府主导型发展，也存在一定的问题。主要是政府对经济发展实施了长期的、持续的限制，运用的程序过于繁琐，方法过于简单，有悖于市场自主选择，也影响了内生创造性的培育。在都市圈的发展中，如何运用好行政与市场两种力量，还需要探索。

参考文献

［1］［韩］知识百科全书：http//terms. naver. com/entry. nhn？cid = 200000000&docId = 1115153 & cate-goryId = 200000973.

［2］CIA, 2013, https：//www. cia. gov/library/publications/the – world – factbook/geos/ks. html.

［3］江曼琦，唐茂华. 韩国首都圈建设中的政府作用及其对京津合作发展的启示. 东北亚论坛. 2007，16（5）

［4］C – M. Lee, K – H. Ahn. Five new towns in the Seoul metropolitan area and their attractions in non – work-ing trips：Implications on self – containment of new towns. US：Elsevier, 2005.

［5］Wong – Yong, Kwon, Kwang – Joong Kim. Urban management inSeoul. Korea, 2001.

［ 6 ］朴光玄. 首尔都市圈管制政策创新研究. 北京：中国社会科学研究院，2011

［ 7 ］Countries of the world, 2013, http：//www. theodora. com/wfbcurrent/korea_ south/korea_ south_ e-conomy. html.

［ 8 ］Seok - Choon Lew, Hae - Kwang Park. Economic Development, Housing Standards and Quality of life in S. KOREA. *Development and Society.* 1998, 27 (2): 51 ~66.

［ 9 ］Kim C H, Bureau P P. Urban and Metropolitan Management of Seoul: Past and Present World Bank Institute Workshop on Metropolitan Management Challenges in China, Washington DC. 2006.

［10］秦涛，黄军英，蔡荣海，盖红波，赵俊杰，姜桂兴，王玲，王艳，武夷山. 韩国科技发展战略和政策初探. 科学学与科学技术管理，2005 (3)

［11］Kwon H, Yi I. Economic development and poverty reduction in Korea: Governing multifunctional institutions. *Development and Change*, 2009, 40 (4): 769 ~792.

［12］KIM Jeong - Ho. Public policies for new Towns in korea: an Appraisal. SCTF Bangkok Conference: Cities of the Pacific Rim - Diversity & Sustainability. 2000, 115 ~128.

第六章　悉尼都市圈与中小城市发展研究

第一节　悉尼都市圈概况

一、地理及行政区域概况

悉尼都市圈位于澳大利亚的东南岸，濒临南太平洋，是全球最大、最繁华的国际大都市圈之一。悉尼大都市圈占地 12145 平方公里（4689 平方英里），悉尼市占地 1687 平方公里（651 平方英里）。悉尼是澳大利亚新南威尔士州的首府，也澳大利亚人口最稠密地区。

广义的悉尼，即所谓大悉尼，包括悉尼市和附近 39 个小城市（如表 6－1），以及 300 多个郊区。这些郊区由包括大铁路、轻轨、公共交通、私人交通、轮渡、出租车和公路的综合交通网络连接。

表 6－1　　　　　　　　悉尼都市圈包含的城市

城市名	城市中文名	城市名	城市中文名
Ashfield	艾士菲自治市	Lane Cove	兰科夫自治市
Auburn	奥本议会	Leichhardt	莱卡特自治市
Bankstown	奔驰镇市	Liverpool	利物浦市
Blacktown	黑镇市	Manly	曼利议会
Blue Mountains	蓝山市	Marrickville	马里维议会
Botany Bay	植物湾市	Mosman	摩士曼自治市
Burwood	宝活议会	North Sydney	北悉尼议会
Camden	康顿议会	Parramatta	帕拉玛塔市
Campbelltown	金宝镇市	Penrith	彭里斯市
Canterbury	坎特伯雷市	Pittwater	碧水议会

续表

城市名	城市中文名	城市名	城市中文名
CanadaBay	加拿大湾市	Randwick	兰域市
Fairfield	费菲市	Rockdale	石谷市
Hawkesbury	好莱德市	Ryde	赖德市
Hunters Hill	猎人山自治市	Strathfield	史卓菲自治市
Hurstville	好市围市	Sutherland	萨瑟兰郡
Hills	希尔斯郡	Sydney	悉尼市
Hornsby	康士比郡	Warringah	华令加议会
Holroyd	好莱德市	Waverley	韦佛利议会
Kogarah	高嘉华自治市	Willoughby	威乐比市
Ku – ring – gai	顾林凯议会	Woollahra	胡拉勒自治市

其中，悉尼都市圈的中心城市包括悉尼市、北悉尼、帕拉玛塔市、利物浦和彭里斯市。

在多数规划中，悉尼都市圈按照内部区位被分为 11 个区域，包括中部海岸、西北部、北部、东北部、中北部、中西部、内西部、西南部、南部、悉尼市、东部。

二、人口概况

2010 年悉尼都市圈总人口超过了 439 万，占新南威尔士州人口的 75%，是全国人口最密集的区域。女性比男性多 6 万人，平均年龄为 36 岁，具体如表 6 – 2 所示。

表 6 – 2 　　　　　　　　2010 年悉尼都市圈基本数据

项　　目	数　　据
人　口	4391674 人
男　性	2162221 人
女　性	2229453 人
平均年龄	36 岁
家　庭	1152548 户
平均每户孩子个数	1.9 个
私人住宅	1720333 个

项　目	数　据
平均每户人口	2.7 人
周平均每户收入	1447 美元

资料来源：Australian Bureau of Statistics，2010。

2010 年悉尼都市圈分区的人口及密度如表 6-3 所示。

表 6-3　　　　　　　　2010 年悉尼都市圈的人口及密度

区　域	人　口	悉尼统计区域（%）	悉尼都市圈（%）	面积（平方公里）	人口密度（人／平方公里）
悉尼市	165596	3.9	3.2	27	6133.2
东部	281789	6.6	5.4	79	3566.9
中北部	302948	7.1	5.8	98	3091.3
中西部	227425	5.3	4.4	60	3790.4
南部	651395	15.2	12.5	450	1447.5
北部	261911	6.1	5	548	477.9
东北部	235021	5.5	4.5	254	925.3
中西部	679565	15.9	13	312	2178.1
西北部	761078	17.8	14.6	5253	144.9
西南部	410516	9.6	7.9	3376	122.6
中部海岸	304744	7.1	5.8	1680	181.4
悉尼 SD	4281988	100.0	82.1	12137	352.8
都市圈分区					
内部	737354	17.2	14.1	171	4312.0
中部	1222613	28.6	23.4	480	2547.1
外部	2322021	54.2	44.5	11487	202.1
其他区域					
伊拉瓦拉	414704	—	8.0	8309	49.9
劳尔哈特	517511	—	9.9	4052	127.7
悉尼都市圈	5214203	—	100	24499	212.8

注：悉尼统计分区不包括伊拉瓦拉地区和劳尔哈特。

资料来源：BITRE analysis of ABS Cat 1300.1 New South Wales Year Book（various years）and ABS Cat 3218.0 Regional Population Growth，2010。

悉尼的人口增长不仅仅是人口从农村流向城市的结果，同时也是国外居民向悉尼迁徙的结果。作为澳大利亚商业、工业、交通和政治中心，悉尼提供了多种多样的就业岗位。经济发展、完善的基础设施、悠闲的生活方式等是人口流动的主要原因和动力。

预计到 2036 年，悉尼都市圈的人口将会达到 600 万，占整个澳大利亚人口的 1/5，这对悉尼都市圈来说，既是机遇，又是挑战。

三、经济产业概况

悉尼都市圈的主要产业为服务业和信息产业。作为澳大利亚商业、金融、贸易、文化和旅游的中心，都市圈在国民经济中的地位举足轻重，其生产总值占澳大利亚生产总值的 30% 左右。服务业是悉尼都市圈经济的主体，金融保险业占澳大利亚行业产值的 44%，房地产占 41%，批发贸易占 38%，餐饮娱乐占 36%，制造业占 35%，建筑业占 34%，零售贸易占 32%。

悉尼是澳大利亚最大的金融中心，包括澳大利亚的证券交易所、储备银行，有 39 家银行的总部，并且有 3/4 的大公司在悉尼设立了公司总部或分支机构。悉尼期货交易所是亚太地区最大的金融期货与期权交易所之一，是全球第 12 大期货市场，以及第 19 大期权市场，有总值为 6430 万澳元的合同交易。

四、资源与环境概况

悉尼为世界公认的最适宜人类居住的城市之一，一直有良好的自然和生活环境。悉尼政府在 20 世纪提出的"绿色悉尼战略"反映了城市规划者对传统"可持续发展"理念的坚持。针对全球气候暖化和能源短缺，政府制定了一系列规划策略和行动方案。

五、都市圈特点

悉尼都市圈有如下三个特点，这三个特点也是它作为具有全球竞争力的都市圈的三个巨大优势。

1. 一小时都市圈

"一小时都市圈"指的是居民每天只用一个小时就可以到达目的地，完成通勤出行，或享受到医疗、娱乐等服务。如果只有一个中心城市，那么发展到 2036 年，悉尼都市圈的居民也不可能享有一小时都市圈，但是悉尼的五个中心城市（悉尼、北悉尼、利物浦、帕拉玛塔、彭里斯）如果联合起来，则能做到这一点。中心城市为公众提供区域性的服务、工作、零售、娱乐和文化设施，从而减少出行需求以及对单中心的依赖，创造一个公平、高效、舒适的都市圈环境，如图 6 - 1 所示。

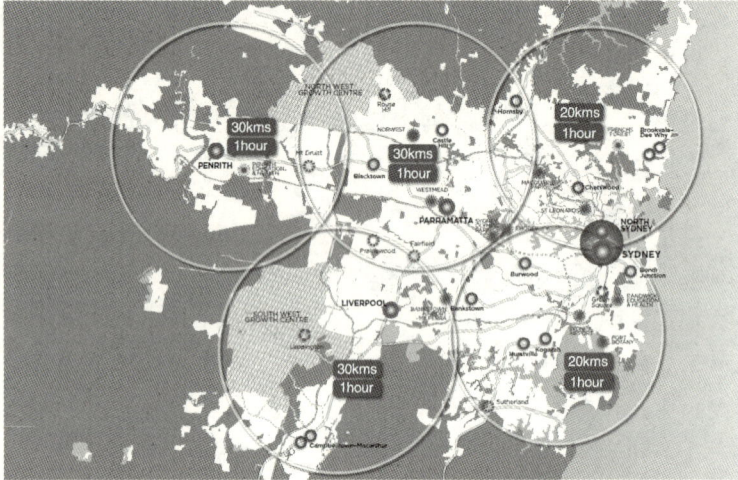

图 6 - 1　一小时都市圈

资料来源：NSW Government. Metropolitan Strategy for Sydney 2036：Strategic Directions A：Strengthening the City of Cities，2010。

2. 城市群的构建

在世界经济低迷时期，悉尼采用打造"城市群中的城市"的方法构建了一个紧凑、互通、多中心的都市圈网络结构，使经济活动保持了多样性，并且确保了悉尼的全球竞争力。在过去的三年中，区域内的城市一直保持着较高的就业水平。然而，区域城市的发展是一个长期的过程，不可一蹴而就，如利物浦和彭里斯在这个计划中不可能达到帕拉玛塔（都市圈第二个 CBD）的状态。

区域城市是"城市群中的城市"策略的重要元素。利物浦和彭里斯为悉尼的西部提供了较高层次服务，支持商业的发展并给区域中的人们提供工作。在今后的发展过程中，悉尼还会发展新的区域城市，据分析，金宝镇市和黑镇市有着极大的发展潜力。

3. 发达的交通网

一个多中心的、紧凑的、互通的交通网络能够减少人流和物流在交通上花费的时间，从而提高生产力、基础设施的利用率，减少私家车和能源的使用，最终促进一个绿色环保、经济高效的都市圈的形成。

悉尼由一个强大的交通网络支撑，正是这个交通网络造就了它的发展。悉尼都市圈中，高峰小时出行去往 CBD 上班的通勤者中76%的人乘坐公共交通，都市圈全体通勤人群中采用公共交通的比例是24%，是澳大利亚公共交通使用率最高的地区。

第二节　悉尼都市圈发展过程及其规律

一、1842～1959 年：中心城市的崛起

悉尼作为城市的历史以菲利普船长率领首批英国殖民者在悉尼登陆为开端，始于 1788 年。悉尼正式建市于 1842 年 7 月 20 日。二战后，大量欧洲、中东、东南亚的移民涌入悉尼。悉尼外来移民中，意大利人居多，其次为黎巴嫩人、土耳其人、希腊人、华人和越南人。

1. 单一中心的初步发展

二战前，悉尼都市圈的发展主要集中在悉尼市。19 世纪 30 年代是首批城区发展的阶段，船只开始从不列颠群岛接载希望在新国家开展新生活的移民，此时悉尼进入高度发展的黄金时代。首次的淘金热始于 1851 年，悉尼的港口涌入来自世界各地的人流。19 世纪末，随着蒸汽动力机车和铁路系统的问世，城区的发展更加迅速。由于工业化所带来的便捷，悉尼人口迅速膨胀，在 20 世纪前夕，悉尼的人口已经超过 100 万。广泛的供水区和国家公园形成了悉尼市周边的绿带，被交通廊道穿越，在绿带中间，悉尼按照星状形势发展。

悉尼都市圈形成最原始的动力是 20 世纪早期人口增长和健康问题。然而，中心地区的拥堵问题、悉尼都市圈的铁路设施建设和周边更低的价格导致了悉尼的地域扩展。第二次世界大战后，机动车的普及带来的迁徙和日益增加的财富推动了悉尼周边中小城市的城市化进程。悉尼市通过经济中心、就业中心和中心地区的制造业特别是南悉尼的工业，保持了自己的优势地位。悉尼都市圈的铁路和道路设施以悉尼为中心，也保证了悉尼作为中心城市的优势。这段时期都市圈的空间变化如图 6－2 所示。

1871～1931 年是悉尼人口激增的时期。1871 年，悉尼都市圈的人口是 137586 人，到 1901 年，增加到 481830 人。30 年间，人口增长了近 35 万。历史数据还显示，这段时间大城市和中小城市在人口上的竞争较为激烈。

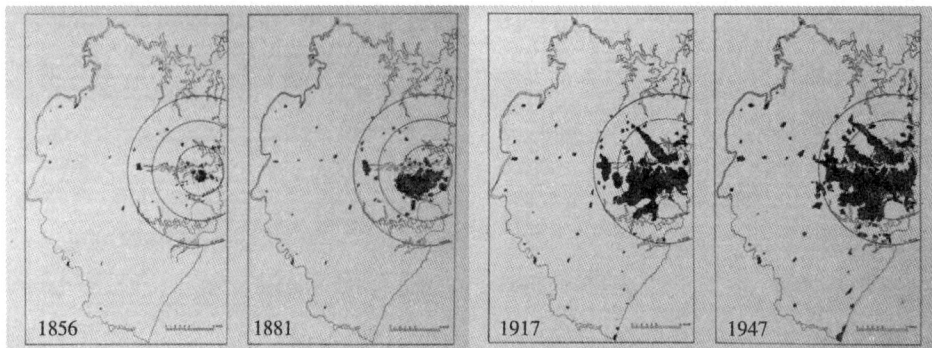

图6-2 悉尼都市圈1856~1947年城市化发展

资料来源：Jarryd Barton，2007。

2. 中心区域集中化发展

20世纪50年代开始，悉尼进行区域集中化发展。这段时期，政府提出的策略是发展特定规模的城市化中心，同时在周边的区域发展几个分散的中心。都市圈规划的主要目标是发展城市绿带，为郊区的居民提供更多的就业机会和生活服务。然而，规划刚提出的时候，绿带及其可行性就受到了攻击。因为第二次世界大战后，人口的迁徙使得都市圈提前达到了20年后的人口水平，这也给现有的绿带带来了巨大的压力。因此，人口的高速增长和居住地的紧缺使得城市绿带被废除。1952年悉尼中心俯瞰图如图6-3所示。

二、1960~2004年：长期繁荣后的城市扩张

20世纪60年代，悉尼的规划部门开始就悉尼今后的发展方向及如何进一步发挥悉尼的作用等战略问题进行了认真的研究。他们从发展前景出发，大胆提出悉尼要进行战略转变的设想，使悉尼从一般的工业港口城市发展为金融、商业、贸易、旅游等经济活动的中心。并按照这个设想进行工业改造，淘汰生产工艺落后的工业，向高水平工业发展；同时对港口进行彻底改造，将悉尼大桥以下的码头、仓库全部搬走；在距悉尼几十公里以外的海湾建设新的港口代替悉尼旧港。

20世纪60年代，零售业遍及悉尼都市圈。交通和工业科技的发展改变了悉尼都市圈的格局。20世纪90年代，悉尼成为依赖于服务业的全球化城市。

1. 发展都市圈边缘用地

悉尼都市圈在20世纪60年代发展的首要目标是通过发展城市边缘用地来

图6-3 1952悉尼中心区俯视图

资料来源：Jarryd Barton，2007。

满足人口增长的需求。到1967年，悉尼都市圈的人口达到了250万，增长率是2%。城市绿带计划被废除后，无序投机住宅的发展影响了悉尼城市用地，郊区快速扩展，绿色用地被侵占。

悉尼都市圈的发展趋势是通过强大的廊道来引导城市的发展，特别是强调将城市在现有的基础设施通过廊道联系起来。除此之外，中心廊道周边的中心要通过提高密度来增强交通、水运和电力基础设施的优势。

2. 沿"发展廊道"都市圈扩张

20世纪70年代，政府意识到城市发展存在着一些环境问题，于是展开了环境保护运动，并取得了一定的成果。在这个时期，郊区和城市的边缘成为土地利用者考虑的重点区域。

在这段期间，悉尼市人口快速增长，其他内部和中部区域人口也逐渐稳固。外部区域比都市圈其余区域增长更快，特别是金宝镇市、卧龙迪利和怀昂。1999年悉尼中心区俯瞰图如图6-4所示。

20世纪80年代开始，悉尼沿着主要的"发展廊道"有序地发展起来，北部发展到纽卡斯尔和戈斯福德，南部到卧龙岗，西部到彭里斯和蓝色山脉。

图 6 - 4　1999 年悉尼中心区俯瞰图

资料来源：Spearritt. Sydneys Century a History. Sydney, University of New South Wales Press Ltd, 2000。

三、2005～2036 年：多中心的城市群

悉尼大都市圈策略为悉尼都市圈在 21 世纪提供了重要的发展框架。在这个阶段，悉尼都市圈将会发展 27 个战略中心，在这些战略中心将会增加就业岗位和提供住房，同时发展服务业。此外，悉尼都市圈计划建立 1000个城镇和小型区域中心，从而让悉尼居民在住宅附近进行娱乐休闲、接受服务。

目前，悉尼已经成为世界最适宜居住的城市之一，77% 的居民可以在 30分钟内通过公共交通到达悉尼市中心或者区域中心。悉尼绿色用地的面积已经打破了历史纪录，85% 的绿地设立在经济增长中心，在这里可以建立 89000 套住房，113000 套新住房将会在郊区中心建立。同时，西悉尼已经划分出 800公顷的就业用地。此外，政府计划在主要城市进行城市更新，比如红蕨绿色广场。

在人口方面，21 世纪以来，外部区域人口增速有所下降，而内部悉尼有所上升。

第三节 悉尼都市圈中心城市及其中小城市的 相互关系和互动机制

一、悉尼都市圈中心城市及其中小城市空间关系

过去 50 年，悉尼的空间结构发生了巨大的变化。1960 年以前，就业和服务业集中在城市的 CBD。1960 年以后，随着制造业和零售业的逐步郊区化，大量的就业机会转移到郊区。随着公路设施的改善，更多的居民通过小汽车出行，加快了人口的向外扩散，许多原来居住在市区的居民，搬迁到城市外边缘地区或城市邻近地区，如图 6－5 所示。2001 年以后，城市人口及经济功能逐渐变得更为复杂和多样，而这些变化最终影响到悉尼都市圈的空间结构。

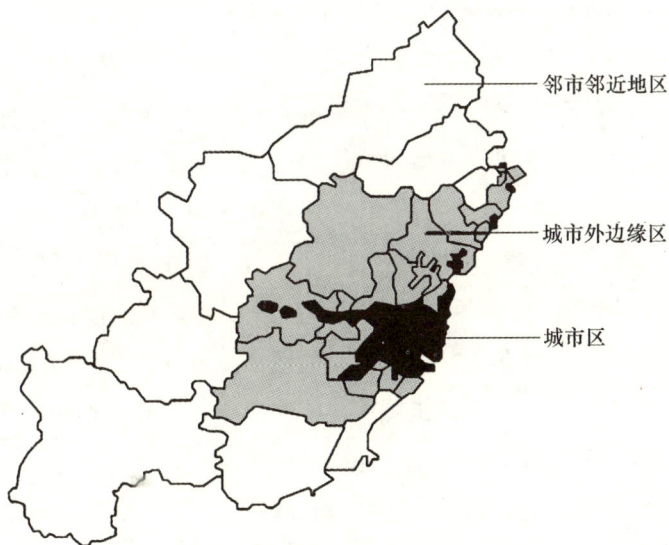

图 6－5 悉尼都市圈的空间结构

资料来源：戴维·威尔莫斯、邓郁友，"悉尼城市发展规划"，《国外城市规划》1992 年第 2 期。

悉尼市与都市圈内其他中小城市在人口、商品、技术、资源、信息等许多方面存在着密切的联系。它们之间的相互关系包括竞争与共生、吸引与排斥、供给与需求等方面，通过各种有形和无形的网络发生相互作用，表现在城镇的空间结构、规模分布、数量分布，以及时空的耦合过程等。悉尼都市圈中心城市和中小城市空间关系主要表现在空间结构的一体性、产业结构的互补性和经

济发展的竞争性上。

1. 空间结构的一体性

由于空间结构的一体性，悉尼都市圈的中心城市和中小城市在教育、医疗、治安和基础设施方面存在着依存和共生的关系，由此保证了公共服务的平等性，避免了郊区城市在政治、经济上的竞争。

在市场、产品、交通等方面，经过前期的发展，悉尼工业高度聚集在中心城市，城市化问题日益严重。此时，新南威尔士州政府对悉尼都市圈发展重新规划，发展悉尼周边的卫星城市，通过卫星城市与中心城市之间的依存关系，来缓解悉尼市在人口、交通、环境等方面的压力。这种中心城市非工业化的区域发展政策将带来生产的重新布局，对多数需要扩张规模的生产组织来说，拥有一个指挥中心、分散生产部门已成为必须，新建的生产机构不再拥挤在中心城市而逐渐向外扩散，可以为之提供更大空间的市郊转移。

2. 产业结构的互补性

悉尼都市圈中心城市和中小城市在资源、产业结构、工业结构、产品发展战略、研究与开发等方面存在着分工和互补关系。空间上，悉尼都市圈围绕悉尼市这一极点，各个成员城市和次中心城市连成一个整体的区域经济网络。随着经济全球化对这一网络形成作用的加强，次中心城市（北悉尼、利物浦、帕拉玛塔和彭里斯）通过高度完善的电子通讯，在国际信息流的获得上与中心城市处于同等地位。除了已有的连接中心城市的经济廊道外，悉尼都市圈也在创造着其他的经济机会，通过扩展经济廊道，建立西—北和南—西的铁路来提高车士活和麦格理园区就业机会。

五大中心城市的经济活动大量转向中小城市，成员城市中符合中心城市产业结构调整需要的产业向中心城市集聚。这种双向流动逐渐调整了中心城市和成员城市的功能分布，形成一个符合各自不同资源禀赋特点的空间结构。都市圈的产业再分工只有依赖于都市圈的创新体系才能形成更好的产业分工、合作和互补的发展态势，促进区域整体协调发展。

3. 经济发展的竞争性

都市圈中心城市和中小城市在经济上存在着竞争的关系。在外部聚集的过程中，都市圈的成员城市间原有的经济实力、战略管理能力、基础设施、资源禀赋等存在差异，成长速度会有所不同。经过之前的发展阶段，各个成员城市之间开始整合实力和功能差异，帕拉马塔、彭里斯、利物浦和北悉尼逐渐脱颖而出，成为都市圈的次中心。悉尼市和都市圈其他城市之间开始产生比较活跃的相互作用，形成激烈的竞争关系。

二、悉尼都市圈中心城市及其中小城市经济产业发展布局关系

在经济高度发达的悉尼都市圈内，都市圈经济的空间差异是由生产要素的地区性与结构性失衡造成的，并且由产业结构调整引起城市化以及城市空间结构的演化。经济增长过程导致极化，区域增长的过程就是具有较高强度的极化地区向其他地区扩散的过程。这里包括两个过程：极化过程和扩散过程。一方面，悉尼市、彭里斯市、帕拉马塔、利物浦、北悉尼等中心城市从边缘区域吸引经济要素（人口、资金、技术、产业等），产生大量的创新成果（产品、技术、信息、资金、生活方式等）；另一方面，这些创新成果不断向周边中小城市扩散，推动中小城市的经济结构、社会体制、城镇体系、生活方式等方面的变革，从而带动悉尼都市圈整体的发展。

都市圈的产业发展有赖于集聚经济，但当集聚到一定程度的时候，中心城市内部高密度集聚和空间有限性之间的矛盾及由此带来的一系列问题促使中心城市以产品输出、技术转让、产业转移等形式将生产要素和经济活动向外疏散。空间上则表现为中心城市周边的城市加速发展，并与次一级中心城市和小城镇融合为更大的都市圈。通过产业结构和空间布局的优化，资源流动的渠道更加有序，从而可以提高大都市圈经济运行的效率。

1. 悉尼都市圈产业及布局

自从 1788 年建市以来，悉尼的经济依赖其贸易发展起来。18 世纪，港口和相关工业沿着南海港发展，并向 CBD 的东边和西边延伸。19 世纪，制造业在 CBD 的南边发展起来，在植物湾市建造机场。第二次世界大战前，悉尼经济主要依赖初级产品，但是战争的需求和战后的移民计划促进了工业和经济向多样化方向发展。战后制造业部门的发展尤为迅速。20 世纪 70 年代以来实现了多种经营，且有了相当大的发展，面向出口的采矿和能源项目的投资相当多。20 世纪 60 年代，交通和工业科技的发展改变了城市格局。20 世纪 90 年代，悉尼的经济越来越依赖于服务业，特别是与全球化有关的服务业，同时成为世界城市网络上的一个重要部分。

2000～2010 年，悉尼都市圈的就业岗位从 148 万增长到 165 万，净增长

17万个就业岗位，体现了金融业、商业、服务业的高速增长（总共就业增长了36%）。

（1）农业

悉尼都市圈农业对于悉尼的可持续发展起着一定的作用，但农业用地面临着其他用地的持续威胁。在人口日益增长、住房需求高速上升、交通出行增加的情况下，农业用地日益受到威胁。于是，悉尼都市圈制定了一系列政策，旨在保证农业活动并防止资源滥用。悉尼都市圈1992~2008年的农场数和公顷数如表6-4所示。

表6-4   1992~2008年悉尼都市圈的农场数和公顷数

年　份	农场数	公　顷
1992~1993	1474	80373
1993~1994	1928	90519
1994~1995	1862	100784
1995~1996	1860	88100
1996~1997	1872	87600
2000~2001	1920	76899
2005~2006	2611	103780
2006~2007	2548	94029
2007~2008	2263	82243

资料来源：Sarah James. Sydney's Agricultural Lands：An Analysis（Urban Research Centre，University of Western Sydney，Sydney，2010），p. 12。

（2）工业

悉尼的工业类型受全球化的影响，从国内制造业中心转变成了世界中心。都市圈内的工厂转变成了制造业和服务业的工业园区总部，零售业从中心商务区分散到了郊区的大型购物中心。很多信息产业的办公区域由于高地租搬出了悉尼市中心区。虽然很多大型服务企业的总部仍然在中心商务区，例如安普（AMP）、福克斯澳讯（Foxtel），但是它们的支持性服务设施都搬到了郊区。

（3）制造业

在20世纪60年代以前，悉尼的制造业主要在中心工业区，这些中心工业区位于中心商务区外，如植物湾市、泽特兰群岛（Zetland）、亚历山大（Alexandria）等地。1960 年以后，郊区化造成制造业转移到了帕拉玛塔市、玫瑰山（Rosehill）、利物浦、奔驰镇市。近些年，制造业的类型有了转变，生产服装、大型家用电器的制造业减少，而生产医疗产品、化学制品的制造业增加。

（4）零售业

零售业在过去的 40 年有两个主要的特点。一是零售业的郊区化。20 世纪 60 年代起，大部分零售业打折，郊区的购物中心的两个龙头企业是威斯特费尔（Westfields）和森特罗（Centro），25% 的零售折扣都是在大型的购物中心。这些购物中心成功地被打造成了娱乐场所。而 CBD 的购物中心只能向高消费市场进军，例如大卫琼斯（David Jones）。二是连锁企业和加盟运营的繁荣。可儿斯（Coles）和沃尔沃斯（Woolworths）买下了很多小的零售店，这两家企业占据了悉尼都市圈 40% 的零售业市场。他们的购买力迫使很多小的零售企业倒闭。加盟运营表现在企业建立零售公司以后，将运营权卖给小的运营商。

（5）旅游业

旅游业是悉尼经济的重要组成部分。2011 年国际和国内游客的消费额是 110 亿美元，但消费的主体来自国内的游客，国际游客总消费 50 亿美元。250 万国际游客中的 14% 是商务旅行。国际会议也是这一市场很重要的一部分。

（6）贸易

悉尼贸易结构发生了巨大的变化。随着亚洲经济的高速发展，澳大利亚注重扩大与亚洲各国的经贸关系。悉尼对东亚的出口占其出口（土木工程设备、船只、自动数据处理设备、精炼石化产品和机动车）总额的一半以上。

（7）银行业

悉尼都市圈的银行系统包括澳大利亚储备银行（中央银行）和 32 个商业银行集团。悉尼的金融环境在 80 年代随着政府放松对金融市场的管制而发生了很大变化。政府在实行浮动率制的同时，取消了对外的大部分管制，对银行系统所有借款、贷款和利息的管制都已取消。此外，悉尼已向十几家外国银行发放了在悉尼开设银行的许可证，其中有些是与悉尼合伙人共同创办的合资银行。

2. 悉尼都市圈的经济发展

悉尼都市圈的经济对澳大利亚的经济有着至关重要的影响。悉尼本地政府所辖范围内的经济活动接近 650 亿美元，构成了澳大利亚 8% 的 GDP 和悉尼都市圈40%的经济，占全澳的30%左右。提供就业岗位380000个，占悉尼都市圈2亿个就业岗位的20%。悉尼都市圈的GDP占全国GDP的25%。悉尼都市圈目前的发展重点是推动全球经济走廊，同时提高西悉尼的就业。悉尼高度发达的经济依赖于它有竞争力的全球性工业体系、高度发达的基础设施、良好的政府管理、完善的便民设施和适宜居住的环境。

近年来，随着经济的不断发展，悉尼在微观经济改革方面取得了重大进展。改革的范围涉及金融市场、征税、航空、电信、国营企业和对初级产品及制造业的保护，对农业生产的依靠在一定程度上有所减少。城市化、城市整合、城市衰落和城市复兴给悉尼都市圈内部区域造成了巨大的影响。

3. 中心城市的聚集过程

悉尼市、帕拉马塔市、彭里斯、利物浦和北悉尼占据着都市圈的生产高地，城市首位度高，集聚作用明显。各种资源和要素不断由外围向中心城市流动，促使中心城市生产中心的地位快速形成。

悉尼都市圈经济发展的目的是为了实现资源的优化配置，按照聚集经济的原则，通过大都市圈内外部范围经济和规模经济的作用，降低都市圈内经济运行成本，使圈内各个产业的竞争力增强。同时通过特定产业的扩大效应，实现大都市圈的经济整合，提高悉尼都市圈在世界都市圈中的竞争力。随着工业化和城市化的深入，悉尼都市圈内部城市的功能发生了转变。城市功能的转变必然要求城市发展规划符合市场经济发展的客观要求，实现功能的重新组合。而悉尼都市圈中心城市和中小城市的经济整合正是顺应城市功能异化的结果。

与此同时，悉尼都市圈中心城市在信息、服务以及国际化方面的优势使其作为管理中心的地位进一步增强。中心城市逐步承担起高级服务中心的职能，成为跨国公司、银行及其他机构的总部所在地。另一方面，由于各大机构的管理部门设在了中心城市，这些管理部门对金融、会计以及管理支持等方面的服务提出了更多的要求，中心城市因此吸引了更多的金融机构和企业入驻，这一过程推动着中心城市由生产中心向服务中心转化。

悉尼的产业整合，是通过建立全球经济廊道来实现的，它在悉尼的经济发展中扮演了不容小觑的角色。这个巨大的经济廊道，聚集了就业机会、金融和商业服务、信息产业、全球和全国的交通以及多媒体产业方面的经济活动。铁路网络连接了副中心城市，提高了它们在产业链条上的灵活性。悉尼都市圈的跨国公司、全球金融网络和跨国贸易集团飞速发展，跨国经济组织所在的城市成为地区乃至全球的经济命脉。悉尼都市圈中心城市通过大规模的工业基础设施吸收了大量的劳动力，通过产业集聚的效益实现了信息化发展。

4. 中小城市的极化过程

悉尼都市圈的产业通过不断极化和扩散，逐步从悉尼市、彭里斯市、帕拉马塔市、利物浦、北悉尼向一般城市转移。当前，悉尼都市圈内城市扩展的方式主要是以城市更新为特征的内源式发展和以工业和第三产业向城市郊区农业渗透为特征的外延式发展为主。

在悉尼，大多数 19 世纪建立起来的沿着郊区铁路线的街区服务中心已经与郊区人口同步增长。目前，一些传统郊区的主要街道已成为新的民营企业和国有部门的办公地点。一些具有便利地理位置和发展潜力的郊区人口聚集点已经转变成为具有城市功能的郊区中心，或形成完备的办公街区走廊。悉尼的一些传统的郊区中心，像东部的邦迪和利物浦，已经成为大都市区域内的商业和公共行政中心；而巴拉马特则发展得更快，已经成为西悉尼的第二大城市商务中心。

目前，虽然传统的中心区仍然是悉尼都市圈的重要就业节点，但大多数原在传统城市区域的办公楼已经转移到周边中小城市。办公楼、金融业、高科技、产品的售后服务等大都市经济行为，都呈现一种很强的郊区化趋势。

三、悉尼都市圈中心城市及其中小城市交通发展关系

悉尼都市圈配备有庞大的铁路、轻轨和渡轮系统。悉尼郊区的通勤铁路服务由 11 条线路组成，这些通勤铁路奠定了悉尼都市圈的发展形态与空间网络，将中心城市和中小城市联系起来。悉尼大部分的郊区地铁线路穿过城市中心，轻轨的扩建是悉尼都市圈的交通计划的一部分，建成后将更好地实现中心城市对中小城市的带动作用。悉尼的渡船归政府所有，为通勤者和旅游者在悉尼港口和帕拉玛塔河上提供服务。都市圈的主要交通廊道将在 2036 年完全建成，如图 6 – 6 所示。

悉尼都市圈通过公共交通来整合中心城市和中小城市的土地利用。从长期来看，人口增长、交通需求增加、气候变化、科技进步、经济发展和能源的减少将会影响悉尼的发展路径。据估计，2050 年悉尼将会有 700 万人，交通系统的结构将会演变，容量和灵活性都会加强。

在过去的 100 年里，悉尼从简单的以悉尼市为单一中心的放射状交通网

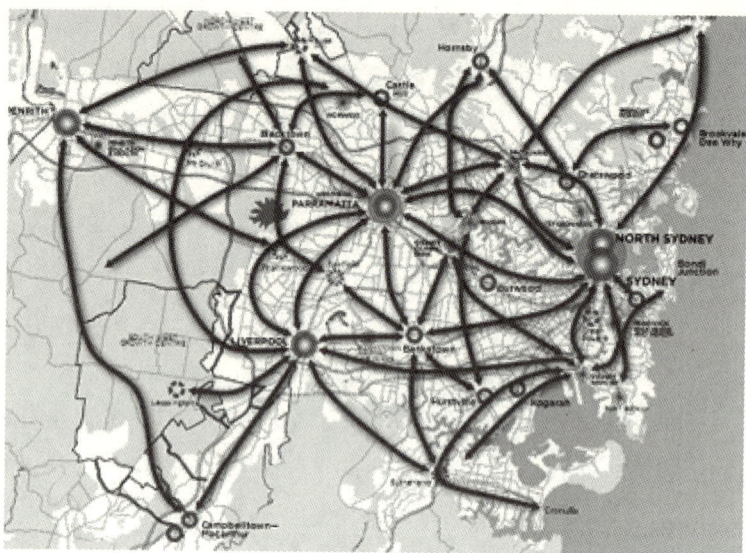

图 6-6 悉尼都市圈主要交通廊道

资料来源：NSW Government，Metropolitan Strategy for Sydney 2036：Transport for a connected city，2010。

络，发展成为多中心（悉尼市和帕拉玛塔市）放射状交通网络。到2036年，放射状的交通网络将会围绕帕拉玛塔市、彭里斯市和利物浦市，并且相互连接。到2050年，悉尼的铁路将会形成一个具有更强连通性的网状结构。这个结构可以增强不同线路之间换乘的可达性。交通网络的不断完善，很好地体现了中心城市对中小城市的拉动作用。

四、悉尼都市圈中心城市及其中小城市互动机制

都市圈中心城市及其中小城市的互动机制可以从它们各自在都市圈中的职能作用体现出来。

1. 中心城市职能

悉尼都市圈中心城市（悉尼市、北悉尼、帕拉马塔市、利物浦市和彭里斯市）的功能包括集散功能、扩散功能、创新功能、龙头作用、窗口示范作用，在经济组织、生产组织、流通组织、交通组织、金融、商贸和服务管理方面产生了一定的作用。

（1）经济组织

悉尼都市圈中心城市在经济活动领域的功能主要表现为产业结构的优化升

级。这是都市圈经济组织升级的重要诱因，使得悉尼经济组织得以发挥的基本动力。具体来说，悉尼的经济组织经过功能的不断叠加耦合，呈现出由低级向高级逐步发展的过程。

（2）生产组织

在都市圈形成的过程中，各类生产要素不断由中心城市向外围扩散，通过产业的整合与扩散，延伸了都市圈生产链条，加强了中心城市与次中心城市、其他成员城市的分工与联系。

在产业的演化过程中，受高端产业的带动，中心城市逐步成为公司总部或者研发机构驻地，成为都市圈的服务、管理、研发和创新中心，对整个都市圈的组织、调控作用逐渐加强。而各生产部门则沿主要交通轴线呈放射状向外围扩展，区域中心和其他成员城市逐步成长壮大，都市圈空间一体化发展的格局逐步形成并不断发展演化。

（3）流通组织

悉尼都市圈在由雏形期到成熟期的发展演化过程中，中心城市始终占据着圈内各种资源和要素流通的中心地位置。

（4）交通中心

中心城市是都市圈的交通中心（铁路和公共交通），通过交通节点作用的发挥，将中心城市与其他城市方便快捷地联系起来。以悉尼市为核心，连接中心城市、次中心城市及其余成员城市的交通轴线往往成为都市圈的重要经济发展带，反映到地域空间上则是都市圈空间结构成长的重要诱因。

（5）金融中心

金融是现代经济的核心，随着世界经济向知识经济转型，金融在区域发展中的作用愈来愈明显。悉尼作为悉尼都市圈的依托，以其活跃的金融市场和全面高效的金融服务，实现该区域生产要素和劳动力的理想配置，成为影响面较大的经济枢纽。

（6）商贸中心

五大中心城市作为都市圈的交通中心，必然形成商品的流通交换中心，促进中心城市与区域中心之间、区域中心与中小城市之间以及都市圈与外部区域之间的资源和要素交流。宽松的商业环境对于企业来说非常重要。其宏观环境包括经济快速增长、金融稳定、企业税率等。微观环境包括规划程序、当地监管和社会环境。

（7）消费组织

五大中心城市始终承担着高级消费品传播的职能，是整个都市圈的消费控制中心。中心城市作为都市圈内最高等级的中心地，必然提供最高级别的商品和服务，这使得中心城市成为都市圈的消费组织中心。

（8）服务管理组织

随着悉尼产业结构的升级，中心城市对内的职能更多地表现为服务和管理控制，对外则承担着区域或国际范围内的劳动地域分工。在经济全球化和区域经济一体化成为世界经济发展主流的背景下，悉尼利用自身发达的经济和信息网络，集中了全球绝大多数跨国公司的总部，利用高水平的服务与管理职能，成为控制全球经济发展的中心城市，成为真正意义上的世界城市。

2. 中小城市职能

悉尼都市圈的发展显示了居住扩散、制造业再分布和服务业延伸三个过程之间相互依存与制约的关系。而中小城市在这三个过程当中扮演了不容小觑的角色，使得这三个过程经过相互协调，最终融入城市及区域的网络之中，从而对城市及区域的总体空间形态带来影响。

（1）城市人口郊区化

大都市区的发展和变化表现为居住人口的扩散。人口的扩散是一个因时因地而异的过程，许多情况下它是人们为寻求更好居住条件的行为而产生的结果。人们普遍喜欢宽敞舒适的居住环境，因此有的人愿意居住在远离市中心的低密度地区，也有的人则因为在远离市中心的郊区可以找到更为廉价的住房，而选择到郊区居住。这些因素使得原来属于中小城市的一些小面积土地受到中心城镇居民的青睐，越来越多的人购买这里的土地和房屋，并在这里安家，从而使这里的人口增加，同时带动了地方的发展。这种发展变化使得一些地区逐渐成为具有一定规模的小城镇中心。而在区域不断发展的过程中，这些小城镇最终被兼并到大城市的行政界限内，成为大都市区居住用地的一部分，居民在此居住，但在别的地方工作。人口扩散可以说是远距离交通、低密度居住偏好及随之而来的乡村地区的变化等几种因素共同驱动的结果。城市边缘区人口的增加显示出大都市的发展对大都市区的空间形态带来显著影响。

在 1961～1971 年，悉尼都市圈的大部分区域的人口增长都很快，特别是在利物浦市和宝琴山（Baulkham Hills）。然而，部分内部和中部的区域人口有所下降。随着对机动车的依赖日益加强，距铁路较远的区域也发展起来。在1961~1981年间，都市圈外部区域人口从80万增长到170万，超过了中部1971年的人口。

从1991~2001年，马里克维尔市和艾士菲自治市的人口减少，悉尼市仍然稳固增长，其他的内部和中部区域基本保持稳定。悉尼内部和中部人口从1991年开始稳步增长，其中利物浦增长最快。由于外部区域能够提供更多的住房机会，都市圈外部发展速度比中部和内部快。这段时期，随着郊区化和逆城市化在悉尼同时进行，人口增长的空间结构发生了改变，也更为复杂。

（2）制造业郊区化

悉尼都市圈的制造业在区位上也随着都市圈发展发生了变化。随着就业机会的郊区化，住房和劳工市场也随之发生了郊区化。制造业在悉尼都市区内的再分布引起了连锁反应，使得原来住在近郊区和远郊区的就业人口，可以越过城市的边界，选择到更远的地方居住，这引发都市区域的进一步扩大。

制造业的郊区化创造了很多就业岗位，这在悉尼都市圈许多区位都有所体现。以都市圈东部区域为例，在过去的20年里，悉尼都市圈东部区域重新规划了31公顷的就业用地，主要是因为莫斯高站（Mascot Station）的重建，散货和工厂零售给工业用地的供给带来了一定的压力。通过规划，增加25000多个就业岗位，具体如表6-5所示。

表6-5　　　　　　悉尼都市圈东部2031年就业岗位预测

空间划分	范　围
当地政府管辖区域	2031年预计就业岗位
植物湾市	16700
彼兹华特	5900
威伍力（Waverley）	2200
胡拉勒自治市	300
总计	25100

资料来源：NSW Government, Metropolitan Strategy for Sydney 2036: Transport for a connected city, 2010。

莫斯高工业用地主要用于发展货运物流、写字楼和商业广场。植物湾市主要发展物流和本地工业,由三个小型的分散的工业区域组成。这里也发展了物流和仓储业,建有很多现代化仓库和工厂。

悉尼都市圈西部中心区域则很好地体现了制造业郊区化。在西部奥本议会、奔驰镇市、费菲市、好莱德市、帕拉玛塔市通过 M7 高速公路的建设,提高区域的交通可达性,商业发展、划分工业用地以提供更多就业岗位。西部中心区域的就业用地是区域经济发展的重要组成部分。

(3)服务业的延伸

都市圈的中小城市在都市圈中承担了服务业延伸的职能。悉尼都市圈的中部海岸很好地体现了服务业在中小城市的延伸。中部海岸的自然资源较为丰富,早期发展工业、农业、林业和矿业,后发展到服务业和制造业。随着经济的发展和就业机会的增长,人口也在增长。由于中心地区的地价上升,而中部海岸在悉尼和哈特中间,良好的地理位置使得工业、物流业和交通基础设施发展起来。同时,人们的生活习惯也在改变。现在年轻人倾向于通勤出行,退休的工人也倾向于中部区域的生活。因此,中部海岸兴建了更多的休闲设施、儿童设施、医疗设施等。

第四节 悉尼都市圈相关规划、法规、政策及其影响研究

一、1948 年及以前:成败参半——都市圈规划的初探时期

悉尼大都市圈的第一份规划是 1948 年提出的《坎伯兰规划方案》(*The County of Cumberland Planning Scheme*)。它是世界大战后第一个发展悉尼都市圈空间布局的战略方案,这份规划中包括了很多首创的概念。

规划强调了悉尼中心区的发展,认为中心化可以推动工业、商业、管理的发展。规划不仅提出要建一个确定规模的中心城市,还提出了建立周边区域来分散中心人口的几个副中心。并且为分散中心的活动,特别是工业和零售业,提出了实质性的策略。"副中心"概念的提出,对都市圈日后的发展产生了较为深远的影响。

除此之外,规划还提出将自由空间划分成"城市绿带",从而结束近 20

年城市边缘的无序扩张。"城市绿带"策略的目标是保证郊区能够继续满足高速增长的人口。悉尼都市圈的人口增长是城市绿带发展的动力,城市绿带期望能给郊区的居民提供更多便利的就业机会和生活服务。然而,最后由于可实施性差,城市绿带策略并没有持续多久就被废除了。

二、20 世纪中后期:廊道与中心——都市圈的成功之匙

《坎伯兰规划方案》中的绿带计划废除后,悉尼的都市发展进入到了无序蔓延的状态,人口激增到 550 万。进入 50 年代以后,都市圈先后于 1968 年、1988 年和 1995 年提出了三份重要的规划文件,分别是《悉尼地区规划纲要》(*The Sydney Region Outline Plan*)、《悉尼进入第三个世纪》(*Sydney into its Third Century*)、《21 世纪的城市规划》(*The Sydney plan of 21st Cencury*)。

《悉尼地区规划纲要》是悉尼都市圈过去 50 年内发生巨大变化的催化剂,它为大悉尼的发展提出了一个新的理念,即发展强大的经济廊道和企业廊道。在廊道沿线的各个中心发展高密度的交通、水利和电力基础设施。此后,都市圈沿着廊道放射线扩展,从都市圈的北部扩展到纽卡斯堡和戈斯福德,南部扩展到卧龙岗,西部扩展到彭里斯市和蓝山山脉。

廊道除了在经济方面具有推动作用以外,还可以通过在其周边发展一系列中小城市满足更多的人口需求,从而解决中心城市土地短缺的现象。每个新的城镇是一个城镇中心,金宝镇市和帕拉玛塔市是副中心。城镇中心包括西部的黑镇市、芒特德鲁伊特(Mount Druitt)、彭里斯市和车市活(Chatswood)等。

在中心城市方面,《悉尼进入第三个世纪》提出了集中政策。它以推动城市中心发展为基础,鼓励发展城镇住房、别墅、复式公寓来解决城市人口高密度的问题,通过集中服务、就业、教育、医疗等活动来巩固和加强中心城市。《21 世纪的城市规划》旨在认为适宜的商业发展中心是城市发展的关键因素,可以促成世界城市角色的树立。其中阐述的一个策略就是使悉尼成为国内和国际的公司总部、金融和旅游中心。

三、21 世纪:绿色与宜居——悉尼的发展方向

新南威尔士州政府在 2005 年、2010 年和 2011 年分别提出了《都市圈中的中心城市》(*City in Cities*)、《悉尼大都市发展战略 2036》(*Sydney Metropolitan Strategy* 2036)和《可持续的悉尼 2030》(*Sustainable Sydney* 2030)。

《都市圈中的中心城市》的中心政策是大都市地区发展的基础,其发展战

略是通过就业、居住和零售、娱乐等服务更好地提高城市中心区的品质。这样既有利于提高公共交通设施的利用效率、最大限度地利用现有基础设施，又能够提高就业。为此，新南威尔士州政府宣布将用 200 万澳元资助悉尼西边的 7 个城市中心以及 4 个地区中心的开发建设。新南威尔士政府还将在全州范围内大量投资主要基础设施。

《悉尼大都市发展战略 2036》是新南威尔士州政府为引导悉尼成长和发展而制定的长期发展战略，从政府的角度来确保悉尼成为适宜居住的都市圈。这份发展战略在新建住宅和提供就业时充分考虑到道路和公共交通、地方学校和医疗等服务，进行预先决策。这份规划有如下的特色：①描绘了理想的居住城市；②为应对人口增长和形势变化，以及大都市地区内的各个城市如何协调合作提供发展方向和策略；③政府通过规划、预算和对未来的发展制定并实施行动规划；④制定程序以保证发展战略及时更新。

《可持续的悉尼 2030》将全球化、气候暖化、能源短缺等世界性问题作为战略制定的前提条件，广泛征求市民意见，提出中心区未来沿着绿色、全球化和高度连通这三个方向发展，来保证它们的实施，以实现城市转型。

基于悉尼都市圈发展和建设的历史经验，为面对全球变暖、极端天气、交通拥堵、住房价格上涨、人口老龄化、与世界范围内的经济竞争等带来的问题，《可持续的悉尼 2030》着重考虑未来城市中心区在经济、创新、环境、交通和住房这几个方面的战略方向。在此战略规划的制定过程中，征询了多家国际咨询公司的创意思路，共访问 18000 多名各界人士，从普通市民、企业代表、政府官员到专家学者，都提出了相关建议和看法。

为了培育悉尼的全球竞争力，针对新一轮的全球化浪潮及日趋激烈的城市间竞争，政府从过去 30 年悉尼在全球所处的优势地位中总结经验，制定发展战略来保持经济的高增长，同时吸引投资、发展区域合作及巩固旅游产业。除了重塑中央商务区的活力与吸引力之外，都市圈还在中心区以外的地区培育新的经济增长点和就业增长点，并保证它们与中心城市紧密而高效的联系。这些区域性经济中心主要发展的是辅助产业，它们将成为中心城市经济发展与中小城市发展的纽带。

第五节 悉尼都市圈中小城市案例分析——北莱德

一、北莱德简介

北莱德（North Ryde）是悉尼最先进的新兴郊区城市中心之一，作为莱德的16个郊区之一，坐落在劳尔北海岸（Lower North Shore）和悉尼北郊区。当地政府区域从帕拉马塔河流延伸到包围城市北部的兰科夫河流。它从一个位于郊区边缘的农村转化成悉尼都市圈最大的就业中心之一，除各大公司的办公楼外，北莱德还有麦格理大学、高等教育媒体中心、区域购物中心、旅游性会议酒店、中等密度的住房等。北莱德发展最突出的地区是麦格理园区，具有全球竞争实力与活力。附近有两个商业园，获多家大型科技跨国公司进驻，与麦格理园区一起合称是悉尼的"硅谷"。

面积约5平方公里的北莱德，距离悉尼中央商业区（CBD）西北面约15公里，由莱德市政府管辖。北莱德的北面是马尔斯菲尔德（Marsfield）和麦格理园区，东面为兰科夫市，南面为东莱德和莱德中心，而西面是西莱德。

北莱德的人口数据如表6-6所示，2006~2011年有小幅度增长，2011年达到了10888人，男性比女性略少，且85.2%为本国居民。

表6-6		北莱德人口历史数据			单位：人
年份	2011		2006		2006~2011
衡量指标	数量	%	数量	%	绝对值变化
人口	10888	100.0	10221	100.0	+667
男性	5302	48.7	4945	48.4	+357
女性	5586	51.3	5275	51.6	+310
澳大利亚居民	9273	85.2	9141	89.4	+133
Eligible Voters	7095	65.2	7094	69.4	+1

资料来源：Australia Bureau of Statistics，2012。

北莱德作为郊区的工业和商业中心，具有交通便利的工作场所、充裕的停车场、相对低廉的房租、大公司的投资、良好的景观设计和花园式的景观。北莱德的主要产业是制药、电子、计算机、出版业、机动车和汽车维修、批发贸易、服务业、教育、社会救助。

二、北莱德的发展过程

1. 北莱德的发展历史

（1）二战前的大农村

莱德区在 1792 年开始有欧洲移民定居，于 1871 年建城。北莱德在 19 世纪中期是一个种植蔬菜的农业区，由莱德延伸出来，是仅次于悉尼市和帕拉马塔的都市圈中历史第三悠久的城区。直至 1878 年，一所名叫城市视野（City View）的公立小学由罗伯特资助而建立，第二年更名为北莱德公立学校，此后，"北莱德"开始成该城区的名称。1885 年，在市民的要求下，北莱德邮局在兰科夫（Lane Cove Road）建立。1908 年，邮局搬到了柯克斯路（Coxs Road）的西边，并且在 1891 年成为了北莱德村庄的中心。

19 世纪和 20 世纪初期，北莱德还存有乡村果园和养殖业农场，道路很不发达，农产品通过马车被运到兰科夫和帕拉马塔河流的农场。当时，帕拉马塔等周边城市的居民流行周末到果园和农场进行采摘和划船，童话休闲农场（Fairyland Pleasure Grounds）就是一个例子。1896 年，果园和养殖场被斯旺（Swan）家族买下并发展成了一个休闲的度假景点。1930 年，一个舞蹈大厅建立，成为周末居民聚会、体育活动的场所。

（2）50 年代后的快速发展

第二次世界大战前，北莱德一直是农村。二战后，当地政府购买了大量的土地，并将其划分为公用住宅。20 世纪 50 年代开始，北莱德迅速发展，一些古老的居民楼和建筑被拆除，兴建了很多新的住宅。到 60 年代，很多发展农业和采摘业的农场变成了商店、澡堂和工业园区。

北莱德的商业和工业在 60 年代后经历了很大的发展。其商业发展的集中区域有两个，其中柯克斯路是一个小型的集超市、邮局和专卖店为一体的购物中心。附近有公共学校、社区中心、图书馆和艺术院校。另外一个是从霍姆布什搬来的 CSIRO 食品仓储中心。

这里发展的工业原先主要是高科技产业。20 世纪 60 年代以后，麦格理公园和河畔公司园区（Riverside Corporate Park）已经成为澳大利亚高新科技的领头工业区，主要发展信息科技、通讯、电力、计算机、科研、医药和制药产业。麦格理不仅发展了麦格理购物中心，还建立了麦格理大学、澳大利亚广播、索尼、福克斯澳讯、奥普拓斯（Optus）、雷克赛尔澳洲集团（Rexel Group

Australia）和其他大型企业的分公司。

麦考瑞大学于 60 年代落成后，在艾坪路（Epping Road）北边建立了科技园，成为现在的麦格理园区。同时位于皮特瓦特路（Pittwater Road）和艾坪路交界的另一个商业园河畔公司园区，吸引了许多跨国公司进驻，设立地区总部。2006 年以前，这里的发展以工业为主，经过重新规划，到 2006 年 1 月，这里从传统的工业园区转变成了一个有特色的商业园区。

2. 北莱德与中心城市的互动

北莱德的发展在很大程度上依赖于悉尼市、北悉尼、车士活和帕拉马塔市的带动与辐射。中心城市通过经济廊道和交通网络带动北莱德的发展，而北莱德在都市圈中则承担了分担中心人口就业压力、为产业转移提供良好的商业环境的职能。

（1）经济廊道的带动

全球经济廊道是悉尼都市圈经济发展的重要组成部分，经济廊道以悉尼市和北悉尼为中心，向北延伸到车士活和麦格理园区，向南延伸到悉尼机场和植物湾港口。通过北悉尼和悉尼市的经济发展，带动都市圈其余重点经济区域的发展。悉尼都市圈经济廊道在北部主要指的就是北悉尼－麦格理园区廊道。

悉尼都市圈还通过企业廊道来保持并加速中心城市的发展，同时拉动中小城市的发展。北莱德西南面的维多路亚路以及太平洋高速公路就是都市圈发展的企业廊道的组成部分，这里发展的产业包括家具、汽车清洗、汽车展厅、零售业、光工业和写字楼。

（2）商业园区的建设

北莱德的经济快速发展很大程度上依赖于麦格理园区的建设。由于商业园区的发展，北莱德提供的就业岗位快速增加。许多大公司的工厂、写字楼等由悉尼市或帕拉马塔市迁移到麦格理园区。这里的写字楼分等级，相对于中心城市价格更为低廉。除此之外，工厂的设计更完善耐用。

（3）交通网络的支撑

交通网络的完善是帕拉马塔和悉尼市对北莱德经济、产业等起到辐射作用的基础。随着西北部铁路网络与悉尼都市圈铁路的衔接日益完善和西悉尼轨道（West Sydney Orbital）的建成，北莱德的可达性得到了显著的提升。

穿越北莱德的主要道路和铁路是区域和全国的交通网络十分重要的组成部

分，满足了居民通勤和货物运输的需求。M2 公路位于北莱德的东边，连接兰科夫隧道，再接驳国尔山（Gore Hill）和瓦里家高速公路（Warringah Freeway），车站站点靠近商业园区，可通往悉尼大桥和悉尼市中心。北莱德火车站位于德利路（Delhi Road），出口对着麦格理园区公墓，邻近商业园。北莱德站属于北区火车线，每小时平均有 4 班火车。从北莱德花费 36 分钟可以到达悉尼中心区，10 分钟可以到达车士活。

行人到达麦格理园区原来依靠私家车，现在发展成依靠公共交通和慢行交通。艾坪路连接麦格理园区的南部，M2 连接它的北部。兰科夫路在北悉尼的西北方，是服务悉尼都市圈的重要廊道，连接了麦格理园区和奥林匹克公园这两个重要的就业区域。维多路亚路在北莱德的西南方，也是一个重要的通勤廊道，连接了北莱德、莱德中心和西莱德。

（4）科技产业促进发展

北莱德及其麦格理园区均拥有商业园，获多家大型科技企业进驻，附近还有一间医院。北莱德的科技产业的发展很大程度上源于麦格理大学的带动。麦格理大学与当地政府建立了良好的科研合作伙伴关系，从而在确定发展策略、社区建筑、城市规划、劳动力规划、可持续环境发展和提高市民参与与服务质量的科技应用等方面促进莱德市和学校科研水平的共同发展。

除此之外，北莱德区的大约 1300 名在职者中，26% 属于专业人士，高于全国平均的 20%。接近一成居民懂汉语，在北莱德，两成家庭的全年收入超过 13 万元，而年收入介于 8.8 万~13 万元的家庭占 15% 左右，比率较所属的莱德市政区稍高一些。全区人口约 1.1 万人，22% 居民拥有大学本科或以上学历。

（5）分担中心城市的人口

随着维多路亚路、兰科夫路、艾坪路和太平洋高速公路的完善，莱德市区的可达性逐渐增强，这里凭借着低密度的居住区，低廉的房价，日益增加的就业岗位和渐趋完善的医疗服务设施，良好的生活环境，这使得北悉尼、悉尼市、帕拉马塔市等中心城市的居民不断向这里迁移。

人口扩散的源动力是产业结构的调整，在城市规划的过程中，这里的产业结构从 20 世纪 50 年代前发展的自给自足的农业，到 21 世纪前飞速发展的工业，进入 2005 年以后，又逐渐向商业领域发展。这使得都市圈的居民的职业从农民到工人，现在吸引了服务者和很多高技能、高文凭的人才。

（6）医疗、服务设施的深入与完善

随着北莱德的人口不断增加，这里的医疗和服务设施也不断完善。这里有麦格理医院（Macquarie Hospital），可以满足当地居民的就医需求，提供更方便的本地医疗服务。北莱德还建有麦格理购物中心（Macquarie Center），可以满足高消费群体的休闲、娱乐和购物需求。同时，麦格理街道（Macquarie Street）发展了一些零售业，满足低消费群体的需求。

三、北莱德的城市规划

北莱德在 20 世纪 50 年代以后飞速发展，在从农业向工业、商业转变的过程中，还保证了环境的发展。而这段时期的建设离不开合理有序的城市规划。对北莱德最有影响的三份规划分别如下。

1.《悉尼大都市圈发展战略——中北部》（*Sydney Metropolitan Strategy 2036—— Inner North Sub-regional Strategy*）

悉尼都市圈发展策略是悉尼都市圈进入 21 世纪以后一个重要的具有里程碑意义的规划。这份规划对悉尼都市圈和北莱德具有重大影响的一部分就是将北悉尼–帕拉马塔经济廊道延伸到麦格理园区。这个廊道可以为悉尼都市圈提供 40% 的就业岗位。而帕拉马塔到艾坪铁路的建成和其他交通设施又会对麦格理园区和这个经济廊道起到更大的推动作用（Property Council of Australia, 2007）。

2.《莱德市规划研究》（*City of Ryde Local Planning Study*）

《莱德市规划研究》于 2010 年 9 月提出。这份文件强调了麦格理园区在澳大利亚的商业和科技方面的领头地位。同时，政府将会更好地融合居住区和商业区的发展，并且建立新的交通枢纽，为社区发展提供动力。

3.《发展控制规划》（*Development Control Plan*）

《发展控制规划》于 2010 年提出，旨在通过可持续和环保的目标，保持莱德现在的优势和特点，提供有活力的就业中心，使得莱德市产生更好的发展，保证城市中心和特区中心的特点得到保护和加强，从而使得莱德市有高质量的发展。

综合研究这三份规划文件，可以看出北莱德的规划理念主要有如下几个方面。

（1）发展区域中心带动城镇发展

悉尼都市圈的中北部共有两个区域中心，而北莱德的麦格理园区被定位为两个区域中心（specialized center）之一。区域中心指的是半径在一公里左右，具有主要的机场、港口、医院、大学、科研和商业活动的，并且为能够在拉动经济和提供就业岗位方面产生都市圈效应的城市。

麦格理园区是许多澳大利亚百强公司的总部所在地，主要在制药、医疗、传媒和 IT&T 领域。这里还有澳大利亚排名第八的麦格理大学和区域主要的麦格理中心购物中心。麦格理园区的建设拉动了周边工业和商业的发展，并辐射出了更多的工商业园区。

（2）提高交通可达性

为了加强北悉尼到麦格理园区的全球经济廊道，规划部门和北悉尼当地规划署推行了一些措施，来保证足够的商业和企业用地具有良好的交通可达性。州政府和莱德议会鼓励公共交通的使用。艾坪到车市活直通铁路的启用将会提高麦格理园区中心的公共交通使用率，同时将会扩大园区的面积及影响范围。

北莱德的主要道路包括艾坪路、兰科夫路、太平洋高速公路、维多路亚路和 M2 高速公路。在高峰时期，麦格理园区的交通拥堵问题已经阻碍了北莱德的商业发展。为解决这个问题，当地政府建立了三个新的换乘枢纽：麦格理大学站、麦格理园区站、北莱德站，同时建立了新的艾坪 - 车市活的铁路并对太平洋高速公路进行了完善。同时，政府通过公交优先来提高巴士的可靠性，以建立麦格理园区和周围区域中心的连接。

（3）环保优先的绿色景观城市

北莱德虽然工业发达，但并没有像很多工业城市一样烟雾弥漫，环境恶劣，相反，北莱德的发展目标是成为一个成熟的、可持续的、有活力的、具有竞争力的区域中心。当地政府为了保障工业和经济发展的同时不以牺牲环境为代价，在北莱德建立了一些具有更多景观元素的绿色公共空间，包括绿化带、公园、社区服务设施、完善的慢行交通设施等，来满足园区绿色和环保的需求。

第六节 小 结

一、悉尼都市圈城市发展过程中的经验及对我国的启示

1. 具有高度发达的交通网络

通过对都市圈交通网络的研究我们发现，悉尼的铁路网络和公交网络相当发达，这些网络保证了城市利用现有条件实现各项机能运转的畅通。都市圈完善的交通网络和交通设施不仅保持了城市环境，降低了能源消耗，还促进了城市的公交化和步行化，进而带动城市的活力和消费，确保城市各项机能运转的畅通。

都市圈的客运以公路为主。各个城市内部交通以小汽车为主，辅以巴士、出租车。悉尼都市圈的交通管理实现了信息化、科技化，使得其较为先进、高效。如对于收费公路，采用无人的电子感应收费，这样，车辆不会因为收费而停车，避免了堵车，提高了道路通行能力。

悉尼在行人和公共交通方面的建设也值得我国借鉴。新南威尔士州政府认为，唯有一个步行化的城市环境，才是促进城市活力和各种消费活动的直接因素。在《可持续的悉尼2030》中，一个核心策略就是对行人环境与公交条件的创建。汽车却是将人们与各类活动隔离开来的交通工具。尽管目前在悉尼市内离理想化的步行空间还有不少差距，但这些规划举措反映出了大的趋势。

2. 形成中小城市消费本地化意识及认同感

在悉尼都市圈的研究中我们发现，政府鼓励居民在所居住的区域内进行基本消费活动，将人们所需的各类活动和服务尽量本地化或区域化，在中小城市内部提供包括商业、医疗、零售与购物、交通、文化与学习、休闲等设施，如此可以避免盲目兴建大型购物中心和沿街商业。这些设施既可以减少居民出行，又能培育当地的认同感，而这种对社区的归属感正是一个社区和谐、稳定的本质推动力。根据悉尼市政府的规划，到2030年，在悉尼辖区的26平方公里内共有10个主要的区域活动中心，分布在各区域内适宜步行的距离内。它们将在很大程度上减少人们出行对汽车的依赖，并大大提高公共交通的使用率。而这正是我国很多都市圈在建立过程中需要学习借鉴的。

3. 注重环境和可持续发展

悉尼都市圈是全球最适宜居住的都市圈之一，从悉尼都市圈城市和区域的

规划过程中，我们不难发现，环境和资源问题得到了密切的关注度。尤其在当今全球气候变暖加剧、温室气体减排目标长期不能实现的情况下，悉尼都市圈在规划的过程中充分考虑到了如何让城市更加"绿色"，减少对能源和环境的依赖。同时，寻求可持续发展的模式，也可以确保都市圈未来能源的安全。

举例来说，在前文提到的《可持续的悉尼2030》中的多个策略都体现了"社会可持续性"：① "旧城区可持续型"更新发展体现出社会公平性特征；② "发展区域活动中心"体现出社区发展与民众参与特征；③ "建立行人走廊带"体现出对公众健康与福利的关注。

4. 注重公众参与

在制定和实施悉尼都市圈的规划的过程中，公众参与是规划工作的重要组成部分。在前文介绍中提到，规划在制定的过程中，访问了众多社会人士，而这是我国非透明的城市规划过程中需要大力借鉴的。国家政策的制定和规划编制的目的是为了公众的利益，只有了解了公众的想法、需要，充分收集和掌握信息，才能保证规划满足悉尼民众的需求。公众参与能增加公众对社会的信任感，保证社会稳定。

《可持续的悉尼2030》规划草案制定后进行规划公示、征求意见。政府听取公众意见的形式多样，包括会议、宣讲、媒体、宣传、印制、说明册、网络、问卷、调查和书面意见等。为了鼓励公众参与，草案在内容设计上也特别注重通俗易懂、生动活泼。如果公众对规划内容不满意或希望改变规划，可以有两种方式解决：一是政府请市场上的相关公司来做研究，形成书面报告；二是做公共咨询。但政府对以上结果有行政决定权。也就是说，规划一旦制定，就是一个公平的各方均满意的成果。规划很少被修改，使得规划的严肃性、强制性和连续性得到了保证。

5. 合理的规划和都市圈建设程序

在对悉尼都市圈的规划政策等进行研究的过程中发现，悉尼都市圈的规划管理工作较为合理，实行高度的集中统一，基本都是由新南威尔士州政府负责。因为悉尼都市圈由几十个分区组成，人口众多。州政府规划机构有50人，从组织上保证规划工作的顺利进行。在建设的过程中，是分片进行的，建设好一块后再建设另一块。这种集中紧凑的做法，使城市面貌比较完整，经济效益比较好。

悉尼都市圈的建设管理工作比较科学，为了保证经济效益，每块土地的使用都是按照不同功能予以规划，合理安排。例如在市中心区的金融商业建筑，根据功能要求需要紧凑集中，因此城市的中心都是以高层建筑为主，成为经济活动中心；在居住用地、园林绿化、交通等方面，则按照它们的经济能力，采用较低的建筑密度，用地较宽裕，创造比较良好的生活环境；而工业厂房则又都是很紧凑的。悉尼都市圈的规划涵盖的内容很多，包括社会经济发展目标、工业发展方向、城市用地功能分区、自然保护区和风景旅游区、定案后的基础设施的布局、环境保护措施，等等。与我国众多城市不同的是，城市规划一经批准，即成为法律，具有很大的权威性，这从法律上保证了都市圈建设按照规划进行。

二、悉尼都市圈城市发展过程中的教训及对我国的启示

由于悉尼都市圈在规划和发展中仍然存在着一些失误，导致都市圈的发展不可避免地出现了很多问题，而这些问题是世界上每个都市圈都共同存在的，体现了很强的共性与必然性。尽管都市圈规划集合了民众和专家的意见，已经对这些问题产生了广泛而深入的认识，但是这些问题在短期内仍然无法解决。

1. 人口问题

悉尼都市圈的人口一直保持着较高的增长率，给都市圈带来了一定的困扰。这个趋势在未来的25年将会持续。在2012年，悉尼超过65岁的居民在悉尼历史上首次超过小于15岁的居民。老龄化问题将会给服务和房屋设计带来压力（需要更多适宜老年人居住的房屋）。

在都市圈的规划文件中，政府划分了一些住房用地，房地产投机、人口增长仍然使得住房用地短缺。每户年收入在8万美金的家庭才能够在悉尼都市圈西部买到均价为37万元的房屋，而且8万美金的年收入比悉尼每户平均收入高出70%。房地产为熟练的技术工人提供了很多就业机会。政府认为随着更多新住房的建立，房屋的价格将会受到限制。

新的城镇将会模仿老的村庄。在中心地区，交通便利的地段建有商场和中型公寓，建筑高度将会下降。新发展还会降低能源需求，但是，在房屋使用前，政府将会建立更多的公共和服务设施。

由于交通和城市的扩散与发展，悉尼的就业分布相当分散，只有1/4的工作位于在类似帕拉玛塔市、北悉尼和悉尼市这样的中心城市，并且由于拥堵问题这个比例还在下降。在 2030 年，需要更好的社区服务和交通设施的区域中心将会需要额外的 60 万个就业岗位。城市中心需要 200 万公顷的办公用地，这相当于帕拉玛塔市四倍的面积。分析者认为，为了满足悉尼人口增长的需求，需要新建 17 个的购物中心。

2. 环境问题

在空气污染方面，虽然悉尼都市圈的空气质量在某些方面有所提高，但是在光化学烟雾、臭氧层方面仍没有达到国家的标准。悉尼都市圈的小汽车保有量在 2020 年将会增加 1/3，这将使臭氧层问题进一步恶化。由于政府财政紧缩，气象台已经停止了监测空气中的有毒物质，也就是说能够检测到的空气指标减少了 1/4。2004 年，悉尼政府取消了"天然气公交车"项目，预计在之后 15 年，二氧化碳的排放量将会提高 72%。

在水资源方面，虽然在限制用水的强制措施下，都市圈的水资源消耗量减少了 10%，即 630 亿升，但悉尼大坝的水平面一直在降低；虽然人均用水量在减少，但是在人口翻番的基础上，总用水量从 1950 年开始，上升了 3 倍。11% 的水资源由于管道有裂缝而遭到严重浪费。达令盆地的水资源由于用于灌溉，受到了很大的威胁。水资源的高度盐碱化影响了悉尼都市圈的农业和生物多样性。

公园和公共空间在都市圈的西部相对较少。随着城市人口密度上升，公园和保护区越来越受到争议。在都市圈边缘建立新的郊区会威胁到农业用地。一些农民和学者担心食品供应将会受到威胁，特别是绿叶蔬菜、蘑菇和其他的易腐蔬菜。因此，政府承诺推行一个计划来保护悉尼盆地的农业。

参考文献

[1] NSW Government, Metropolitan Strategy for Sydney 2036: Transport for a connected city, 2010.

[2] BITRE analysis of ABS Cat 1300. 1 New South Wales Year Book (various years) and ABS Cat 3218. 0 Regional Population Growth, 2010.

[3] Daly M. T. and Pritchard B. Sydney: Australia's financial and commercial capital. In J. Connell (Ed.). Sydney the emergence of a global city. pp 76 – 95. Oxford University Press ISBN 0 – 19 – 550748 – 7, pp 167 ~ 188, 2000.

[4] 中国新闻网. 澳大利亚悉尼：南半球的"纽约"，2012

[5] New South Whales Tourism Data Card. Forecasts, Economic Impacts and selected Regional Data, 2004.

[6] 周祎旻,胡以志. 城市中心区规划发展方向初探——以《悉尼2030战略规划》为例. 北京规划建设,2009(3)

[7] NSW Government. Metropolitan Strategy for Sydney 2036：Strategic Directions A：Strengthening the City of Cities,2010.

[8] Spearritt. Sydneys Century a History. Sydney,University of New South Wales Press Ltd,2000.

[9] 戴维·威尔莫斯,邓郁友. 悉尼城市发展规划. 国外城市规划,1992(2)

[10] 王世豪. 城市聚集经济和空间结构的实证分析——以顺德为例. 中国地理学会2004年学术年会暨海峡两岸地理学术研讨会论文摘要集,2004

[11] Sarah James. Sydney's Agricultural Lands：An Analysis（Urban Research Centre,University of Western Sydney,Sydney,2010）,p. 12.

[12] City of Sydney Council. Draft Economic Development Framework——a report to the City of Sydney Council,2007.

[13] 王圣军. 大都市圈发展的经济整合机制研究. 西南财经大学博士论文,2008

[14] Forster,Clive,Australian Cities：Continuity and Change. Oxford University Press,1996.

[15] 张强,陈怀录. 都市圈中心城市的功能组织研究. 城市问题,2010(3)

[16] New South Wales department. Metropolitan Strategy for Sydney 2036：Strategic directions：growing Sydney's economy,2011.

[17] 高玲玲,周华东. 中心城市对区域经济增长贡献的评价体系研究——以中部地区中心城市为例. 经济问题探索,2009(12)

[18] 文·奥康纳,韩笋生. 澳大利亚大都市区发展与规划对策. 国际城市规划,2012(2)

[19] Cumberland County Council. County of Cumberland Planning Scheme,1948.

[20] NSW Department. History of Sydney's Centers Policy 1951～2004,http：//www. metrostrategy. nsw. gov. au/dev/uploads/paper/centres/BACKGROUND－1,2005.

[21] Department of Environment and Planning. Sydney Into Its Third Century：Metropolitan Strategy for the Sydney Region,1988.

[22] Lachlan Abercrombie. Metropolitan Planning for Sydney 1948～1988——Looking to the past to learn for the future,2008,P56.

[23] NSW Government. City of Cities：Sydney City-Sub-regional Strategy,2008.

[24] City of Sydney. Sustainable Sydney 2030,Community Strategic Plan,2011,https//s3. amazonaws. com/media. cityofsydney/2030/documents/Community-Strategic-Plan－2011. pdf.

[25] City of Ryde,2013,http：//atlas. id. com. au/ryde/.

[26] City of Ryde. A summary of the Local Planning Study：City of Ryde,2011.

[27] Richard Howiit. John Neish,Responding to the challenge of collaboration,2012.

[28] NSW Government Department of Planning. Central Coast Regional Strategy,2008.

[29] Darran Goodsir and Tim Dick. Crowded,polluted and a mess－the fix list for Sydney,2005.

第七章　珠三角都市圈和专业镇
发展模式研究

第一节　珠三角都市圈的发展概况与过程

一、认识珠三角都市圈

珠江三角洲都市经济圈，位于广东省东南部，珠江下游，毗邻港澳，与东南亚地区隔海相望，交通便利，被称为中国的"南大门"。最早提出的珠江三角洲都市圈包括9个城市，分别是两个副省级城市（广州、深圳）、5个地级市（珠海、佛山、江门、中山、东莞和惠州）和2个县级市（清远及肇庆）。土地面积为5.47万平方公里，占广东全省总面积的30.4%，占全国国土面积的0.57%；人口为4786.24万人，占全省总人口的49.7%，占全国的4.38%。近年来，实现国内生产总值占全省国内生产总值的82.2%左右（见图7－1）。

二、珠三角的成就

改革开放以来，珠三角取得了巨大成就。珠三角成为我国、亚太地区乃至全球经济增长最快的地区，广东经济发展的龙头，国内最具生机活力、经济增长最快的地区之一。近10年来，珠三角经济总量先后超过亚洲"四小龙"的新加坡、香港和台湾，奠定了建立世界制造业基地的雄厚基础。它是世界20个重要制造业基地之一，全国市场化程度最高、市场体系最完备的地区，是我国外向度最高的经济区域，也是对外开放的重要窗口，世界20个重要制造业基地之一。

珠三角的发展已高于亚洲其他任何地区的经济增长速度，是世界经济增长速度最快的地区。1980～2000年，珠三角的年平均经济增长速度达到16.9%。在各产业发展中，高新技术产业发展速度最快。据统计，"九五"期间，珠三角高技术制造产值在"八五"时期快速发展的基础上继续以年均29.9%的速

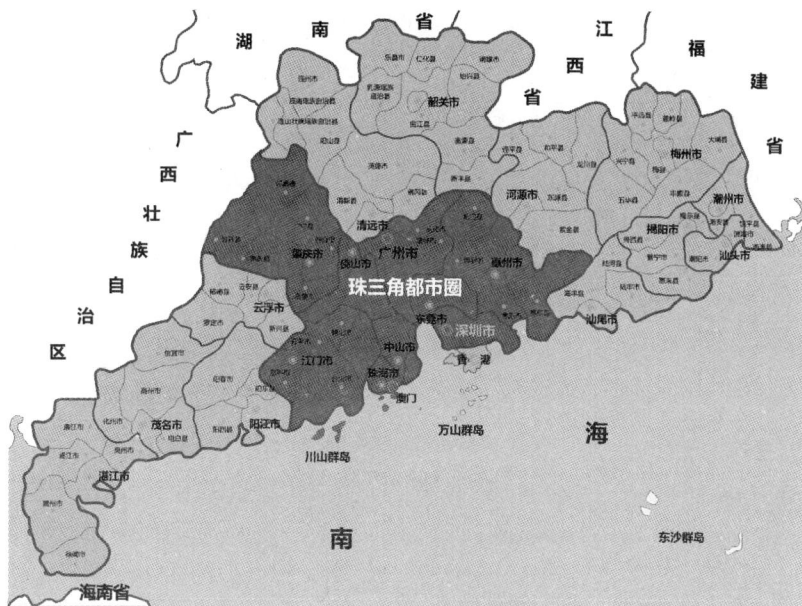

图7-1 珠三角城市分布图

度高速增长，2000年产值达到2466.87亿元。"十五"时期既是珠三角整合优势，调整、优化结构，扩大开放、创新制度、增强活力、取得新成就的时期，也是经济社会双转型（即经济从传统的资源主导型向创新主导型转变，社会从初级城市化向高级城市化转变）的时期，在此期间，珠三角生产总值年均增长率为15.6%，高于广东省（13.2%），也高于全国（9.5%）。随着"双优势效应"的弱化，珠三角面临着加快比较优势向创新优势转变的历史重任。

三、珠三角发展的优势分析

珠三角之所以能够快速发展起来，这与它所拥有的天然优势密切相关。

其一，区位优势。珠三角面向南中国海，为珠江出口处，具有天然的港口资源。

其二，地缘优势。珠三角毗邻香港、澳门两个特别行政区。香港是亚太地区的金融中心和世界贸易中心，拥有资金、技术、信息、国际市场营销网络等优势；澳门拥有特别的旅游风貌、博彩业、历史遗迹等，是别具特色的旅游目的地。而其周边的省份云南、广西与东南亚国家相邻，拥有通往东南亚地区最重要的战略通道。

其三，人缘优势。珠三角是我国最大的侨乡之一，拥有分布在全世界120

多个国家和地区的港澳台、海外侨胞1000多万人。在资金、技术和人才等方面，侨胞对珠三角的发展作出了巨大贡献。

其四，政策优势。珠江三角洲经济区最早由广东省政府于1994年确立，其经济快速发展主要得益于邻近香港，当时香港资本是珠三角最主要的投资来源。20世纪90年代，邓小平同志"南巡"讲话更是推动了广东以及珠三角的深层次发展，珠三角经济区也成为我国对外开放的窗口，其外贸出口远远高于其他地区。

珠三角充分利用这些天然优势，以"三来一补"、"大进大出"的加工贸易起步，大量吸引境外投资，迅速成为我国国际化或外向化程度最高的地区。2011年，广东珠三角净出口总额达5066.05亿美元，进口额和出口额分别占全国的24.4%和26.7%（见图7-2）。相比长三角、京津冀都市圈，珠三角的海洋经济、外向型经济对当地经济的贡献较大。下面是三者在外向型经济指标方面的比较，在海洋资源、民营企业总量和产值方面，珠三角都市圈并没有绝对的优势，但是利用外资和对外出口额方面，珠三角都市圈远远超过长三角都市圈和京津冀都市圈（详见表7-1～表7-4）。

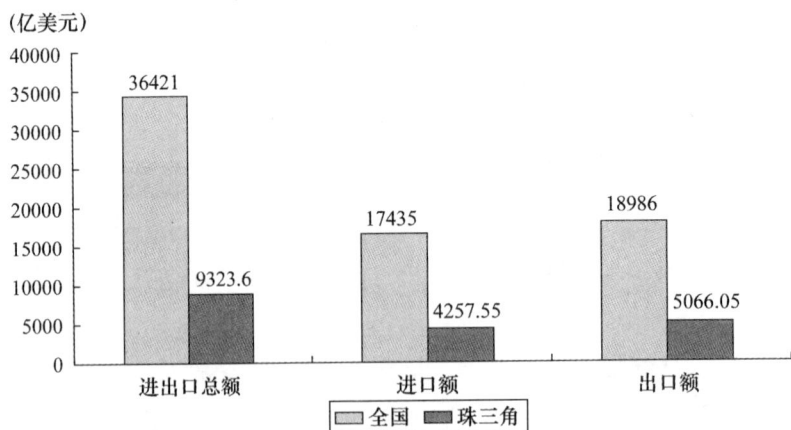

图7-2　2011年广东省珠江三角洲进出口额占全国比重

表7-1　　　　　　　　　　2010年三大都市圈海洋经济状况

	京津冀	长三角	珠三角	总　计
海洋生产总值（亿元）	13271	12059	8291	33621
占全国比重（%）	34.5	31.4	21.6	87.5

资料来源：《2010年中国海洋经济统计公报》。

表 7 - 2　　　　　　　　　2009 年民营企业 500 家省市分布

	序号	省市	企业数		营业收入		资 产	
			数量（家）	比重（%）	总额（亿元）	比重（%）	总额（亿元）	比重（%）
长三角	1	浙江省	180	36.00	14138.22	29.85	10185.44	26.13
	2	江苏省	129	25.80	14913.35	31.49	10392.64	26.66
	4	上海市	19	3.80	2184.45	4.61	2241.45	5.75
珠三角	6	广东省	13	2.60	1324.27	2.80	1133.22	2.91
京津冀	9	天津市	9	1.80	1009.79	2.13	627.23	1.61
	10	北京市	9	1.80	1861.82	3.93	1989.96	5.10
	16	河北省	5	1.00	444.98	0.94	480.03	1.23
总　计			500	100.00	47362.66	100.00	38982.28	100.00

表 7 - 3　　中国三大都市圈对外直接投资（FDI）相对规模比较（%）

年 份	京津冀	长三角	珠三角	全国城市平均	汇 率
1990	13.08	14.70	36.43	12.29	478.3
1991	13.99	15.40	41.04	13.78	532.3
1992	17.12	33.03	38.35	20.43	551.5
1993	18.47	38.70	58.78	28.09	576.2
1994	35.86	50.41	88.88	40.44	862.1
1995	24.10	38.01	73.88	28.42	834.9
1996	27.69	47.96	87.30	31.08	831.4
1997	18.68	20.24	44.04	19.98	828.9
1998	22.43	23.88	41.19	19.98	827.9
1999	22.77	25.14	38.29	19.13	827.8
2000	25.55	22.88	42.61	17.75	827.8
2001	22.68	22.34	34.62	16.26	827.7
2002	19.95	26.63	29.76	16.43	827.7
2003	8.09	19.45	28.90	14.40	827.7
2004	9.34	15.81	22.68	10.06	827.7
2005	9.30	13.34	14.70	8.27	819.2
2006	9.16	13.59	16.35	7.89	797.2

续表

年　份	京津冀	长三角	珠三角	全国城市平均	汇　率
2007	8.14	13.10	14.80	7.20	760.4
2008	8.16	12.02	15.13	6.39	694.5
2009	6.31	10.35	12.05	5.00	683.1

资料来源：《中国城市统计年鉴（1991~2010 年）》。

表7-4　　　　　　2011 年中国东部三大都市圈进出口额统计　　　单位：亿美元

都市圈	地　区	进口额	出口额
长三角	上　海	2276.47	2097.89
	江苏 8 市	2174.94	2980.84
	浙江 7 市	871.1	1794.72
珠三角	广东 9 市	3678.46	5066.05
京津冀	北　京	3304.7	590.3
	天　津	588.93	444.98
	河北 8 市	211.16	235.56

资料来源：各市国民经济和社会发展统计公报。

四、珠三角的困境

1997 年亚洲金融风暴、2008 年的金融危机，使珠三角的经济发展遭受到了严重冲击。珠三角这种以外向型经济、出口经济和制造业经济为主导的发展模式，曾经创造了一个又一个的"神话"，但是它却在这两场危机中受到重创。

亚洲金融风暴、全球金融危机只是导火索，珠三角经济出现起伏和波动，本质原因还在于其经济结构的问题。长期以来，珠三角依靠廉价的土地资源和无限供应的劳动力资源，发展低附加值、低投入、高能耗的劳动密集型产业，在产业价值链中居于制造、装配环节，成为"世界工厂"，为国外大企业做 OEM（贴牌生产），缺乏自主知识产权和自有品牌。而现在，国家将土地作为宏观调控的主要手段，珠三角发展所需的建设用地指标已成为稀缺资源，源源不断从全国各地涌入的劳动资源也被"民工荒"所替代。

除此之外，珠三角都市圈内许多城市和产业在这两次危机中，也出现了很多问题。究其原因，表现在以下几个方面，即各个城市产业同构的现象严重，基础设施"异城化"导致的投资浪费与连接不畅的矛盾并存，城市功能之间互补性不够，城市内部功能单一导致城市欠缺活力，行政等级的分割导致生产要素流动的障碍，等等。

第二节　珠三角专业镇的发展概况与过程

一、专业镇是珠三角块状经济的典型模式

专业镇现象，是珠三角的"块状经济"发展模式，是区别于其他都市圈的一个典型的经济集群现象。专业镇出现在 20 世纪 90 年代，是指同类型产业在一定地域上的集聚，并成为支持地方经济发展的主导产业。专业镇的发展和形成，推动了珠三角都市圈内的一体化发展。

对于专业镇的界定，有不同的定义。有的研究称，专业镇是指专业化产值占全镇产业产值的比重达到 50% 以上的乡镇。广东省科学技术厅把专业镇定义为：以镇（区）为基本单元，产业相对集中，具有一定的经济规模，产、供、销一条龙，科、工、贸一体化，营销网络覆盖面广的镇级经济实体。

专业镇是产业向专业化发展，并使同类产业在一个城镇集聚，是产业集群经济的一种形式。产业集群以区域网络为基础，通过专业化分工，最大限度地发挥产业关联和协作效应，形成产业之间的协同发展。产业集聚式发展产生的集聚效应，可以有效减少交易成本，提高企业生产效率、增强竞争优势，还可以实现共享资源，从而有效地缓解土地、资源环境压力，提高区域经济的整体竞争力。

专业镇作为一种典型的生产网络和销售网络组织，是一个由供应商、生产企业、销售商、金融及技术研发等服务机构共同组成的价值系统。专业镇除了通过比较充分的专业化分工而使中小企业实现内部规模经济外，还可以借助相对完善的社会化服务获取一系列如生产、信息获取、市场营销、辅助性服务等方面的外部规模经济效益。专业镇的产业企业相互贴近，竞争者生存，共享庞大的专业化市场、产业链企业之间长期合作形成的信任默契，让专业镇集群式的产业发展在市场上形成强大的竞争力。

专业镇是小城镇产业不断深化发展的过程。专业镇在形成过程中，生产与经营同类产品的商贸型企业和生产型企业纷纷向专业产品区集聚，引发了商品流、资金流、信息流、技术流和人才流等要素的汇聚和扩散。而随着人口和企

业的集聚，城镇也会不断扩张，会带动供水、供电、交通运输、邮电通信等城镇基础设施建设，促进金融、商贸、餐饮、教育、科技、文化、卫生和体育事业的发展，最终提高当地的城镇化水平。

专业镇对就业的拉动力量是巨大的。专业镇的发展让本地农村人口就地转为产业工人，增加了农村集体收入和农民人均纯收入，不仅为本地劳动力创造了就业机会，还为众多外来的劳动力创造了就业机会。专业镇集群式的产业发展模式，不仅是中国农村城镇化和农业产业化的有效途径，还是中国工业经济结构和转型期农村经济与城市经济形成合力分工的有益尝试。

专业镇之所以能发展壮大起来，与其本身的资源禀赋、地域范围、管理风格有一定的联系。一个村进行专业化生产，难以形成规模；而以县为单位，则易掩盖县域自然资源的多样性和增加市场风险。一般来讲，一个镇的面积为 100 平方公里左右，在镇域范围内组织专业化生产，可以集聚几百甚至几千家相关企业，从而形成规模经济。专业企业的集聚，特别是很多企业是通过产品参与了新一轮的国际分工，进入制造业国际商品链参与国际竞争，在加强生产的过程中，专业镇在组织产业生产、管理和经营等方面，都渐渐与国际接轨。

二、专业镇在珠三角的经济地位显著

目前，广东全省共有建制镇（含街道办）1500 多个，镇域经济总量占全省经济总量的 60% 左右。在全省的建制镇中，被认定为专业镇的有 326 个，覆盖了 20% 以上的建制镇。其中，农业专业镇 116 个，工业专业镇 194 个，第三产业专业镇 16 个。2011 年实现 GDP 总量 1.64 万元，占全省 GDP 比重的 31%，成为全省经济发展的重要增长极。专业镇对区域经济的平均经济贡献达 39%。全省工业总产值超千亿元的专业镇达 6 个，超百亿元的专业镇达 103 个，规模以上的企业达 2.5 万家。

珠江三角洲共有 9 个市，包含 404 个乡镇，其中专业镇达 100 多个，几乎占据了广东全省专业镇（326 个）的半壁江山。据 2011 年的统计数据，广东全省专业试点镇地区生产总值 1.5 万亿元，占全广东省本地生产总值的 28.3%。家电产品、服装纺织、食品饮料、建筑材料等专业镇特色经济企业达 6 万余家，聚集形成了 5 个产值超千亿元、76 个超百亿元的专业镇产业集群，直接带动就业超过 500 万人。从几个地级市来看，佛山市专业镇本地生产总值占全佛山市生产总值的 82%，江门、中山专业镇本地生产总值占全市生产总值达 50%，东莞市专业镇产值达 1074 亿元，占东莞全市生产总值的 34%。

专业镇经济是珠三角地区推动工业化、城镇化和农业现代化的重要力量，也是广东省重要的经济支柱。"十五"以来，广东省专业镇获得了飞速发展，GDP 平均以 20% ~ 30% 的速度增长。2001 年，广东省专业镇仅 21 个，GDP 总额 441 亿元，占全省 GDP 的比重为 3.7%；而 2007 年，省级专业镇已达到 228 个，实现 GDP 总额 7650 亿元，占全省 GDP 比重的 25%。一些专业镇甚至成为世界某类产品的主要生产地。比如中山市的狮岭镇，皮具专业市场成为广州市四大批发市场之一；小榄镇一些五金产品成为行业标准；大涌镇成为中国最大的红木家具生产基地；在农业、高新技术产业中，被誉为"金柚"之乡的梅州石扇镇、"中国花卉第一镇"的顺德陈村镇、东莞石龙电子信息产业专业镇、江门市江海电子材料专业镇、珠海三灶生物制药专业镇，等等。

专业镇已经成为广东最有特色、最具活力的经济增长点。广东省专业镇的发展已经成为发展县域经济的重要载体，对提高广东的自主创新能力和优化产业升级意义重大。专业镇所表现出来的强大生命力，与中西部小城市的经济发展相比毫不逊色，有的专业镇经济实力远远超过了中西部县市的发展水平。表 7-5、表 7-6 将珠三角内 10 个不同产业类型的专业镇与我国中、西部的县（市）在人口、GDP、可支配收入等指标方面做了对比。广东最发达的虎门镇、小榄镇，2010 年的 GDP 与地方财政一般预算收入几乎达到了中、西部欠发达地区县市的 10 倍以上（见表 7-6 ~ 表 7-7，图 7-3 ~ 图 7-4）。

表 7-5　　珠三角 10 个专业镇所属城市、主导产业、产值等基本情况表

专业镇名称	特色产业类别	总人口（万人）	外来人口（万人）	GDP（亿元）	可支配财政收入（亿元）
东莞市石龙镇	电子信息	15	8	32	5.27
东莞市石碣镇	电子工业	14	8	128	4.7
东莞市虎门镇	服　装	62.8	50	347.38	15.98
禅城区石湾街道办	陶瓷业	11.9	7.9	36	3
南海区狮山镇	汽车配套产业	38.48	22.3	464.4	17.8
顺德区北滘镇	家　电	30	19	288	12

续表

专业镇名称	特色产业类别	总人口（万人）	外来人口（万人）	GDP（亿元）	可支配财政收入（亿元）
博罗县园洲镇	服 装	200	13	78.86	2.8
江门市大鳌镇	集装箱制造业	5	0.8	32.81	0.4
中山市古镇镇	灯 饰	14.95	7.9	233.47	6.8
中山市小榄镇	五金制品	32.4	16	178.7	6.2

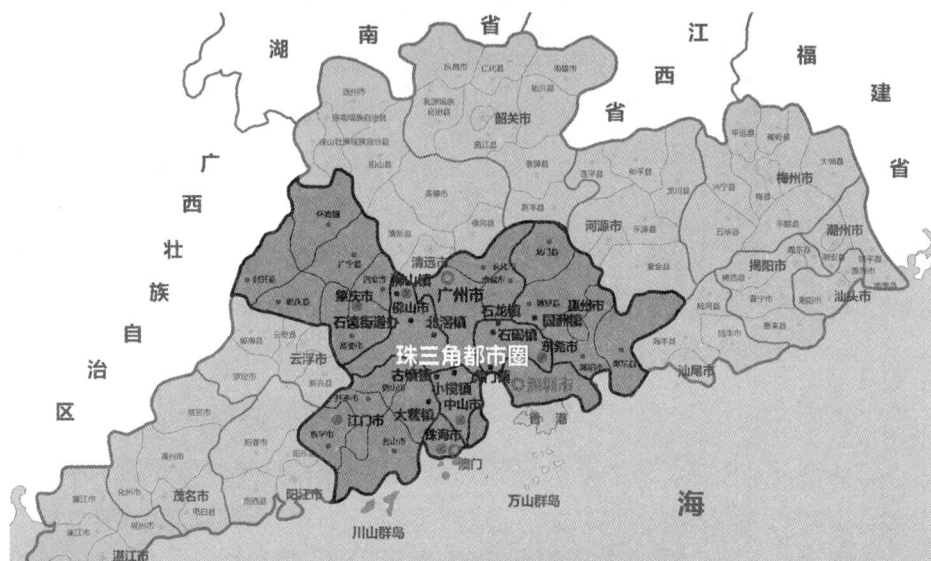

图 7-3 珠三角 10 个专业镇分布图

表 7-6　　广东省专业镇与中西部县市经济指标对比（2010 年）

地 区	中 部		西 部		广东省专业镇	
	安徽省临泉县	江西省资溪县	云南省贡山县	四川省炉霍县	虎门镇	小榄镇
年末总人口（万人）	220	11	3.6	5	62.8	32.4
从业人员数（万人）	3.15	1	1.2	0.3	35	4
GDP（亿元）	0.39	16.5	3.92	2.92	285.2	178
地方财政一般预算收入（亿元）	2.83	2.67	0.15	0.11	16.2	7.06

注：这是和经济最弱的比较。

资料来源：2010 年县（市）社会经济主要指标；各省统计年鉴。

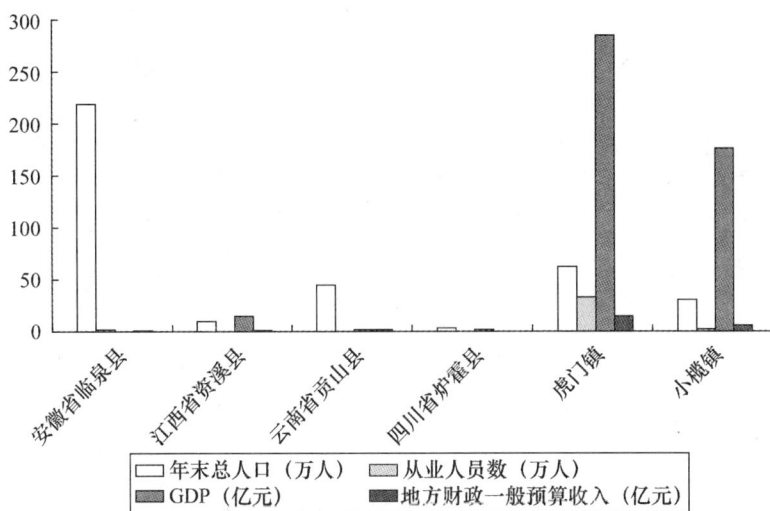

图 7-4 广东省专业镇与中西部县市经济指标对比（2010 年）

表 7-7　　　　广东省专业镇与中西部县市经济指标对比（2010 年）

地　区	中　部		西　部		广东省专业镇	
	江西省遂川县	河南省沈丘县	云南省禄劝县	云南省寻甸县	虎门镇	小榄镇
年末总人口（万人）	56	136	29.2	54	62.8	32.4
从业人员数（万人）	26.4	68.4	16.5	2.03	35	4
GDP（亿元）	54.9	119.8	32.6	38.4	285.2	178
地方财政一般预算收入（亿元）	3.87	3.43	2.3	3.42	16.2	7.06

注：这是和经济中等的比较。

资料来源：2010 年县（市）社会经济主要指标；各省统计年鉴。

专栏7.1　　　中国十大特色名镇——东莞市石龙镇

1. 概况

石龙镇位于东莞市北部，东江下游，北靠广州，南临深圳，毗邻香港，是东江水运的重要港口，并与广州、佛山、陈村一起被誉为广东"四大名镇"。石龙镇总面积 10.38 平方公里，常住人口近 7 万人，流动人口约 8 万人。广深铁路贯通全镇，交通四通八达。

2. 发展历程

20世纪末，石龙镇开始进行产业结构调整，对一些污染性较重、发展空间不大的企业进行有计划、分步骤转移，取而代之的是一些高产值、高科技、高附加值的企业，迅速形成了以高科、环保著称的电子信息和生物医药两大支柱产业集群。

在石龙镇，虽然有些还是原料加工企业，但通过经济转型，逐步从加工贸易转化为合资、独资或者合作。从1996年开始，由一个镇办集体企业直接与世界500强企业签订合资项目，在世界上也是不多见的，这极大地提升了石龙镇的经济发展。

3. 特色产业

石龙镇的支柱产业为电子信息和生物医药两大支柱产业。

如今，在石龙落户的知名企业数不胜数，全镇有外资企业182家，包括有京瓷光学、京瓷美达、柯尼卡美能达、电产三协等。石龙全镇更有22家企业被评为省高新技术企业，电子信息制造产业总产值占全镇工业总产值的80%以上，科技进步对经济发展的贡献率达56%。2010年底，全镇国内生产总值达32亿元，出口总额达5亿美元。

专栏7.2   **东莞制造业门户——东莞市石碣镇**

1. 概况

石碣镇位于东莞市东北部，地处东江河畔，东接石龙镇，西临东莞市区，南距深圳78公里，北离广州62公里，处于广深走廊中间，与东莞市区一衣带水、隔江相望，被国画大师关山月誉为"东江之珠"，被东莞市冠名为数码产业重镇。全镇总面积36平方公里，下辖15个村（社区），户籍人口4万多人，外来人口8万人。

2. 发展历程

1979～1992年，引进"三来一补"企业，发展外向型经济，并确立了"工业立镇"的发展目标。1979年成立第一家合资企业——东文磁带音响有限公司，1989年引进第一家台资IT企业——东聚电业有限公司，

1992～2000年，该镇开始全面建设新城区，大力招商引资。电子信息产业发展迅速，并带动石碣镇民营经济起步和发展，形成了较完整的电子信

息产业链。

2001 年以来，按照科学发展观的要求，大力推进经济社会双转型，着力进行产业结构调整，推进城市建设，打造东莞亮丽的"北大门"。

3. 特色产业

经过多年发展，石碣镇已形成了以电子工业为龙头，全面推动整体发展的势头。全镇共兴办了电子企业 310 多家，其中外资电子企业 180 多家，有 12 家是海内外上市公司。目前，电子工业产值占了全镇工业总产值的 70% 以上，电子工业引进外资占全镇引进外资的 70% 以上，外资电子企业产值占了外商投资企业产值的 75% 以上。在石碣生产的电子产品品种齐全，科技含量高，共有 100 多种，是珠三角崛起的数码产业重镇。

2010 年，全镇生产总值 128 亿元，年均增长 10.18%；工业总产值 392 亿元，年均增长 4.79%；各项人民币存款余额 136.1 亿元，年均增长 10.72%。镇级可支配财政收入 4.7 亿元；各项税收总额 14.8 亿元；全镇村、组两级集体总资产 38.39 亿元、净资产 29.18 亿元。

| 专栏7.3 | 中国服装名城——东莞市虎门镇 |

1. 概况

虎门镇为中国经济"千强镇"之首。虎门镇位于珠三角的核心区域，珠江口东岸，濒江临海，毗邻港澳，是东莞城市副中心。全镇辖区总面积 178.5 平方公里，常住人口 12.8 万人，外来人口 50 万人。广深珠高速公路、107 国道纵贯全境。门港是国家一类口岸的国际港口，直接对外开放。水路可通航广州、深圳、香港等地。

2. 发展历程

1978 年 4 月，一位有远见的港商在虎门投资兴办了一家工厂。这家编号为"粤字001 号"的"太平手袋厂"成为全中国第一家"三来一补"企业——中国关闭了已久的大门在虎门向全世界打开。

之后，接连几位外商在虎门办起了与制农业相关的来料加工厂，并且获得不错的效益。虎门人有意识地引进服装产业链上下游的关联企业，培育完整的服装产业链条，又巨资打造服装专业交易市场。

从1978年率先引进外资，到20世纪90年代初大力实施"服装兴镇"，再到当前"滨海国际商城"建设，虎门基本实现了工业化、信息化、城市化、市场化、国际化。

3. 特色产业

虎门服装服饰产业已成为全国名列前茅的产业集群。截至2011年底，虎门有服装服饰生产加工企业2346家，总生产面积274万平方米，从业人员超过20万人，年工业总产值约200亿元。全镇有299家面辅料企业，438家物流、印染、绣花等配套企业，324家咨询、培训、设计、策划等服务机构，形成了集研发、设计、生产、销售、服务于一体的完整产业链，实现全环节生产销售。现有服装服饰市场区域面积约7平方公里，总经营面积232万平方米，有40个专业市场、1.5万经营户，年销售额近500亿元。有服装服饰注册商标5万多个，仅"以纯"一家就有209个注册商标。有中国驰名商标1个、中国名牌产品3个、广东省著名商标12个，涌现了以纯、松鹰等一批龙头企业。

专栏7.4　　　　中国陶都——禅城区石湾街道办

1. 概况

石湾街道办事处位于佛山市中心城区，濒临北江水道东平河，辖区面积8平方公里，常住人口7.9万人，外来人口近4万人，下设15个社区居委会。

2. 发展历程

石湾陶瓷历史悠久，明清两代，日用陶瓷、园林陶瓷和建筑陶瓷制品已十分发达，有"南国陶都"、"石湾瓦，甲天下"的美誉。石湾建筑陶瓷业的大发展还是以1983年佛山利华陶瓷厂从意大利引进第一条辊道窑生产线为开端，之后生产建陶的企业不断增加，通过大规模地引进设备和技术改造，生产规模迅速增大。

石湾镇的龙头企业带动了石湾镇陶瓷产业的发展，公司在海外上市增强了公司在国际资本市场上的运作能力和企业发展的后劲，扩大了石湾陶瓷企业在国内外的知名度，让世界对中国陶都——石湾有进一步的了解。

3. 特色产业

目前佛山已成为全国最大的陶瓷生产基地和专业市场，陶瓷业已成为石湾龙头支柱产业，石湾也成为国内生产技术最先进的陶瓷生产基地之一。辖内企业鹰牌陶瓷享有"中国名牌"、"中国建材本土第一名"称号；东鹏陶瓷荣获"中国驰名商标"、"中国名牌产品"、"中国500家最具竞争力品牌"以及"广东省百强民营企业"称号。2008年石湾镇GDP达到252.47亿元。

专栏7.5 外资成就首个千亿强镇——南海区狮山镇

1. 概况

狮山镇位于南海西部，面积256.09平方公里，户籍人口16.18万人，外来人口22.3万人，是全区地域面积最大的镇（街道）。狮山地理位置优越、交通条件发达、土地资源丰富、基础能源充足、自然环境优美。广三（肇）高速、321国道、珠二环、佛山一环、广茂铁路、北江水道等区域性交通动脉均贯穿狮山，加上南海西部已建成的兴业路、桃园路、三环西路、虹岭路等主干道路，构成了发达的立体交通网络，使狮山成为南海乃至佛山的区域性交通枢纽。

2. 发展历程

2003年，在南海区"东西板块"和"双轮驱动"两大战略实施的优势下，西部板块中最具活力的狮山镇成为南海区招商引资的主战场和制造业转型的基点。

通过促进招商引资，完善和集聚产业链，狮山已成为南海经济的新"极点"。2011年地区生产总值520亿元，同比增长11%；规模以上工业产值1841亿元，同比增长16%；税收约42.5亿元，同比增长7%；招商引资总额达70亿元，实际利用外资3.7亿美元，同比增长45%；合同利用外资3.6亿美元，同比增长82%。

3. 特色产业

狮山镇的支柱产业为汽配产业和液晶显示产业。

狮山已成功引进东芝－TCL、爱信精机、丰田纺织、本田PT以及奇美电子等世界著名企业和多家国内外知名企业。

以本田零部件有限公司为龙头，聚集在狮山的汽配产品已经涵盖变速箱、汽车玻璃、离合器、汽车内饰等；奇美电子、台湾奇菱、台表科技、凌展、峻菱电子、TCL 等为代表的液晶显示产业，正向佛山"头号"产业迈进。

| 专栏7.6 | 中国家电制造业重镇——顺德区北滘镇 |

1. 概况

北滘，古称"百滘"，意为"百河交错、水网密集"，位于佛山市顺德区的东北部，全镇总面积 92 平方公里，户籍人口 11 万人，常住人口 30 万人。地理位置优越，水陆交通便利，区域内及周边有广珠西线、佛山一环、广州南站等交通设施连接穗港澳及华中地区。随着太澳高速及广珠城际轨道的相继开通，北滘正式迈入以高速、高铁为标志的"两高时代"。

2. 发展历程

北滘作为全国知名的经济强镇，改革开放以来，历经从以农为纲，到工业立镇，再到工商并举，发展成现在的魅力小城，逐步走出了独具特色的发展之路。

3. 特色产业

北滘镇的支柱产业主要包括家电、金属材料以及机械设备制造等，家电制造业优势尤为显著，产业集群程度高、产业链完善，是国际级家电生产基地之一，被评为"中国家电制造业重镇"。

北滘镇已成为中国最具规模的空调器、微波炉、电饭锅、饮水机生产基地，并培育出"美的"、"蚬华"等国内外知名品牌。家电业已经形成了良好的产业集群优势，现有家电及其配套企业 600 多家。

北滘镇的金属材料产业也已初具产业规模优势和企业、品牌优势。该镇拥有一大批骨干金属企业和知名品牌，如世界 500 强的浦项钢板有限公司和星浦钢材加工有限公司。目前，该镇已成为全区金属材料的主要加工生产园区，也是广东省金属材料产业基地的核心发展园区。2004 年全镇金属材料加工企业达 130 多家，其工业总产值达 36 亿元，占了全区金属材料工业产值的 60%。

专栏7.7　　　　　　　**中国休闲服装名镇——博罗县园洲镇**

1. 概况

园洲镇地处广东省惠州市博罗县的西部，坐落在珠江三角洲东部，东江之滨，跟东莞市石排镇、企石镇隔江相望，西与东莞石龙镇接壤，东与惠州市博罗县龙溪镇相连。园洲镇辖区面积达112.71平方公里，规划城区面积31平方公里，总人口20万多人（其中，户籍人口7万多人，外来人口13万多人），港、澳、台和海外侨胞近6万人，是广东省著名的侨乡。

2. 发展历程

园洲镇近年来依托承接珠三角的广州、东莞等地的服装产业转移，经过几年的快速发展，已初步形成完善的产业链，不但拥有丰富的工业用地资源，不断完善的基础设施、充足的水电供应、发达的通讯体系、丰富的工业土地资源，而且，还拥有大量成熟劳动力和深厚的服装加工传统。目前，园洲的一批民营企业在原有的生产能力的基础上，向品牌、高附加值产品发展，正在开创自己的品牌。

3. 特色产业

纺织服装产业是园洲的支柱产业。

全镇服装生产及配套企业有1200多家，从业人员10万人，规模以上企业达53家；年产各类休闲服装近1亿件（套），年销售总额近52亿元，占全镇工业总产值的58%。其中，民营服装企业总数约占全镇企业总数的80%，成为该镇服装行业增长的主力。同时，该镇服装行业初步形成集织造、染整、水洗、印花、制线、成衣加工、包装、物流等于一体的较为完整的休闲服装产业集群，成为广东省知名的休闲服装产业集中区和珠三角地区颇有名气的休闲服装名镇。为了营造更为完善的投资环境，园洲镇兴建了上南、刘屋、下南、深沥、新世纪、富园、桦阳、丰平等20多个工业园区，形成了带状式的工业走廊，让工厂企业集聚发展。

专栏7.8　　　　　　　**中国集装箱第一镇——江门市大鳌镇**

1. 概况

大鳌镇位于新会区东南部边缘，总面积52平方公里，人口5万，流动人口0.8万。东邻中山市横栏镇，南望珠海市六乡镇，西接新会区睦州镇，北近江门市外海镇。大鳌镇属于低沙田地区，全境无山，一览平原，河网交错，气候温和，土地肥沃，四面环水，交通便利，投资环境优越，是著名的水乡城镇。

2. 发展历程

大鳌镇的发展离不开新会中集集装箱有限公司的贡献。该公司自从1995年通过收购兼并原大利集装箱场落户大鳌镇后，年年增资扩产，事业步步高升，成为大鳌镇甚至新会工业的一大支柱。据统计，新会中集的工业生产总值及上缴税利占了整个大鳌镇的95%以上，出口创汇稳占新会榜首。大鳌因有该企业而由一个无名孤岛一举成为新会乃至江门地区经济强镇的行列。

3. 特色产业

大鳌镇是广东省集装箱制造专业镇。自20世纪90年代初开始起步，经过近20年的发展，大鳌镇的集装箱产业已经发展成为颇具规模的产业带，2007年大鳌镇的集装箱产值超过30亿元，在全镇工业总产值中的比重超过了85%。全球每6个集装箱中，就有一个是来自新会大鳌镇的。大鳌镇是典型的龙头企业带动发展起来的产业集群，而新会中集集装箱有限公司就是大鳌镇的集装箱产业的龙头产业。

新会中集成立于1996年，是中集集团在华南地区重要的生产基地之一。公司占地1100万平方米，从业人员近6000人，年产值近4亿美元。

专栏7.9　　中国灯饰之都——中山市古镇镇

1. 概况

古镇镇是闻名国内外的"中国灯饰之都"，总面积47.8平方公里，户籍人口7.05万人，外来人口7.9万人，劳动力资源比较丰富，同时地处改革开放前沿的珠三角经济圈的腹地，位于广东省中山市西北面，是中山、江门、佛山市（顺德区）三市的交汇处，毗邻港澳。地理环境优越，交通便利，对外开放程度较高，与国内国际联系紧密，是外商投资和发展经济贸易合作的理想宝地。

2. 发展历程

古镇灯饰业起步于20世纪80年代初，精明的古镇人抓住改革开放的机遇，利用其附近地区塑料、电线、五金电器等产业优势，用1支灯泡、1根弯管、1条电线组装成台灯、壁灯，开始了古镇灯饰业艰难的创业史。经过改革开放的20年，古镇灯饰生产上经历了"组装－配套－仿制－研制为主"的不断升级，销售上经历了"全国推销－自建市场－专业会展"的发展变化，产业链完成了"单一组装－低端制造－细化分工－纵向延伸"的不断扩展，至今形成了产供销一体化、上下游配套全，国内灯具行业"二分有其一"的经济格局。同时，在品种上，已经发展为"民用装饰灯具"为主，"节能照明灯具"、"户外装饰灯具"为辅的产业发展新格局。

3. 特色产业

灯饰业是古镇的龙头行业，也是古镇的经济支柱。

从1982年发展至今，经过近30年的培育和发展，已形成了以古镇为中心，覆盖周边三市11镇区，年产值超千亿元的灯饰产业集群，成为世界性几大灯饰专业市场之一，是国内最大的灯饰专业生产基地和批发市场。全镇拥有灯饰及其配件工商企业1.27万家，其中灯饰商户7497家。有中国驰名商标2个，中国名牌产品2个，广东省名牌产品7个，广东省著名商标15个。LED灯具产值80亿元。2011年，灯饰业总值达170.8亿元，占全国市场份额的60%以上；出口总额5.0亿美元，产品不仅畅销全国，还出口到港澳台地区、东南亚、日本、美国及欧洲等130多个国家和地区，享有较大的知名度和美誉度。

专栏7.10　　　**中国五金制品产业基地——中山市小榄镇**

1. 概况

小榄镇位于风光绮丽的西江下游河畔，地处中山市西北部，总面积75.4平方公里，户籍人口16.4万人，外来建设者约16万人。小榄镇地理位置优势明显，东行150公里经东莞、深圳到香港，南90公里连接珠海、澳门，北60公里经顺德、佛州到广州，西20公里到江门。水、陆、空交通方便。

2. 发展历程

小榄镇人素有手工见长，特别是对小五金加工擅长，使得小榄镇人在发展中选择了小五金业为特色产业。20世纪90年代中后期，小榄人通过十多年的艰苦创业，开始形成规模相当的产业。镇政府大胆放权，将一批正处效益顶峰的优良企业进行产权改制或股份整合。通过把像"乐百士"、"固力"这样的大企业股份改造，卖给了法国、美国等著名企业。利用这些钱，小榄镇人既还清了在城镇改造过程中欠银行的钱，同时又把多余的钱投入到新的更有效益的开发项目上去，一下子把小榄经济发展的瓶颈给破了。

小榄就是这样用小小的五金制品实现了经济的腾飞。

3. 特色产业

五金制品产业是小榄的传统产业，早在 1986 年，小榄就被誉为中国"南方锁城"。经过多年的发展，形成了以锁具、燃气具为龙头，上下游产品及各类配件品类齐全的产业群。通过不断的科技创新和技术改造，小榄的五金制造业焕发出强大的生命力，产品不断升级换代，附加值不断提高，在国内市场有着相当高的占有率，并远销欧美、东南亚等世界各地。"固力"、"华锋"两个锁具品牌的市场占有率连续多年雄居行业榜首。华帝公司的燃气具连续多年在国内同行业销量排行第一；长青公司的燃气具阀门生产标准被定为行业标准。2002 年 7 月，中国五金制品协会命名小榄镇为"中国五金制品产业基地"。

三、珠三角专业镇经济发展的特点

按照产业结构划分，珠三角专业镇有三类：一是传统劳动密集型专业镇，这类专业镇比重最大，如纺织、服装、玩具、陶瓷、食品、家具、灯饰等；二是承接国际产业转移的技术密集型专业镇；三是以传统的农副产品加工为主的专业镇。

主导产业大多为传统的小商品，易被国有大工业所忽视，因而大部分专业镇主导产业的各类企业都是民营企业。这些企业产权明晰、机制灵活、市场化程度高，他们大多是依靠民间资本、民间企业家的创业精神和示范效应及外来资本而逐步兴旺起来的。

从珠三角专业镇的发展来看，低成本是专业镇产业集群发展保持较强竞争力的主要"利器"，并制造了中山古镇最大灯饰生产基地、东莞虎门镇最大服装生产基地、珠海三灶镇中国生物制药基地等一个个全省第一、全国第一甚至全球第一的名头。

生产企业与专业市场集群共生、联动发展。专业镇的发育，主要依靠产销能力的不断成长。专业镇生产企业之间，通过分包的形式来进行生产联系。这种专业化的分工会减少企业之间的非正规交易费用，减少工人之间的学习成本，有利于形成区域之间的协同效应。同时，以大型专业市场、产品博览会、分布不同区域各个层次的批发零售网点，形成的多层次营销集群，将产品与本地市场、全国性市场和国际市场有效地结合起来。

专业镇镇级政府通过行政资源推动产业集聚发展。在专业镇形成的初期或中期阶段，城镇政府往往会通过规划工业集中区、完善区际与区域内部交通条件、税收优惠、建设用地指标倾斜等方式，来引导和推动主导产业的规模化发展。有一些专业镇，通过多种投资方式建设基础设施，包括城镇交通、自来水、通讯，以及教育、医疗和养老机构等公共服务设施。与此同时，政府还会出资组织师资力量对本地产业工人进行培训，以划拨的形式出让土地，鼓励专业镇集中建设出租屋①。这些措施对吸引外来人口、实现本地化起到很好地促进作用，也推动了专业镇镇区规模的扩张。

四、珠三角专业镇面临的困境

专业镇共同的特点是，发展起点低、技术含量较低、行业技术门槛不高、自身创新能力较弱。即使技术密集型专业镇，核心技术也在外商手中，专业镇只充当区域性生产者的角色，在产业价值链中居于制造、装配环节，缺乏自有品牌和自主知识产权。以电子信息产业为例，其产业链可划分为四个阶段：研究开发——芯片的设计、生产和其他关键元器件的生产——一般零部件和配件的生产——组装，其中一、二链段是高端，三、四链段是低端。珠三角电子信息产业主要集中于低端，其产品销售利润仅为 2.5%，作为全国芯片使用率最高的珠三角，只有一家芯片制造企业。

专业镇还存在数量不够多、规模不够大、发展不平衡的问题。由于专业镇产业大多位于生产链条生产制造的层次，导致主导产业趋于饱和，产业依赖单一、企业之间缺乏协调、同业之间的恶性竞争以及产业生命周期渐入衰退期等困境，导致整个产业的产能过剩。区域发展差距较大，珠三角东西两翼和粤北山区有待提速；科技服务能力和公共创新平台偏弱。金融危机之后，欧美市场

---

① 参考国家发改委城市和小城镇改革发展中心内部资料。

需求下降，导致长期依赖出口的专业镇出现了众多中小企业倒闭或转移的现象。通过下面这组数据可以更清晰地认识到这一点。中国劳动力数量在减少①，往珠三角流动的数量也在减少②，劳动力技能也没有明显的改观。在技术工人中，初级工所占比例高达60%，中级工比例为35%，而高级工却只有5%，高级工的年龄普遍偏高。工人技术的欠缺往往导致企业产品的升级和创新难以实现。

另外，国家区域与产业发展战略的调整，对珠三角专业镇的发展产生了较大的影响。从区域发展环境而言，国家区域发展战略更趋向于东、中、西的均衡发展。特别是最近几年，国家批准实施《主体功能区规划》、《长江三角洲地区区域规划》、《促进中部地区崛起规划》以及《振兴东北老工业基地规划》，全国形成了相互竞争、共同发展的大格局。从产业发展导向上，国家把能源消耗强度降低和主要污染物排放总量减少确定为国民经济和社会发展的约束性指标，鼓励推动节能环保、新一代信息技术、生物等战略性新兴产业发展。

在这种区域与产业发展战略下，劳动力大军蜂拥而至珠三角的局面可能不再持续，港澳台地区、国际资本重点投入珠三角的盛况可能会发生扭转，珠三角专业镇主导产品占据全国绝大份额的市场占有率可能会大幅度下降。另外，原材料、土地以及能源等供应陷入越来越紧张，珠三角专业镇在二十世纪八九十年代使用土地等资源的价格优势也都不复存在。这些因素都倒逼珠三角专业镇必须调整发展思路，促进产业的转型和升级。如果不能审视专业镇目前存在的困境，珠三角专业镇目前所拥有的众多优势，都将成为今后其他地区替代的对象。

珠三角专业镇是特大镇③，普遍存在经济管理权限过小的问题。专业镇由于产业的集聚，也吸引了众多的外来人口，城镇人口规模庞大，经济总量大，但是赋予镇的管理权限较小。比如东莞的长安镇和佛山的里水镇2009年GDP都分别达202亿元和165亿元，外来人口分别达60多万人（长安镇户籍人口

---

① 第六次全国人口普查显示，全国劳动力资源人口为92148万人，比十年前增长了近一亿人，但是从2013年以后中国劳动力资源会逐步下降，中国未来十年每年适龄劳动力资源能稳定在9亿人左右。

② 2010年与2007年相比，珠三角地区（未包括穗、深两地）的劳动力减少122万多人，缩减6.7%。

③ 指在人口、规模、土地面积、经济实力等方面已经达到或超过设市标准，甚至已达到中等城市标准，却依然执行乡镇管理体制的一部分乡镇。

4.1 万人)、16 万人（里水镇户籍人口 12 万人）。从人口规模上看，这些镇已经达到中等城市的规模，也具备中等城市的各种功能。但是这些镇仍然保持镇的建制，按照本地户籍人口管理的行政机构编制，仍然是农村镇级管理机构，没有城镇规划、环境治理、治安执法权。无论是城镇建设还是社会管理，都远远落后于经济发展。由于众多外来人口的居住、医疗、工资和社会福利等公共服务不能得到很好解决，致使治安问题成为特大镇最突出的问题①。

珠三角专业镇的外来人口众多，但是所需的专业人才依然紧缺。珠三角专业镇大多是劳动密集型中小企业，规模以下企业占到 2/3，生产方式和组织管理机制相对落后。2011 年，65 万高校毕业生在广东就业，但是 80% 的毕业生都集中在珠三角大中城市，58% 的研究生，近一半的本科、大专生选择在广州和深圳两地就业。专业人才的总量、结构和素质都已不能适应专业镇经济发展的需要，特别是在制造、加工、建筑、电子信息以及现代服务业领域，人才短缺已成为专业镇转型升级的瓶颈。

城镇功能更新滞后，城镇面貌缺乏特色。近几十年来，专业镇在发展过程中，一直在追求产业发展，重视经济指标的增长，而遗忘和丢失了本地的历史文化，对地方民俗文化也少有挖掘和发扬，致使很多专业镇缺少文化底蕴，城镇历史风貌没能得到很好的保护和传承。重复生产、低水平扩张，让许多专业镇的城镇面貌黯然失色，拥挤的街道、沉闷而低劣的建筑形态，还有较差的治安环境。这些成为众多专业镇共同的问题。一方面外来人口大量涌入，对已有的城镇承载力造成了极大的压力，城镇在消化本地已有的外来人口方面力不从心，城镇建成区内部和周边乡村，都出现乱搭乱建的现象，由于补偿成本过高，房租成为当地居民重要的收入来源，治理城镇与周边农村乱搭乱建非常困难。另外，受土地计划指标的限制，每年的建设指标都集中用于产业发展，用

---

① 群体性事件：

2008 年 11 月 25 日下午 5 时 50 分左右，中堂镇开达玩具厂发生一宗劳资纠纷，引起群体性事件。事件中约 500 多人（约有 2000 多人为围观者）在厂区门口聚集闹事，现场出警的"全顺"牌警车 1 辆、开放式巡逻车 4 辆均被推翻。后闹事人员又冲进厂内，闯入该厂办公室，打烂门窗玻璃、电脑等办公设备，并与保安发生冲突。

2011 年 6 月，广州某金银饰品厂的 128 名工友们联合起来，向省工会、市工会、区工会提出书面的联合签署的《请求书》，要求公司给工人补缴社保，发放高温天气补贴。

2010 年 5 月 17 日，因不满工资低、待遇差，广州南海本田汽车零部件制造有限公司上百名工人停工要求加薪。厂方承诺一周内答复工人要求，工人随即复工。

于完善城市生活功能的空间有限，极其有限的可开发空间又很难吸引相应的社会投资，造成城镇面貌的更新和改善一直比较滞后。

第三节　珠三角专业镇的转型与升级

"十二五"时期，我国仍处于经济社会快速发展的重要战略机遇期，但是国际金融危机和国内经济发展方式的转变使得工业发展的内外部环境发生了深刻的变化，只有加快转型升级才能实现工业又好又快发展。

加快专业镇转型升级，对于加快经济结构有效调整，完善自主创新体系，持续提升核心竞争力，对于统筹城乡和区域协调发展，加快推进工业化、城镇化和农业现代化，以及对于节约集约利用土地等资源和集中进行环境治理具有十分重要的意义。

一、政府是专业镇转型升级的主导力量

专业镇的问题主要集中在如何获取持续发展的动力，解决这个问题，必须实现转型和升级的发展目标，以此提高产业的整体竞争力。经济发展模式的转变是产业转型升级结果的集中体现。一个地区实现产业的转型升级，就代表着当地产业由低技术水平、低附加值向高技术、高附加值发展，包括产出水平的增长、产业结构的优化、产业层次的提升。企业为了生存，会采取一切可采用的措施和资源，来促进产业的技术和管理方式的转型升级，尤其在珠三角专业镇的各类企业，市场反应非常灵敏，他们自身能通过市场变化不断地调整企业的发展战略。然而，珠三角专业镇各类企业，由于长期处于生产和组装的产业链条的底端，大多数企业属于劳动密集型企业，很少拥有自己的核心技术和知识产权，在资金、技术、人员素质、管理水平等方面严重不足，产品开发设计能力薄弱，产品更新换代缓慢，企业自身转型升级的内动力不足。

产业集群理论的提出者，现代著名经济学家迈克尔·波特（Michael E. Porter）指出，一个区域在同一国际环境下表现出来的市场竞争力由四个主要因素和两个辅助因素共同作用形成，即著名的"钻石理论"[①]。在这六个因素

---

① 钻石理论又称波特菱形理论、波特钻石模型及国家竞争优势理论，是由美国哈佛商学院著名的战略管理学家迈克尔·波特于 1990 年提出的，用于分析一个国家如何形成整体优势，因而在国际上具有较强的竞争力。

中，生产要素、市场需求、支持性产业、企业战略是四个主要因素，政府与机会是两个辅助因素。四大要素是产业竞争力的核心，所有企业乃至产业的发展壮大，都要从这四个方面着手，降低生产成本，创造核心技术，提升产业中长期战略目标，制定周密的市场营销计划，孵化配套产业链，提升产品市场满意度等。作为两个辅助因素之一，政府的作用不容小觑。政府通过制定产业政策，配套土地供应、基础设施建设和人才引进措施，可以影响生产要素、支持产业和企业战略，同时也会影响市场需求的变化，政府行为和机遇分别影响这四个核心要素，从而实现迅速有序地提升产业的整体竞争力。

从国际上来看，政府往往对于产业的发展、兴盛与衰亡起到重要的引导作用。在西方，政府在产业集群转型升级的发展中起到了很大的推动作用。比如荷兰政府成立了工业创新中心帮助集群内中小企业制定技术战略，促进技术信息交流和技术创新；英国政府于1998年在国家竞争力白皮书中将产业集群作为国家经济发展的重要方向，并于2001年专门制定产业集群发展的整体规划；德国、比利时等国也分别建立产业集群专业化研发中心，为企业转型升级提供服务。

专业镇的产业属于产业集群式发展的一种形式，产业的优化升级，不仅需要企业实现技术和管理的提升，还需要政府建设和培育更优质的城市环境，提供更优质的公共服务，吸引更多优质的企业前来投资，吸引更多优质的人才向本地集聚。

珠三角专业镇的发展与繁荣离不开中央及地方政府的推动。首先，国家对中小企业发展的支持政策，包括专门设立的中小企业创新基金，对以中小企业为主的专业镇具有推动作用；其次，广东省专门开展了"专业镇技术创新试点工作"[①]，建立创新平台，设立企业创新资金，引导和支持专业镇各类企业积极进行转型升级的尝试；最后，专业镇的发展离不开市、县、镇政府的直接扶持。特别是包括省级政府在内的地方政府，在推动专业镇发展方面功不可没。

改革开放以后，地方政府获得了推动地方经济发展的自主权。地方政府比

---

① 2000年3月，粤办发［2006］6号文要求，"积极开展专业镇技术试点工作"，"对同一产业相对集中，已形成相当规模的镇，省科技行政管理部门要组织科研机构和高等学校的力量，与当地政府共同研究制定和实施产业技术进步规划，推进县和镇一级的产业技术升级和产品更新换代"。

上级政府更了解本地的资源状况，地方政府调动资源的能力远远超过企业，推动专业镇产业集群的发展，地方政府甚至充当出了"企业家"的角色。在改革开放之初，很多政府主要负责人自己办企业，为企业贷款，直接参与到企业的经营活动之中。如顺德美的、科龙等大企业就是在政府这样的支持下发展起来的。当然，政府充当"企业家"的角色，已被证明并不是聪明之举。为了促使产品市场和要素市场更好地发育，为所有企业创造公平的竞争环境，减少政府对市场的干预，地方政府在扶持专业镇发展过程中，角色从"企业家"转向了"经纪人"。地方政府逐渐认识到，企业的经营活动可以不用直接参与，而通过给当地企业提供服务，也能吸引更多的企业前来投资，为当地创造更多的税收和就业，同样可以为本地区创造无限的利益。

当前形势下，企业普遍遭遇困难，更加需要利用政府在信息、资源等方面的优势，为企业的自主创新与转型升级搭建平台、创造空间、提供保障。

第一，政府要起到行政推动作用。在转型升级过程中，各级党委、政府一定要强化组织领导，加大推动力度，加强对相关重点工作任务落实情况的督查考核，努力形成部门齐抓共管、共同推进转型升级的强大合力，同时应尽快组建政府经济工作专家咨询团队，提升信息汇集和科学决策水平。转型升级要靠坚实的经济增长点做支撑，政府要真正把经济工作的出发点和落脚点转移到项目上来，围绕项目招引、项目建设、项目服务展开政府工作布局，转变职能，完善机制，创新服务，强化责任。

第二，政府要优化服务。经济转型升级的主体是企业，企业的发展离不开政府的服务和支持。政府在经济工作中一定要找准自身定位，强化服务职能，使企业获得更大的发展空间和自主权。

第三，做好产权保护工作。转型升级的关键是创新，创新需要研发投资，如果政府不能有效地保护知识产权，企业的研发投资就很难完全回收，得不偿失，企业就没有创新的积极性。

二、广东省支持专业镇转型升级的做法

为促进专业镇转型升级，广东省颁发了一系列重大政策。《中共广东省委、广东省人民政府关于加快发展专业镇的意见》（粤发［2006］23号）、《中共广东省委、广东省人民政府关于依靠科技创新推进专业镇转型升级的决定》（粤发［2006］11号）、《广东省人民政府关于加快专业镇中小微企业服务平台建设意见》（粤发〔2012〕98号），并提出了"一镇一策"等实际有效的转型升级策略。政府积极引导人才、科研资金、技术等创新要素向企业集聚，鼓励专业镇企业增强主动转型意识，不断提高技术创新能力。2011年，全省专业镇科技投入达148.6亿元，比2007年增加了48%。其中，各级政府科技投入22亿元，是2007年的2.1倍。此外，专业镇还通过产学研合作体制与内地高校共建创新机构，逐步提高科研能力。实行专业镇"一镇一主业"的发展模式，既有效地带动了企业的集聚，使产品知名度和美誉度不断提高，又成功搭建了公共创新服务平台。

广东省将推进专业镇的转型升级作为构建全省现代产业体系的战略之一。专业镇的转型升级是广东省加快转变经济发展方式的重要内容。自2000年开始，广东省启动了"专业镇技术创新试点工作"，并成立了专项支持资金用于鼓励和支持专业镇的转型升级。2010年，广东用于专业镇科技投入总额达110亿元。2011年，广东全省"双提升"① 专业镇和创新性专业镇累计达到20个，实现工业总产值5000多亿元，约占全省专业镇产值的1/3，形成了1500多个名牌产品、1000多个著名驰名商标、1000多家高新技术企业。经过10多年的快速发展，广东专业镇已成为我国乃至世界电视机、空调、陶瓷、铝材、服装、玩具、灯饰、家具、皮具、珠宝等产品的重要制造业基地。

广东省为专业镇量身打造产业转型升级技术路线图。为了让专业镇转型升级的支持更加具体，广东省提出了专业镇要实行"一镇一策"的产业转型升级改造办法，并针对"一镇一策"制定具体的转型升级技术路线图。广东省政府联合省内外科研院所、高校，围绕专业镇产业升级的核心和共性技术需求，先后制定20多个专业镇产业技术路线图，为陶瓷、纺织、服装、五金、家电等区域支柱产业的升级制定明确目标，规划技术发展路径，指导企业开展技术创新。

广东省还专门出台了《广东省人民政府关于进一步促进专业镇转型升级的意见（征求意见稿）》。该《意见》提出，到"十二五"期末，广东专业镇发展模式要向创新型、效益型、集约型、生态型转变，完成地区生产总值2.5万亿元，创新型专业镇80个，工农业总产值千亿元以上专业镇10个以上，百

---

① 提升自主创新能力、提升产业竞争力。

亿元专业镇 150 个，成为国际竞争力的产业集群示范区。

广东省政府对专业镇转型升级的支持，对激发专业镇主动转型升级的积极性起到了很好的推动作用。珠三角的地级市、区（县），包括各专业镇也都积极制定税收减免、土地优惠、人才引进等优惠政策扶持已有产业的升级改造，吸引高新技术企业落户本地，有一些专业镇通过设立专项经费扶持新兴产业。

专栏7.11　　　　　广东省"一镇一策"技术路线图

1. 背景

环境污染、能源紧张、土地不足、劳动力成本上升、国际市场竞争加剧等难题阻碍着专业镇的发展。广东省科技厅启动了针对专业镇转型升级的支持办法。围绕专业镇产业升级的核心和共性技术要求，广东省科技厅联合省内各高校和科研机构，先后制定20多个专业镇产业技术路线图，为纺织、陶瓷服装、五金、家电等区域支柱产业升级发展明确目标。为专业镇制定规划技术发展策略，规划技术发展路径，指导企业开展技术创新。

2. "一镇一策"技术路线图

"一镇一策"技术路线图就是通过摸清各个专业镇的情况、问题，根据其产业优势、短板、产业链等特点，采用产业生态发展系列评估方法，有针对性地提出对策和解决方案，为专业镇量身打造产业技术路线图，是广东实施"一镇一策"工作中的创举。326个专业镇，数目众多且各有特点，所以唯有通过制定"一镇一策"技术路线图，才能真正实现科技创新转型升级的效果。

3. 效果

2008 年，禅城区组织完成了广东首个产业技术路线图——《广东省建筑陶瓷产业技术路线图》的编制工作。在推动"双转移"过程中，禅城区通过发挥技术路线图作用，有效指导转移过程中的产学研资源整合，谋划可持续发展。在路线图的指引下，禅城区南庄镇淘汰低端陶瓷制造业，陶瓷企业数量减少 62 家。与此同时，南庄镇发展高端陶瓷制造业和总部基地，积极培育新兴产业，建设新材料及生物质能园。现在的南庄自然环境明显的改善了。

2010 年的统计数据表明，相比 2006 年，南庄镇生菜总值增长 66%。从表面看，陶瓷企业数目减少了，但实际上，通过转型升级，企业变得更加强大了。

像禅城区的例子还有很多，狮岭、西樵、乐从等专业镇都先后制定了"一镇一策"技术路线图，并得到了很好的效果。

三、专业镇应对转型升级的核心内容

专业镇转型升级的核心，是实现产业发展的转型与升级。产业自身和产业发展环境的优化升级，都是专业镇需要努力和突破的方向。从产业转型升级方面，城镇政府需要做好以下两个方面。

1. 制定产业向高层次、专业化发展的引导性政策

政府的积极参与、大力扶持和正确引导对专业镇的发展起着积极推动作用。专业镇可依据自身的资源条件、区位条件和发展机遇，因地制宜地分类推进产业的优化升级，提高发展质量。

优化配置土地资源，拓展现代产业发展空间。通过提高建设用地容积率、单位面积土地产出水平等方式，提高企业节约集约用地的水平，抬高企业准入门槛，逐步淘汰高污染、高耗能企业，为引进技术含量高、资金密集型企业创造条件。

搭建创新公共服务平台，提高优势产业创新能力。鼓励企业对传统优势产业进行改造、就地转型或异地转移。推动产学研合作，为产业升级改造提供研发平台。构建包括产品研发、质量检测认证、职业教育培训、电子商务和现代物流五大体系在内的产业创新平台。政府通过设立专项财政资金、资助行业协会经费、举办会展等形式，帮助企业利用各方资源，开拓视野，树立转型升级的信心，在指导企业开展技术创新上继续发挥作用。同时，还要不断完善专业镇的产业服务体系，为企业建立市场供需信息平台、现代商贸物流平台，为企业提供市场分析、营销指导的咨询服务，围绕特色产业引进国内外优质科技服务机构，培育科技服务专业团队等。

优化产业结构，积极培育先进制造业、高端服务业和战略新兴产业。改变产业过度依赖第二产业、服务业普遍滞后的结构现状，在完善产业技术改造的同时，更要在调整产业结构上做文章，重点做好现代生产性服务业的培育。通过设备升级、专业培训，带动产品研发升级，促进技术、人才、科技的集聚。

政府通过基础性科研投入，带动企业加强核心技术的研发，加大科研成果转化的研究力度。同时，发展金融、物流、创意设计等生产性服务业，推动专业镇从生产基地向专业商贸基地转型发展。

专栏7.12　　　　中国面料名镇——西樵镇转型升级案例

1. 概况

西樵是著名的纺织之乡，纺织业是西樵经济支柱产业之一，也是解决6万人就业、保障社会稳定的重要民生产业。西樵镇位于广东省珠江三角洲腹地的佛山市南海区西南部，中国面料名镇、广东省中心镇，面积176.63平方公里，辖4个城区、27个行政村，常住人口14万多人，流动人口6万多人。

2. 背景

2008年以来，在国际金融危机和欧债危机的双重冲击之下，西樵纺织服装业凭借有效的金融创新和雄厚的研发能力及时调整策略，主动开拓国内市场，力挽狂澜，成为抗击危机的行业典范。

3. 具体做法与成效

（1）以"环境倒逼"发展循环经济

2007年以来，国家大力推行节能减排工作，西樵镇的纺织业受到了严重的环保考验。为保证纺织业平稳健康发展，西樵镇果断实施"环境倒逼"机制，全面开展纺织业节能减排治污工作。

全镇共关闭13家小型印染厂，保留17家印染厂，关停24台企业自有蒸气锅炉；对纺织产业基地实行统一供应工业用水、统一供应高温蒸气、统一污水处理；同时提升脱碱、脱硫、中水回用、绿色低碳无水印染等清洁生产技术的运用效果，全力推进循环经济园区建设。

（2）以产学研联盟推动科技创新

2009年，西樵镇出台实施《2009～2011年西樵镇纺织产业提升实施方案》，鼓励和引导纺织企业引入先进设备，全面推进纺织业创新升级。到2011年底，全镇有纺织设备3万多台（套），其中高档设备占45%，远高于全国23%的平均水平，产业区域竞争力显著增强。

促进高校、科研机构与西樵企业结成战略联盟，签订纺织科技成果项目转让和技术服务签约，增强了西樵企业的科研创新能力，提升了纺织业的发展后劲。建立服务平台，促进产学研联盟。

经过努力，西樵纺织产业创新平台先后被确定为"国家中小企业公共服务示范平台"、"中国纺织科技创新先进建设单位"、"广东省纺织工程技术研究开发中心"、"广东省中小企业技术支持服务机构示范单位"、"南方纺织面料省部产学研结合研发基地"等称号。

（3）以金融创新集聚升级动力

依靠自有资本发展，曾是西樵纺织业成功抗击金融危机的重要因素之一，也是西樵民营企业一直秉承的作风。但在加速产业转型升级的过程中，单靠自有资本难以做强做大，西樵纺织业对资金仍然有着庞大的需要。

为破解纺织企业在转型升级中遇到的融资瓶颈，西樵充分利用南海区信用担保融资的政策，专人跟进信用融资工作。

2011年，西樵镇成立广东南纺融资担保有限责任公司，专门为西樵纺织企业提供融资担保，此举大大缓解了企业融资难的问题。与此同时，指导企业使用外汇市场产品，采用合适的金融工具规避汇率风险。近两年已累计支持西樵80多家纺织企业的流动资金要求，促进企业更新、改造世界一流的纺织设备超过2000台，累计提供资金超10亿元。

（4）以品牌建设促进产业增值

低成本、大批量、快餐化的发展模式，曾让西樵成为"千家厂、万台机、亿米布"的格局，但这种发展模式无法适应激烈的竞争而被冲垮。

近年来，西樵镇坚持发挥特色产业，打造企业品牌和区域品牌，引导企业走个性化、功能化路线，不断提升产品档次，塑造品牌，增加产品附加值。学习国内外经验，参加大型国际展览会，展示区域品牌、企业形象和产品特色。

（5）以总部经济做强产业链条

西樵镇为促进总部经济的发展，大力引入原料、机械、服装、家纺、物流等上下游产业环节，促进一条龙产业模式的形成。服装工业园首期占地500亩，多家大型知名服装企业开业，促进了产业链的完善。与此同时，西樵镇鼓励企业外包部分生产环节或生产线，集中精力从事核心任务或是增值大的任务，做强总部经济。

2. 要积极引导人才资源向专业镇集聚

人才是专业镇实现转型升级最关键的要素，是产业转型升级的创新基础。

目前，专业镇都面临缺乏熟练工、高级技工和高级管理人才的问题。引进人才、留住人才，不仅仅是企业实现产品转型升级必须做的工作，也是政府必须重视的一项任务。

创造学习环境，提高本地人发展产业的技能和素养。结合本地区产业发展需求，大力发展职业教育，优化配置教育资源。专业镇政府要加大培训的力度，邀请全国技术权威、专家学者、各类优秀的企业管理者集中讲课，为企业提供"菜单式"培训①，提供资金鼓励镇村开展夜校、函授班等；通过与技术院校合作，联合培养专业技术工人；与省级、市级人才服务中心、企业共建信息平台，及时了解人才供需状况、技能状况等相关信息；加强舆论宣传，充分发挥报刊、广播、电视、网络等多种媒体的作用，倡导建立学习型城镇环境，鼓励本地人积极投入创新的学习氛围。

提高城镇公共服务和福利的供给水平，让优秀的外来人口在本地安居乐业。专业镇都拥有众多的外来人口，其中不乏有一定知识水平、一定技能、一定管理能力的高素质人才，也有相当一部分在本地工作了多年而不具备当地户口的农民工。如何留住这些外来人口是政府必须要重视的任务。应逐步建设外来人口集中区的基础设施、农民工子女的教育、公共卫生防疫体系，逐步建立适合外来人口的社会保障体制。在经济适用房、廉租房、消费贷款和就业方面，让外来人口逐渐与本地居民享受同等的福利和优惠。同时，还要增加对外来人口的公共服务支出，逐渐建立外来人口与本地居民同等的公共服务水平。

优化发展环境，重视知识产权的保护，形成有利于人才成长和成才的制度环境。政府通过出资、引导社会资金成立人才培养基金，支持具备一定专业技能、一定科研实力的人才开展研发。政府可以设立科研启动经费，创建产品研发实验室，加大科技成果的奖励力度，来激励本地企业和相关人才积极开展产业、产品升级改造的科技攻关。要通过设立专项奖励资金、职称评定优先和人才任用选拔优先等方式，鼓励本地企业和优秀人才积极开展研发和专利的申报，加大对知识产权的保护力度。

---

① "菜单式"培训是一种比较新型的培训方式，由培训对象自己根据实际需要和兴趣爱好自由选择培训课程，也就是说上什么培训课程由员工自己做主。

第四节　珠三角专业镇发展的战略方向

　　珠三角专业镇发展的成就已经表明，专业镇的发展模式符合珠三角区域发展条件，尤其在推动县域经济发展方面，成为主宰经济发展形势的主力军。转型升级已经成为广东全省发展的主旋律，专业镇要实现转型升级的目标，还要在城镇发展战略上做文章。

一、中小城市要引导专业镇实现差异化发展

　　专业镇是中小城市实现差异化发展的有效模式。中小城市人口规模往往在20万以上，通常已具备城市各种经济活动的集聚效应，可以借助自身独特的资源和优势，探索专业化的发展之路。不同的专业镇形成的主导产业，对地区就业和经济的带动非常明显。各城镇之间在性质、规模、功能等方面存在明显差异，互补而紧密联系，特别是主导产业的协同性，可以带动本地经济的整体发展。

　　专业镇所在的中小城市还应加大力度，引导并支持专业镇的发展。从省级和地市级层面，已经开始建立创新平台、出台相关政策，支持专业镇发展和转型升级。经验表明，一个区（县）的区域范围内，应至少形成3个以上的专业镇，才能构建产业集群，并成为带动上千平方公里的发展区域，形成一定规模的块状经济，带动本地更多的就业，带动本地经济社会发展向集群化方向发展。中小城市需要整合区域内的行政资源，在土地、税收和相关政策上，更多的向专业镇倾斜，推动区域内专业镇的数量和格局更加合理。

　　中小城市要在产业专业化发展、城镇体系与城镇功能定位发挥引导专业镇实现差异化发展。在人才、资本等方面都无法跟大城市抗衡，中小城市的发展要突出自己的特点和优势，专业镇的发展也需要突出优势，避免与周边其他城镇的产业同构和恶性竞争。中小城市在引领本市和专业镇实现差异化发展中，发挥着重要的作用。中小城市可以通过规划，来分析和确定城市发展定位，通过比较周边其他区域的发展定位，依托本身的特色明确城市发展目标、城市功能和城市形象，与周边区域形成差异化发展。同时，要认真研究周边的城市、上位城市、自身的发展条件和趋势，找准方向和路径，引导所辖专业镇在产业发展、城镇功能完善，引导专业镇之间形成错位发展，形成差异化发展的格

局。例如，广东顺德确立了以工业为主体的经济发展战略后，就积极指引和导向各乡镇走专业镇发展战略的道路，鼓励专业镇之间形成互动合作、避免恶性竞争的差异发展思路。

二、推动专业镇形成产业集群化的综合服务功能

在上级政府的推动和支持下，专业镇要积极培育促进产业集群化发展的服务功能；转变以往只重视制造业，忽视服务业培育的问题；鼓励形成生产制造与商业销售共同发展的产业格局。

构建以专业市场为核心的商业集中区，培育专业镇商贸服务业功能。专业市场是专业镇商业销售最集中的场所，是产业发展的依托之一。由于它具有销售商品的专业性、经营方式的集聚性、经营数量的规模性，因而成为专业镇各类企业、国内外各级销售商最青睐的销售形式。专业市场是产业和贸易在特定区域内集群的结果，它能在专业镇域内搭建广阔的市场平台，使专业镇的主导产品从专业镇走向国内外，也能使专业镇企业及时获取国内外市场供需的信息。在此基础上，还要鼓励发展商业销售业，形成专业市场商业专业街的模式。对已经形成的商业老街道、商业街区，要加大扶持力度，发展专业市场街道、专业街区，增强专业镇的服务业发展功能。

构建适宜生活居住的城镇环境。城镇应将宜居、宜业的城镇环境作为城镇发展的核心目标，立足本身的资源禀赋、区位条件，与珠三角都市圈龙头城市形成差异化的城镇风貌。留住人，集聚人气，提高本地区的城镇化水平，形成基础设施完备、公共服务体系健全、科教文卫社会事业完善的城镇功能。

三、传承和建设富有粤地文化特色的城镇风貌

对珠三角专业镇的批判，集中在专业镇在城镇化进程中普遍丢弃了最宝贵的地方文化。在未来的发展战略中，专业镇应把塑造和发挥地方文化，构建富有粤地文化特色的城镇风貌作为一条重点战略。

规划和建设具有时代特色的城市空间，构建城镇主题文化。一个富有时代特色的魅力城镇，能提升当地居民的归属感和自豪感；一个城镇有了主题文化，就能够从杂乱无章的信息中彰显出一种品质。这会使城市特质要素发挥出一种潜力，它有与众不同的主题符号和系统，这个符号会在人们头脑中形成形象的符号。既有时代风貌，又有民族特色的城市空间环境，是吸引人才和投资的核心要素。从城镇中心（步行街、市民广场、商业中心）改建、新居住区

建造、城市市容环境（绿地广场、滨水地区）改善、基础设施的完善四大方面，构建富有粤地特色的城市空间，形成与当地文化气质相符合的城镇风貌。

打造具有珠三角浓郁地方特色、适应岭南气候特征的城市特色和水乡风貌。珠三角专业镇，大多属于岭南水乡区域。水是现代岭南水乡的灵魂，在"水"上做文章，构建"形神兼具、梳式布局"的城镇与水乡交融的城乡风貌。以水为脉、以路为网、规整密集的城镇与村庄布局形态，展现独具韵味的岭南水乡文化。围绕耕地、林地、水域等生态基质，构建区域生态廊道，形成具有水乡特色的开敞空间和生态网络。以祠堂为核心，巩固完善街道、广场、船埠码头、集市等其他要素于一体的公共空间体系，发扬和传统岭南水乡村落的景观特色。通过公共空间的塑造，改善村民日常生活、社会交往场馆院所，丰富村落景观环境，促进城乡居民、外地域本地居民之间的交流和融合。

保护和传承客家文化，形成本地与外地文化融合发展的模式。珠三角还是客家文化的聚集区，多年来客家文化成为一种特别的文化现象备受人们关注。客家文化的塑造对拥有数千万外来人口的珠三角来说，具有重要的意义，客家文化是本地与外地人民和谐共处的象征。对于拥有客家文化的专业镇，要注重保护和传承客家文化。制定保护性规划，加强对客家文化古镇中纪念性广场、生活性街巷的精神内涵，风水林、风水树、宗教纪念性景观的保护。挖掘古老的城、镇、乡、村，与自然山水环境总是和谐统一、共融共生的精神内涵，城镇建设要在色彩、质感、高度、尺度等方面保持传承和延续客家文化。形成自然美、和谐美、人性化的城镇风貌美感。

专栏7.13 岭南水乡打造——以广州市番禺区东涌镇为例

1. 概况

广州市番禺区东涌镇位于番禺区的东南部，乃珠江三角洲腹地。全镇总面积91.66平方公里，总人口15万多人，其中流动人口8万多人。镇内除城区外，拥有农田6万多亩，沙田河道纵横交错，蕉林、蔗林、花田、果园间落有致，绿色生态资源丰富，是有名的岭南沙田水乡。

番禺东涌镇是广东创建名镇名村重点项目之一。近年来，镇党委、政府在规划建设管理、保护岭南水乡生态环境和绿化景观营造等方面做了大量工作，使全镇迅速发展工商业与生态保护相互兼容，成为广州大都市中难得的绿洲。

2. 具体做法

东涌镇围绕"岭南水乡文化、绿色沙田生态"的创建主题，在建设中充分展现水的灵动、绿的生机，将村镇建设和水文化、绿色生态紧密结合起来，实现东涌镇在区位、交通、生态、产业等方面比较优势的全面整合。项目中投入4亿多元资金，重点建设岭南特色水乡民俗文化广场——吉祥围、濠涌岭南水乡风情街、东涌湖湿地生态景观、东丫涌沙田水乡生态、绿色长廊、十里骝岗画廊、十里沙鼻梁涌和三稳涌水上绿道等项目，并在沿线点缀分布生态绿化、亲水区、农事体验区、户外拓展区和沙田传统美食配套服务。形成了点线结合、有聚有散、观赏性和参与性、互动性有机结合的空间布局。东涌城镇拥有现代的公共配套设施，青砖贴片的古镇街、沙田文化展览馆、风光迥异的水陆绿道、悠久历史的炮楼，城镇风貌集历史文化与现代气息于一身，成为珠三角都市圈城市游客的旅游目的地之一。

3. 效果

特色名镇，水秀东涌。东涌正向着既定的目标前进着，既有岭南水乡的风貌，又体现了现代繁忙都市圈中的休闲小镇的气息，已逐渐成为宜居宜业的岭南水乡名镇。保留了河网田园的传统风貌，具有浓郁的一涌两岸水乡民居乡间风情气息，形成了生态灵秀、宜居宜业的水乡名镇和生态名村。

四、探索"三旧"改造、优化城镇发展空间

自20世纪90年代以来，专业镇无序蔓延的发展态势并没有得到很好地管控，绝大多数城镇都呈现出低效利用土地的状况，普遍存在土地节约集约利用水平偏低、镇区功能混乱的问题。另一方面，我国实行了最严格的土地管理制度，新增建设用地指标需要从中央到地方层层下达，每年新增指标都极其有限，乡镇作为基层行政主体很难获取计划用地指标。如果继续沿用以往粗放、外延的方式使用土地，专业镇发展空间将难以保障。拓展和优化土地利用空间，推动专业镇实现集约化利用是专业镇迫切需要解决的问题。

实现对城镇的有机更新，提高土地集约利用水平。旧城区是社会、经济、文化和环境长期积淀的产物，它容纳了丰富多彩的社区生活，是承载一个城市灵魂的核心区域。在旧城的基础上拓展城镇发展空间，遵循城镇发展规律，做好旧城更新，释放城市活力。延续城市肌理、空间形态和社区邻里关系，保护

城市文脉，避免一拆了之。要借鉴欧洲国家城市旧城更新的理念，通过对老城区改造，建设创新社区，吸引更多的外来人口到专业城镇集中居住。发挥外来人口中年轻人较多的优势，通过在旧城营建良好的居住、购物、娱乐等环境提升城镇公共空间的品质，激发居民的消费潜力，增强城镇和社区活力。

探索盘活存量建设用地新模式，稳妥推行"三旧"改造试点。开拓城镇发展空间，整合已有存量低效使用的土地，吸引社会资金参与，建立盘活存量建设用地的良性循环，动员公众及社会主体参与，提高本地居民参与城镇建设与发展的积极性。广东省正在推行的"三旧改造"试点①，是盘活城镇存量建设用地的有益尝试，让一些低效利用甚至废弃的旧厂房、旧村庄、旧城镇搬迁，通过土地用途的调整和市场价格的补偿，实现土地的高效集约利用，并带动土地的升值，实现城镇空间的再利用。无论是增加城镇投资，还是增加城镇发展空间来说，"三旧"改造无疑都是一个破解专业镇土地瓶颈的有效措施。据测算，珠三角地区"三旧"用地面积达 90 多万亩，低效用地挖潜的空间很大。"三旧"改造可以从一定程度上改变"脏、乱、差"的旧城局面，缓解城市化进程中的用地压力，提高单位土地的产出效率。以佛山为例，自实施"三旧"改造以来，全市每平方公里建设用地 GDP 产出从 2007 年的 2.84 亿元，提高到 2010 年的 4.03 亿元，增长了 44.3%；吸引了 44 家世界 500 强企业并投资 84 个项目，投资额约 34.7 亿美元。

充分利用"三旧"改造的试点政策，统筹各方利益，探索稳妥推进的实施办法。政府应充当好组织者的角色，协调好相关部门，以造福当地民众为目标，追求公共利益最大化。同时要做好明晰产权的确权登记，保障农民的财产权益。改变过去以经济发展为主的用地目标，坚持以人为本，兼顾城市安全、优化人居环境、保护历史风貌，实现可持续发展。尊重当地村民的意愿，以征收、置换、自主改造等多种方式综合运营，让市民和村民参与到"三旧"改造过程之中，研究保障农民及其集体对土地的用益权。在"三旧"改造试点过程中，探索拆迁主体参与试点的参与方式和补偿办法，探索政府公平、透明的试点操作程序，探索公众参与旧城改造的实施办法。

---

① 广东"三旧"改造是指广东省特有的改造模式，分别是"旧城镇、旧厂房、旧村庄"改造。"三旧"改造是国土资源部与广东省政府推进节约用地试点示范省工作的重要措施。开展"三旧"改造的项目，必须符合城市土地利用总体规划、城乡总体规划，纳入"三旧"改造总体规划、年度计划，以纳入省"三旧"改造监管数据库，需制定改造方案，并且通过市（县）人民政府批准。

专栏 7.14	"三旧改造"，营造宜居宜业小城镇
	——博罗县以园洲镇为例

1. 背景

城镇化的快速推进，导致城镇建设用地急剧扩张，由于拆迁导致的社会矛盾越来越突出。城乡建设用地"同地不同权、同地不同价"的现状，加剧了城乡发展不平衡的矛盾。为了缓解这些矛盾，需要探索建设用地扩张的新途径，在原有镇村建设用地上做文章，镇政府与村集体经济组织共同开发，效益共享，推动城镇实现有机更新，是一种值得借鉴的开发模式。

2. 概况

园洲镇于90年代初就提出"以城镇建设推动经济发展"的经营城镇理念，园洲镇委镇政府提出"统一规划、统一征地、统一调配、统一管理、统一开发"的城镇建设原则，发动村集体和群众以投资等各种筹资方式共同开发建设城镇。

镇村共同开发建设，开启了园洲镇村共同开发之路，发展策略得到了广泛的支持，镇村共同开发的进展也非常顺利。

3. 具体做法

（1）村民自愿，镇村协商

要实现镇村共同开发，要经历两个程序。首先村集体内部协商决定参与镇村共同开发，然后镇与村集体协商，达成一致意见后签订镇村合作开发的协议书。

依据规划，以镇区主干道为中心，分为90米、90～300米、300米以外三个圈层，90米以内的用地镇村按七三分成，镇政府占七成，村、组共占三成；90～300米用地按五五分成划分，镇政府与村、组各占五成；300米以外的用地以村组为主。

（2）权责分明，共同开发

土地权属的划分依据就近原则协商确定，镇房地产开发公司与村、组签订协议书。在土地开发的投资主体方面，镇村也明确了各自的责任：在征收的用地中，镇政府为已征收用于合作开发的主干道完善市政配套设施；村、组为自主规划的范围内的园区、道路完善市政配套。在实际的操作过程中，园洲镇的主干道路两旁90米范围以内的市政配套基本都由镇政府投资完善。

主干道路两旁90米范围以外的市政配套遵循"谁卖地、谁建设、谁配套"的原则实施。

（3）各显其能，收益共享

为建设园洲镇中心城区，园洲镇委、镇政府与上南村、刘屋村、下南村已共同开发土地面积1761亩。其中，镇统筹开发用地面积1391亩，划回给上南村土地面积242亩、刘屋村土地面积78亩、下南村土地面积50亩。三个村在已划回的镇村共同开发用地上，通过村自筹和招商引资等方式完善基础设施的建设，两个村都在镇村统一规划的区域周边继续规划村内的土地，扩展开发建设范围，加大招商引资力度，实现了村集体经济的飞跃发展。

4. 成效

在园洲镇实施镇村共同开发的20年中，由镇、村相继投入的基础配套设施建设资金超过30亿元，城镇面貌发生了巨大的变化。

园洲镇已形成"三轴四线双中心"城镇结构。成功打造以松河为中心的河南区5分钟、河北区10分钟到达镇中心区生活圈。

镇区面积较大，已成为区域发展的中心城镇，绿化和公共服务设施配套较完善，舒适的环境已吸引了相邻乡镇较多企业老板到该镇居住。

镇村共同开发，很快盘活了园洲镇的土地资源的利用效率，促进了城镇经济发展。园洲镇区主干道兴园路两旁商业、工业蓬勃发展，外资企业、乡镇企业如雨后春笋般出现，1999年全镇乡镇个体工商业从80年代的几家发展到1270家，"三资"企业从无发展到18家，"三来一补"企业从无到255家。迅速形成了以服装、染织、电子、印刷为主导的四大产业，1999年实现工业总产值8.9亿元，比1979年增长1000倍，实现了从农业镇向工业镇的转变。

表7-8　　　　　　　　广东各试点市"三旧"改造状况

试点市	广 州	深 圳	佛 山	东 莞
重点	"城中村"	城市更新、城中村和旧工业区	城中村，旧工业区	旧城镇
改造模式	政府主导，以村为主体，与开发商合作	开发商主导；权利主体自行实施；上述两者联合	政府主导，市场运作；村集体主导政府主导	村集体自行改造；旧村与开发商合作

续表

试点市	广 州	深 圳	佛 山	东 莞
融资方式	土地出让融资；自行改造；政府全市统筹融资	公开选择市场主体；单独或组合形成单一主题进行投资改造	政府与市场合作；集体与市场合作，村以土地入股，资金由开发商承担；EOT模式——"以地引资，以租抵建"	政府主导或引入社会资金参与；集体经济组织自行改造；集体经济组织与有关单位合作开发；开发商参与
典型案例	猎德村、林和村、琶洲村、黄埔古村	大冲村、蔡屋围金融中心区、大芬油画村	禅城区石头村，国际家居博览城，祖庙东华里片区	沙田镇、大岭山镇、长安镇
计 划	用10年基本整治改造全市在册的138个"城中村"，力争用3～5年全面改造其中52个"城中村"	开展全面城市更新，未来3～5年建设五大标志性项目：岗厦河园、大冲村、盐田三村、布吉金稻田片区、龙岗天安岗头、宝吉厂的改造	将有55万亩土地列入改造，按照"532"工程，在2010～2012年启动"三旧"改造用地10万亩，其中2010年启动5万亩，2011年启动3万亩，2012年启动2万亩	到2015年底完成改造15万～20万亩，2020年前完成改造30万亩
进 展	完成17个"城中村"改造方案，猎德村、黄埔古村等"城中村"初见成效	截至2011年8月，已拆除通过规划审批的重建类城市更新项目110项，涉及拆迁用地面积9.4平方公里，规划建筑面积约3232万平方米	截至2011年4月底，共启动项目1160多个，占地8.35万亩，新增建筑面积6800万平方米，投入资金1140多亿元	2005～2010年共投入"三旧"改造资金385.6亿元，改造面积25935.5亩，共节约土地11485亩，为建设保障性住房和普遍商品房腾出886亩土地

参考文献

[1] 沈静. 珠三角专业镇的发展与创新系统构建. 广东：中山大学出版社，2011

[2] 石忆邵. 专业镇：中国小城镇发展的特色之路. 城市规划，2003（27）

[3] 韩晓强，余国扬. 论发展专业镇. 天水行政学院学报，2005（3）

[4] 周轶昆. 广东专业镇发展现状与转型对策. 南方农村，2012（3）

［5］ 何庭宏. 广东专业镇发展现状分析与升级对策. 北京交通大学硕士学位论文，2008

［6］ 翁奕城，王世福，吴婷婷. 传统岭南水乡空间模式在现代城市设计的应用研究——以广州市白云湖地区城市设计为例. 南方建筑，2011（1）

［7］ 李小军，吕嘉欣. 广东"三旧"改造面临的挑战及政策创新研究. 现代城市研究，2012（27）

第八章 长三角都市圈与浙江小城市
培育研究

第一节 长三角都市圈和核心城市上海的发展关系

一、认识长三角都市圈

长三角都市圈位于我国东部沿海中部，包括上海，江苏省南部的南京、镇江、常州、无锡、苏州、扬州、泰州及南通 8 个地级以上城市，以及浙江省北部的杭州、嘉兴、湖州、宁波、绍兴、舟山及台州 7 个地级以上城市，共 16 个城市。2010 年，长三角都市圈的面积约 11.0 万平方公里，占全国总面积的 1.15%；人口 10763.26 万人，占全国总人口的 7.85%（见图 8 – 1）。

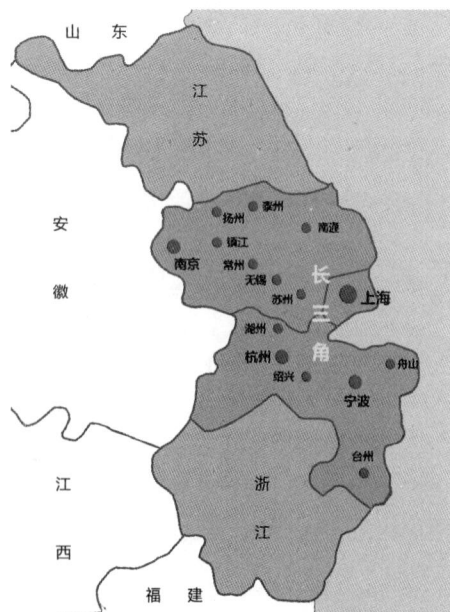

图 8 – 1 长三角城市分布图

长三角都市圈不仅包含上海、杭州、苏州、宁波等全国性的中心城市，而且还有大量经济发达的中小城市，是一个由大、中、小城市和市镇组成的完整的、层次丰富的城市群体。

长三角都市圈是最早提出发展经济一体化的区域。沪、苏、浙三省市地域相连，文化相近，经济相融，是一个具有相似地缘文化的区域经济体。多年来，长三角都市圈逐渐实现了一体化的发展，一体化的形成既有城市自然演进的动力基础，也是三个省市政府主动协作的结果。已形成了核心城市与周边次中心城市、都市圈中小城市、城镇共同发展的格局。

长三角区域自古以来就是中国的漕粮赋税重地，同时又是我国民族工业、乡镇企业的发祥地，内生增长动力强劲，经济发展经久不衰，一直在全国领先；本区也是我国最大的经济核心区，以约占中国 1.1% 的陆地面积、7.8% 的人口，创造了 21% 的 GDP、20.4% 的财政收入、40% 的外商投资和 35% 的进出口总额，人均 GDP 为 35040 元（2004 年），为全国平均数值的 3 倍多；本区产业体系健全，农业基础良好，制造业轻重适宜，服务业全面发展，重化工业、高新技术产业以及传统加工制造业较为发达，国资、民资、外资齐头并进，正在逐步形成多元化的经济格局。

| 专栏8.1 | 长三角区域发展规划　16 个城市发展定位 |

上海：国际经济、金融、贸易、航运中心，全国创新基地。

南京：重要科教中心和创新基地，以重化工业和电子信息业为主的先进制造业中心与长江航运物流中心，长三角北翼枢纽城市。

杭州：著名国际旅游城市，长三角南翼现代服务业中心，以电子信息为主的高新技术产业基地。

苏州：以电子信息、生物技术为主的先进制造业中心，著名国际旅游城市。

无锡：以装备制造、电子信息、生物制药为主的先进制造业中心，区域商贸与物流中心。

宁波：上海国际航运中心副中心（沿海重要港口城市），以重化工业、纺织及机械制造为主的重要国际先进制造业中心。

常州：以电子信息、精细化工为主的先进制造业中心。

> 嘉兴：沪宁技术外溢产业化基地。
>
> 镇江：以精细化工、机械装备为主的先进制造业中心。
>
> 扬州：国际文化旅游城市，电子信息产业生产基地。
>
> 南通：以船舶修造、精细化工为主的新型制造业基地，长三角北向拓展的枢纽城市。
>
> 舟山：海洋产业发展基地，配套上海、宁波的沿海港口城市。
>
> 绍兴：国际文化旅游城市，新型纺织为主的先进制造业基地。
>
> 湖州：湖滨宜居城市，绿色产业生产基地。
>
> 泰州：以机电、医药、化工为主的先进制造业中心，长江南北联动发展枢纽。
>
> 台州：先进加工制造业基地，民间金融创新中心。

二、长三角都市圈与国际都市圈的比较

长三角都市圈，是中国城市发展一个值得关注的地理现象。早在1976年，创立"大都市圈"理论的法国地理学家戈特曼就认为，长三角地区已经成为世界"第六大都市圈"（世界上五大都市圈分别是纽约都市圈、东京都市圈、伦敦都市圈、巴黎都市圈和美加大湖都市圈）。其他五个国际大都市圈不仅是国际经济、金融、商贸中心，也是世界科学技术创新中心、国际文化艺术交流和国际信息制造加工传播中心。与五个国际都市圈相比，长三角都市圈的经济影响力和辐射能力还比较弱。世界城市规划大师彼得·霍尔教授认为："长江三角洲的龙头——上海，意义仅限于中国，上海还不具备辐射整个亚洲的能力。"周其仁教授也指出，都市圈的发展是一个国家最自然的现象，但是都市圈能否发展好，关键要看都市圈的"核心"城市是不是足够强，能否形成辐射周边区域的超级经济体。从目前的发展水平上看，上海仍然是长三角16个城市中最强的龙头城市（详见表8-1），但与五个国际都市圈核心城市占区域经济的比重相比，仍然显得弱小（详见表8-2）。

上海作为长三角都市圈的核心，城市自身的极化特征非常明显，对周边要素的极化作用更大于对周边区域的辐射作用。在长三角16个城市中，许多城市都是主动接轨上海制定城市发展战略。江苏的苏州和无锡、浙江的杭州和宁波是与上海在制造业、服务业等方面融合得最为密切的城市，近30年来取得

表 8-1　　　　　　　　　2011 年长三角都市圈城市经济信息表

地 区	省 份	面积（平方公里）	总人口（万人）	GDP（亿元）	城镇化率（%）	财政收入（亿元）
上 海	—	6340.5	2347.46	19195.69	89.30%	3429.8
南 京	江苏省	6597	810.91	6145.52	78.5	1298.77
镇 江	江苏省	3843	313.43	2310.4	62.1	531.27
常 州	江苏省	4385	459.2	3580.4	63.9	351
无 锡	江苏省	4787.61	467.96	6880.15	71.1	1722.12
苏 州	江苏省	8488	642.3	10500	70.6	500.96
扬 州	江苏省	6634	446 万	2630.3	56.73	167.8
泰 州	江苏省	5797	461.86	2422.61	55.6	623.3
南 通	江苏省	8544	764.88	4080.22	57.6	951.65
杭 州	浙江省	16596	873.8	7011.8	73.9	1488.92
嘉 兴	浙江省	3915	343.05	2668.06	53.3	176.83
湖 州	浙江省	5818	261.05	1518.83	52.8	219.08
宁 波	浙江省	9816	576.4	6010.48	68.3	1431.5
绍 兴	浙江省	8279	500.26	3291.23	58.5	426.45
舟 山	浙江省	22200（包括海域）	112.13	765.3	63.5	127.18
台 州	浙江省	9411	586.79	2794.91	55.5	164.88

表 8-2　　　　　　　　　世界五大都市圈概况

都市圈	纽约大都市圈	北美五大湖都市圈	东京都市圈	巴黎大都市圈	伦敦大都市圈
总人口（万人）	6500	5000	7000	1100	3650
占各国总人口比重（%）	20	15.4	61	18.8	50
总面积（万平方公里）	13.8	24.5	3.5	14.5	4.5
占各国总面积比重（%）	1.4	2.63	6	2.2	18.4
占各国 GDP 总值比重（%）	30	20	33.3	28.6	80

了举世瞩目的成就，这几个城市不仅成为长三角都市圈的重要节点城市，还成为辐射周边的区域中心，是中国城市版图中的明星城市。

城市群在发展过程中，一般会经历两个重要的时期，即极化期和扩散期。

在极化期内部，中心城市的发展处于急剧的扩张阶段，经济高速增长，对各种生产要素的需求处于渴求状态，并从周边地区吸纳生产要素促进中心城市的发展；而在扩展期，城市发展具备了一定的基础，经济增长也达到了一个极限值，产业结构也面临着升级的压力，城市投资、产业需要向周边转移，通过投资和产业的互动形成一个更为广阔的市场，以进一步支持城市的后续发展。但是，竞争也能促进城市向更高层次发展，比如同为江苏的经济强市无锡和苏州，在发展过程中，两个城市在招商引资过程中反复博弈和竞争，最终形成了各具特色的外资聚集形式，苏州以台资见长，无锡形成了日资高地。面对竞争，城市确立正确的发展战略非常关键，在城市群内部，差异化的发展策略往往起到促进城市发展的作用。城市群内部的次中心城市一定要与中心城市形成互动发展、错位发展的定位，才能在城市群区域分工中，形成次中心与中心城市良性互动，凸显比较优势的发展格局。具体见表 8 - 3。

表 8 - 3　苏州、无锡、杭州、宁波、湖州、嘉兴发展战略与经济数据对比

城　市	发展战略	总人口（万人）	GDP（亿元）	财政收入（亿元）
苏　州	1. 创新引领 2. 开放提升 3. 城乡一体 4. 人才强市 5. 民生优先 6. 可持续发展	642.3	10500	500.96
无　锡	1. 科教兴市 2. 人才强市 3. 质量与知识产权立市	467.96	6880.15	1722.12
杭　州	1. 民生优先 2. 环境立市 3. 创新强市 4. 实业兴市 5. 文化引领 6. 开放带动	873.8	7011.8	1488.92
宁　波	深入实施"六个加快"战略部署加快推进农业、工业、服务业和公共管理、社会事业标准化建设	676.4	6010.48	1431.5

续表

城 市	发展战略	总人口（万人）	GDP（亿元）	财政收入（亿元）
湖 州	增强三力，奋力崛起	343.05	1518.83	219.08
嘉 兴	1. 与沪同城 2. 城乡一体化 3. 创新引领 4. 服务业优先发展 5. 滨海开发带动 6. 生态立市 7. 文化兴市	676.4	2668.6	176.83

三、长三角都市圈区域一体化发展模式

都市圈区域基础设施一体化发展。自《长三角规划纲要》① 批准实施以来，以上海为龙头，以江、浙两省为重点的省市层面合作更加紧密。上海城市基础设施建设"由内而外"的战略调整和"三港两网"（航空港、深水港、信息港、高速公路网、高速铁路网）已经建成，上海周边地区重大基础设施"链接"工程也纷纷完结。杭州湾跨海大桥、上海国际航运中心（洋山港）、沪—崇（明）—苏大通道的建设完工，沪苏浙三省市区域联动的发展格局更加显现，周边城市对接上海，与上海形成呼应发展的格局，为长三角都市圈经济一体化奠定了更坚实的基础。

各地企业逐渐从城市内部同行业联合向跨行业、跨地区综合性联合发展。从商贸合作、旅游合作向金融保险、文化教育等领域全方位拓展合作。如江浙地区部分优势企业将总部或研发中心迁往上海，部分大型民营企业到上海收购、兼并和控股国有企业。上海一些优势企业也将技术和资本向长江三角洲、长江流域乃至全国输出。常州市更作出了"前店后厂"推进长江三角洲区域经济一体化的决策，让企业总部迁至上海，到上海这个"前店"实现交易、

---

① 《长三角规划纲要》：2010 年 5 月 24 日，由国务院正式批准实施。贯彻落实《国务院推进长三角地区改革开放和经济社会发展的指导意见》；战略定位：将长三角发展成为亚太地区重要国际门户、全球重要现代服务和先进制造业中心、具有较强国际竞争力的世界级城市群；规划目标：2015 年率先实现全面建设小康社会的目标，2020 年力争率先基本实现现代化。

融合资本、获取订单，而把工厂留在常州，利用常州的工业基础，为上海提供配套的一流工业产品。

城市之间实现主动对接发展。长三角一个主中心——上海，四个次中心——苏州、杭州、宁波、无锡，都分别在各自城市发展战略中，提出实现区域之间的对接式发展。20 世纪 90 年代，上海实施浦东开发的跨江发展战略及黄浦江两岸综合开发战略。杭州市提出了"城市东扩、旅游西进、沿江开发、跨江发展"四大城市发展战略，投入巨资打造"一江两岸"，构筑"钱塘江新城"，城市重心由西湖湖畔东移至钱塘江沿岸。在长三角都市圈的四个区域性中心城市中，上海是直辖市，杭州、宁波都是副省级城市，在集聚土地、资金、人才等行政资源方面具有行政优势，在城市发展战略、基础设施建设等方面具有很强的执行力，这极大地加快了杭州湾跨海大桥、沪－崇－苏高速公路的实施及竣工。此外，在吸引产业、集聚人才方面，也能自主制定相应的优惠措施，引导城市向长三角都市圈融合发展。

长三角都市圈内部形成了大、中、小城市共同繁荣的格局。除了四个中心城市支撑长三角都市圈的发展之外，还有众多的地级市、中小城市以及数百个小城镇。因此，长三角都市圈，也有学者把它称为"长三角连绵带"①。从现在来看，这个称呼似乎更符合长三角区域经济发展的特征。因为，长三角很多地级市、县级市（区）、经济强镇，经济社会发展水平都可圈可点，全国千强县②中长三角的县（市）达 636 个，占全国千强县的比例高达 63.6%。长三角县域经济的快速发展，与长三角经济基础、地域文化和企业家意识是紧密相连的，同时，也少不了上级政府的引导与支持。改革开放 30 多年来，江苏和浙江都以"强县战略"来推动县域经济的发展。江苏以集体经济为主导的发展

---

① 长三角城市连绵带：地域范围涉及两省一市，包括 1 个直辖市——上海，3 个副省级市——南京、杭州、宁波，12 个地级市——江苏的苏州、无锡、常州、镇江、南通、扬州、泰州和浙江的湖州、嘉兴、绍兴、舟山、台州，共 16 个城市。土地面积为 10.96 万平方公里。早在 20 世纪 70 年代，以上海为核心的长江三角洲地区就被法国地理学家戈特曼列为世界 6 大城市带之一。

② 全国小城镇综合发展水平 1000 强。

模式推动县域经济实现了多年的强势增长，浙江也通过推动"强县扩权"① 的改革举措，推动了县域经济的发展壮大。

小城镇是支撑长三角区域一体化发展的重要群体。长三角都市圈中，有几百个小城镇，形成了产业发展基础良好、经济实力较强的小城镇，成为长三角经济实现一体化发展的一支重要力量。这些小城镇也面临共同的难题，就是如何突破体制障碍，建立符合经济发展水平的管理权限，提高城镇综合服务功能，提升城镇吸引力，集聚更多的发展要素。

第二节 浙江培育小城市的背景与原因

一、认识浙江

浙江省地处中国东南沿海，位于长江三角洲南翼，东临东海，南接福建，西与安徽、江西相连，北与上海、江苏接壤。境内最大的河流钱塘江，因江流曲折，称之江，又称浙江，省以江为名，简称"浙"。浙江是中国比较发达的沿海对外开放的省份，素有"鱼米之乡"之称。

正如陈国灿、奚建华在著作《浙江古代城镇史》中所言，浙江是中国古代著名的"文明之邦"，社会各方面长期走在全国各地的前列。浙江是中国城市产生较早的一个地区。早在南宋时期，浙江地区成为全国城镇最为发达的区域，无论是城镇的数量、规模，还是区域城镇网络分布的格局，都达到当时的最高水平。城镇的发展既是浙江古代社会发展的产物和重要标志，也是推动其社会发展进步的强大动力。研究浙江城市的发展，既能了解一个区域的城市发展演变，也能看到中国未来城市发展的总体趋势。

浙江省陆域面积 104141 平方公里（2010 年数据），陆域面积为全国的

---

① 1992 年，浙江省政府出台《关于扩大十三个县市部分经济管理权限的通知》，对 13 个经济发展较快的县（市）进行扩权。1997 年浙江又进一步在萧山和余杭等县（市）试行部分地级市的经济管理权限，扩权的力度明显提升。2002 年浙江省委、省政府出台《关于扩大部分县（市）经济管理权限的通知》，又将 313 项审批权下放给绍兴、温岭和慈溪等 17 个经济强县（市），把地区一级的经济管理权限直接下放给县（市）。从 2007 年起，浙江又实行强镇扩权战略，选定 141 个省级中心镇，赋予部分县级经济社会管理权限。2008 年，省委、省政府出台《关于扩大县（市）部分经济社会管理权限的通知》，在全省推开扩大县级政府经济社会管理权限工作。除义乌经济社会管理权限调增为 618 项外，其他县（市、区）下放增加 443 项。主要做法：统一思想，加强领导；创新方式，讲究方法；制度配套，联动推进。

1.06%，是中国面积较小的省份之一。浙江省海域面积 26 万平方公里，大陆海岸线和海岛岸线长达 6500 公里，占全国海岸线总长的 20.3%，居中国第一。全省有面积 500 平方米以上的岛屿 3061 个，是中国岛屿最多的一个省份（见图 8 - 2）。

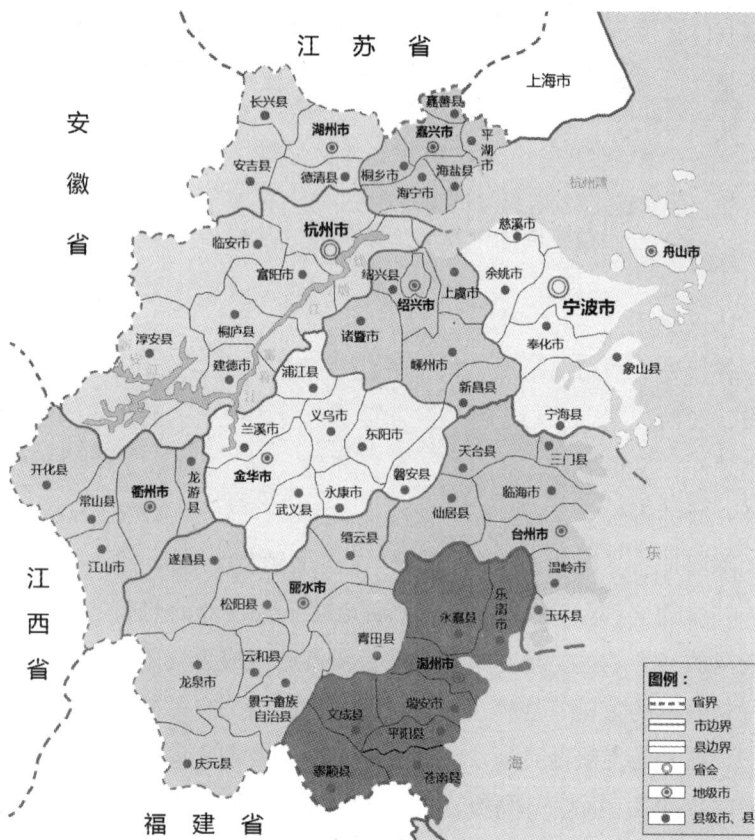

图 8 - 2　浙江省行政区划图

浙江省下辖 11 个设区市，分别为：杭州、宁波、温州、嘉兴、湖州、绍兴、金华、衢州、舟山、台州、丽水，其中杭州、宁波为副省级城市；下分 90 个县级行政区，包括 32 个市辖区、22 个县级市、35 个县、1 个自治县；再下分为乡级行政区，截至 2011 年底时共有 1346 个，包括 654 个镇、290 个乡（包括 14 个民族乡）和 402 个街道办事处。22 个县级市名义上直属省政府，实际由地级市暂为代管。全省常住人口为 5613.7 万人（全省常住人口中省外流入人口为 1182.40 万人，占 21.72%）。详见表 8 - 4。

表 8 - 4　　　　　　　　　　浙江省常住人口的地区分布

地　区	人口（万人）	地　区	人口（万人）
全　省	5613.7	绍兴市	500.26
杭州市	910.21	金华市	540.37
宁波市	780.50	衢州市	218.13
温州市	975.25	舟山市	112.95
嘉兴市	471.10	台州市	600.31
湖州市	292.41	丽水市	212.21

二、浙江城镇体系的形成趋势

浙江的城镇体系建立在农村工业化的产业集群基础之上。产业集群也是浙江产业发展的主要模式，是在开放的环境下自发形成的。

在计划经济体制下，国家投资主要集中在内地"三线建设"中，当时浙江省获得的国家投资较少。改革开放以后，特别是 1989 年以后，浙江省的个体私营经济得到了迅速发展。短短几十年，浙江民营企业家创造了上百个具有专业化分工协作特点、年产值几十亿甚至上百亿的产业集群，其中最大的产业集群产品总量占世界同类产品的 70%。这种自发的农村工业化的产业集群，在浙江数个县市内形成了无数个"家庭工厂"，而浙江面积小，城市之间距离较近，这些"家庭工厂"通过细致的专业化分工，共享专业市场和中介组织，实现产品生产、销售的协作，推动了小城镇经济的集群化发展。

城镇功能较弱，发展质量不突出。有人用"走过一村又一村，村村像城镇；走过一镇又一镇，镇镇像农村"来形容浙江的城镇形态，而"家家点火，户户冒烟"则代表了浙江的农村形态，浙江很多小城镇，面貌上与农村差别不明显，城市的功能没有完全形成。浙江省经济社会整体水平富庶，城镇居民、农民收入位居全国前列，但是城市发展却并没有形成大、中、小协同发展的城镇体系，发展的质量仍不突出。提高城镇的吸引力，促进人才、资金等发展要素更多地向城镇集聚，营造富有江南特色的小城市，是浙江众多中心镇的发展目标。突破制约，创新管理体制，适度放权，充分发挥小城镇一级政府的积极性，让小城镇一级政府具备投入基础设施和公共服务的能力，是具备较强经济实力的小城镇未来的发展之路。

大中小城市和小城镇协调发展，形成城市功能相对分明的格局。《浙江省新型城市化发展"十二五"规划》中这样描述浙江城市发展的现状：大城市带动力不强，小城镇布局分散，大中小城市和小城镇协同发展水平较低；城市发展重量轻质、重建轻管等现象仍然存在，土地城镇化大大快于人口城镇化，还存在土地集约利用水平较低、城市综合承载力不高、"城市病"突出等问题。未来浙江城镇体系将实现从"点"到"面"演变，从"线"到"带"演变，从"聚合为主"向"聚散并重"演变，从"经济核心"向"生态并重"转变。在浙江 11 个设区城市中，形成几个特大城市和大城市，区域服务辐射功能，发挥城市的规模效应，至少培育一个国家级中心城市。对小城镇而言，改变"小集中、大分散"的特征，形成规模合适、特色鲜明、功能完备、聚集能力较强的小城镇发展模式，最终形成都市圈和城市群的中心城市。为了实现以上目标，浙江城镇体系规划确立了"三带三圈一群两屏"的国土空间开发总体格局。

专栏8.2	浙江城市、农村建设发展概况

1. 城市建设发展概况

浙江全省城市和县城建成区面积为 2600 平方公里。2010 年，城镇化率为 61.6%，高出全国平均水平 12 个百分点。2012 年，全省生产总值达 34606 亿元，比上一年增长 8%。人均城市道路面积为 16 平方米。城市建成区绿化覆盖率为 37.2%，人均公园绿地面积为 10.9 平方米。

2. 农村建设发展概况

浙江全省村庄整治率达到 60%，农村生活垃圾集中收集处理行政村覆盖率达到 85%，村庄生活污水治理率为 40%。城乡一体化供水工程已覆盖 1333 万农村人口，城乡燃气普及率达到 97.6%，客运班线通村率达 91.6%，城乡客运一体化率达 48.5%，农村全面建设小康社会实现程度连续多年居全国各省区首位。

3. 城乡居民生活

浙江城镇居民人均可支配收入、农村居民人均纯收入分别达 27359 元和 11303 元，已分别连续 10 年和 26 年居全国各省区首位。城镇和农村居民人均住房面积达 35.3 平方米和 58.5 平方米。十五年教育普及率达 97%，高等教育毛入学率达 45%。

| 专栏8.3 | 浙江省城镇发展格局 |

1. 浙江地形简介

浙江东临大海，地形复杂，素有"七山一水两分田"之说。

地势由西南向东北倾斜，大致可分为浙北平原、浙西丘陵、浙东丘陵、中部金衢盆地、浙南山地、东南沿海平原及滨海岛屿等六个地形区。

2. 城镇分布规律

城镇主要分布在杭嘉湖、甬绍平原和温黄、温瑞平原等沿海平原以及金衢盆地。浙北浙东平原城镇密度可达 20 个/千平方公里以上，而浙西南山区仅为 2~6 个/千平方公里。

环杭州湾、温台沿海地区人口密集，经济发达，城镇密度高，已经形成了城市连绵区的雏形。

3. 形成背景

长三角都市圈还处于成长阶段，中心城市与次中心城市都处于成长壮大的时期。杭州、宁波都已在本区域内形成了以各自为核心的都市圈。在区域经济一体化及基础设施网络化的推动下，浙江城市之间的分界日益模糊、联系更为紧密，以中心城市为极核的圈域化发展态势显著。尤其是杭、宁、温三大中心城市与周边呈现出连片发展的特点，集聚能力和综合实力不断增强，金-义大都市区的极核作用也日益凸显。

4. 浙中城市群

以四大都市区为核心、以大中城市为聚合基点、以基础设施网络为支撑的"三圈一群"城市化布局形态，即杭、甬、温三大都市圈和浙中城市群正在形成。2010 年，杭、宁、温、金-义大都市区以占全省9.5%的土地面积，集聚了占全省20.45%的人口，创造了占全省36.15%的地区生产总值，在全省经济发展中的地位举足轻重。

| 专栏8.4 | 浙江城镇体系 |

1. 形成背景

构筑省域新型城镇空间结构，突出"统筹、集约、和谐、创新"的新型城市化发展特征，携领全省城乡空间发展。

《浙江省城镇体系规划》（2010～2020年）规划提出以主要交通、信息通道等基础设施为依托，以中心城市为主体，形成"三群四区七核五级网络化"的城镇空间结构和"47624"的城镇体系。

2. 构成特点

"三群"即环杭州湾、温台沿海和浙中城市群，是组织省域城镇空间发展的主体形态。

"四区"为杭州、宁波、温州以及金华－义乌四个都市区，是长江三角洲地区城市群参与全球竞争的国际门户地区，是带动全省率先发展、转型的重要地区，也是全省加快创新体系、文化服务体系和综合交通枢纽建设的重点地区。

"七核"为嘉兴、湖州、绍兴、衢州、舟山、台州、丽水等中心城市。加快把"七核"建成综合服务能力强和产业集聚度高的大城市或特大城市，并连同周边城镇形成特色城乡网络发展片区，以促使省域城镇空间多极化、多样化发展。

"五级"是指由长三角区域中心城市、省域中心城市、县（市）域中心城市、重点镇和一般镇构成的五级城镇体系，是支撑全省城乡统筹发展的重要空间节点。"网络化"是指以人流网、物流网、信息网、能源网为支撑，以山海联通的生态廊道为纽带，形成串联城乡的网络化发展格局。

"47624"是指在全省范围内形成长三角区域中心城市4座，包括杭州、宁波、温州和金华－义乌都市区核心区域；省域中心城市7座，分别为嘉兴、湖州、绍兴、衢州、舟山、台州、丽水；县（市）域中心城市60座左右；省级重点镇（即中心镇）200个左右；一般镇400个左右。

3. 目标

为了实现都市圈和城市群之间的同城效应，《浙江省城镇体系规划》、《新型城市化"十二五"规划》等规划当中，把重点推进环杭州湾地区的一体化网络交通建设（轨道交通、高速公路、城乡一体化交通网络相结合的区域性网络通道）作为浙江省"十二五"期间的重要战略任务。

三、"强镇扩权"到"小城市培育"

根植于广大乡镇的民营经济，构成了浙江独树一帜的"块状经济"，占据了浙江省经济总量的大半江山。这种以"一镇一品"为产业集群特征的经济，经过多年的滚动发展以后，壮大了当地的经济实力，促进了城镇建设，加速了人口向城镇集聚。

浙江镇域经济快速增长，仍然受小城镇体制的约束。受传统机制的影响，小城镇政府的工作以服务农村、农业、农民为主，并没有突出城市管理、社会服务等方面的职能。众多小城镇基础设施、公共服务能力不能满足城镇发展的需要。浙江许多小城镇经济实力相当于中西部某些县甚至地级市的发展水平，但是在环境保护、村镇规划、审批、监察等方面没有一级政府的管理权限，导致政府对本镇环境治理、城镇民房建设的管理、治安的管理都显得力不从心。小城镇基本都没有独立的财权，税收大多上缴到上级政府，小城镇在本辖区基础设施建设、公共服务供给和农村设施的建设上，没有投入的实力。"大脚穿小鞋"、"小马拉大车"被用来形容城镇发展与管理体制存在的矛盾。

中小城市和小城镇是推动浙江城镇体系更加完善的战略节点。小城镇政府的职能，已经从服务"三农"逐渐扩大到经济、社会、文化和生态建设的各个领域。国家提出推进新型城镇化，小城镇政府还要分批次接纳农民工融入本地，客观上迫切需要增加镇级政府管理权限，提高综合服务能力。根植于农村成长起来的地级市、县城、小城镇，连接城乡的节点地位更加凸显，目前它们已成长为人口、产业等集聚和扩散的综合体，既能有效承接周围大中城市的辐射，又能带动周边乡镇和农村发展，它们将成为未来推进长三角都市圈构建更完善的战略节点。

中心镇发展成为浙江城镇体系中重要的结点。全省涌现出了一批镇区人口超过 5 万、财政收入超过 5 亿元的大镇，这些镇普遍经济实力强、镇区规模大、设施相对完善，具有小城市的形态特征，浙江把这些镇列为中心镇，使它们已成长为上连城市、下连农村的城乡之间经济社会发展联接点，是城乡资源、文化、信息等要素流动的交汇点，对周边区域的产业、人口产生集聚和辐射作用。2010 年，浙江省平均每个中心镇总人口为 6.7 万，建成区人口 3.2 万，农村经济总收入 105 亿元，财政总收入 3.2 亿元。全省中心镇的数量占全省建制镇总数的 27.5%，中心镇镇域面积占全省建制镇面积的 39.2%，中心镇人口占全省建制镇人口总数的 61.2%，农村经济总收入和财政总收入均占了 2/5。"十一五"以来，特别是浙江省推行小城市培育工作以来，浙江省中心镇经济快速发展，规模迅速扩大。2010 年，浙江省共有 334 个镇进入了全国千强镇的行列。

"小城市培育"源于"强镇扩权"。"强镇扩权"的改革探索，首先在广东萌芽。2005 年，广东省佛山市高明区出台了《中共佛山市高明区委关于加强农村基层组织建设的若干意见》等文件，提出要把区级权力下放到镇街一级。广东"强镇扩权"的探索，只是以地级市为主体在局部区域推行的探索。而浙江省政府于 2007 年下发《关于加快推进中心镇培育工程的若干意见》以后，开辟了以省政府为主体，在全省范围内推行权力向小城镇下放，开始探索将小城镇培育成小城市。

"小城市培育"与"强镇扩权"的区别在于，在中国行政体制框架下，"小城市培育"可能会让小城镇跻身到城市，行政级别从第四级上升到第三级；而"强镇扩权"仍然保留第四级的行政级别，只是权限相对以往更大了。

专栏8.5　　　　**浙江 27 个小城市培育试点发展概况**

1. 发展概况

2010 年 12 月 24 日，浙江小城市培育试点启动，该试点为期 3 年。首批入选的 27 个小城镇为发展实力强、人口多、城市面积大的中心镇。

目前，小城市培育试点的基础性工作基本完成，重大领域的改革取得一定的突破，小城市培育试点成效加速显著，但部分试点镇社会事业相对滞后、城市功能比较薄弱，"小马拉大车"现象并未得到根本改变。

2. 成就

27 个试点镇总共新吸引 48.3 万人落户，城镇化率提高了 5.8 个百分点；镇里供职于公业和服务业的从业人员比重达 88.9%，高出全省 5 个百分点；试点镇每万人新增个体工商户 95 户，是全省的 2.5 倍。

3. 推出的改革新政

其一，县里支持试点镇用地，安排一定数量的用地计划指标，单独切块，直接下达到试点镇。

其二，建立城镇管理综合执法大队，负责城镇综合性管理。

其三，县（市）派驻试点镇的机构建立分局。

其四，在核定的编制内，试点镇可根据工作需要设置内设机构。

4. 发展的约束条件

试点镇在经济迅速崛起、人口快速汇聚的同时，土地、户籍、行政审批等现有政策体制的硬约束开始彰显。小城市培育的过程中也存在着诸多的困难和问题，比如规划水平有待提升、体制还需要创新、要素保障亟待加强、城市功能不够完善、干部素质有待提高。

四、浙江培育小城市的背景与动力

以改革创新为动力，破除体制机制障碍，培育小城市，发展都市卫星城、特色专业镇和综合小城镇，成为浙江省构建城镇化布局的重要任务。为此，浙江省在"十二五"时期，把培育发展中心镇作为推进新型城市化、促进城乡一体化发展的重要战略，形成"一城数镇"①的县域城镇新格局，综合考虑各县市的发展基础、区位条件和资源禀赋，分类引导和培育 200 个户籍人口 5 万以上的中心镇。《浙江省新型城市化"十二五"规划》中提出，到"十二五"期末，要将全省 200 个中心镇培育成县域人口集中的新主体、产业集聚的新高地、功能集成的新平台、要素集聚的新载体，成为经济特色鲜明、社会事业进步、生态环境优良、功能设施完善的县域中心或副中心。

在 200 个中心镇中，首批选择了 27 个作为小城市培育的试点城镇②（详见表 8 - 5）。《浙江省新型城市化"十二五"规划》中提出，要在全省范围内选择一批人口数量多、产业基础好、发展潜力大、区位条件优、带动能力强的中心镇，积极开展小城市培育试点。加大改革创新力度，将 27 个中心镇培育

---

① 人口较多的经济强镇，规划建设"一城五六镇"人口相对较少的经济强县，规划建设"规划建设一城三四镇"；户籍人口 30 万以下的小县及经济发展相对落后的山区、海岛县，规划建设"一城两镇"或"一城一镇"。

② 2005 年 9 月，浙江省在绍兴县实行农村综合改革试点，授予杨寻桥镇、钱清镇、西塘镇为改革试点镇。2007 年 5 月，浙江省政府出台《关于加快推进中心镇培育工程的若干意见》，提出"十一五"期间全省重点培育和发展 141 个省级中心镇。并公布了 200 个省级中心镇。

成为经济繁荣、社会进步、功能完备、生态文明、宜居宜业、社会和谐的小城市①。

表 8 - 5   浙江省首批 27 个小城市培育试点镇

所属城市	试点镇
杭州市	萧山区瓜沥镇、余杭区塘栖镇、桐庐县分水镇、富阳市新登镇
宁波市	象山县石浦镇、慈溪市周巷镇、奉化市溪口镇、余姚市泗门镇
温州市	苍南县龙岗镇、瑞安市塘下镇、乐清市柳市镇、平阳县鳌江镇
湖州市	吴兴区织里镇、德清县新市镇
嘉兴市	桐乡市崇福镇、秀洲区王江泾镇、嘉善县姚庄镇
绍兴市	诸暨市店口镇、绍兴县钱清镇
金华市	东阳市横店镇、义乌市佛堂镇
衢州市	江山市贺村镇
舟山市	普陀区六横镇
台州市	温岭市泽国镇、玉环县楚门镇、临海市杜桥镇
丽水市	缙云县壶镇镇

从表 8 - 5 看，在 27 个中心镇所在的地级市中，除了舟山市普陀区六横镇、丽水市缙云县壶镇镇以外，其他 25 个中心镇所在的地级市都位于长三角都市圈中。在这 27 个小城市培育试点镇中，集镇建成区常住人口都在 3 万以上，最高的龙港镇达到 28.5 万人；GDP 在 20 亿元以上，最高的柳市镇达到 135 亿元；地方财政总收入 2 亿以上，最高的柳市镇达到 19 亿元。从人口聚集、经济总收入水平上来看，柳市镇甚至超过中西部一个地级市的水平，龙港镇集聚的人口也超过一个地级市建成区的水平（具体见图 8 - 3、表 8 - 6）。

---

① 小城市培育的目标在建设规模方面，各小城市建成区面积达到 8 平方公里以上，建成区户籍人口 6 万人以上或常住人口 10 万人以上，建成区户籍人口集聚率达到 60% 以上；在经济方面，各小城市年财政总收入达到 10 亿元以上，农村居民人均纯收入达到 2 万元以上，工业功能区工业增加值占全镇工业增加值达到 80% 以上，第三产业工业增加值占 GDP 比重达到 40% 以上，二、三产业从业人员比重达到 90% 以上；在经济实力方面，各小城市年财政收入达到 10 亿元以上，农村居民人均纯收入达到 2 万元以上，工业功能区工业增加值占全镇工业增加值达到 80% 以上，第三产业增加值占 GDP 比重达到 40% 以上，二、三产业从业人员比重达到 90% 以上；服务水平方面，科技教育、文化体育、卫生计生等设施比较完善，商业、金融等服务业网点布局合理，社会保障水平提高，便民利民的社区服务网络一步健全；在管理体制方面，建立与小城市发展相适应、权责一致、运作顺畅、便民高效的行政管理体制。

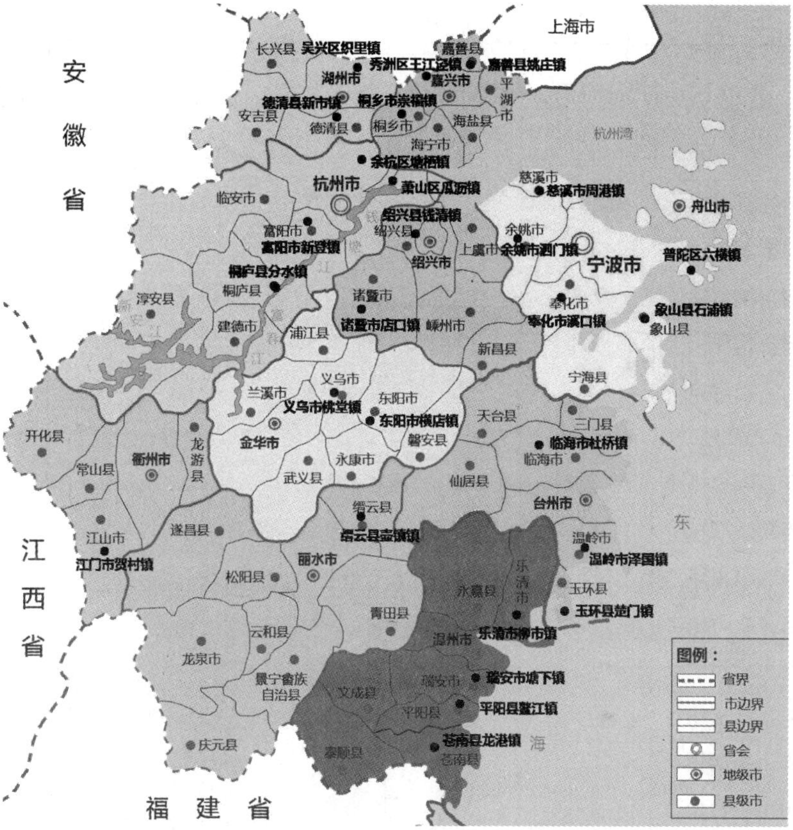

图 8-3 浙江省首批 27 个小城镇培育试点镇分布图

表 8-6 浙江省首批 27 个小城市培育试点镇基本情况一览表（2010 年）

试点镇	镇域面积 （平方公里）	建成区面积 （平方公里）	城镇人口 （万人）	建成区常 住总人口 （万人）	GDP （亿元）	财政 总收入 （亿元）
萧山区瓜沥镇	42.5	6.1	6.4	5	56	10.5
余杭区塘栖镇	79	7	10.2	5.15	41.7	7.2
桐庐县分水镇	299.43	4	5.1	3.5	18	2.1
富阳市新登镇	180	7.83	7.1	6.3	27	4.2
余姚市泗门镇	66.3	12	6.5	4	69	7.15
慈溪市周巷镇	75.4	15	13.2	9.9	68	8
奉化市溪口镇	380.6	6.3	9.4	4.1	25	4.4

试点镇	镇域面积 （平方公里）	建成区面积 （平方公里）	城镇人口 （万人）	建成区常 住总人口 （万人）	GDP （亿元）	财政 总收入 （亿元）
象山县石浦镇	121.6	7.5	11.5	5.9	44	3.7
瑞安市塘下镇	81.6	21.8	18.0	20	86	14
乐清市柳市镇	49.88	12.8	15.2	14	135	19
平阳县鳌江镇	97.6	11.8	16.4	10	66.7	7.2
苍南县龙港镇	83	15	28.5	19	122.8	11.4
秀洲区王江泾镇	127.3	7	9.5	3.1	42.6	5.1
桐乡市崇福镇	100.14	6.5	10.1	7.1	50.7	7.6
嘉善县姚庄镇	74.48	6.5	6.8	3.7	42	3.3
吴兴区织里镇	135.8	18	15.7	16	90	11
德清县新市镇	92	9	6.6	4.2	28	4.3
诸暨市店口镇	105.7	12.2	6.0	9.2	80	10
绍兴县钱清镇	53.6	11	7.8	9.9	92	10.1
东阳市横店镇	121	12	11.5	11.5	68.6	8.1
江山市贺村镇						
义乌市佛堂镇	134	12	17.2	11.3	48	4.8
普陀区六横镇	139.15	4.6	6.1	5.1	41	6.5
玉环县楚门镇	37.5	9.6	9.1	6.8	51	6.8
温岭市泽国镇	63.12	11	17.1	11.25	77	8.38
临海市杜桥镇	186	13.6	24.5	9.8	58	4.9
缙云县壶镇镇	228	6.53	7.1	4.1	25	3.05

专栏8.6　　　　　龙港强镇扩权的探索之路

1. 龙港概况

地处温州南部，是浙江省温州市的经济强镇。龙港镇辖区面积172平方公里，总人口50万人，建成区面积15平方公里。全镇辖17个社区、28个居民区和171个行政村行政村（见图8-4）。2011年，全镇实现生产总值146.2亿元，工业总产值331.3亿元，财政总收入14.8亿元。

龙港于 1984 年建镇，在全国率先推行土地有偿使用、户籍管理制度改革、发展民营经济等三大制度改革，成为中国农民自费建城的样板，被誉为"中国第一座农民城"。

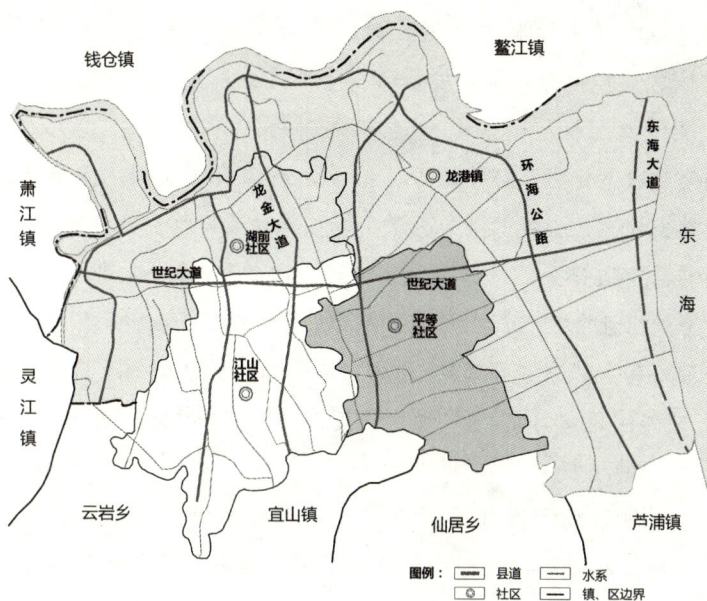

图 8 - 4　龙港镇行政区划图

2. 龙港困境

龙港常住人口接近 50 万人，规模与温州泰顺、文成两县相当（见表 8-7），生产总值和财政收入则分别是泰顺、文成两县的两倍多。但是，镇政府在调配和管理本地资源的权力上，却与县形成天壤之别。镇域内的环境保护、村镇规划、安全生产、用水供电等经济发展所带来的一切问题，乡镇基本都没有相应的执法权。龙港 50 万人，派出所的编制只有 20 多人，镇域内发生刑事案件，抓一个犯罪嫌疑人，需要到县公安局办理相关报批手续。

表 8 - 7　　　　龙港、泰顺、文成三镇经济数据对比

地　区	龙港镇	泰顺镇	文成镇
总人口（万人）	43.21	36	38
GDP（亿元）	122.8	46.44	47.75
财政收入（亿元）	9.47	3.64	3.69

3. 小城市培育的试点情况

2010 年，龙港成为浙江省第一批小城市培育的试点镇。

（1）具体实惠

县政府修编《土地利用规划》时，加大调整农保的力度，适当增加龙港建设用地总量和指标，每年安排不少于所在县总量 1/3 的用地指标。

（2）财政支配权

镇级财政收入比上年超收部分，给予龙港镇 60% 奖励。龙港镇商业和普通住宅用地土地出让金收入（包括改变功能地块政府收益部分），先提取 23% 省市规费和县专项资金，按原政策余额部分县镇 1:9 分成，即 90% 留给镇里。工业用地土地出让金收入，在每亩扣除 20 万元基础成本和 7.5 万元失地农民保障资金后，剩余部分按县镇 3:7 分成。县属部门驻强镇的下属单位在镇内的各种收费，除县以上部门代收和特别规定外，都统一纳入镇财政专户管理。

（3）干部管理权

镇委可对副科级干部（县管干部）的调配和使用提出建议，对副科级干部组织考察，在编制数内对中层干部具有考察权和任免权。龙港镇范围内的县属部门、派驻单位正职，属副科级的人事任命要征得镇党委的同意；镇党委有权建议主管部门调整或建议县委组织部责成主管部门调整派驻龙港单位的主要领导。

（4）行政审批权

苍南县各职能部门充分授权派驻龙港镇的部门，扩大经济社会管理权限，县职能部门能放的管理、审批权限，都已下放到在龙港镇的派驻部门，实行分局审批、县局备案。

龙港镇在已设立的公安、法庭、检察院、工商、国土、规划建设、质监、地税、国税分局的基础上，建立司法、环保、房管、监察四个分局，分局正职由县级部门副局以上领导兼任或明确为副科级，通过充分授权，实行分局审批、县局备案。

五、小城市培育的本质意义

前面所述的 27 个试点镇，有一些共同的特点，就是大多是劳动密集型的城镇。以劳动密集型产业为主，积聚了较多的外来人口；它们为了发展本地产业，都有较强的服务意识，具备"小政府、大社会"的基本特征；它们都面临着镇区扩张，提升商业、娱乐、体育和文化基础设施的水平，加强建设投资的需求；城镇居民可支配收入和农民人均纯收入普遍较高，消费潜力大，但是城镇商业服务业发展还比较滞后。

小城市的培育，让城市文明与乡村文明更和谐的结合。通过城市功能的提升，实现小城镇向城市面貌、城市功能的转变，最终形成宜居、宜业，富庶繁荣，富有江南特点的小城市，让本地城乡居民对所在的城市形成归属感。此外，便利、舒适的城市环境有助于提高人们工作与生活的幸福指数，提升本地人们之间的同乡之情，有助于更好地建设城市生态环境，更好地维护当地的治安环境，形成城乡和谐的小城市。

实际上，小城镇兼具乡村禀赋，又有城市特性，是一种十分复杂的构成，在某些方面甚至比城市还复杂。但现实是骨感的，我们甚至连小城镇建设的许多具体标准都没有，几乎是套用城市的"模板"来进行。在过度开发建设的过程中，小城镇本色尽失，魅力全无，失去了最有价值的自我。浙江省将27个小城镇培育成小城市，本质是推进城镇化，培育城镇的城市功能。在当前国家行政体制条件下，避开行政区划的难题，由镇级政府去建设和管理城镇，提高城镇政府的服务功能，加强对镇区和周边农村的公共管理职能和服务功能，提升城镇的商业服务业水平。通过城乡一体化发展，让农民共享城市基础设施、城市优质的公共服务，是城镇经济发展到更高层次的必然选择。加强小城市培育，促进城市基础设施向农村延伸，使城市功能更好地向农村辐射，推进城市产业向农村拓展，加强城市的教育、科技、医疗、文化、卫生等公共服务资源向农村流动。改变以往单一的生产功能，推进城镇发展成为功能完善的商贸型城市，推进城乡一体化进程和区域平衡发展。通过小城市的培育带动周边农村区域的消费，提升农产品商贸流通能力，促进周边区域人口向城市集中，推动本区域实现就地城镇化。

小城市培育涉及的扩权改革，就是通过授权、委托和交办等方式，赋予城镇相应的经济社会管理和公共服务权限。通过"强镇扩权"和体制创新，让这27个试点镇拥有与其经济社会发展相匹配的财权、事权，推动它们成为人口集聚、产业集群、结构合理、体制创新的现代新型小城市。让这27个试点镇与浙江、长三角都市圈的大、中、小城市形成优势互补、分工有序、结构合理的空间格局。

第三节　浙江培育 27 个小城市的主要做法

一、浙江省的典型做法

27 个小城市培育试点是浙江省"强镇扩权"系列改革探索的中间成果。从 2005 年温州的"逆风实验"①，到 2010 年浙江省发改委、省委编委办、省法制办联合出台的《浙江省强镇扩权改革指导意见》，浙江省在"强镇扩权"的改革探索上，一直走在全国的前列（见表 8 - 8）。

表 8 - 8　　　　　　　浙江省"强镇扩权"改革演进

时间	发件机关	文件名称	内　容
2007 年 4 月	浙江省政府	《关于加快推进中心镇培育工程的若干意见》	将财政、土地、行政执法、投资项目核准等 10 项经济社会管理权限下放给了 141 个中心强镇，目的是重点培养 200 个左右省级中心镇
2010 年 10 月	浙江省委办公厅和省政府办公厅	《关于进一步加快中心镇发展和改革的若干意见》	制定改革举措：开展强镇扩权改革、推进规划体系改革、深化财政和投资体制改革、完善土地管理制度、推进农村金融制度创新、加大户籍制度改革力度、深化社会保障制度改革、推进住房制度改革、创新社会管理体制
2010 年 12 月	浙江省发改委、省编委办、省法制办	《浙江省强镇扩权改革指导意见》	确定了 200 个省级中心镇名单，通过扩大中心镇经济社会管理权限的体制改革，全面激发中心镇的发展活力，进一步增强中心镇统筹协调、社会管理和公共服务能力，建立规范有序、权责分明、运作顺畅、便民高效的中心镇管理体制和运作机制
2011 年 2 月	省政府办公厅	《关于开展小城市培育十点的通知》	选择 27 个试点镇进行小城市培育，赋予其与县级政府基本相同的经济社会管理权限。到 2015 年实现每个镇年财政总收入 10 亿元以上、农村人民人均纯收入 2 万元以上的目标，成为经济繁荣、社会进步、功能完备、生态文明、宜居宜业、社会和谐的小城市

资料来源：徐越倩、马斌：《强镇扩权与政府治理创新、动力、限度与路径——基于浙江的分析》。

---

① 逆风试验：2005 年 9 月，全国各地都对乡镇机构进行精简、压缩、撤并，浙江绍兴县反其道而行，开始进行县级政府委托向乡镇下放执法权试点，引起全国的广泛关注，被称为"逆风试验"。

在地级、县级城市开展"强镇扩权"试点的基础上，浙江省顺势推动了以省政府为主体的"强镇扩权"试点探索。2005 年 9 月，绍兴县提出要向经济强镇下放部分县级管理权限；2010 年 3 月，时任温州市委书记邵占维提出要在温州 5 个经济强镇中开展"强镇扩权"的改革试点。对于这两个城市（县）开展试点，浙江省政府设立了相应的课题，研究"强镇扩权"的改革探索方式，研究试点对促进城镇发展的积极意义。2010 年 10 月，浙江省委办公厅和省政府办公厅出台了《关于进一步加快中心镇发展和改革的若干意见》，首次明确提出将"开展小城市培育试点，构建城市化发展新平台"作为"十二五"期间中心镇发展改革的四大任务之一，确定了 200 个省级中心镇的名单，通过扩大中心镇经济社会管理权限探索城镇体制改革。

成立领导小组，出台支持文件，推动小城市培育试点的实施。浙江省政府专门成立"中心镇发展改革协调小组"，副省长担任组长、19 个省级相关部门负责人为成员，加强小城市培育试点的组织领导和统筹协调。相关部门出台了具体的指导意见，浙江省发改委、省编委办、省法制办联合出台了《浙江省强镇扩权改革指导意见》。浙江省政府办公厅出台了《关于开展小城市培育试点的通知》。2012 年浙江省政府批准实施《浙江省新型城市化发展"十二五"规划》，把 27 个小城市培育试点作为构建浙江省大、中、小城市和城镇协调发展的重点内容之一。浙江省把"强镇扩权"纳入省政府"十二五"期间改革探索的重要任务。

浙江省政府培育小城市的改革目标首先是突出小城镇的城市功能。将经济繁荣、社会进步、功能完备、生态文明、宜居宜业、社会和谐的小城市作为 27 个小城镇试点培育的主要目标。在此基础上，也提出了数量型目标（详见表 8 - 9）。对于 27 个中心镇，在政府管理权限、小城市机构设置、行政区划、要素保障、财政管理体制、税费等方面给出了明确的支持措施（详见表 8 - 10）。

二、地级市的典型做法

温州市的"镇级市"试点起源于强镇扩权的改革试点。2009 年 6 月，温州市委、市政府出台了《关于推进强镇扩权改革的意见》。在意见中选择了 5 个试点镇作为强镇扩权的试点，启动了温州市强镇改革试点。2010 年 2 月，温州市市委书记邵占维在温州市强镇党委书记座谈会上提出，要"着力解决

表8-9　浙江省"十二五"期间27个小城市培育试点镇发展的数量型目标

建设规模				经济实力				
面积（平方公里）	户籍人口（万人）	常住人口（万元）	户籍人口集聚率（%）	财政总收入（亿元）	农村居民人均纯收入（万元）	工业功能区工业增加值占全镇工业增加值比重（%）	第三产业增加值占GDP比重（%）	二、三产业从业人员比重（%）
8	6	10	60	10	2	80	40	90

资料来源："国家城镇化规划专题调研座谈会"会议材料。

表8-10　　　　　　　　27个小城市试点培育的支持措施

序号	支持措施
1	实施强镇扩权改革。根据小城市管理需求，保持小城镇建制不变的前提下，明确试点镇的职能定位，在符合法律法规的前提下，通过委托、交办、延伸机构等方式和途径，赋予试点镇与县级政府基本相同的经济社会管理权限
2	完善小城市机构设置。根据试点镇的人口规模、经济总量和管理任务，允许试点镇在核定的编制总数内统筹安排机构设置和人员配备；县（市、区）政府部门派驻试点镇的机构，业务上接受上级职能部门的指导，日常管理以试点镇为主，其负责人的任用、调整及工作人员的调动，应书面征得试点镇党委的同意。垂直管理部门可以在试点镇设派驻机构
3	合理调整行政区划。按照小城市总体规划，根据试点镇的经济社会发展实际和生产要素流向，结合小城市的管理服务水平和实际承载能力，允许适度调整试点镇的行政区划，拓展发展空间，增强集聚辐射的能力，提升集约发展水平
4	强化要素保障机制。建立试点镇建设用地支持保障制度，各地在省下达的年度城镇建设用地切块指标中优先予以安排。加强对试点镇的金融服务，加大对试点镇的信贷支持。鼓励金融机构到试点镇设立分支机构，支持有条件的试点镇设立村镇银行和小额贷款公司。建立完善市县两级建设、规划、环保、交通等部门专业人才到试点镇挂职的制度，缓解小城市管理人才紧缺的压力
5	完善财政管理体制。按照分税制财政体制的总体要求，合理划分县（市、区）与试点镇的事权。按照财权与事权相匹配的原则，进一步理顺县（市、区）与试点镇的财力分配关系，建立试点镇政策倾斜、设有金库的一级财政体制，实现财力分配向试点镇的倾斜，促进小城市培育

资料来源：《浙江省人民政府办公厅关于开展小城市培育试点的通知》（浙江办发［2010］162号）。

强镇责大权小功能弱的突出问题，努力把乐清市柳市镇、瑞安市塘下镇、永嘉县瓯北镇、平阳县鳌江镇、苍南县龙港镇5个试点强镇建设成为镇级市"，启动了小城市培育的先例。

温州市开展"镇级市"的试点与行政区划改革无关，它不是将原建制镇的行政级别升格为县级建制市，而是以现代小城市的标准来规划、建设、管理镇。镇的城市规模、设施、产业结构、现代服务业能力要达到城市化水准，教育、科技、文化、卫生、体育设施等各项社会事业也要接近城市化标准。

加大政策扶持力度。首先是加大用地的支持。市、县（市）在修编土地利用规划时，根据强镇发展的需要，适当增加建设用地指标；省政府下达年度计划指标后，市、县（市）安排一定数量的用地指标，单独切块直接下达到强镇；其次是加大财政扶持力度，支持组建镇级金库；加大项目的支持，扩大县（市）派驻强镇部门的权限。

完善相应的工作平台建设。首先支持建立城镇管理综合执法大队，负责城镇综合性管理，受县政府委托统一行使镇区市容市貌、园林绿化、市政工程和公用事业等方面的监督执法和社会事务管理。其次是支持建立镇土地审批服务中心。镇审批服务中心是县（市）审批中心的延伸，经授权承担县级部门职权范围内的审批服务、证照办理、信息咨询、非涉密文件查询，以及镇政府职权范围内的手续办理、审批管理等审批便民服务。再次是建立镇土地储备中心，作为县（市）土地储备中心的延伸，负责国有土地使用权的收购储备及预出让前期工作。支持建立镇招投标中心，作为县招投标中心的延伸，负责本镇的建设工程招标、经营性国有土地出让、政府采购、国有资产产权交易、农村集体资产经营权转让等。支持由强镇人民政府牵头会同相关部门出让镇域内国有土地。

扩大试点镇的土地使用权、财政支配权、行政审批权和事务管理权。每年安排不少于县建设用地计划指标总量的1/3，用于支持试点镇开展小城市培育试点。地方财政留成部分，镇财政留下地方财政流程部分的80%～100%。对于试点镇党政一把手，提升行政级别。试点镇党委书记将在镇所在的县（市）担任常委，镇长明确为副县级。

温州是中国民营经济高度发展的城市，在"镇级市"改革探索中，有一项政策还积极鼓励未上市公司股权进入"温州市股权营运中心"①。通过股权交易,吸收民间资本进入实体企业,特别是吸收民间资本进入一些新兴产业,支持新兴业态的培育发展。例如,工商部门推出了支持新兴产业发展的五大措施,引导民间资本参与温州市"调结构、促转型"的战略措施。

三、市、县的典型做法

2011 年是《浙江省小城市培育试点三年(2011~2013 年)行动计划》的启动之年,半年多来,各地级市、县(市、区)、镇党委政府都比较重视,在实际工作中加大了推进力度,积极落实这一改革政策。

加强用地保障,建立财力倾斜机制。试点镇所在的县(市、区)政府均下文承诺每年将下达一定的指标到试点镇,用于试点镇的发展和建设。同时,建立城乡建设用地增减挂钩②结余指标全额留给试点镇的制度,加大对试点镇建设用地指标的供给力度。据统计,27 个试点镇三年内计划实施各类建设项目 2678 个,镇均每年使用建设用地指标 1390 亩。在倾斜财力上,试点镇所在的县(市、区)基本建立了"一定三年、超收分成"的一级财政体制,按照与省级财政规定的不低于3∶1 的比例,积极落实小城市培育的地方专项资金,县(市、区)财政配套的专项资金平均每年达 32 亿元。

积极实施行政区划调整,提升试点镇主要负责人的职务级别,优化配置行政资源。乐清市、苍南县、平阳县等 6 个县(市、区)根据试点镇及其周边的发展情况,积极推进行政区划调整,适度增加试点镇的辖区面积。除此以外,各地还积极探索试点镇党政主要领导实行职级高配,增强试点镇党政主要领导在县一级的统筹协调能力。苍南县龙港镇、瑞安市塘下镇、乐清市柳市镇等 14 个县(市、区)都实行了对试点镇党政主要领导的职级提拔,有 7 个镇党委书记同时兼县(市、区)委常委;余杭区塘栖镇、象山县石浦

---

① 温州市股权营运中心于 2010 年 6 月 4 日挂牌成立,注册资金一亿元,由浙江省民营投资企业联合会、市企业家协会、市经济师协会等三大协会牵头发起组建。其主要服务功能是帮助未上市公司和非国有产权的股权转让和交易,为企业的股权托管、过户登记、股权质押等提供服务,以此为民间资本打开一扇新的、安全的投资大门,促进民间股份资本合理流动,实现资源有效配置。

② 2004 年,国土资源部在全国 8 个省、市探索城乡建设用地增减挂钩的试点工作。城乡建设用地增减挂钩是指依据土地利用总体规划,将若干拟整理复垦为耕地的农村建设用地地块(即拆旧地块)和拟用于城镇建设的地块(即建新地块)等面积共同组成建新拆旧项目区,通过建新拆旧和土地整理复垦等措施,在保证项目区内各类土地面积平衡的基础上,最终实现增加耕地有效面积,提高耕地质量,集约利用建设用地,城乡用地布局更合理的目标。

镇、奉化县溪口镇等 8 个镇党委书记提拔为副县（市、区）级；苍南县龙港镇、瑞安市塘下镇、乐清市柳市镇 3 个镇长也高配为副县（市、区）级（见表 8 - 11）。

表 8 - 11   试点镇行政规划调整情况

县（市、区）	并入范围	面积增加数量（平方公里）	人口增加数量（万人）	总人口（万人）	户籍人口（万人）
乐清市	2 镇 1 区	46	10	46.5	21.5
苍南县	2 镇 1 区	61	10	45	35
鳌江镇	2 镇 3 乡	92	6	27	27

1. 绍兴市强镇扩权

2006 年下半年起，绍兴市从改革现行乡镇管理体制入手，先后在杨汛桥、钱清、平水、福全、兰亭 5 个镇实施"强镇扩权"试点，重点解决乡镇政府权责不对称的难题。主要通过对 5 个乡镇赋予部分县级经济社会管理权限的方式，以"扩大职权"作为保障措施，进行"强镇扩权"的改革探索（见表 8 - 12）。在不增加编制的前提下，将县发改局、经贸局、外经贸局、建设局、林业局、旅游局、国土局等 30 项事权下放到 5 个镇。在财力倾斜方面，绍兴县将 2006 年核定为地方财政收入基数，超基数部分，增值税、企业所得税地方留成部分，全部归镇所有；除此之外，镇域内土地出让净收益，县财政全额返还到各镇。

2. 绍兴县强镇扩权实践的特征

扩权的目的重点在促进镇域经济发展和城镇面貌的建设。绍兴县在实施强镇扩权试点起初，共放权 30 项，涉及 8 个部门，主要以发改、住建局等与经济发展和城镇建设相关的部门为主。关于财力倾斜、项目审批、建设督查等权限，是镇政府迫切需要强化的权限。无论从县级政府放权的目的，还是从镇政府对争取权力的诉求上来看，都是以促进经济发展为主要目标的。在 2009 年，绍兴县也将放权的部门拓展到司法、劳动、社保等事关民生的管理部门。

扩权对象以经济强镇为主。绍兴县第一批选择的五个强镇扩权试点小城镇是该县经济实力最好的，当年全县 GDP 排名中五个镇位列前五，人口和产业也都位于全县前列（见表 8 - 13）。

表 8 – 12　　　　　　　　　　"强镇扩权"具体事宜举例

改革措施		具体做法
扩大乡镇管理权限	扩大强镇行政事权	委托行使管理职能——按照"依法下放、能放则放"原则，将县发改局、经贸局、建设局、建管（房管）局、外经贸、安监共 7 个部门的管理职权，通过签订"委托行使管理职能协议书"的形式，分步委托给中心镇直接行使，向省、市相应部门的报批事项由县主管部门见章盖章
	扩大强镇公共财权	提高镇的财政分成比例——实行基数内分成、超收分成和增值税专项分成政策，调整后各中心镇年可支配收入同比增长 50% 左右
		拓宽融资渠道——吸引各类资本参与中心镇基础设施、社会事业和产业功能区建设
	扩大强镇组织人事权	党政正职"一肩挑"——镇党委享有部分人事任免权，在扩权镇部门分局的领导班子成员任免在书面征求县相关职能部门意见后，由所在镇党委负责任免；国土等垂直部门的分局党政正副职的任免须实现书面征得所在镇党委的同意
强镇扩权的保障体制	强化组织领导	成立领导班子——县委县政府成立了农村新社区工作指导组，由县机关部门正职领导和正职退后备干部分别担任组长和常务副组长，指导新型城镇、中心镇和农村新社区
		列入县工作重点和实事工程——扩权强镇、建设新型城镇分别写入了绍兴县委十二届四次全会报告和县政府工作报告，列入了县政府 50 项重点工作
	落实倾斜政策	财政收入分成——地方财政收入超过基数的县留成部分、超过增值税基数的县留成部分全额分成
		经营性土地出让金净收益——经营性用地土地出让金收益全额返还给新型镇街
	建立交流机制	银镇洽谈会——省市县 25 家银行行长与新型镇街一把手共同座谈研讨，并对 8 个项目进行银镇合作签约，授信额度 5.7 亿元
		建立工作例会制——建立新型镇街工作例会制、经济社会主要指标定期上报制、季度工作回报制等制度
		创办月刊《新店口》——加强镇街之间、镇街与部门之间的对内交流，促进了各项工作更好开展
	允许先行先试	精简机构，瘦身强体——机构延伸；县镇对接，理清职责；调整机构，充实力量；权责统一，提高效能
		增加授权内容——在原已授权 30 项的基础上，增加授权 43 项

资料来源：罗新田，《强镇扩权：发达地区城乡一体化建设的突破口——对浙江省绍兴县的强镇扩权的跟踪调研》。

表 8 – 13   2008 年浙江省绍兴县五个试点镇经济社会有关数据汇总表

新型镇	常住人口（万人）	外来人口（万人）	国内生产总值（亿元）	财政收入（万元）	农民人均纯收入（元）	社会及合作医疗保险人数占镇总人口的比重（%）	镇规划建成区人口占总人口的比重（%）
杨汛桥镇	3.4	3.5	51.68	52042	13113	68	66
钱清镇	5.9	10	65.38	67377	13318	94	51
平水镇	7.1	1.6	10.119	15103	9346	87.35	43.46
福全镇	3.9	2.3	40.5	36611	12351	78	51.5
兰亭镇	3.2	1.3	14.5	15002	12132	78	50.5

资料来源：罗新阳，《强镇扩权：发达地区城乡一体化建设的突破口——对浙江绍兴县强镇扩权的跟踪调研》。

绍兴县在探索强镇扩权的改革探索中，是"锦上添花"的战略思路，就是对具备较强发展基础，对小城镇发展的体制严重不适的"松绑"；而不是"雪中送炭"，强镇扩权的对象并没有马上指向亟待发展的小城镇。

3. 绍兴县强镇扩权实施的具体成效

镇财力增强，城镇基础设施建设上了一个新台阶。2010 年 3 月，绍兴县实施强镇扩权的七个镇街[①]共建设商贸和住宅 90 万平方米，新建供水管线 77 公里、排污泵站 5 座，新建改造 10KV 公用电网 112.6 公里。其中，平水镇 28 个村通上了小公交；钱清镇 2007 年政府性基础设施建设投入 1 亿元，是扩权前 1 年的 5 倍。

权力下放促进了地方经济更快地发展。实施"强镇扩权"的试点之后，本镇域范围内的项目立项、审批和建设手续都可在镇里办理，缩短了项目审批周期。杨汛桥镇纳入扩权试点之后，本镇一些大型企业总部也陆续从外地迁回镇内。湖塘街道、柯岩街道 GDP 增长率也从扩权之前低于全县的平均水平迅速提升到超过全县水平。

小城镇财力明显提高。2006 年，钱清镇税收 4.97 亿元，可支配财政收入 1 亿元；扩权后一年税收达 6.5 亿元，可支配收入达 2.6 亿元。扩权的其他镇，

---

① 绍兴县实施强镇扩权的七个镇街：杨汛桥镇、钱清镇、平水镇、福全镇、兰亭镇、柯岩街道、湖塘街道。

财政收入也都大幅上升。平水镇财政收入占全县的比重从扩权之前的3%提高到5%；柯岩街道从扩权之前的10%提高到13%。

绍兴县在2006年开展的强镇扩权试点，当时被称之为"逆风实验"，却是浙江省大规模推行强镇扩权的"样板"。绍兴县在扩大镇管理权限、体制保障的探索中，好的做法和经验都被省政府采纳，并在全省141个中心镇中推广尝试。

第四节 浙江培育27个小城市的基本经验

一、浙江培育小城市的经验与成效

新中国成立以来，国家曾制定过关于设市和设镇标准的法律法规条文。几经修改，最终确定的标准是国务院分别于1984年和1986年9月19日批转民政部的《关于调整建镇标准的报告》和《关于调整设市标准和市领导县条件的报告》中确定的标准。《关于调整建镇标准的报告》提出，非农业人口6万人以上、年国民生产总值2亿元以上、已成为地区经济中心的镇，可以设置市（县级）的建制。少数民族地区和边远地区重要的城镇，重要工矿科研基地，著名风景名胜区、交通枢纽、边境口岸，虽然非农业人口不足6万人，年国民生产总值不足2亿元，如确有必要，也可设置市的建制。按照1984年的设市标准，中国有接近1000个小城镇都符合设市的标准。全国大规模的设市，对此可能国家还并没有做好相应的规划，况且时过境迁，按照30年前的标准来设置目前的城市，也未必符合时宜。但是研究当时设立城市的衡量标准，一是非农业人口达到6万人，二是年国民生产总值达到2亿元以上，可以发现，一个城市建成区内首先要具备一定规模的城镇人口，同时要具备相当的经济实力。

浙江省在开展小城市培育试点工作中，把集聚较多的城镇人口、培育完备的城市形态和拥有足够的经济实力作为确定小城市培育的主要指标。一方面，提高了小城市建成区集聚的人口标准，丰富了转换内涵。在国家《关于调整建镇标准的报告》设市标准的基础上，浙江省将建成区要集聚6万人的户籍人口作为小城市设市标准。同时，把非农业人口调整成户籍人口，这里的户籍人口包括把本地农业人口转为非农业户籍人口，也包括把外地户籍人口转为本地户籍人口。另一方面，对经济指标要求更高。《关于调整设市标准和市领导县条件的报告》提出国民生产总值2亿元可设置城市，而浙江省将其细化为城市财政收入达到10亿元、农民居民人均收入达到2万元，已远远高出了国家制定的标准。按照目前中国各类城市的发展水平，浙江省小城市培育的设市标准已远远超出了全国县域经济发展的水平。与30年前的国家标准相比，浙江在小城市培育工作中已实现了超越。浙江省培育小城市的标准是否符合中国未来设置小城市的普遍标准，还有待历史的检验。

浙江省培育小城市，提出第三产业对GDP的贡献（40%以上）作为衡量小城市培育成效的指标。服务业发展水平是一个城市商业、娱乐、休闲等第三产业发展水平的一个指标，能反映小城市对本区域的辐射和影响，是一个小城市发展成熟度的衡量标准。浙江省把服务业对经济的贡献作为衡量指标，是为了推进城镇功能更多地从生产性为主向以生活性为主转变，提升城镇的综合功能。浙江省把服务业对GDP的贡献作为衡量指标，很大程度上促进了试点镇政府执政理念的转变，许多试点镇把构建宜居、宜业的城镇面貌和城镇功能，提升城镇服务业水平，提升集聚人口的能力作为城镇发展的主要目标。

浙江省政府在试点政策中提出的改革措施符合城镇发展的需求。土地指标的倾斜、财政支配能力的建设、人才的扶持，都是小城镇在发展过程中迫切需要给予扶持的几个重要方面。《浙江省人民政府办公厅关于开展小城市培育试点的通知》提出了相应的措施，支持力度也较大，包括赋予试点镇与县级政府基本相同的经济社会管理权限；县（市、区）政府部门派驻试点镇的机构负责人的任用及工作人员的调动，需征得试点镇党委的同意；允许优先安排建设用地计划指标，专业人才到试点镇挂职；财力分配向试点镇倾斜。

小城市培育的许多扶持政策需要地市、县（区）政府具体落实。比如在赋予试点镇与县级政府基本相同的经济社会管理权限、调整行政区划、市县级专业人才到试点镇挂职、财力向试点镇倾斜等方面，都需要地市政府、特别是县（区）政府落实。但是省级政府主动扶持的措施，比如下达建设用地计划指标，全国按计划向各省下达建设用地指标，各省再将指标分别向地级市、区县下达，通常指标并不能下达到乡镇一级。浙江省在培育27个试点镇中，明确提出要优先将计划指标下达给试点镇，省政府在文件中明确规定，地、市、县都基本按照政策要求予以落实。

浙江省为小城市培育建立了相应的资金支持体系。首先是财力分配鼓励地级市、县（区）更多地向试点镇倾斜。同时加大税费支持力度，试点镇新办大型商贸企业房产税、城镇土地使用税、企业所得税地方分成部分三年内全额返补，同时对金融保险业营业税三年内拨补50%，土地出让金净收益市、县（区）留成部分、城镇基础设施配套费全额返还给试点镇用于建设。省政府还成立一笔专项资金，总共30亿元，每年到位10亿元，用于试点镇的基础设施、社会事业、产业功能区、技术创新和人才集聚服务平台、公共服务平台、规划编制及体质创新等项目建设。

二、小城市培育改革的制度分歧

小城市培育是一种"倒逼型"的政府治理创新的改革探索。对于浙江省政府出台的《浙江省人民政府办公厅关于开展小城市培育试点的通知》，如果从法理上讲存在不合理性，比如《国家行政许可法》和《行政处罚法》① 都规定，行政机关只能在其法定职权范围内，依照法律、法规、规章的规定，方可委托其他行政机关实施行政许可和行政处罚。实际上，法律、法规都并没有明文规定，县级政府可以将其自身拥有的经济社会管理权限委托给镇政府。因此，这些行政许可和行政处罚权的下放缺乏充足的法律依据。但是，从绍兴的"逆风实验"，到温州的"强镇扩权"，再到浙江省政府陆续出台的相应政策文件，浙江"强镇扩权"是逐步探索与经济发达乡镇相匹配的经济社会管理权限的过程。通过试点镇自身的发展，探索适合现阶段的乡镇治理结构，是一个自下而上的创新实践，通过试点寻求符合小城镇健康发展的管理模式，"倒逼"行政管理体制更加科学合理地改革。

小城市培育的制度探索具有一定的局限性和过渡性。《浙江省人民政府办公厅关于开展小城市培育试点的通知》关于经济社会管理权限的调整主要是依靠行政力量，推进县乡经济社会管理权限的调整，是政府间调整关系、重新分配公共权力的举措。而关于专业人才挂职，也是鼓励以市、县专业人才向试

---

① 《国家行政许可法》第二十三条 法律、法规授权的具有管理公共事务职能的组织，在法定授权范围内，以自己的名义实施行政许可。被授权的组织适用本法有关行政机关的规定。第二十四条 行政机关在其法定职权范围内，依照法律、法规、规章的规定，可以委托其他行政机关实施行政许可。

《行政处罚法》第十七条 法律、法规授权的具有管理公共事务职能的组织可以在法定授权范围内实施行政处罚。第十八条 行政机关依照法律、法规或者规章的规定，可以在其法定权限内委托符合本法第十九条规定条件的组织实施行政处罚。行政机关不得委托其他组织或者个人实施行政处罚。

点镇挂职的方式，优化镇的人力资源，挂职本身也是一种促进人力流动的临时性手段。关于财力的倾斜、税费的支持、专项资金的支持等措施中，也都明确了一定的支持年限（一般为3年）。

小城市培育的探索，是省、地级市、县级市、镇四级行政主体相互联动的权力让渡的探索，原本只是镇级权力的扩大，却需要四级政府联合行动，才能让这一改革行之有效、落到实处。原因在于，中国的城市管理体制是高等级城市管理低级别城市。在这四级行政级别当中，镇级需要扩大行政管理权限，必须经过上级政府层层授权，并将县级政府部分权限下放到镇。问题的关键在于，这种让渡本身并不彻底。从让渡的方式来看，无论是授权、委托还是交办，都是一种可以撤销的法律行为，小城镇政府是被动接受方，在行政权限的让渡上并没有话语权。另外，浙江很多县本身也处在集聚要素的过程中，从发展的动力上讲，它们还需要上级政府下放更多的管理权限，而让它们向小城镇让渡仅有的权限，也存在主观上的"不情愿"。

下放的权限离小城镇发展成为小城市仍然存在较大的差距。小城市培育的改革，初衷是通过把县的部分权限下放到镇，来临时解决城镇"责大权小"的问题，目的是为了让城镇的功能发展得更加完善。但是小城镇的发展诉求上看，下放的权限仍然过小。小城镇培育成小城市，需要小城镇实现自主成长，包括发展优质的教育、医疗，构建良好的生态环境，形成对周边有一定聚集能力的中心。首先需要吸引民间投资，需要调动土地、财政等行政资源，需要规划和建设的配合，也需要对生态环境的评估和监察。实际上，小城镇成为真正意义上的城市，需要的是一个城市应该具备的所有职能。而从现在的行政体制上来看，镇级政府更多地承担了一级政府的管理和服务责任，但是行政管理权限上，城镇政府许多职能类似一级政府的派出机构的权限，在实现城镇自主发展方面，还受到许多限制。这些限制包括对城镇规划和建设的控制与管理，包括对土地利用的管理、对治安和执法的权限等等。

三、小城市培育的未来方向

中国的城镇体系需要小城镇发育得更加强大。未来10~20年，我国城镇化仍将处于快速发展时期，预计到2030年，我国城镇化率将达到65%左右，城镇人口总量将达到9.5亿，新增城镇人口将超过3亿。显然，仅靠现有657个城市吸纳如此庞大的城镇人口不现实，需要众多的小城镇发挥集聚人口的作用。小城镇发展的内生动力较弱，行政资源、人才资源短缺，但是成本优势比较明显。小城镇发展得好，能推动上级县、区等中小城市的发展，还能分担大城市病的各种矛盾，助推大城市发展。从我国的国情来看，随着城镇化的继续推进，越来越多的农村人口将逐渐转移到无数个城市和小城镇中，大中城市的生活成本较高，城市病等问题也将促使未来城镇化的格局将从大城市向中小城市转移，具有一定产业发展基础、城镇功能比较完备的小城镇将成为承接大量城镇化过程中接纳人口的重点区域。20 世纪 90 年代以来，国家在城市化政策上侧重于对大中城市的支持，在全国的城市发展格局中，大中城市发展较快，小城镇发展相对比较缓慢。构建大、中、小城市协调发展的城镇化发展格局，首先需要从体制上为小城镇自主发展创造制度条件，释放小城镇发展的活力，发挥小城镇未来发展的潜力。

产业发展基础好、城镇人口较多的特大镇成为小城市培育的主要力量。特大镇是小城镇发展的领先者，现在已成为中国城镇体系中一个重要的群体，是吸纳外出农民工的主要区域。在 1.9 万个小城镇中，镇区常住人口超过 10 万的小城镇有 152 个，按照国家设市的标准，这 100 多个小城镇已接近设市的标准。这些城镇在吸纳外来就业人口、调配财政收入和建设城镇等方面的实力，远远超过全国县级市的平均水平。这些特大镇的产业发展能力较强，是一定区域范围内辐射周边的节点城镇，具备可持续发展的实力。从区位上来讲，许多特大镇位于都市圈内紧邻大中城市的郊区，是分担中心城区就业和居住功能的重点区域。无论是从城镇的自我发展的需求，还是从中心城区自我完善的发展需求的角度，特大镇是培育发展成为小城市的主体。推行城镇化改革，特大城市、大城市往往因为固化的利益格局无法突破，导致政策落实存在较大的阻力，而特大镇累计的利益矛盾还不深，改革的难度相对较小，解决外来农民工落户和公共服务，是城镇化改革过程中必须要探索的内容。贯彻中央有关推进城镇化的制度部署，把推进改革过程中涉及的户籍和公共服务造成的负面影响降到最低，在特大镇展开探索是一个很好的途径。全国发展改革试点中，也把特大镇培育成小城市作为改革探索的重要内容。

赋予城镇稳定"市"级经济社会管理权限是小城市培育改革的最终目标。中国实行五级行政管理体制，从中央、省、地级市、县级市再到小城镇，权力的大小呈现"倒金字塔形"，小城镇政府的权限处于最低端，自主发展权限不

（个）

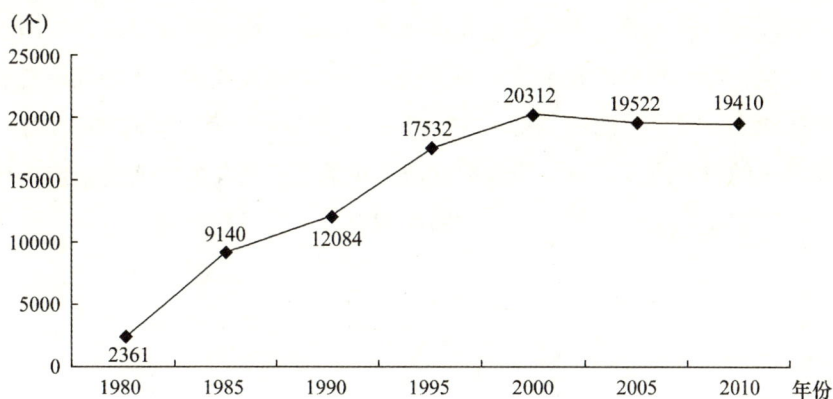

图 8 - 5　中国小城镇数量变化图（1980 ~ 2010 年）

（个）

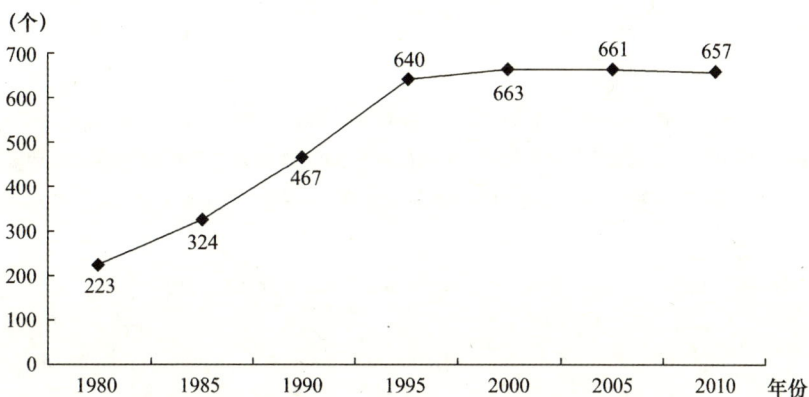

图 8 - 6　中国城市数量（1980 ~ 2010 年）变化图

足，成为小城镇不能快速成长的主要因素之一。浙江省的小城市培育探索，包括其他地区正在尝试的强镇扩权的探索，都是探索如何实现县与乡镇的权限重新分配。这种利益调整的方式会弱化市县政府对乡镇的控制力，是利益重新分配的过程。这种利益分配的调整是不持续的，也是不稳定的，无论是省、地级市还是县级市，都是以本地政府的名义下发，并没有纳入法律体系，不受法律约束。随着地方政府负责人的人事变动，也由于地方政府发展水平的变化，可能会让这个改革探索停滞。小城市培育的探索，最终需要建立稳定的改革依据，在法律框架下探索和完善小城市培育的各项改革。改变以往必须由国家确定设市的审批办法，建立各省审批设立城市的机制，在机构设置、人员编制、分税体制等方面，加大改革和探索的力度。由于城市建制的设置，审批的权限都在中央层面，地方政府没有随意设置城市的权力，因此一直以来，中国城镇数量的变化，都与国家的政策紧密相关，并不是城镇发展到一定的规模就能变更行政的级别。在今后的改革探索中，中央政府要创造条件，加强顶层设计，明确特大镇的概念以及地方各级政府在改革中的责任和义务，通过制定指导性意见，完善相关的法律法规，让特大镇实现自我生长演变为城市。

参考文献

［1］张蕾，王桂新. 中国东部三大都市圈经济发展对比研究. 城市发展研究，2012，19（3）

［2］石忆邵. 长江三角洲区域经济发展的新趋向. 长江流域资源与环境，2004（4）

［3］苏甦. 浙江区域城镇体系规划新思路. 规划师，2004（6）

［4］徐越倩，马斌. 强镇扩权与政府治理创新：动力、限度与路径——基于浙江的分析. 中共浙江省委党校学报，2012（1）

［5］国家发改委内部调研资料，2012

［6］《浙江省人民政府办公厅关于开展小城镇培育试点的通知》（浙政办发［2010］162号）

［7］强镇扩权：发达地区城乡一体化建设的突破口——对浙江省绍兴市的强镇扩权的跟踪调研

［8］龙微琳、张京祥、陈洁. 强镇扩权下的小城镇发展研究——以浙江省绍兴县为例. 现代城市研究，2012（04）

［9］李铁. 城镇化是一次全面深刻的社会变革. 北京：中国发展出版社，2013

第九章　黔中城市群与中小城市发展

第一节　贵州城镇化发展历程与现状

一、认识贵州

贵州省简称"黔"或"贵"，位于中国西南部，介于东经103°36′~109°35′、北纬24°37′~29°13′之间，东毗湖南、南邻广西、西连云南、北接四川和重庆，是西南连接华南、华东的陆路重要通道之一。全省东西长约595千米，南北相距约509千米，面积约17.6万平方千米，占全国国土面积的1.8%，共有9个地级行政区划单位（辖6个地级市和3个自治州），88个县级行政区划单位（9个县级市、56个县、11个自治县、10个市辖区、2个特区）（见图9-1）。

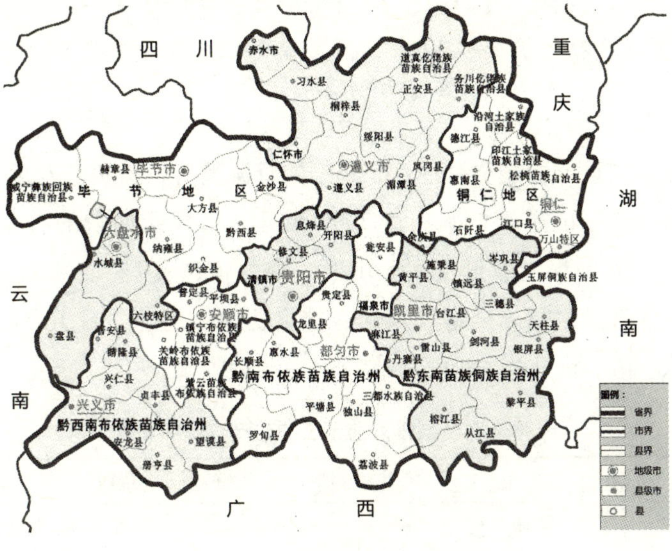

图9-1　贵州省行政区划图

贵州号称"公园省",处处是景、秀丽古朴、风景如画、气候宜人、物产丰富。有"中国避暑之都"贵阳、"江南煤海"六盘水、"中国酒都"仁怀、"世界遗产"赤水丹霞,有亚洲最大最美的瀑布、溶洞。

贵州是一个多民族共居的省份,少数民族人口占全省总人口的37.9%。全省有49个民族省份,少数民族数仅次于云南,居全国第二位。世居少数民族有土家族、苗族、布依族、侗族、彝族、仡佬族、水族、回族、白族、瑶族、壮族、毛南族、蒙古族、仫佬族、羌族、满族、畲族等16个。

| 专栏9.1 | 贵州旅游资源 |

贵州是中国旅游资源最为丰富的省份。具备国内最完整、最多元、最为生态的旅游资源,贵州"公园省"的生态环境、山水相融的地形地貌、"文化千岛"的多彩生活、四季适宜的气候条件,以及丰富的温泉资源。无论从气候、生态、山地、水体、文化还是农业上,都具备了发展休闲度假的良好条件。

主要旅游资源:

1个世界自然遗产"中国南方喀斯特";

2个国家5A级旅游景区,16个国家4A级旅游景区;

黄果树等国家级风景名胜区18个,梵净山等国家级自然保护区8个,百里杜鹃等国家森林公园21个,织金洞等国家地质公园6个;

全国重点文物保护单位39个,国家级非物质文化遗产31项40个,国家历史文化名城2个,中国优秀旅游城市6个。

贵州是全国重要的能源基地,是典型的资源型省份。现已发现122种矿产资源,探明有储量的矿床、矿点达3000余处,已探明储量的有76种,共计1481处产地,其中煤炭储量仅次于山西、内蒙古、陕西、新疆,居全国第五位,是江南各省区之冠。全省煤炭保有储量达507亿吨,是川、滇、湘、鄂、桂、粤、琼、徽、浙9省之和。

表9-1　　　　贵州省在全国排列前十名的矿产资源储量表

矿产名称	单　位	基础储量	资源储量总数	全国排名
重晶石	亿吨		1.23	1
汞　矿	吨	11029	30707	1

续表

矿产名称	单 位	基础储量	资源储量总数	全国排名
铝土矿	千吨	136892	395471	2
稀 土	吨		1446037	2
磷 矿	千吨	511963	2561276	2
镁 矿	千吨	15049	32131	3
锰 矿	千吨	25335	71813	3
锑 矿	吨	37151	245094	4
煤 矿	千吨	15134909	53085295	5

资料来源:《贵州的比较优势与产业发展》。

表 9 - 2　　　　1978 ~ 1997 年人均 GDP 最高与最低省份比较　　　单位：元

年 份	最高省	人均 GDP	最低省	GDP
1978	上 海	2485	贵 州	175
1979	上 海	2556	贵 州	204
1980	上 海	2725	贵 州	219
1981	上 海	2800	江 西	369
1982	上 海	2864	江 西	403
1983	上 海	2947	江 西	428
1984	上 海	3232	江 西	497
1985	上 海	3811	江 西	597
1986	上 海	3956	山 西	890
1987	上 海	4340	贵 州	546
1988	上 海	5080	内蒙古	1291
1989	上 海	5362	内蒙古	1377
1990	上 海	5911	内蒙古	1478
1991	上 海	6661	内蒙古	1642
1992	上 海	8208	内蒙古	1906
1993	上 海	11061	内蒙古	2423.1
1994	上 海	14328	内蒙古	3094
1995	上 海	17779	内蒙古	3771.5
1996	上 海	20647	甘 肃	2946.2
1997	上 海	23397	甘 肃	3199.2

资料来源：国家统计局。

二、贵州欠发达、欠开发的省情分析

根据《2010 年第六次人口普查主要数据公报》，贵州省常住人口 3474 万人。2011 年，全省生产总值 5701.84 亿元，比上年增长 15.0%，人均生产总值为 16413 元。城市地区生产总值为 1411.31 亿元，占全省生产总值的比重为 24.75%。其中，第一产业增加值 726.22 亿元，增长 1.2%；第二产业增加值 2334.02 亿元，增长 20.7%；第三产业增加值 2641.60 亿元，增长 14.2%。居住的城镇人口为 1174.8 万人，占全省总常住人口的 33.8%（城镇化率）；居住在乡村的人口为 2300 万人，占总人口的 66.2%。城镇居民人均可支配收入为 16500 元，农民人均纯收入为 4200 元。

贵州是全国唯一没有大面积平原的内陆山区省份。贵州地处中国西南部高原山地，平均海拔在 1100 米左右。全省地貌可概括为高原、山地、丘陵和盆地四种基本类型，其中山地和丘陵面积占全省土地面积的 92.5%，可耕地仅占全省面积的 15%，是名副其实的"山国"。用当地的民谚概括便是："天无三日晴，地无三里平，人无三两银"。农业生产自然条件差，基础设施建设成本高，信息也比较闭塞，发展一直比较落后。经过一代又一代的努力，今天的贵州与以往也今非昔比，但是与其他省区特别是东部发达地区相比，差距还非常大。贵州经济社会发展的很多指标都远远低于全国平均水平，人均 GDP 更是持续位居全国各省市榜单之末。就小康指标来看，贵州是全国唯一没有宣布实现总体小康的省份，全面小康社会实现程度仅为 56.5%，分别低于西部地区 9.8 个百分点，低于全国 18.1 个百分点。2008 年，城镇居民人均可支配收入、农民人均纯收入分别为倒数第五和倒数第二。从西部 5 个省市（川、渝、桂、滇、黔）经济情况比较来看，贵州经济总量排在最后，是经济发展水平最低的省份。

欠发达是贵州省的基本省情。2007 年，贵州总人口 3975 万人，占全国人口的 3%。而生产总值却只有 2710 亿元，占全国的 1.1%。2010 年底，贵州全省地区生产总值为 4593 亿元，仅占全国 GDP 比重的 1.15%（2010 年广东省 GDP 总量高达 4.5 万亿元，是贵州全省 GDP 的 11 倍之多）；全省人均 GDP1.3 万元，只相当于全国平均水平的 43%（相当于上海人均 GDP 的 1/6、西部平均水平的 58%）；城镇化率为 33.8%，低于全国平均水平（49.7%）；城镇居民人均可支配收入（14867 元）、农民人均纯收入（3472 元）均低于全国平均

水平。另外，公共教育水平（全省大学以上人口比重仅为 5.29%，文盲率高达 11.7%）都低于全国平均水平。全面小康实现程度为 62.4%，比全国平均水平落后 8 年，比西部平均水平落后 4 年，全省 88 个县市区中有 50 个被列为扶贫开发重点县。按照新的贫困标准 2300 元测算①，贵州仍有 1521 万人尚未脱贫，占全国贫困人口的 11.9%，占贵州农村户籍人口的 45.1%。目前，贵州是全国唯一一个人均生产总值没有达到 800 美元的省份。

尽管，欠发达是西部各省、市面临的共性问题，但贵州的欠发达是与众不同的。从拥有资源来看，贵州是一个富饶的省份：煤炭储量居全国第五位，超过江南 12 省区总量之和；有丰富的水能资源，可开发量达 1683 万千瓦，居全国第六位；埋藏深度小于 2000 米的煤气资源达 3.15 万亿立方米，储量居全国第二位；铝、磷、锑等多种矿产资源储量在全国优势突出，在全国排名前五位的矿产达 27 种之多。另外，贵州有相对丰富的生物资源尚未得到有效开发，有野生动物 1000 多种、野生植物 3800 多种，是全国重要的动植物种源地；中药材数量繁多，品种齐全，是全国中药材四大产区之一。地质地貌上，贵州拥有典型的喀斯特地貌，是国际上最有价值的地理地质二叠纪、三叠纪科学研究和观赏基地。无论从资源上，还是当地独特的自然风光、悠久厚重的历史文化来看，贵州都是一个"大宝库"。然而，多年来贵州一直"养在深闺人未识"。

如今来看，工业化滞后或许是贵州经济社会发展滞后的根本原因，工业基础薄弱不仅让贵州经济发展缺乏有力支撑，经济增长乏力，也导致农业产业化也比较困难。囿于产业发展缓慢，当地剩余劳动力大多转移到沿海和中西部中心城市寻求就业机会。按照第六次人口普查数据，贵州省外出劳动力高达 700 万人。

从经济发展水平和阶段看，贵州省还处于工业化初期，工业化发展水平落后全国多年，生产技术落后，使得资源没有得到科学高效的开发利用。许多资源型产业的生产制造，尚处于产业链的最底层，产品附加值低。据测算，贵州省 2009 年的工业化程度系数为 0.8，相当于全国 20 世纪 90 年代中期的水平，

---

① 2011 年 11 月 29 日，在北京召开的中央扶贫开发工作会议决定将农民人均纯收入 2300 元（2010 年不变价）作为新的国家扶贫标准，此标准比 2009 年提高了 92%。

大体上落后全国 15 年左右。

从固定投资上来看，贵州省也处于投入欠缺的省份。财力薄弱、项目资金配套能力低，是贵州争取中央资金的一个短板。1998 年全国中央项目基建投资 4123 亿元，其中贵州只有 29.5 亿元，比云南（40.6 亿元）、四川（173.6 亿元）、重庆（49.9 亿元）、陕西（98.6 亿元）等绝大多数西部省区低得多。1999 年，贵州省人均地方财政收入排在全国倒数第 2 位，仅相当于全国平均水平的 45.4%、云南的 48.8%、四川的 81.5%、广西的 70.9%。

从开发历史来看，贵州自 1413 年建省以来，除了抗日战争时期、三线建设时期以外，在国家实施西部大开发战略之前，贵州省没有进行过大规模的开发。自 2000 年国家实施西部大开发战略①以来，贵州获得了难得的发展机遇。贵州省的财政支出从 2005 年的 520 亿元增加到 2009 年的 1358 亿元。"十五"期末，全省的全社会固定资产投资为 1000 亿元，2009 年为 2438.18 亿元。2009 年，全省高速公路通了 1188 公里，全省共实现 14 万公路里程通车，公路通车方面实现一年超过 1 万公里的速度建设。2000 年，贵州全省地区生产总值刚突破 1000 亿元，到 2009 年，贵州全省 GDP 达到 3800 亿元，2010 年，贵州省 GDP 达 4594 亿元，比上年增长 12.8%。

张殿发等研究了"贵州现象"和"浙江现象"的对比，认为贵州欠发达的原因是在特殊地理环境、发展环境和体制背景下产生的不发达现象。除了不够便利的交通条件、脆弱的生态地质环境阻碍贵州的快速发展以外，发展观念落后、管理体制僵化，是贵州长期落后的主要原因。

贵州的"欠发达、欠开发"，也使贵州拥有了建设生态文明的明显优势，这将成为贵州宝贵的财富。2012 年，全省森林覆盖率达到 42.5%，远高于全国 20.36% 的平均水平。如何合理开发利用这些资源，开发推广文化资源，是贵州实现历史性跨越的重要基础。在贵州省第十次党代会上，贵州省委把

---

① 1999 年 9 月 22 日，党的十五届四中全会通过《中共中央关于国有企业改革的发展若干大问题的决定》，《决定》指出，国家要实施西部大开发战略。西部大开发的目的是"把东部沿海地区的生于经济发展能力，用以提高西部地区的经济和社会发展水平、巩固国防"。力争用 5 到 10 年时间，使西部地区基础设施和生态环境建设取得突破性进展，西部开发有一个良好的开局。到 21 世纪中叶，要将西部地区建成一个经济繁荣、社会进步、生活安定、民族团结、山川秀美的新西部。

"环境立省"放在首位，并将"保住青山绿水也是政绩"写入了党代会报告。时任贵州省长的林树森提出，良好的生态是贵州建设生态文明和生态现代化、实现经济社会发展历史性跨越的后发优势。

2012年，《国务院关于进一步促进贵州经济社会又好又快发展的若干意见》（国发［2012］2号）指出，贫困和落后是贵州的主要矛盾，加快发展是贵州的主要任务。贵州尽快实现富裕，是西部和欠发达地区实现与全国平衡发展，缩小中西部差距的重要转折点。贵州省"十二五"规划中提出，贵州省要紧紧抓住深入实施西部大开发战略的历史机遇，以加速发展、加快转型、推动跨越为主基调，大力实施工业强省和城镇化带动战略，努力走出一条符合自身实际和时代要求的后发赶超之路，确保与全国同步实现全面建设小康社会的宏伟目标。

专栏9.2	贵州城镇化问题

1. 城市数量少

中华人民共和国成立时，全国有建制市108个，而贵州只有1个，占0.9%；至2006年底，全国有建制市652个，贵州有13个，占1.9%，比1949年提升了1个百分点。在贵州的13个城市中，建市时间除贵阳市外，其余12个都是新中国成立之后才设市的，有的甚至是20世纪80年代后才建立的。

贵州的城市化水平与全国有着很大的差距。2011年，全国城市化率为51.27%，而贵州仅为35%。城市化水平较低，发展不平衡，也反映了社会生产力的发展水平。贵州的城镇网络虽然基本形成，但由于经济不发达，生产力水平较低，发展不平衡。

2. 原因

贵州山多平地少，山区和丘陵面积占全省总面积的92.5%。由于地形起伏大、耕地资源特别宝贵，城镇建设用地受到很大限制，只能依山就势建设、利用地形发展。因此，贵州的城镇规模比较小，不容易形成大城市。

2006年，全国除四个直辖市外，共有县级以上城市661个，其中地级市287个，平均每个省区拥有设区的市10.6个，而贵州只有4个，仅占全国水平的38%，在全国排倒数第四位。贵州有1个特大城市、3个中等城市、

9个小城市。这种城市数量少、大城市缺失、中小城市数量严重不足的城市规模等级严重不合理,这也是贵州城市发展缓慢的严重症结。

此外,贵州省特殊的喀斯特山区的自然生态环境、严重缺水问题、污染物处理率偏低问题都阻碍着贵州省城市的发展。

专栏9.3　　　　　　国发〔12〕号对贵州的发展要求

1. 发展要求

贵州是我国西部多民族聚居的省份,贫困和落后是贵州的主要矛盾,加快发展是贵州的主要任务。贵州应紧紧抓住深入实施西部大开发的历史机遇,以加速发展、加快转型、推动跨越为主基调,大力实施工业强省和城镇化带动战略。重点做好以下五个方面的任务:

(1)着力加强交通、水利设施建设和生态建设,全面提升又好又快发展的基础条件;

(2)着力培育特色优势产业,积极构建具有区域特色和比较优势的产业体系;

(3)着力加大扶贫攻坚力度,彻底改变集中连片特殊困难地区城乡面貌;

(4)着力保障和改善民生,大幅提高各族群众生活水平;

(5)着力深化改革扩大开放,不断增强发展的动力和活力,努力走出一条符合自身实际和时代要求的后发赶超之路,确保与全国同步实现全面建设小康社会的宏伟目标。

2. 发展定位

贵州是全国重要的能源基地、资源深加工基地、特色轻工业基地、以航空航天为重点的装备制造基地和西南重要陆路交通枢纽。大力实施优势资源转化战略,构建特色鲜明、结构合理、功能配套、竞争力强的现代产业体系,建设对内对外大通道,打造西部地区重要的经济增长极。

扶贫开发攻坚示范区。按照区域发展带动扶贫开发、扶贫开发促进区域发展的新思路,创新扶贫开发机制,以集中连片特殊困难地区为主战场,全力实施扶贫开发攻坚工程,为新时期扶贫开发工作探索和积累经验。

> 文化旅游发展创新区。传承优秀传统文化，弘扬社会主义先进文化，探索特色民族文化与旅游融合发展的新路子，努力把贵州建成为世界知名、国内一流的旅游目的地、休闲度假胜地和文化交流的重要平台。
>
> 长江、珠江上游重要生态安全屏障。继续实施石漠化综合治理等重点生态工程，逐步建立生态补偿机制，促进人与自然和谐相处，构建以重点生态功能区为支撑的"两江"上游生态安全战略格局。
>
> 民族团结进步繁荣发展示范区。认真落实民族政策，支持民族地区加快发展，巩固和发展平等、团结、互助、和谐的民族关系，促进各民族交往交流交融，实现经济跨越发展和社会和谐进步。

三、贵州城镇化发展历程

贵州地处我国西南边陲，既不沿边、不沿海、也不沿江，受复杂地形地貌的制约，贵州古代城镇的起源，与其他地区不同。历史上，国家对贵州的战略考虑大多是基于军事防疫的需要。位于国家西南腹地的贵州，冬无严寒夏无酷暑，气候宜人，是西南地区南来北往、东进西出的交通枢纽，地形复杂不易受侵袭干扰等诸多特点，历来是人们谋求生存、避乱求安的目的地。明朝是历史上贵州城镇发展最快的时期，这个时期形成的城镇，都是围绕明王朝的军事需求而形成的。继明朝兴起城镇兴建之风以来，抗日战争时期是贵州面临的第二次发展高峰[①]。抗日战争中后期，由于迁都重庆，贵州成为全国抗战的大后方。这一时期，贵州省从边缘地带变成了全国的"中心区域"。抗战8年期间，贵州人口增长近百万，工厂数量从一开始的13家增至154家，增长了10倍多，工厂拥有资金从172万元增至1.4亿元，贵州的采矿业、烟草业、制造业、印刷业和食品业等得到了空前繁荣。

新中国成立后，贵州的兴盛主要在20世纪60年代。国家"大三线"建设时期，国家面临着战争的威胁，在安全战略上作出重大决策和部署，将处于沿

---

① 抗日战争中后期，由于迁都重庆，贵州省成为全国抗战的大后方。抗战八年，贵州人口增长近百万，工厂数量增加十倍，工厂资金增长80倍，各产业空前繁荣，贵州迎来了开发、发展的有一次历史性机遇期。

海地区的高级军工企业内迁，以011、061、083 三大基地①为核心，把代表国家工业最先进水平的装备技术和高科技人才迁往贵州，构建起了贵州的现代工业基础。那时，贵州的经济总量与全国平均水平大致相当。

表9－3　　　　　贵州省城镇化率表（1978～2009 年）

年份	城镇人口、总人口比例（%）	年份	城镇人口、总人口比例（%）
1978	12.06	1994	20.54
1979	13.84	1995	20.87
1980	15.56	1996	20.21
1981	17.2	1997	20.96
1982	18.79	1998	21.81
1983	18.98	1999	22.09
1984	19.13	2000	23.87
1985	19.22	2001	23.96
1986	19.22	2002	24.29
1987	19.27	2003	24.77
1988	19.26	2004	26.28
1989	19.3	2005	26.87
1990	19.07	2006	27.46
1991	19.46	2007	28.24
1992	19.84	2008	29.11
1993	20.2	2009	29.89

资料来源：汤正仁：《区域产业化发展、城镇化与就业——基于贵州的实践》。

---

① 三线建设，自1964 年开始，中华人民共和国政府在中国西部地区的13 个省、自治区进行的一场以战备为指导思想的大规模国防、科技、工业和交通基本设施建设。011、61、83 基地均属其中。

中国贵州航空工业集团（又称011 基地），始建于1964 年，是以资本和产品经营为联结纽带，集制造、贸易、可言、金融为一体的军民结合型企业集团。现有企事业单位46 家，内部配套率达到70% 以上，集团在册职工5.1 万人，各类专业技术人员1.6 万人。

中国航天科工集团（又称61 基地）是1964 年经中央专委批准建设的配套完整、生产能力较强的重点飞行器科研生产基地，是国家首批大型试点企业集团，具有飞行器设计专业的硕士学位授予权，培养设在302 设计研究所。

中国振华电子集团有限公司（又称83 基地），前身系20 世纪60 年代三线建设时期国家在贵州建立的军工电子基地，现属国家120 家试点企业集团和国家520 家重点企业之一。集团拥有国家级技术中心和863 成果产业化基地，有博士后科研工作站。

贵州城镇化水平，城镇数量迅速增加，城镇化得到发展，但是发展水平落后于全国平均水平。改革开放之初，贵州城镇化与全国处于同一水平。改革开放后，全国以 1.1% 的速度发展，而贵州以年均 0.6% 的速度增长，落后于全国平均水平。在国家实施东部优先发展战略下，贵州的落后成为国家非均衡发展的代价之一。1978～2009 年，贵州地区规划由 5 个减少到 2 个，地级市由 3 个增加到 4 个，县级区划由 75 个增加到 88 个。目前，贵州省乡级行政部门 1553 个，其中镇 691 个，乡 758 个，街道 104 个，城镇密度是全国城镇平均密度的 2 倍，是我国西南部城镇密度较大的省份之一，城市面积也已经实现了较大扩展。以贵阳为例，2009 年贵阳市市区面积 24 万平方公里，建成区面积 128 平方公里，比 1978 年增长 1.7 倍。西部大开发战略实施以来，贵州的城镇化发展取得了较大进步，近 10 年平均每年保持 1% 的增长速度。贵州城镇化率由 1978 年的 17.8% 增长到 2009 年的 29.9%。但是，贵州省仍然与全国平均水平（2009 年，47%）有较大的差距。

表 9－4　　　　　　　　　　2009 年贵州省各地市小城镇分布比较表

	建制镇数 （个）	各地区镇比例 （%）	总面积 （平方公里）	城镇密度 （个/万平方公里）
全　省	691	100	176184.21	40.6
贵　阳	29	4.2	8034	36.1
六盘水市	30	4.3	9914	30.3
遵义市	164	23.7	30762	53.3
安顺市	38	5.5	9269	41
铜仁地区	69	10	18003	38.3
黔西南	76	11	16804	45.2
毕节地区	98	14.2	26852	36.5
黔东南	90	13	30223	29.8
黔　南	97	14	26197	37

资料来源：《2011 年贵州省国民经济和社会发展统计公报》。

四、贵州省城镇体系

2010 年，贵州城镇建成区总面积 1748 平方公里，其中县城以上城市建成区面积 973 平方公里。"十一五"期间，全省实施大中城市带动战略，推进了一批中心城市和重点县城的旧城改造和新区开发，形成了以省会贵阳为中心，以 8 个市（州）区域中心城市为骨干，其他交通节点小城市和重点城镇为基础的城镇体系。

推动形成了大、中、小城市并存的格局。贵州全省发展成为以 1 座特大城市，1 座大城市，7 座中等城市，52 座小城市，30 多座重点镇为主要脉络的城镇框架。特大城市贵阳快速发展，遵义进入大城市发展的行列，六盘水市加快向大城市迈进，安顺等其他 6 个区域性中心城市进入中等城市序列，18 个县城（县级市区）发展为接近或超过 10 万人的小城市，人口集聚和辐射带动能力逐步增强。

表 9 - 5　　　　　　　　　　　贵州省城镇体系表

等　级	规　模	城市名称
第一级	省域中心城市	贵阳市
第二级	区域中心城市	遵义、六盘水、安顺、毕节、都匀、凯里、兴义、铜仁等城市
第三级	区域次中心城市、其他中小城市（含县城）	盘县、仁怀、黔西、德江、榕江等，着力发展的区域次中心城市：平坝、福泉、贵定、开阳、息烽、赤水、瓮安、金沙、织金、桐梓、绥阳、天柱、六枝、兴仁、威宁、思南、独山、从江新城等一批着力发展的中等城市；其他县城
第四级	小城镇	新增一批小城镇作为重点发展，推进有条件的乡撤乡建镇

城市基础设施和公共服务设施建设进一步增强。贵州全省紧抓西部大开发和扩大内需的机遇，进一步加大城镇建设的投入力度，加强了城镇道路、供水、供电、供气、垃圾和污水处理，以及教育、文化、卫生等公共服务设施建设，城镇面貌和人居环境明显改善，城镇综合承载能力不断增强。2010 年，城镇人均道路面积达到 6.2 平方米，比 2005 年提高 0.1 个百分点；县城以上城镇建成区绿化率达到 21.8%，比 2005 年提高 1.8 个百分点；县城以上城镇污水处理率和生活垃圾无害化处理率分别达到 74.8% 和 68.8%，分别提高 48.1 和 10.9 个百分点。

五、贵州城镇发展特点

城镇经济实力薄弱，城镇居民收入水平与全国差距较大。大多数城镇缺乏产业的支撑，城镇只是基层政府的所在地、少量先富农民的居住地和农产品的

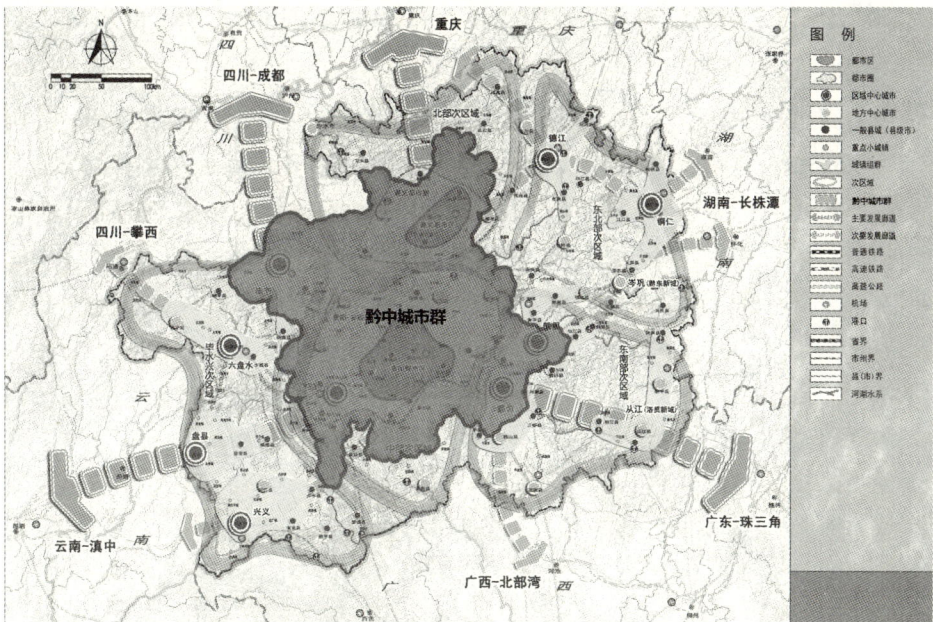

图9-2 贵州省城镇体系规划图（2012~2030年）

资料来源：贵州省城镇体系规划（2012~2030年）。

交换地。2006年，国家统计局公布的中国千强镇名单中，贵州没有一个城镇入选。2007年，全省城镇居民可支配收入10678.4元，与全国平均水平（13785.8元）相差3107元，与最高的上海（23622.7元）相差12944元。2012年，贵州开阳县金中镇首次进入千强镇，位于第879名。

城镇规模小，集聚能力有限。贵州平均每个建制镇镇区面积2.96平方公里，分别比西部小1.04平方公里，比东部小2.23平方公里。平均每个镇区人口6300人，分别比西部少800人，比东部少7600人。全省690个建制镇，只有34个镇区人口超过1万，大部分镇的镇区人口在5000人左右。不仅是小城镇集聚的人口较少，县城城市人口规模也普遍较少，69个县城中只有31个县城人口超过3万。在民族自治地区，小城镇镇区人口更少。据统计，贵州民族自治地区357个建制镇，镇区人口不足2000的有130个，人口超过1万的小城镇只有42个（其中39个是县城所在的城关镇）。如六盘水市六枝特区下设5个建制镇，除县城所在地平寨镇非农业人口达到10.5万人外，郎岱镇4144人、岩脚镇5725人、木岗镇3277人、大用镇4385人。由于规模太小，大部分城镇基础设施建设非常落后，小城镇人均环境整体质量不高。硬件的不足，也影响小城镇自身的集聚能力，难以发挥对小城镇周边农村地区的经济、政治、文化中心的功能。

城市建设起点低，公共服务设施落后。贵州许多城镇也是20世纪80年代之后建立起来的，道路、供电、供水、排水、图书馆、医疗设施都比较落后。以2005年为例，除了学校数量稍高于全国平均水平以外，其他的均低于全国平均水平，与东南沿海水平差距更大。贵州全省内部，区域之间城镇发展也严重不平衡。

城乡间居民的收入差距也在不断拉大。1978年，贵州全省城乡收入比为2.39:1；1990年，全省城乡收入比为3.22:1；2000年为3.73:1；2008年为4.2:1。城镇居民收入差距也比较明显。2008年，贵州城镇居民家庭人均可支配收入最高收入户为24769.1元，最低收入户为4581.7元，两者比例为5.4:1；农村居民家庭人均纯收入为6082.9元，最低收入户为1052.6元，两者比例为5.8:1。全省内部地区之间贫富差距也比较大。以2008年城镇居民人均可支配收入为例，贵阳市最高为13816.8元，铜仁地区最低为8623.5元，两者比例为1.6:1；从农民人均纯收入来看，贵阳市最高为4818元，黔西南最低为2446元，两者比例为2:1。

区域之间城镇发展不平衡。贵州四个板块区域①发展不平衡，贵阳市经济圈人均GDP是东南部特色经济区的两倍多。区域内部中小城市之间的发展也不平衡，红花岗区与正安县的相对差距从2005年的6.1倍扩大到2009年的7.9倍；钟山区与望谟县从当年的9.9倍扩大到11倍。从城镇发展情况来看，经济发展较强的镇，比如茅台镇，2008年全镇生产总值达63亿元，实现镇级财政收入4426万元；而经济基础薄弱的小城镇如大方镇年GDP不到40万元。

---

① 黔中地区包括贵阳市全部和遵义市、安顺市、黔东南州、黔南州部分地区，划分为贵阳环城高速公路以内的核心圈，距贵阳环城高速50公里以内的带动圈，距贵阳环城高速公路约100公里的辐射圈。

黔东南部：黔东南苗族侗族自治州，下辖16个省市，首府凯里。东临湖南省怀化地区，南接广西壮族自治州柳州、河池地区，西连黔南布依族苗族自治州，北抵遵义、铜仁两地区。境内东西宽220千米，南北长240千米，总面积30223平方千米。

黔北：黔北主要包括遵义市和铜仁市的部分地区。

黔西：位于贵州省中部偏西北，乌江中游鸭池河北岸，总面积2554.1平方公里，辖19乡9镇382个行政村、33个居委会。居住有汉、彝、苗、布依、满、白等18个民族，81.4万人口，少数民族人口19.81万人。

与其他省份不同，贵州地域之间发展不平衡，与交通区位条件不均衡有直接的关系。从历史上看，黔桂铁路于 1959 年建成通车，打开了贵州南下出海通道，带动了铁路沿线地区的繁荣和发展。铁路及兴起的省道、国道、高速公路的建设，对贵州城镇的发展也起到引导和推动作用。大量城镇沿清黄高速公路、崇遵高速公路、玉凯高速公路、210 国道、320 国道等重要交通干线分布。贵州全省 9 大城市都拥有铁路和高速公路。相比而言，一些远离高速公路、铁路的城镇的发展较为缓慢。

第二节　黔中城市群对贵州城镇化的作用

一、贵州构建黔中城市群的区域背景

一个地区，往往需要有一个龙头，才能带动区域内的城镇不断壮大。原因在于，龙头可以通过集聚和整合资源，让自身不断壮大，在自身壮大的过程中，又能实现对周边地区的辐射和带动。

自"十一五"开始，国家十分重视城市群的发展，并把"城市群作为推进城镇化的主体形态"写入国家"十一五"规划纲要中。"十二五"规划纲要更是提出，要"按照统筹规划、合理布局、完善功能、以大代小的原则，遵循城市发展客观规律，以大城市为依托，以中小城市为重点，逐步形成辐射作用大的城市群，促进大中小城市和小城镇协调发展"。经过近 10 年的培育和发展，中国目前已形成共识的城市群有 23 个，它们成为中国高密度人口集聚区、高密度经济集聚区和高密度城镇集聚区。

2007 年的数据显示，中国城市群占全国国土面积 21.3%，却集中了占全国 49% 的总人口、78.8% 的经济总量、76% 的工业总产值、51.4% 的城镇人口、46.7% 的城镇数量、85% 的高等学校在校学生、98% 的外资、68.5% 的固定资产投资、76.5% 的社会消费品零售总额。从密度上来讲，中国城市群平均人口密度高达 319 人/平方公里，比全国高出 181 人/平方公里，是全国平均值的 2.3 倍；经济密度高达 969 万元/平方公里，比全国高出 708 万元/平方公里，是全国平均水平的 3.6 倍；城市群平均城镇密度为 44.5 个/平方公里，比全国高 24.4 个/平方公里，是全国平均值的 2.2 倍。城市群对区域经济的带动非常显著。中国城市群的形成与发展，政府主导的作用较强，有一些城市群并

没有对周边区域起到相应的集聚和辐射带动作用，除了公认的珠三角城市群、长三角城市群以外，其他城市群还处于发育和成长的阶段。但是，把城市群的发展演进放到历史长河中考察，城市群的发展又是一个历史的必然过程。对不同的区域发展来讲，城市群战略仍然是区域发展中需要重点考虑的决策方向。

表9-6　　中国城市群在全国各大经济区的核心地位与建设目标

地区名称	城市群名称	建设方向与目标
东部地区	长江三角洲城市群	国家综合竞争力最强的世界级城市群
	珠江三角洲城市群	亚太地区最具竞争活力的世界级城市群
	京津冀城市群	国家创新能力最强的超大城市群
	山东半岛城市群	国家及黄河流域快速成长的半岛城市群
	辽东半岛城市群	国家振兴东北老工业基地的核心城市群
	海峡西岸城市群	国家服务祖国统一大业的海岸型城市群
中部地区	长株潭城市群	国家"两型社会"建设综合配套改革试验区
	武汉城市群	国家"两型社会"建设综合配套改革试验区
	哈大长城市群	中国面向东北亚合作的前卫城市群
	中原城市群	国家中部崛起的战略城市群
	江淮城市群	国家承接产业转移的门户城市群
	环鄱阳湖城市群	国家大湖流域综合开发示范的生态型城市群
	晋中城市群	国家能源基地中成长的节点城市群
西部地区	成渝城市群	国家城乡统筹综合配套改革试验区
	南北钦防城市群	中国-东盟自由贸易区的海湾型城市群
	关中城市群	中国新亚欧大陆桥中段重要的节点城市群
	天山北坡城市群	中国面向中亚五国合作的陆桥型城市群
	兰白西城市群	黄河上游多民族地区的核心城市群
	滇中城市群	中国面向东南亚区域合作的重要城市群
	黔中城市群	中国西南地区重要的节点城市群
	呼包鄂城市群	黄河流域极具成长潜力的节点城市群
	银川平原城市群	中国面向穆斯林国家合作的特色城市群
	酒嘉玉城市群	国家航天基地建设的重要城市群

资料来源：《中国城市群形成发育的新格局与新趋向》。

从区域背景来看，贵州四周都依次成立了国家级的改革实验区。北有成渝

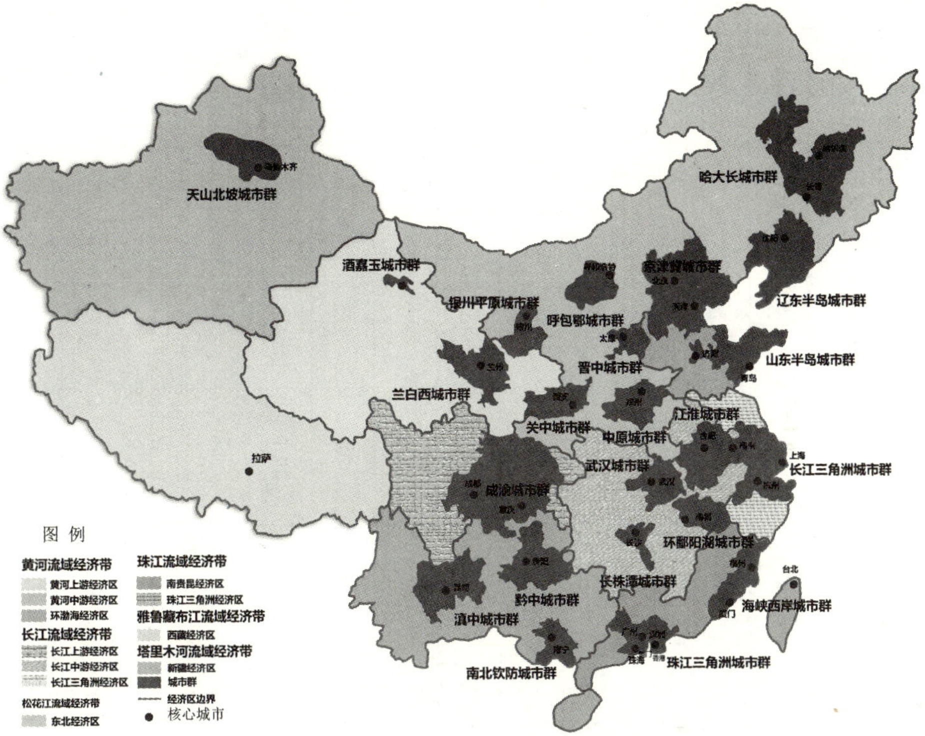

图9-3 15+8的结构体系空间配置格局示意图

统筹城乡综合配套改革实验区，南有广西北部湾经济区，东有长株潭城市群全国资源节约型和环境友好型社会建设综合配套改革实验区，西边云南旅游业综合改革发展实验区。成渝统筹城乡综合配套改革实验区是西部城市群众一支异军突起的代表。随着近年来东部产业逐渐向中西部转移，中西部城市群的核心城市成为承接产业转移的核心载体，比如国际知名IT产业如英特尔、富士康、戴尔、惠普等企业纷纷进入成都和重庆，使得成渝经济区逐渐形成了完整的IT产业链，较大地带动了本地区域产业升级。国家在深入推进西部大开发战略的过程中，也积极推进西部地区城市群的率先发展，相继出台了一系列的具有针对性和个性化的扶持政策和指导意见。国家对西部10个城市群出台了9项支持政策，黔中城市群在2012年得到国家的政策支持。但是，由于发展的基础不同，黔中城市群起步晚，在西部各大城市群中，黔中各项指标仍然处于不利的地位。周边城市群的兴起与快速发展，对黔中城市群在全国形成后发优势，形成西部经济的区域龙头，构成了一定的威胁与压力。

表9—7　中国城市群识别标准的定量计算与达标情况判断表

城市群名称	城市数量≥3个	100万人口以上特大城市≥1个	人口规模≥2000万人	非农产业值比率≥70	核心城市GDP中心度>45	城市化水平≥50%	人均GDP≥3000美元	经济密度≥500万元平方公里	经济外向度≥30%	达标程度的总体判断（%）
京津冀城市群	10	5	7184.94	93.91	51.69	52.12	4985	1374	30.46	100
环鄱阳湖城市群	5	1	1946.13	89.47	45.39	36.39	2197	514	14.82	66.67
山东半岛城市群	8	6	4010.56	93.11	38.75	61.08	6094	2318	30.40	88.89
辽东半岛城市群	13	7	3891.39	91.47	54.61	62.92	4537	968	24.24	88.89
哈大长城市群	6	5	3288.4	88.61	50.21	52.23	3701	459	12.11	77.78
中原城市群	9	7	4159.1	90.62	27.9	39.38	3122	1222	12.33	66.67
银川平原城市群	4	1	459.06	90.33	50.95	58.02	2795	155	20.34	55.55
晋中城市群	3	1	797.43	96.69	60.67	49.64	3579	477	11.16	55.55
天山北坡城市群	8	1	499.57	87.38	53.91	68.43	3783	295	10.69	66.67
呼包鄂城市群	3	2	579.43	95.55	36.96	58.86	8701	268	13.80	55.55
关中城市群	8	4	2279.79	89.79	50.88	39.82	2167	622	12.47	66.67
兰白西城市群	5	2	1201.34	91.41	56.02	38.83	1731	206	10.90	44.44

续表

城市群名称	城市数量 ≥3 个	100 万人口以上特大城市 ≥1 个	人口规模 ≥2000 万人	非农产业值比率 ≥70	核心城市 GDP 中心度 >45	城市化水平 ≥50%	人均 GDP ≥3000 美元	经济密度 ≥500 万元平方公里	经济外向度 ≥30%	达标程度的总体判断（%）
酒嘉玉城市群	3	0	111.71	86.99	45.71	51.95	4131	16	10.72	55.55
江淮城市群	11	4	3868.53	87.39	46.65	31.94	2035	639	13.59	66.67
武汉城市群	9	3	2978.66	88.92	50.13	42.40	2550	880	13.84	66.67
长株潭城市群	3	3	1310.4	90.81	56.85	37.99	3781	1234	13.98	66.67
成渝城市群	20	10	8678.7	86.22	52.25	35.09	1944	617	12.28	66.67
黔中城市群	5	1	1366.58	87.6	46.09	29.31	1443	287	10.44	44.44
南北钦防城市群	4	2	1279.14	80.83	49.72	27.90	1987	420	11.83	44.44
滇中城市群	4	1	1601.39	88.27	52.78	27.39	2502	297	10.85	44.44
长江三角洲城市群	15	11	7798.89	96.76	45.37	63.96	8268	4484	34.10	100
海峡西岸城市群	6	4	2575.63	90.97	48.11	39.38	4143	1358	33.42	88.89
珠江三角洲城市群	11	10	2868.02	97.56	53.65	70.88	12754	4639	33.61	100

资料来源：《中国城市群形成发育的新格局与新趋向》。

表 9 – 8   贵州周边城市群概况

名　称	覆盖范围	正式提出背景
成渝城市群（成渝经济区）	以重庆、成都两市为中心，包括南充、绵阳、乐山、德阳、眉山、内江、遂宁、资阳、广安市，共 11 个城市	2007 年两地政府签署《重庆市人民政府四川省人民政府关于推进川渝合作共建成渝经济区的协议》
长株潭城市群	以长沙、株洲、湘潭三个城市为中心，包括岳阳、常德、益阳、娄底、衡阳五市	1997 年，湖南省委政府启动长株潭城市群整体规划方案；2007 年 12 月获批"两型社会"建设试验区
北部湾城市群	以南宁为中心，包括北海、防城港、钦州、崇左等城市	2008 年 1 月，国务院正式批准实施《广西北部湾经济区发展规划》
滇　中城市群	以昆明为中心，包括曲靖、玉溪和楚雄三个城市	"昆楚玉曲城市群规划"在 1996 年编制完成，1998 年政府批复实施

资料来源：《关于构建黔中城市群的一些思考》。

二、黔中城市群的发展基础

研究指出，西部地区的城市群是指在特定范围内以 1 个特大城市为核心，由至少 3 个以上大城市或都市圈（区）为基本构成单元，依托发达的交通通信等基础设施网络，形成的空间相对紧凑、经济联系紧密、并最终实现同城化和高度一体化的城市群体。

贵州省委十届九次全会通过的《关于加快城镇化进程促进城乡协调发展的意见》（以下简称《意见》）明确了黔中经济区的范围，包括贵阳市全部和遵义市、安顺市、黔东南州、黔南州部分地区，划分为贵阳环城高速公路以内的核心圈，距贵阳环城高速公路约 60 公里的带动圈、黔北综合经济区的部分区域和东南部特色经济区的部分区域。

黔中城市群是以贵阳为中心，以遵义、安顺、毕节、都匀、凯里等 5 个城市为支撑，以贵阳 – 安顺、贵阳 – 遵义、贵阳 – 毕节、贵阳 – 都（匀）凯（里）4 条城镇带为骨架，以及 32 个县（市、区）的城市密集区。黔中城市群国土面积占全省 23%。2010 年，黔中城市群年末常住人口 1530 万人，占全省常住人口的 44%；GDP 为 2708 亿元，占全省总量的 58%，人均生产总值 2770 美元；区域内有特大城市 1 座、大城市 1 座、中等城市 4 座、小城市 20 座，城镇人口 618 万人，城镇化率 40.4%。

表9-9　　中国西部地区城市群形成发育中的国家扶持政策一览表

城市群名称	国家提出的相对应扶持政策名称	政策出台单位	政策批复文号	政策作用起始时间
成渝城市群	《国务院关于推进重庆市统筹城乡改革和发展的若干意见》	国务院	国发〔2009〕3号	2009年1月
	《关于批准重庆和成都市设立全国统筹城乡综合配套改革试验区的通知》	国务院	发改经体（2007）1248号	2007年6月
南北钦防城市群	《国务院关于进一步促进广西经济社会发展的若干意见》	国务院	国发〔2009〕42号	2009年12月
	《广西北部湾经济区发展规划》	国务院	发改地区（2008）144号	2008年1月
关中城市群	《关于批准关中－天水经济区发展规划的通知》	国务院	发改西部（2009）1500号	2009年6月
兰白西城市群	《甘肃省循环经济发展总体规划》：兰州、白银石油化工与有色冶金循环经济基地	国务院	国函〔2009〕150号	2009年12月
	《青海省柴达木循环经济试验区总体规划》	国务院	国务院常务会议	2010年3月
酒嘉玉城市群	《甘肃省循环经济发展总体规划》：酒泉、嘉峪关清洁能源与冶金新材料循环经济基地	国务院	国函〔2009〕150号	2009年12月
银川平原城市群	《国务院关于进一步促进宁夏经济社会发展的若干意见》	国务院	国发〔2008〕29号	2008年9月

资料来源：《中国西部地区城市群形成发育现状与建设重点》。

表9－10　　　　　　　　　西部城市群各经济指标对比表

城市群名称	人均GDP（元）	城市化水平（%）	经济密度/10^4元·km^{-2}	人口密度/人·km^{-2}	城镇密度/个·10^4km^{-2}	城镇居民人均可支配收入（元）	农民人均纯收入（元）
银川平原城市群	19562	58.02	155	88	15.02	—	3956.51
天山北坡城市群	26482	68.43	295	109	9.57	10922	5343.5
呼包鄂城市群	60904	58.86	268	44	7.21	17007.33	6130.77
关中城市群	15172	39.82	622	410	67.99	10323	3046.2
兰白西城市群	12119	38.83	206	170	28.01	9196.66	2456.34
酒嘉玉城市群	28914	51.95	16	6	1.63	12355.77	5471
成渝城市群	13608	35.09	617	449	92.71	10042.39	3887.77
黔中城市群	10098	29.31	287	284	48.02	16972.6	3095.33
南北钦防城市群	13907	27.90	420	302	41.51	12106.85	3758.25
滇中城市群	17516	27.39	297	169	22.22	11445	3353.75
西部地区城市群	15964	38.33	310	194	35	12208	3878
中部地区城市群	19065	42.14	696	365	42	11363	4663
东部地区城市群	46867	52.55	2232	476	62	16351	6561
全国城市群合计	30366	46.97	969	319	44.49	14540.19	4808.53
全国	18885	44.94	260	138	20.05	13786	4140

资料来源：《中国西部地区城市群形成发育现状与建设重点》。

表9－11　　　　　黔中城市群经济指标占全省比例（2010年）

项目		总人口（万人）	总用地（平方公里）	国内生产总值（亿元）	人均GDP（元/人）	城镇人口（万人）	特大城市（个）	大城市（个）	中等城市（个）
全省数量		3474.65	176167	4602.16	2100.84	1174.78	1	1	7
黔中经济区	数量	1530	40011	2708	2770	618	1	1	4
	比例	0.44	0.23	0.58	—	0.53	1.00	1.00	0.57

　　黔中城市群是西北、西南连接华南、华东的重要陆路交通枢纽，是贵州省境内交通区位最好的区域。渝黔、贵昆、黔桂、湘黔铁路和贵阳至广州、贵阳至重庆、贵阳至成都快速铁路、长沙经贵阳至昆明客运专线在贵阳交汇，杭瑞

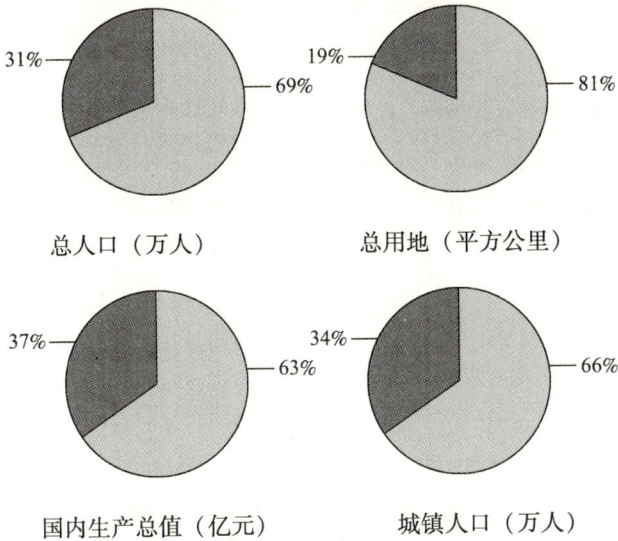

图9-4 黔中城市群相关指标占贵州全省的比例

高速公路、西南出海大通道贯穿其境。贵阳机场成为全国重要的干线机场，安顺支线机场也建成并投入运营，毕节、遵义等支线机场也在建设中。总的来看，黔中城市群已初步具备城市群的发展条件。

图9-5 黔中城市群示意图

黔中城市群是贵州省境内能源矿产资源富集、产业基础良好的区域。区域内煤炭资源和铝、磷、稀土等矿产资源丰富，煤、水、电资源组合优势明显，是全国重要的能源和资源深加工基地。区域内具备良好的航空航天、机电制造、特色轻工、文化旅游等产业基础，是全国重要的以航空航天为代表的装备制造业基地、特色轻工业基地和文化旅游发展创新区。

黔中城市群也是贵州省内环境承载能力较强的区域。该区域是云贵高原喀斯特丘陵地区，坝地、低丘陵坡地相对集中，是集聚工业、城镇最好的区域空间。黔中城市群属于乌江流域，雨水充沛，河流众多，多年平均水资源量为285亿立方米。区域内气候类型多样，立体特征明显，生物资源多样性强，森林覆盖率达42.5%，人居环境良好。

贵阳初步具备黔中城市群核心城市的实力。贵阳是贵州的省会城市，是全省的政治、经济和文化中心。贵阳在黔中城市群、在贵州省其他城市中，经济总量遥遥领先，2011年贵阳市地区生产总值达到1383亿元，是安顺市（285.6亿元）的4.8倍；财政一般预算收入187.1亿元，是安顺市（26.5亿元）的7倍。2010年，贵阳市域常住人口达到433万人，城镇人口295万人，城镇化率达到68%；地区生产总值1122亿元；中心城市建成区达到162平方公里，常住人口217万人。贵阳市是"黔中产业带"、"南贵昆经济带"和"泛珠三角经济区"内的重要中心城市，主要工业产品和工业行业在全国居于重要的地位。

表9－12   全省地级市以上城市经济指标对比（2011年）

地级市	常住人口（万人）	建成区面积（平方公里）	GDP（亿元）	财政一般预算收入（亿元）
贵阳市	439	162.00	1383.07	187.08
遵义市	610	62.00	1121.46	84.62
六盘水市	285	38.50	613.86	70.40
安顺市	228	36.00	285.64	26.51
毕节市	652	30.00	737.88	80.76
铜仁市	308	31.90	357.96	28.39

资料来源：《贵州省2012年统计年鉴》。

黔中城市群的交通条件，为形成区域城市群奠定硬件支撑。自"十五"以来，贵州就开始实施以公路为重点的交通基础设施建设的发展战略，试图克服地理条件的限制与交通不便的困境。经过近 10 年的发展，贵州省交通运输落后的局面得到改善，综合交通发展取得显著成绩。到 2007 年，贵州全省公路通车里程达到 12.3 万公里，其中高速公路通车里程达到 924 公里，由省会贵阳到各市州地政府所在地实现了高等级公路连通，"一横一纵四连线"高速、高等级公路主骨架网全部建成。

黔中城市群中四个主要城市的主导产业已初步形成，并有一定的互补性。它们之间形成了一定层次的产业分工，在科技、农产品、旅游开发等产业门类上，形成了一定的合作与互补性。

城市群内部没有一个相对极化的特大城市，城市之间发展策略与发展关系上，更多的是竞争关系，而协作关系特别是基础设施的建设分担，产业园区共建的财税分享等方面，都存在主观的难度。在中国较为成熟的长三角城市群内部，仍然存在竞争大于合作的关系。比如在长三角城市群内部，南京、苏州、无锡、杭州、宁波等城市之间综合实力相当，竞争领域几乎遍布所有行业，包括资本、人才、资源、城市的区域分工地位等。黔中城市群内部，贵阳的发展明显领先于其他各个城市，但是相比在中国各城市群内的核心城市，贵阳的发展还比较弱，对周边的带动效应不够明显，极化效应不够突出。贵阳与城市群内部的城市之间，还处于争夺发展要素的状态。基础设施的分担、产业园区共建，税收分享等方面，城市之间在主动地调配行政力量推动，囿于各级财政的客观约束，实施比较缓慢。

表 9-13　　　　贵州省与西部城市经济指标对比（2011 年）

地区名称	财政收入（亿元）	GDP（亿元）	工业增加值（亿元）	城镇化率（%）	城镇居民人均可支配收入（元）
贵州省	1330.08	5701.84	1829.20	35	16495.01
昆明市	700.90	2509.58	848.90	66	21966
南宁市	363.52	2211.51	629.33	38.3	20005
成都市	680.70	6854.6	2610.80	41.83	23932
西安市	649.88	3664.21	1189.61	70.1	25981

资料来源：各地区 2011 年国民经济和社会发展统计公报。

黔中城市群位于全国"两横三纵"城市化战略格局中沿长江通道横轴和包昆通道纵轴的交汇地带。经过近几年的建设，黔中城市群建设取得了明显的

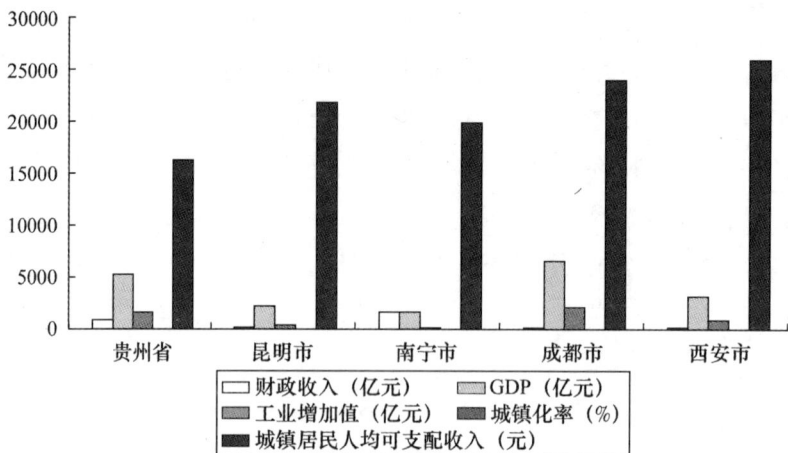

图 9 - 6　贵州省与西部城市经济指标对比（2011 年）

成效，城镇体系初具规模，已具备构建国家级区域性城市群的基础条件。

三、黔中城市群对优化贵州城镇体系的意义

虽然黔中城市群的经济发展水平，在贵州全省中处于较领先的地位。但是与中东部、乃至西部城市群相比，黔中城市群仍然属于成长阶段，还需要进一步培育和壮大，才能形成对周边区域较强辐射的经济体。构建黔中城市群，对贵州的发展具有以下几个方面的突出意义。

1. 优化城镇体系，在全省形成龙头带动区域的城市经济

构建黔中城市群，形成贵州省经济聚集度最高的区域，对优化贵州城镇体系起到关键作用。全省可通过聚集相关要素资源，集中优势重点打造黔中城市群交通基础设施，配置土地资源，出台一系列的优惠政策，促进人口、投资和资源更多地向该区域集聚。构建起以贵阳为核心，以遵义、安顺为副中心，相互之间形成竞争和协作的发展格局。城市群内部通过市场化手段，逐渐形成产业分工明确、产业链完善、高科技产业云集、服务业完善的现代产业体系。借助内外合力，推动城市群形成多中心、组团式的城市模式。

2. 有利于集中资源，重点完善区域内重大交通设施的建设，促进城市群之间同城化发展

贵州城镇之所以较为落后，交通不便是较大的影响因素之一。因此，要加快改善城市内部、城市之间交通连接的状况。在有限的财力下，在区域之间，按照同城化的发展目标规划与建设，集中力量建设一批快速通道，包括高速公

路、轻轨及快速公共交通设施的配套建设。通过交通设施的建设，促进人口进一步向本区域的流动和集聚；借助于现代化的交通工具和高度发达的信息网络，形成整体协作互补、内部相对独立的"城市集合体"；通过相关基础设施的联合建设，带动黔中城市群的同城化发展，发挥对区域内和周边区域的有效带动。

3. 有利于解决贵阳发展空间狭小的问题，实现资源要素分担共享

贵阳市是贵州全省发展最好的城市，但是受地形的影响，发展空间比较狭小，继续承载发展要素的环境能力比较有限。近年来，贵阳也面临着交通拥堵、环境污染、失业率增高等大城市病。构建黔中城市群，使得要素资源在更大区域内流动和配置，有助于中心城市贵阳发展得更为强大，有助于培育贵阳的核心竞争力，也有助于次中心区域吸纳和分担相应的发展要素，促进全区域的发展和强大。

4. 提升城市群内部的城市功能

贵州自从提出构建黔中经济区，到目前重点打造黔中城市群战略实施，几年来，贵州已初步形成了以黔中城市群为中心，安顺、遵义为次中心，以凯里、兴义、都匀、铜仁、毕节等中小城市为支撑，众多小城镇为基础的四层城镇体系。在这个城镇体系中，以贵阳作为中心城市，辐射全省的大中城市；次中心城市主要辐射中心城市周边的中、小城市；而中小城市则重点辐射周边县域，包括城镇和农村地区。

通过要素的集聚完善城市群内部的城市功能。人口、资金等要素的进一步集聚，为城市服务业创造更多的基础设施，也为统筹布局城镇各类教育、医疗等设施提供了条件。随着城市人口的进一步集聚，提升贵阳、遵义的城市功能，推进服务业、制造业和现代农业的融合发展，强化城市新区开发中的商业设施建设和商业流通的培育。优化配置区域内优质的教育和医疗资源，提高区域性中心城市六盘水市、毕节市、铜仁市、安顺市集聚人口的能力，以更高的产业形态和更优质的公共服务来吸纳周边区域人口向城市群集聚，带动城市功能向更高层次发展。

第三节　黔中城市群与贵州中小城市发展面临的问题

一、贵州中小城市发展条件局限

受山区地形的影响，贵州城镇体系的自发演进存在一定的阻碍。因为山区和丘陵面积占全省总面积的 92.5%，山多平地少，所以城镇的形成也多在山岭谷底相对平缓的空间之中。由于地形起伏大，城镇扩展的空间有限，贵州城镇都面临规模较小的问题。大城市周边，包括特大城市贵阳往四周的扩散，是依地形顺势向四周放射性扩散，难以连片带动周边中小城市共同发展。

从发展条件上来讲，贵州发展工业存在"先天不足"的困境。贵州属于喀斯特地貌，风速较小，静风频率高，空气流动慢，城镇上空的有害气体不容易扩散。瓮安、赤水等镇，经常发生工业烟尘、农户炊烟聚集在近空区几小时不散的情况。同时，贵州阴雨天多，工业与城市排出的废气容易形成酸雨天气。贵阳、遵义、安顺、都匀等贵州较大的城市，都被列入全国最严重的酸雨污染区之列。同时，由于城镇建设主要考虑地形的因素，不少城镇地处坡地和山脊地区，水资源短缺也成为制约城镇发展最大的障碍。据统计，贵州全省50%以上的城镇都存在缺水的问题，安顺曾被列为全国 40 个缺水城市之一，属于极度缺水型城市。

二、中小城市发展面临的困境

贵州县域经济不发达，很大程度上阻碍了贵州经济整体实力的提升。贵州共有 88 个县级行政单位，2007 年贵州县域 GDP 为 1830.5 亿元，平均地区生产总值为 23.5 亿元，平均地方财政总收入 1.4 亿，人均 GDP 为 4866 元，分别占全国县域经济平均水平的 44%、58% 和 48.8%，仅相当于全国百强县平均水平的 8.5%、10.4% 和 16.3%。贵州县域经济规模不足全国县域平均水平的一半，仅约占全国百强县平均水平的 10%。贵州省民族县较多，许多民族县域经济基础薄弱，贫困问题严重。贵州民族地区县级单位共 47 个，占全省县级单位的 54%。2002 年民族地区县域人均 GDP 为 2325 元，低于 2000 元的民族县达 28 个，人均地方财政收入低于 100 元的民族县共有 22 个，农民人均纯收入低于 1500 元有 41 个。

以县城为主的中小城市数量较多，但是城镇功能相对薄弱。较为突出的表现便是城镇污染物处理水平普遍偏低，全省88个县城，自来水普及率为88.4%，污水处理率只有21%；县城以上垃圾处理率仅为26.7%。道路、供电、供水、图书馆、医疗机构等基础设施相当落后。以2005年为例，贵州城镇基础设施除了学校数量高于全国平均水平以外，其他的指标都低于全国平均水平。

相当多的小城镇发展定位比较模糊，没有结合自己的优势和特点。这主要是因为对小城镇的民族文化和历史内涵重视不够。许多小城镇简单地模仿大中城市的建筑风格和模式，一味地追求"人造特色"，形成了"千城一面"的现象，导致了城镇发展缺少自身的风格与韵味；一味地追求"小而全"的综合性城镇，导致小城镇发展结构趋同，无法形成有序的职能与空间结构。小城镇工业发展以"五小"工业和低水平的加工业为主，经济效益普遍低下，大多数城镇没有形成"一镇一品"的支柱产业，城镇经济实力比较薄弱。

三、黔中城市群内中小城市未实现协同发展

从城市群内部来讲，贵州的城市只有贵阳、遵义的发展相对好一些，都匀、安顺、毕节等城市，城市化水平还比较低，工业发展水平仍然不够高，财力依然属于"吃饭"财政。贵阳的发展基础更坚实，但是与横向相比，比如同为西部省会城市昆明、成都、西安、南宁等相比，贵阳的经济发展水平、城镇化水平、城市功能等发展状况，并没有优势。

表9-14　　　　黔中城市群各城市经济指标（2010年）

地　区	GDP（亿元）	工业总产值（亿元）	三产比例（%）	财政总收入（亿元）
贵　阳	1121.82	1058.20	54.18	304.64
遵　义	908.76	210.00	44.10	141.30
安　顺	232.92	224.80	44.60	48.60
毕　节	600.85	329.48	36.07	127.57
都　匀	75.00	94.00	56.70	8.02
凯　里	78.00	37.00	57.70	11.02

资料来源：各市2010年国民经济和社会发展统计公报。

城市群与中小城市协同发展，是贵州城镇体系构建的最终目标。但一直以来，贵州城镇化都处于较低的水平，无论是城市群内部，还是城市群与中小城市之间，并没有形成协同发展的格局。从整体来讲，贵州城镇网络虽已基本形

成，但普遍存在城镇经济不发达、生产力水平比较低、发展缓慢的问题。贵州全省在黔中、黔北、黔西已有大、中城市分布，黔东地区只有一些中小城市，大城市数量较少，难以带动区域经济的共同发展。中国各省拥有设区的城市平均超过 10 个，而贵州只有 4 个。全国城市建成区面积平均为 44.8 平方公里，而贵州全省平均只有 28.6 平方公里。经济基础薄弱，产业以小农农业经营为主，工业体量小，财政收入低，缺乏支柱产业都是贵州省民族地区县域经济的关键词。民族地区以外，其他县域经济同样存在基础弱、发展后劲不足的问题，严重影响黔中城市群与其他地区的互动发展。

第四节　优化贵州城市化格局的战略建议

《国务院关于进一步促进贵州经济社会又好又快发展的若干意见》指出了贵州未来发展的方向，首先是实现富裕。发挥比较优势，形成带动力较强的黔中经济区，打造全国重要的能源基地，在全国形成扶贫开发攻坚示范区，建设成为世界知名、国内一流的旅游目的地，构建"两江"上游生态安全屏障，推动形成民族团结进步的示范区。

对于贵州来讲，要改变欠开发、欠发达的现状，关键是要确立与其他省市差异化的发展定位，发挥比较优势。实现后发赶超的战略方向，是在能源基础上做好现代工业的文章，在自然资源基础上做好生态的文章，在民族文化上做好旅游发展的文章，做好促进发展的各项改革的文章。

要缩小贵州与其他省市的差距，推进贵州城镇化发展是必由之路。贵州经济发展水平落后的主要原因是贵州城市化水平的不足及对外开放的不足。发展数量较多的中小城市、小城镇，是发展工业是有效的途径。没有东部地区的区位优势、改革开放的政策优势，也没有中、东部地区的地理优势。如何发掘地方特色，形成与其他区域错位发展的格局，是贵州实现后发优势，实现快速发展的出路。

专栏9.4	壮大特色优势产业，增强自我发展能力

《国务院关于进一步促进贵州经济社会又好又快发展的若干意见》中对于贵州省的特色产业发展按照市场需求导向、发挥资源优势、优化空间布

局、促进转型升级的要求，提出了坚定不移地走新型工业化道路，加快构建现代产业体系的要求。

（1）做大做强能源产业

推进资源整合与优化开发，重点发展大型企业集团。提高资源勘查开发规模化、集约化程度，加强"西电东送"火电基地电源点建设。积极开发新能源。

（2）大力发展资源深加工产业

加强矿产资源勘查开发，建设国家重要的资源深加工基地。加强磷矿资源整合，积极推进铝、钛、钡、钒、锰等资源精深加工一体化。支持煤炭清洁高效综合利用。优化发展高载能行业，发展非金属精细化工，积极开发生产新型节能环保建材。

（3）加快发展装备制造业

发挥国防科技工业优势，巩固壮大精密数控装备和关键基础件等产业。培育发展特色装备，支持安顺民用航空产业国家高技术产业基地加快发展。依托贵阳、遵义国家级开发区加快发展航天产业。

（4）积极发展特色轻工业

发展名优白酒，推动建设全国重要的白酒生产基地。提升黔茶知名度和市场竞争力。发展中成药和民族药，做强做优特色食品工业。

（5）培育发展战略性新兴产业

发展新材料、电子及新兴产业。支持金属及其合金材料、电子功能材料产业发展。重点发展电子元器件、软件、混合集成电路等产业。大力发展节能技术和环保产业。

（6）提高科技创新支撑能力

加强核心技术和关键技术研发。推进科技基础设施、创新平台和创新载体建设。支持贵阳、遵义建设创新型城市。探索承接产业转移新模式，通过技术转移带动产业转移。

（7）切实做好节能减排工作

落实节能减排任务，实施重点节能改造工程。实施建筑节能和公共机构节能示范工程。推进工业废弃物资源化、规模化和产业化利用。加快淘汰落后产能，深入推进重点领域循环经济发展。继续推进贵阳国家循环经济试点城市、低碳试点城市建设和节能减排财政政策综合示范工作。支持六盘水开展循环经济示范城市建设。

（8）大力发展现代服务业

建设贵州与周边地区物流大通道，培育和引进第三方物流企业。培育发展地方金融机构，支持符合条件的农村信用联社改制组建农村商业银行，发展证券、保险业。发展会展业，加强城市商业网点建设。发展服务业，支持开展服务业综合改革试点工作。

（9）大力发展文化和旅游产业

把文化和旅游产业发展成为支柱产业，建设文化产业基地和区域特色文化产业群。加强旅游基础设施建设，建设精品景区，旅游休闲度假胜地。加强历史文化名城（名镇、名村）以及旅游资源富集城镇保护和建设，大力发展红色旅游，开发特色旅游商品。

一、发挥能源优势，走新型工业化道路

发挥能源优势，推进资源整合和优化开发，走新型工业化道路，是推动贵州摆脱贫穷，实现富裕的必由之路。贵州城镇化水平低下，与工业化水平低有必然的关系，当地第二产业、第三产业发展滞后，非农就业的吸纳能力有限，造成本地农业人口向非农业转换非常困难。通过构建黔中城市群，带动贵州全省中小城市的发展，首先还要培育和做强黔中城市群的产业集群，利用产业基础和资源优势，加快黔中城市群内煤化工、磷化工产业的发展，提升磷化工产业在全国的地位和市场竞争力；以贵阳、遵义国家级特色新材料产业基地为基础，形成拥有较强竞争力的新材料产业集群；利用贵州特有的气候条件和自然资源，继续做强酿酒、烟草工业，发展贵州特色食品和特色药业。此外，推进煤矿企业兼并重组，重点发展大型企业集团；稳步推进矿业权整合，提高资源勘查开发规模化、集约化程度；加强"西电东送"火电基地电源点建设，加快建设六枝、织金、安顺三期、清江等一批大型坑口电厂和路口电厂。

二、发挥生态与文化的比较优势，实现差异化发展

发挥生态的比较优势，开发自然资源的潜力价值。贵州许多地方，特别是在民族地区的县、市等中小城市，还处于未开垦的处女地状态，自然生态保存得比较完好。特别是贵州还是典型的喀斯特地貌区域，山、洞、洞、林齐备。全省奇山异水、森林草地丰富，同时又有冬无严寒、夏无酷暑的温和气候，自然条件得天独厚，生态经济的潜力巨大。在发展城市的过程中，保住青山绿水，保持发展的生态资源，也是保住一笔丰厚的自然财富。

一是利用国家建设长江上游、乌江和赤水流域的机遇，向国家争取相应的生态保护政策与项目；二是做好并推广毕节扶贫生态开发实验区、普定生态重建试点县；三是结合生态建设、发展现代农业，推动贵州绿色产业的发展壮大，积极发展一批优质、安全、无污染的绿色产品，构建生态经济强省；四是大力发展以茶、油、辣椒、药、薯、肉、粮、果、蔬为主的绿色农产品加工业，形成贵州特色的农产品加工体系；五是增强绿色农产品加工业对农户的带动，优化和延长绿色农产品加工业产业链，通过实施绿色农产品加工，把生态绿色产业打造成引领贵州现代农业发展、引领生态建设的支柱产业。

发挥文化比较优势，实施文化兴省战略。贵州是一个多民族的省份，是一个富有传奇色彩的魅力之省。文化遗存较好，民族文化多样。一是有丰富多彩的民族节日。据不完全统计，贵州全省共有400多个民族传统节日，集会地点1000多个。比如苗族的"姊妹节"、"四月八"、"龙舟节"；布依族的"查白歌节"；侗族的"歌酒节"；彝族的"赛马节"、"火把节"；土家族的"吃新节"、水族的"端节"、"爷节"等。二是有绚丽多彩的民族歌舞。比如苗族的"飞歌"、"游方歌"、"古歌"，芦笙舞、木鼓舞，水族的斗牛舞、狮子舞等，土家族的哭嫁歌、伴嫁歌、祝福歌等。三是有特色鲜明的民族建筑。苗族的吊脚楼、布依族的石头房、白族的寺院建筑等。

相对于大型城市，中小城市在发展文化旅游、走特色文化旅游产业方面更有优势。特别是贵州，88个县级行政单位，挖掘本地的特色文化，展现多彩的民族特色，是贵州众多县城摆脱工业困境，走上强县富民的捷径之一。丰富多彩的文化是发展贵州休闲度假产业的重要资源。贵州民族文化的特色是参与性较强，不仅当地人都能歌善舞，欢快的节日氛围也特别容易吸引游客融入这些节日歌舞当中。另外，突出民族文化，还能提升贵州城市的品味，突出城市的个性。贵州县城和小城镇众多，加上地处山区，试图通过发展大、中城市为主的战略，无法带动全省，特别是黔东南、黔西的县域经济发展，城镇对农村的带动，需要文化品牌的带动。结合休闲产业的发展趋势，找准特色文化定位，通过文化树立城市品牌。很多游客喜欢探寻文化的魅力，有的人对中国民族建筑着迷，有的人对民俗风情着迷，也有的人更喜欢体验民族传统活动。贵阳青岩镇在文化立镇，转型发展上取得了很好的效果。

专栏9.5	古镇青岩——传统与跨越

胡锦涛总书记在青岩考察时指出："贵州自然山水多，人文景观少。青岩古镇历史悠久，文化丰富，又在省会城市的近郊，非常珍贵，一定要保护好，开发利用好，把旅游做大做强。"

1. 青岩概况

青岩，贵州有名的文化古镇。始建于明洪武十一年（公元1378年），在贵州历史上具有极其重要的政治、经济和军事地位，有"南部要塞"之称、"筑南门户"之誉。青岩镇总面积为93.2平方公里，总人口33729人。镇内城楼、石板街、古寺庙、石牌坊、古民居，成为青岩古镇宝贵的旅游资源。

2. 文化底蕴与优势

青岩历史悠久，多种文化交融。

六百余年历史，四次修复城楼，青岩有悠久的历史文化；身为军事重地，青岩有丰厚的军事文化；从土城到石头城，到如今修复而形成的青石板路、青色城墙、石头巷、寺庙阁楼林立，青岩有独特的建筑文化；道教、佛教、基督教、天主教，四教并立，青岩有包容交汇的宗教文化；云贵第一个状元赵以炯的诞生地，青岩有相对垄断性的状元文化。

青岩还有着丰富多彩的民族文化，汉、苗、布衣、仡佬等多民族聚居于此，因而古镇拥有着多彩纷呈的建筑、习俗、生活、饮食等多方面的文化因素，这是青岩相较于其他以汉文化为主导的历史文化古镇（如平遥古镇、阆中古镇、周庄等）的优势。

3. 古城开发

青岩古镇缺乏集吃、住、行、游、购、娱为一体的成规模上档次的夜间旅游项目，难以留住游客进行古镇游的深入体验，造成旅游资源的流失，不利于提升景区服务档次和对外宣传力度。

为推动青岩古镇深度游，贵阳市委、市政府抢抓机遇修建青岩堡。以妥善安置因修建南环线而迁地的青岩农民、补充古镇旅游商业业态、促进古镇历史文化保护为目的修建的青岩堡文化片区，分为两期建设，并将在与青岩古镇北驿道贯穿连接后，为古镇真正实现旅游开发与文化保护的格局奠定了基础。

按照相关规划，青岩堡的出现，不仅填补了贵阳古镇大型都市娱乐和生态旅游项目的空白，极大丰富了旅游文化产业的内涵，对于提升"爽爽贵阳·中国避暑之都"的旅游城市形象，推动青岩古镇旅游业发展也起到了积极的推动作用。

经过多年的开发建设与保护，古镇不仅迈入了"中国历史文化名镇"的行列，更有越来越多的中外游客慕名而来，使古镇积聚了不小的人气和商气。据有关方面统计，如今青岩古镇每年游客量均在 200 万人次以上。

三、实施旅游战略，带动贵州从贫穷走向富裕

发展旅游业，也是贵州发展城镇化的有效出路。近年来，中国的旅游业发生了翻天覆地的变化，旅游业也从纯观景的模式向体验式、参与式旅游发展。未来，也许会呈现人人皆游客，遍地皆景点的格局，地方城市在发展旅游经济中大有可为。贵州已经成为国内最热的旅游目的地之一。从贵州的旅游资源可以看出，无论是气候、生态、山地、水体、文化还是农业，贵州具备中国最完整、最多元、最生态的旅游资源，具有发展休闲度假的良好条件。2012 年，贵州全省旅游总收入 1860 亿元，同比增长 30.1%；接待游客 2.1 亿人次，同比增长 25.7%；两项指标分别高于全国 16 个百分点和 10 个百分点。旅游产业成为引领贵州全省经济实现快速发展的重要引擎。中小城市应抓住机遇，挖掘本地的资源优势，培育特色旅游景点，融入贵州"国家公园省·多彩贵州风"的旅游战略中。建设黄果树、荔波、梵净山、雷公山等精品景区，培育"爽爽贵阳"、"梵天净土"、"水墨金州"、"凉都六盘水"等一批旅游休闲度假胜地。加强遵义、镇远、习水、青岩、西江等历史文化名城（名镇、名村）以及旅游资源富集城镇保护和建设。2013 年，贵州省将全面实施《贵州生态文化旅游创新区产业发展规划》，打造 100 个旅游景区发展平台，通过精心筹办中国国内旅交会和贵州省第八届旅游产业发展大会，推动旅游业提速转型、创新发展。

贵州还有大量的乡村旅游资源，有人解读贵州的"公园省"是说贵州是由无数个风光美丽的自然村落构成的，古朴、淳美的自然风光和民族风情，让贵州的乡村成为全省旅游资源的一个重要组成部分。依托贵州精品旅游线路，重点推进中小城市在旅游业相关设施的投入，还要积极挖掘1.8万个文化村寨的旅游价值，大力发展乡村旅游。开展乡村旅游，是贵州最有效的扶贫出路。2010年，贵州全省3000多个村寨开展乡村旅游，实现旅游总收入178亿元，占全省旅游总收入的16.8%。旅游业是劳动密集型的服务性产业，可以很好地带动就业。有人测算中国的旅游业对就业的带动情况显示，一个直接就业人口能带动5个间接从业人口就业，如果用这个比例计算，目前贵州省开展乡村旅游的经营实体达到10万余户，将带动间接从业人数50余万的人口就业，农民占乡村旅游从业者比例较高，乡村旅游对提高农民收入，带动农村经济起着重要的推动作用。

| 专栏9.6 | 毕节扶贫——生态开发区简介 |

1. 毕节之"穷"

毕节市位于贵州乌蒙山腹地，曾一度是我国西南贫困带的核心区域。1987年毕节贫困人口达345万人，绝对贫困人口占64.5%，农民人均纯收入仅为182元。

1988年6月，贵州省委、省政府在毕节市建立以"开发扶贫、生态建设、人口控制"为三大主题的试验区，开展扶贫工作。试验区同年获得国务院批准。

2. 毕节扶贫的经验

（1）集中力量实施产业化扶贫带动战略。因地制宜建立草地生态畜牧业、马铃薯、蔬菜、高山生态有机茶、中药材、核桃等十大特色农业产业基地，重点扶持。2009年到2011年在全市范围内投入2亿多元，帮助农民就地脱贫。扶贫工作实施以来，贵州农民人均纯收入从1988年的187元上升到2011年的4300元，贫困人口大幅减少，贫困发生率明显下降。

（2）大力开展生态建设，狠抓环境保护工作。对超过25度的陡坡地，逐年实行退耕还林还草；对大量的坡耕地，在坡改梯的基础上大抓"两毯（绿肥、地膜）"工程；对"四荒"等非耕地资源，通过拍卖、资源开发等措施，激发经营者治山养山，进而靠山脱贫致富的积极性；对水土流失严重的小流域，采取以工代赈手段，构建可再生资源的良性循环系统；对新造林地、疏林地，合理种植经果林和适生经济作物，做到以短养中、以中保长。1988 年以来，平均每年人工造林 40 万亩以上、封山育林 15 万亩，森林覆盖率从 14.95% 上升到 2011 年的 41.5%。

（3）人口控制。毕节试验区成立之初，人口自然增长率高达 19.5%，人口已逾 500 万，其中，文盲、半文盲人口几乎占一半，人均受教育年限不足四年。毕节严格执行国家计划生育政策，控制人口；加大力度办好教育，提高人口素质。2006 年 10 月 28 日，威宁、赫章两县通过贵州省"两基"评估验收，至此试验区 7 县 1 区"两基"攻坚实现 100% 达标。

四、以黔中城市群为龙头构建贵州城镇体系格局

重点培育黔中城市群，做大做强贵阳中心城市。把贵阳建设成为全国生态文明城市、西部地区高新技术产业重要基地、区域性商贸物流会展中心。促进要素流动和功能的整合，加强黔中城市群与六盘水、铜仁、兴义等城市的联系。推进遵义、安顺、都匀、凯里、毕节等城市扩容升级，加快把遵义发展成为特大城市，成为支撑黔北区域发展的核心增长极和支撑黔中城市群的重要增长极；把安顺市打造成国际旅游目的地城市，成为黔中城市群西部重要的中心城市；推进凯里－都匀一体化发展，把都匀、凯里打造成为具有苗、侗、布依、水族特色的旅游休闲城市；加快毕节、六盘水、兴义、铜仁四个区域性中心城市的发展；加快贵阳、遵义、安顺、六盘水等老工业基地改造；培育盘县、德江、黔西、仁怀等一些交通区位重要、区域影响力较强、发展潜力较大的县城发展成为区域次中心城市，推进完善资源型枯竭城市转型和赫章、务川、六枝等资源型城市可持续发展；沿快速铁路和高速公路网，建设一批以县城为主的中小城市；培育一批交通枢纽型、旅游服务型、绿色产业型、工矿园区型、商贸集散型、移民安置型等不同类型的小城镇成为富有地方特色、功能完善的小城市。

加强保障发展的支撑体系和基础设施建设。继续突破贵州山高路远，交通不便的困境，加快贵州省对外对内通达能力的建设。一方面，加强贵州省对外通道的建设。形成贵阳至周边全国各主要城市 2～7 小时交通圈的快速铁路系

表 9 – 15　　　　　　贵州重点城市化地区城市现状与规划目标

城区（城市）		2010 年中心城区人口（万人）	2010 年城镇建成区面积（平方公里）	2020 年中心城区人口（万人）	2020 年城镇建成区面积（平方公里）
黔中城市群主要城市	贵阳中心城区	217	162	600	600
	遵义中心城区	72	62	150	190
	安顺中心城区	40	32	80	100
	毕节中心城区	30	20	100	125
	凯里中心城市	33	37	100	125
	都匀中心城市	23	15	80	100
	小计	415	328	1110	1240
区域性中心城市	六盘水中心城区	42	39	100	125
	铜仁中心城区	23	23	80	100
	兴义中心城市	31	29	80	100
	小计	96	90	260	325
合　　计		511	418	1370	1565

资料来源：《国家城镇化规划专题调研座谈会（贵州片区）》。

统和省际高速公路的建设；强化区域城际交通通达能力的构建，形成以贵阳为中心连接周边城市的 1 小时交通圈，提高区域间快速通达能力，加快连接贵阳至周边中心城市、次中心城市、重点中小城市的快速铁路、城际轨道交通的建设；推进黔中城市群区域城际轨道交通的建设；与全省核心旅游线路、特色旅游线路相结合，提高旅游目的地之间的交通通达能力；加强重点城镇与中心城市的连接。另一方面，完善城市内部交通网络体系。优先发展城市公共交通，引导城市空间实现紧凑、高效发展的格局，实现贵阳主城区与周边中心城市、卫星型城镇快捷连接；加强中心城市的枢纽站场的建设；加大水源工程、城镇供水设施和节水系统的建设力度，缓解工程性缺水的困境，提高城镇供水能力；加快教育、医疗、供水、供气等公用设施的建设，提高城镇公共服务能力，提高城镇综合功能，构建宜居、宜业的城镇形态。

专栏9.7 **黄果树风景旅游区的旅游业发展简介**

1. 黄果树风景旅游区概况

黄果树国家重点风景名胜区为国家5A级旅游景区，位于贵州省西南黄金旅游线，距离贵阳市128公里，全程高速公路直达。景区以黄果树大瀑布为中心，分布着天星桥、石头寨、郎弓、霸陵河峡谷和滴水潭瀑布6大景区。

黄果树瀑布景观是黄果树最具代表性的景观，在以高77.8米、宽101米的黄果树大瀑布为中心，方圆20余平方公里的范围内就分布着雄、奇、险、秀，风格各异、成因不同、大小不一的瀑布18个，形成一个庞大的瀑布"家族"，被世界基尼斯总部评为世界上最大的瀑布群，列入世界基尼斯纪录。

2. 旅游业发展

2000年以前，黄果树风景旅游区的发展并不尽如人意。

在2000年前后，黄果树人对景区的发展进行了反思，通过公司化经营，转变观念，增加一系列的市场操作和活动策划，通过活动带动旅游发展，以创新意识成就旅游市场。

黄果树景区不断加强各种基础设施建设，充分把握市场需求和动向，灵活运用营销手段和宣传手段，到2007年，黄果树游客人数达380万人次，旅游总收入达14亿元。

3. 带动安顺的旅游发展

在黄果树快速发展的同时，安顺按照试验区"深化改革，促进多种经济成分共同繁荣，加快发展"的观念，充分利用黄果树的品牌效应，发展整个旅游产业，集群效应明显。夜郎洞景区、平坝屯堡景区成为新型的旅游景点。从2004年首届瀑布节到2010年8月，安顺已引进外资20多亿元投入旅游业及相关产业。安顺市共接待游客960万人次，同比增长29.9%，旅游总收入54亿元，同比增长45.6%。

专栏9.8 **贵州乡村旅游发展简介——以西江千户苗寨为例**

1. 西江千户苗寨

位于贵州省黔东南苗族侗族自治州的西江千户苗寨，是世界上最大的苗寨，故有"千户苗寨"之称。

西江系相传始建于汉文帝时期，距今已有2000多年。该聚居区苗族在清雍正"改土归流"前，一直没有纳入中央王朝的国家化进程里，因而被称为"生苗"，生活在一个几乎与世界隔绝的环境里。寨内吊脚楼依山而建、户户紧靠、寨寨相连、鳞次栉比、气势恢宏，是世界上规模最大，保存最完整，最有观赏和研究价值的吊脚木楼建筑群。田园风光、干栏民居与民族风情融为一体，使西江成为苗族西氏支系的建筑博物馆和民俗博物馆，是中外游客特别是人类学者、建筑界人士和摄影师乐于造访之地。

2. "云南看丽江，贵州看西江"

2008 年以前，西江的交通和信息闭塞，旅游设施薄弱，所以虽然西江风光秀丽、风情浓郁、名声很大，但是由于交通条件和旅游接待条件的限制，西江的旅游起步很晚。

西江千户苗寨的民族文化旅游产业的快速发展是从 2008 年开始的。2008 年，为迎接第三届贵州旅游产业发展大会在雷山西江召开，省、州、县共投入资金 8000 多万元，完成了贵州旅游发展大会主会场场馆、西江苗族博物馆、民族文化精品一条街建设等 20 多个工程项目。西江的旅游基础设施得到显著改善，旅游接待条件明显改观。

贵州旅发大会在西江的顺利召开使西江对外的知名度、美誉度、影响力均得到了前所未有的提升，西江的旅游人次由 2007 年的 11.5 万人次蹿升到了 77.7 万人。仅 2010 年 1~5 月，西江旅游人（次）已达到 22.7404 万人，旅游综合收入达到 4241.9 万元。

西江千户苗寨全民参与旅游的格局基本形成，"农家乐"、民族工艺品销售商店等每天给西江千户苗寨的直接收入高达 5 万~10 万元，同时还带动了全镇食品加工、蔬菜种植及养育、养猪等相关产业的发展，拓宽了村民的致富门路。西江村村民的年人均纯收入从 2007 年的 1700 元增加到 2010 年的 4800 元。

参考文献

[1] 田茂霞. 贵州的比较优势与产业发展. 武汉：中南民族大学硕士学位论文，2009

[2] 赵普. 资源富集地区参与区域经济合作的战略考量——兼谈构建"湘渝黔经济合作区"对于贵州发展的意义. 贵州财经学院学报，2010（4）

［3］李华红．贵州城镇化进程中的小城镇发展问题研究．贵阳市委党校学报，2011（2）

［4］十年开发成硕果再借东风促跨越——省委副书记、省长林树森谈贵州西部大开发．当代贵州，2010（2）

［5］范松．贵州城镇起源特殊性的历史观察．贵州社会科学，2012（6）

［6］汤正仁．区域产业发展城镇化与就业——基于贵州的实践．成都：西南交通大学出版社，2012

［7］王国勇，刘洋．贵州城镇化发展分析报告．贵州民族学院学报（哲学社会科学版），2010（6）

［8］贵州省统计局，国家统计局贵州调查总队．2011年贵州省国民经济和社会发展统计公报

［9］方创琳．中国城市群形成发育的新格局与新趋向．地理科学，2001（9）

［10］李博，田超，靳取．关于构建黔中城市群的一些思考．北京城市学院学报，2009（4）

［11］方创琳．中国西部地区城市群形成发育现状与建设重点．干旱区地理，2010（5）

［12］侯炬凯．贵州经济发展水平滞后原因分析与对策研究——与四川、重庆、云南的比较研究．贵州商业高等专科学校学报，2011（1）

［13］刘肇军．贵州生态文明建设中的绿色城镇化问题研究．城市发展研究，2008（3）

［14］贵州生高等学校人文社会科学基地，贵州省财经学院欠发达地．欠发达地区经济发展研究．北京：中国经济出版社，2011

［15］杨勇．贵州经济发展60年研究．北京：中国经济出版社，2010

第十章 成都都市圈与都江堰市发展战略

第一节 四川与成都市都市圈发展

一、认识四川

四川省位于中国西部，是连接西南、西北和中部地区的重要结合部和交通走廊。它地处长江上游，东西长 1075 公里，南北宽 921 公里，东西边境时差 51 分钟，与 7 个省（区、市）接壤，北连青海、甘肃、陕西，东邻重庆，南接云南、贵州，西临西藏。

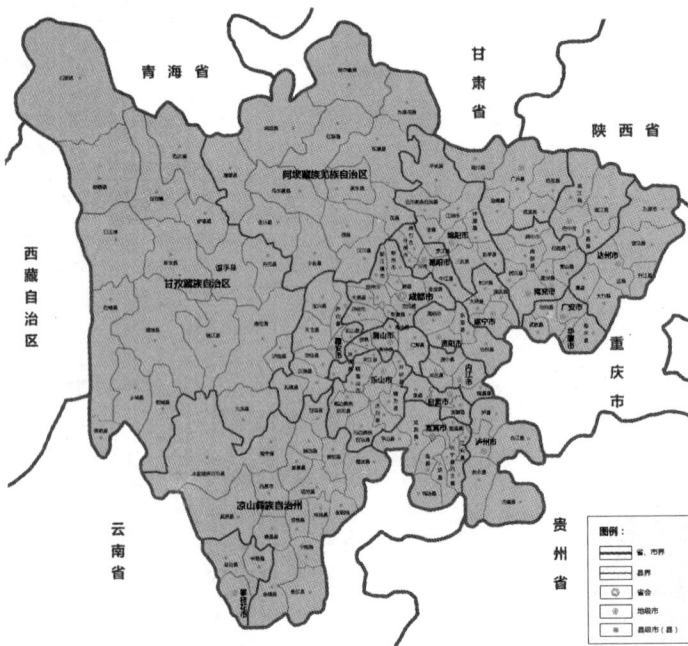

图 10-1 四川省行政区划图

四川面积为 48.6 万平方公里，名列中国第 5 位，辖 1 个副省级城市、17 个地级市、3 个自治州，181 个县（县、自治县、县级市），是中国的资源大省、经济大省、人口大省。全省总人口居西部省（市）首位，2011 年末的常住人口为 8050 万，城镇人口与乡村人口分别为 3367 万人、4683 万人，城镇化率达 41.8%。此外，四川有超过 1300 万城乡劳动力外出务工，是全国最大的劳务输出省份之一。

表 10 - 1 　　　　　　　　2012 年西部各省城镇化率比较表

名　称	城镇化率（%）	名　称	城镇化率（%）
广　西	43.60	陕　西	50.02
重　庆	56.98	甘　肃	38.75
四　川	43.53	宁　夏	50.67
贵　州	36.40	内蒙古	57.70
云　南	39.30	青　海	47.44
西　藏	22.70	新　疆	44.00

资料来源：西部各省 2012 年国民经济和社会发展统计公报。

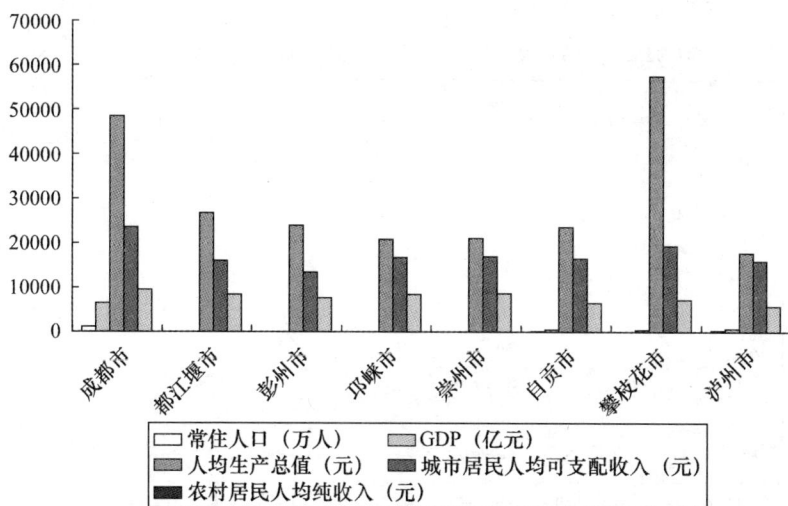

图 10 - 2　2011 年四川省各市主要经济指标对照表

多年来，四川省的经济水平稳居西部省市首位，其主要经济指标也明显高于全国平均水平。2012 年，四川全省 GDP 达 2.38 万亿元，人均 GDP2.95 万元，城镇居民人均可支配收入 2.0 万元，农民人均纯收入 7001 元。

表 10 - 2　　　　　　　四川省在西部地区的经济对比表（2012 年）

西部各省	GDP（亿元）	人均 GDP（元）	城镇居民人均可支配收入（元）	农民人均纯收入（元）
四　川	23849.80	29530.97	20307.00	7001.40
广　西	11714.35	25315.00	18854.00	5231.00
重　庆	11459.00	38910.01	22968.00	7383.27
贵　州	6802.20	19524.11	18700.51	4753.00
云　南	10309.80	22262.58	21075.00	5417.00
西　藏	701.00	23032.45	18056.00	5645.00
陕　西	14451.18	38557.00	20734.00	5763.00
甘　肃	5650.20	22036.66	17156.89	4506.70
宁　夏	2326.64	36166.00	19831.00	6180.00
内蒙古	15988.34	64319.00	23150.00	7611.00
青　海	1884.54	33178.52	17566.28	5364.38
新　疆	7530.32	33909.00	17921.00	6394.00

资料来源：2012 年各省国民经济和社会发展统计公报。

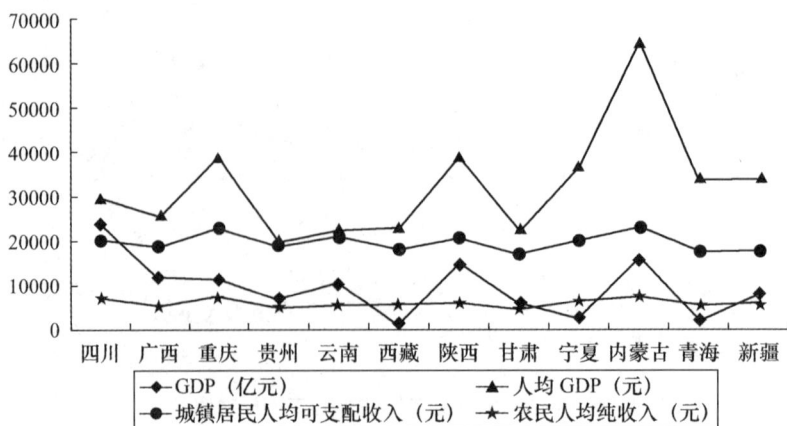

图 10 - 3　四川省在西部地区的经济对比图（2012 年）

表 10 - 3　　　　　2011 年四川省各市主要经济指标对比表

城　市	常住人口（万人）	GDP（亿元）	人均生产总值（元）	地方财政一般预算收入（亿元）	城市居民人均可支配收入（元）	农村居民人均纯收入（元）
成都市	1407.1	6854.6	48755	660.00	23932	9895
都江堰市	61.18	176.7	26839	18.20	16193	8645
彭州市	80.83	184.88	24224	10.26	13784	8147
邛崃市	66.05	128.99	21043	7.02	17062	8598
崇州市	67.18	140.66	21274	8.80	17364	9084
自贡市	327.11	780.36	23851	29.14	16852	6951
攀枝花市	111.73	645.66	57787	49.98	19735	7627
泸州市	503.01	900.87	17910	65.40	16338	6072

资料来源：各市 2011 年国民经济和社会发展统计公报。

　　四川拥有中国西南最大的平原——成都平原（川西平原），素有"天府之国"的美誉。广义的成都平原总面积达 23 万平方公里①，狭义的成都平原总面积也有 8000 平方公里，是川西平原的主体。成都市位于川西平原中间区域，故此川西平原也称成都平原。成都平原耕地连片集中，土壤肥沃，河渠纵横密布，属于典型的水田农业区，是中国重要的商品粮、油生产基地。

　　林盘是成都平原独特的象征。农村的散居点与树林、竹林结合在一起形成的林盘，生长着大量的树、竹、果等植被，不仅提供木材与林副产品，这种"多用途森林"② 对平原生态也起着巨大的调节和平衡作用，对保护生物多样性和生态原始性起着重要作用。

　　四川是中国拥有世界自然文化遗产和国家重点风景名胜区最多的省（直辖市、自治区）。它拥有 3 处自然遗产、1 处文化遗产、1 处自然文化双遗产、9 处国家级重点风景名胜区。贡嘎山、四姑娘山、西岭雪山、红原大草原、九寨、乐山大佛、都江堰、阆中古城、大熊猫自然保护区等，拥有绚丽的自然风貌和多姿多彩的人文景观。

---

　　① 广义成都平原位于龙泉山脉和龙门山脉、邛崃山脉之间，北至绵阳市江油市，南至乐山市五通桥区，共覆盖五个市的 29 个县（市、区），总面积 22900 平方千米。

　　② 联合国粮农组织（FAO）将多用途林定义为：用于木材产品的生产、水土保持、生物多样性保存和提供社会文化服务的任何一种组合的森林，在那里任何单独的一项用途都不能被视为明显地比其他用途更重要。

二、四川城镇化水平与城镇体系特点

四川是一个内陆省份，是传统的农业大省。一直以来，它面临着人口多、底子薄、欠发达的处境。近年来，其城镇化水平得到了极大提高，但是仍然偏低。"十一五"前，四川的城镇化水平是33%，当时全国平均水平是43%，低于全国平均水平10个百分点。到2010年末，四川城镇化率已由1978年的8.5%提高到40.3%。目前，四川已经构建起了一个大、中、小城市并存的城镇体系。1个超特大城市、4个大城市、27个中小城市和1865个小城镇组成的城镇体系，形成了成都平原、川南、川东北及攀西四个城镇群的雏形，城镇建成区面积达3000平方公里。

表10-4　　　　四川省现有32个设市城市基本情况（2006年）

城　市	城市规模	行政地位	设市时间
成　都	超大城市	副省级市	1928
自　贡	大城市	地级市	1939
南　充	大城市	地级市	1950
攀枝花	大城市	地级市	1965
绵　阳	大城市	地级市	1976
泸　州	中等城市	地级市	1950
宜　宾	中等城市	地级市	1951
内　江	中等城市	地级市	1951
德　阳	中等城市	地级市	1983
乐　山	中等城市	地级市	1985
遂　宁	中等城市	地级市	1985
广　元	中等城市	地级市	1985
资　阳	中等城市	地级市	1993
眉　山	中等城市	地级市	2000
广　安	中等城市	地级市	1998
达　州	中等城市	地级市	1976
巴　中	中等城市	地级市	1993
雅　安	小城市	地级市	1951
西　昌	小城市	县级市	1979
华　蓥	小城市	县级市	1985

续表

城 市	城市规模	行政地位	设市时间
都江堰	小城市	县级市	1988
江 油	小城市	县级市	1988
广 汉	小城市	县级市	1988
阆 中	小城市	县级市	1991
彭 州	小城市	县级市	1993
万 源	小城市	县级市	1993
崇 州	小城市	县级市	1994
邛 崃	小城市	县级市	1994
简 阳	小城市	县级市	1994
什 邡	小城市	县级市	1995
绵 竹	小城市	县级市	1996
峨眉山	小城市	县级市	1988

资料来源：《基于分形理论的四川城镇体系及城市群研究》。

1. 城镇化发展的水平

2012 年，四川全省总人口为 8076.2 万，居全国第四位。作为传统的农业大省和新兴的工业大省，四川当年的 GDP 达到 23849.8 亿元，比西部排名第二的广西高出 10818.76 亿元。但城镇化水平为 43.53%，仍然低于全国平均水平。

表 10-5　　　　　2012 年四川省与其他各省城镇化水平比较表

省 市	城镇化率（%）	省 市	城镇化率（%）
北 京	86.20	湖 北	53.50
天 津	81.55	湖 南	46.70
河 北	46.80	广 东	67.40
山 西	51.26	广 西	43.60
内蒙古	57.70	海 南	50.50
辽 宁	65.65	重 庆	56.98
吉 林	53.70	四 川	43.53
黑龙江	56.50	贵 州	36.40
上 海	89.00	云 南	39.30
江 苏	63.00	西 藏	22.70

续表

省　市	城镇化率（%）	省　市	城镇化率（%）
浙　江	63.20	陕　西	50.02
安　徽	46.50	甘　肃	38.75
福　建	62.50	青　海	47.44
江　西	47.51	宁　夏	50.67
山　东	52.40	新　疆	44.00
河　南	42.20		

资料来源：各省 2012 年国民经济和社会发展统计公报。

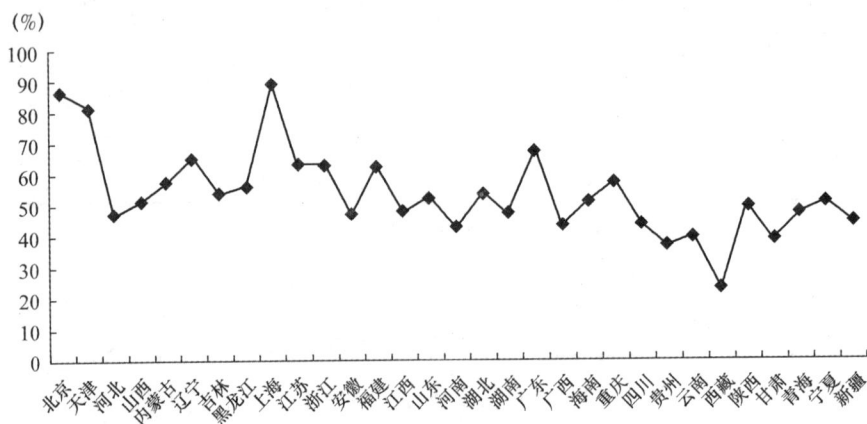

图 10 - 4　2012 年四川省与其他各省城镇化水平比较图

表 10 - 6　　　　　　　　　　四川城镇体系表

等级	数量	城市	人口（万人）	GDP（亿元）
特大城市	1	成都	1407.20	6854.60
大城市	4	攀枝花、绵阳、自贡、南充	1391.85	3644.6
中小城市	27	泸州、宜宾、内江、德阳、乐山、遂宁、广元、资阳、眉山、广安、达州、巴中、雅安、西昌、华蓥、都江堰、江油、广汉、阆中、彭州、万源、崇州、邛崃、简阳、什邡、绵竹、峨眉山	6022.67	11445.35

图 10 - 5   四川城镇体系图

2. 四川城镇体系的特点

四川城镇体系的形成与改革开放以来四川的城镇发展战略是紧密相连的。1997 年重庆被设为直辖市以前，四川省城镇体系是以培育成都、重庆两大城市为主展开的，采取的是突出"一线"、"两翼"的区域开发模式①。1997 年，重庆市被划出四川成为直辖市，强化了"一个增长极"、确定"经济、城镇发展的三级轴线"的城镇布局战略。四川省城镇体系形成了以成都为中心的川西平原城市群雏形，特别是以成都为中心，沿德阳、绵阳到广元，沿乐山、西昌到攀枝花、沿内江、自贡到宜宾的城镇体系，奠定了现今四川城镇体系的框架基础。

大多数城市发展水平不高，城市首位度较高，城镇体系中缺少一定数量的大中城市支撑。除了省会城市成都以外，仅有攀枝花、南充、绵阳、自贡等 4

---

① "一线、两翼"是四川省在 20 世纪 80 年代中后期提出区域发展战略。一线：江油—成都—峨眉山，即从江油经成都到峨眉山一条线，在经济发展和改革方面加快步伐，先行一步，以带动全省县域经济发展。

个大城市。32 个城市首位度高于 3 的有 4 个。人口在 200 万～300 万的大中城市明显短缺，而 50 万～100 万的城市共有 7 个，占全省城市总数的 21.9%；中、小城市占全省城市数量的 12.5%。在数量结构上，由于大、中城市数量较少，城市之间集聚能力、辐射能力的"梯度"效应无法显现，中心大城市与众多小城镇之间的"传导"作用力较弱。比如成都，城市首位度达到 5.2，成都与其他城市经济基础差距较大，在带动其他城市，特别是对全省中小城市的带动作用有限。在 4 个大城市中，攀枝花、南充两个城市与成都距离过远，很难接受成都的辐射。

表 10 - 7　　　　　　2011 年 32 个城市人口数量表　　　　单位：万人

城　市	人　口	城　市	人　口
成　都	1407.10	巴　中	136.60
自　贡	327.11	雅　安	151.71
南　充	709.65	西　昌	62.54
攀枝花	111.73	华　蓥	27.83
绵　阳	543.36	都江堰	24.08
泸　州	503.01	峨眉山	43.70
宜　宾	542.92	江　油	76.12
内　江	426.10	广　汉	59.10
德　阳	390.50	阆　中	88.19
乐　山	354.42	彭　州	80.83
遂　宁	325.25	万　源	40.80
广　元	311.25	崇　州	67.18
资　阳	503.90	邛　崃	66.05
眉　山	350.80	简　阳	146.80
广　安	468.50	什　邡	41.30
达　州	685.39	绵　竹	47.80

资料来源：2011 年各市国民经济和社会发展统计公报。

中小城市数目众多，但发展实力欠缺。全省共有中等城市（地级市）数量 18 个，市辖区平均总人口、财政收支状况、人均工资水平等与其他省（市、

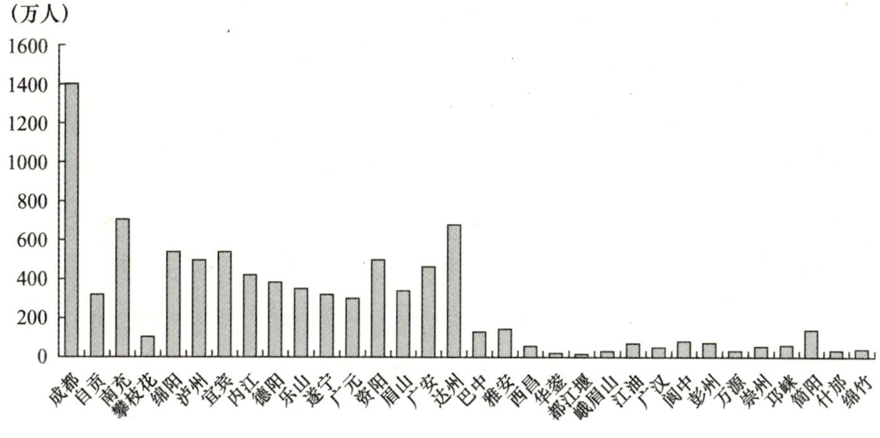

（万人）

图 10 - 6　2011 年 32 个设市城市人口数量图

区）存在明显差距。2008 年，四川的中等城市市辖区平均人口为 38.5 万人，而广东为 110.8 万人，江苏 109.7 万人。虽然四川是人口大省，但其中等城市集聚的城市人口还不到沿海发达地区省份的一半。此外，现在许多城市将城市居民用电量作为衡量一个城市聚集人口的一个指标，通过这一指标的对比来看：2008 年，四川中等城市居民年人均用电 308 度，而广东高达 872 度、江苏达 566 度。从地方财政的收支水平来看：2008 年，四川中等城市平均财政收入 9.9 亿元，支出 27.5 亿元；广东中等城市平均财政收入 50.4 亿元，支出 61.1 亿元；而江苏中等城市平均财政收入 89.5 亿元，支出 94.6 亿元。从居民收入上来看：2008 年，四川中等城市职工年平均工资 2.3 万元，年末人均存款余额 3953 元；广东中等城市年职工平均工资 2.9 万元，年末人均存款余额 1.1 万元。通过上述对比可以发现，与沿海发达省（市）相比，四川中等城市发展相对较缓慢，实力较弱，而这与四川中等城市工商业发展相对滞后是紧密相关的。

小城镇密集、规模小、集聚和辐射功能较弱。2011 年，四川全省有 1821 个建制镇、3298 个乡。建制镇中，镇区常住人口在 1 万人以上的小城镇有 294 个，其常住人口总数为 991 万人，占全省常住人口的 12%；294 个 1 万人以上小城镇中，3 万人以上的 84 个，其常住人口总数为 639 万人。

基础设施落后，有城无市，城镇发展活力不足。四川省小城镇总数占全国的 1/10，平均每个镇有人口 1.68 万人。全省建制镇建成区面积平均为 20 ～ 30

公顷，集聚人口 30335 人，低于全国平均水平，镇区总人口 1292.31 万人，占地面积 33.3 万公顷。大部分建制镇规模过小，基础设施水平比较落后，活力不足，对农村的辐射作用有限。四川每万人拥有运营公共汽车 2.59 辆，比全国平均水平低 0.55 辆；每万人拥有铺装道路长度 13.06 公里，比全国平均水平低 1.25 公里。

城镇发展滞后于工业化水平。钱纳里和西蒙·库兹涅兹等经济学家的研究结论认为，一个地区第二产业增加值占 GDP 的比重达到 40%～60% 时，工业化进入中期。2010 年，四川省三次产业结构比为 14.7∶50.7∶34.6。而从就业结构来看，配第 - 克拉克定理认为，第一产业从业人员占全社会从业人员的比重为 30%～45% 时，工业化进入中期阶段。2010 年，四川第一产业从业人员占全社会从业人员的比重为 43.7%。而从国际经验来看，工业化进入中期阶段时，城镇化率一般都超过 50%，许多国家城镇化率达到 60%，而四川 2010 年的城镇化率仅为 40.3%，城镇化水平远远低于工业化水平。有专家分析四川产业发展状况指出，四川缺少大型企业，也缺少一定数量支撑的小型企业。由于小型企业生产能力不足、主业不突出、赢利能力弱，小型企业发展能力不足导致吸纳就业能力较差，工业化对城镇化拉动效应不明显，也是导致四川城镇化水平落后的主要原因。

城镇分布地域差异显著。全省 74% 的城镇集中分布在占全省总面积 30% 的四川盆地地区；西部山地高原占全省总面积的 63%，只有 10% 的城镇。全省城镇最密集的地区主要分布在成都平原，面积占四川盆地总面积的 11%，却聚集了 12257 个城镇。城镇沿江沿河分布较多，90% 的城镇分布在江河沿岸。沿长江、岷江、嘉陵江分布的城镇规模普遍较大，比如成都、乐山、宜宾、泸州等。

三、成都在四川城镇体系中的地位和意义

《成都》中有这样一段描述：成都是一座历史悠久充满神奇的城市，一座传承了古蜀文明又富有鲜明时代个性的城市，一座生活闲适充满活力的城市，一座和谐包容富于创新的城市，一座来了就不想离开的城市。

据历史记载，成都早在公元前 311 年由秦国张仪按京城咸阳规制兴筑成都、郫城、临邛三城，至今已有 2300 多年的建城史。历史上曾发生数次城池

毁灭的悲剧，但又都在原址重建起来。也有学者考证，成都2300年来未改城名、未易城址，其城市的再生力和重建力强，空间骨架及结构的传承性较强。到如今，成都已发展成为面积达到1.23万平方公里，辖9个区、6个县，代管4个县级市，共有196个镇、27个乡、92个街道办事处的城市。它的城镇密度为1.58个/百平方公里，是全国城镇密度最高的地区之一，常住人口1404万人，名列副省级城市第一。

2012年，成都市GDP总量名列副省级城市第三（仅次于广州、深圳），居全国第八，综合实力居中西部第一。国务院确立成都为我国中西部地区教育、科技、商贸、金融、文化中心，通信和交通枢纽；是中国的十大城市之一、四大航空枢纽城市之一、六大客运枢纽城市之一、十大金融城市之一、十大科技城市之一。全市经济总量占四川全省的32.6%（详见表10-8）。

表10-8　　　　　　　　2011年全国省会城市GDP表

省会城市	GDP（亿元）	省会城市	GDP（亿元）
北　京	16000.40	合　肥	3636.61
上　海	19195.69	武　汉	6756.20
天　津	11190.99	长　沙	5619.33
重　庆	10011.13	南　京	6145.52
哈尔滨	4243.40	成　都	6854.60
长　春	4003.00	贵　阳	1383.07
沈　阳	5914.90	昆　明	2509.58
呼和浩特	2177.26	南　宁	2211.51
石家庄	4082.60	拉　萨	222.09
乌鲁木齐	1700.00	杭　州	7011.80
兰　州	1360.30	南　昌	2688.87
西　宁	770.70	广　州	12303.12
西　安	3864.21	福　州	3734.78
银　川	974.79	台　北	13597.00
郑　州	4912.70	海　口	712.75
济　南	4406.29	香　港	15436.00
太　原	2080.12		

资料来源：各市2011年国民经济和社会发展统计公报。

(亿元)

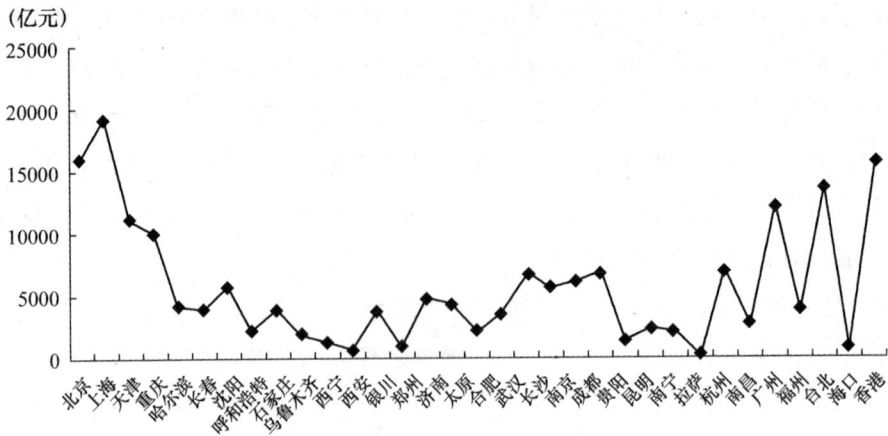

图 10 - 7　2011 年全国省会城市 GDP 比较

　　成都市作为西部地区三大中心城市之一，综合人口、面积、经济总量来看，其综合实力居西部首位。同时，成都还是全国商贸中心城市，形成了荷花池批发市场、成都生产资料交易区、成都农产品中心批发市场、大发电器市场等一批大型商贸市场。2010 年，成都社会消费品零售总额达到 2417.6 亿元，居西南各城市之首。

　　成都是西部地区重要的金融中心。2012 年全市金融机构存贷款余额分别达 20354 亿元和 15630 亿元，在副省级城市中分别排名第 3 位、第 4 位。金融总部商务区初具规模，金融外包及后台服务中心等金融机构加速集聚，成为中西部金融机构种类最全、数量最多、市场规模最大的城市。

　　成都是西南地区的交通枢纽，宝成、成渝、成昆和成达铁路在成都交汇，形成了以成都为中心的西南最大的客运运输枢纽。同时，成都还是西部地区的通讯中心，是全国七大交换中心和九大邮政通信一级处理中心之一，西部五省区的光缆在成都交汇。另外，成都还是西部重要的科技、教育中心，现有高等院校 22 所，博士点 100 多个，博士后流动站 35 个，国家重点学科 15 个，重点实验室 18 个，各类科研和技术开发机构 2800 多个。科技人员总数和每万人拥有科技人员数均居全国大城市前列。依托众多的电子、航空、光纤光缆、机械、化工等现金制造业、高技术产业的雄厚基础，成都成为西部地区高技术产业基地和科技创新基地，对西部地区经济发展和产业升级起到很好的支撑作用。

表 10 – 9　　2011 年成都、重庆、西安三大中心城市经济数据对比表

城市	总面积 （平方公里）	总人口 （万人）	GDP （亿元）	财政总 收入 （亿元）	工业 增加值 （亿元）	城市居民 人均可支配 收入（元）	农村居民 人均纯收入 （元）
成都	12390.00	1407.10	6854.60	4930.75	2610.80	23932.00	9895.00
重庆	82402.95	2919.00	10011.13	2908.80	4690.46	20249.70	6480.41
西安	9983.00	851.34	3864.21	649.88	1189.61	25981.00	9788.00

资料来源：2011 年各市国民经济和社会发展统计公报。

成都是四川省域中心城市，也是全省经济发展的重心所在。在四川省的32 个城市中，成都的各项经济指标处于遥遥领先的水平，它的城市首位度达到 5.2，其中心城市的地位突出。与此同时，以成都为中心的成都平原经济区，既是全省城镇与产业最密集的地区，也是最具经济活力的地区。

表 10 – 10　　2011 年成都与其他 31 个城市经济、人口数据对比表

城　市	人　口	GDP（亿元）	财政收入（亿元）
成　都	1407.10	6854.60	680.60
自　贡	327.11	780.36	99.45
南　充	709.65	1029.48	43.29
攀枝花	111.73	645.66	49.51
绵　阳	543.36	1189.10	65.40
泸　州	503.01	900.90	65.40
宜　宾	542.92	1091.20	67.20
内　江	426.10	155.83	25.30
德　阳	390.50	1137.50	65.13
乐　山	354.42	918.06	60.20
遂　宁	325.25	584.00	24.01
广　元	311.25	404.00	22.77
资　阳	503.90	836.40	32.26
眉　山	350.80	675.00	34.05
广　安	468.50	659.90	27.67
达　州	685.39	1011.80	41.15
巴　中	136.60	343.39	24.11

城　市	人　口	GDP（亿元）	财政收入（亿元）
雅　安	151.71	350.00	21.65
西　昌	62.54	296.79	18.21
华　蓥	27.83	88.77	2.71
都江堰	24.08	176.70	18.20
江　油	43.70	214.11	9.00
广　汉	76.12	223.55	10.20
阆　中	59.10	120.97	4.30
彭　州	88.19	184.88	10.26
万　源	80.83	78.72	2.16
崇　州	40.80	140.66	8.80
邛　崃	67.18	128.99	7.01
简　阳	66.05	262.96	10.00
什　邡	146.80	167.44	11.46
绵　竹	41.30	146.29	11.00
峨眉山	47.80	146.54	8.30

资料来源：2011 年各市国民经济和社会发展统计公报。

第二节　成都都市圈发展基础与意义

一、成都都市圈发展的基础与必要性

1997 年重庆成为直辖市后，成都成为四川省域内唯一的现代特大中心城市，全省的人口、产业、资本、技术向成都高度集聚，四川省城镇空间结构出现典型的以成都为中心的单核型模式。为了发挥成都中心城市对全省的主导、带动作用，强化中心城市的聚集与辐射功能，四川省提出构建成都经济区的战略构想。相比四川其他四个经济区，成都经济区是经济实力最强的区域，包括成都都市圈和成德绵城市带。

根据规划确定的范围，成都都市圈是以成都中心城区为中心，向周边延伸150 公里范围内的区域，包括核心层、紧密层和松散层三层，辐射 6 个城市。核心层是指成都市整个城市实体空间地域，主要是指含三环路以内的主城区；紧密层包括双流、郫县、龙泉、青白江、温江、都江堰部分区域等；崇州、新都、大邑、都江堰部分区域、新津等县称作松散层。

成都都市圈包含 59 个县级行政单元，辖区面积 66000 平方公里，占四川全省的 13.61%；GDP 为 5624.96 亿元，占四川全省的 52%；总人口 3618.7 万人，其中非农业人口 1130 万人，分别占四川总人口和非农业人口的 41% 和 53%；城市化率 31%。

二、成都都市圈的发展条件

成都都市圈的整体情况，相比四川其他经济区较强，但是内部也存在发展不均衡的问题。无论是从人口总量，还是从经济总量来看，成都都市圈的圈层差异格局比较明显。核心层的经济实力最强，紧密层次之，松散层经济实力相对较弱。相比之下，中小城市特别是众多县域，仍然是都市圈内欠发达的区域。数据显示，成都都市圈的核心层人口总量最少，地区生产总值最高，从业人员受教育水平较高的人才几乎 90% 都集中在核心层。从人口分布、经济总量的分布、产业结构的分布来看，成都都市圈核心层已呈现发达国家的城市经济特征，但是都市圈紧密层、松散层却仍然是中国众多县域经济发展的特征，有些县是典型欠发达地区的经济特征。从空间上看，经济发展水平较高的县主要集中在成都都市圈南部成都市和德阳市所辖的县域，乐山的沙湾区、金口河区及峨眉山市经济发展迅速。

成都作为成都都市圈的核心城市，也面临着许多大城市共有的城市病问题。成都市的行政面积只有 1.24 万平方公里，资源有限，而近年来不断集聚的产业与人口使生态和环境面临的压力越来越大。2005 年，成都市人均水资源量仅为 863 立方米，低于公认的人均 1700 立方米的警戒线，也低于四川省 3388 立方米的人均水平。成都市煤炭、石油、铁矿等重要矿产资源也主要以输入为主，能源资源短缺。成都市环境容量和资源承载量能力已经饱和，难以支撑城市继续蔓延扩张，城市自身的发展演变也使得各种要素必须寻求更广阔的空间。

成都都市圈还未形成成熟的城镇体系格局。除了成都为特大城市以外，其他区市县人口规模偏小，绝大多数区、县的城市人口在 20 万以下，还有一些 10 万人以下的小县城。大城市和中等城市缺位，小县城生产和服务环境偏弱，导致成都各种要素难以顺利往周边转移，中心城市对周边区域的辐射作用也难以显现。都市圈内的经济联系主要表现在商业流通等传统的行业上，都市圈内大中小城市之间，还没有形成层次分明的产业分工。

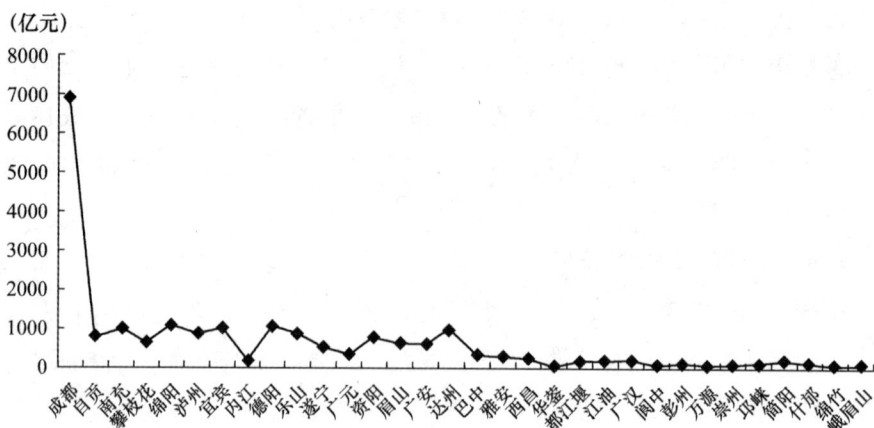

2011 年成都市与 31 个城市 GDP 比较

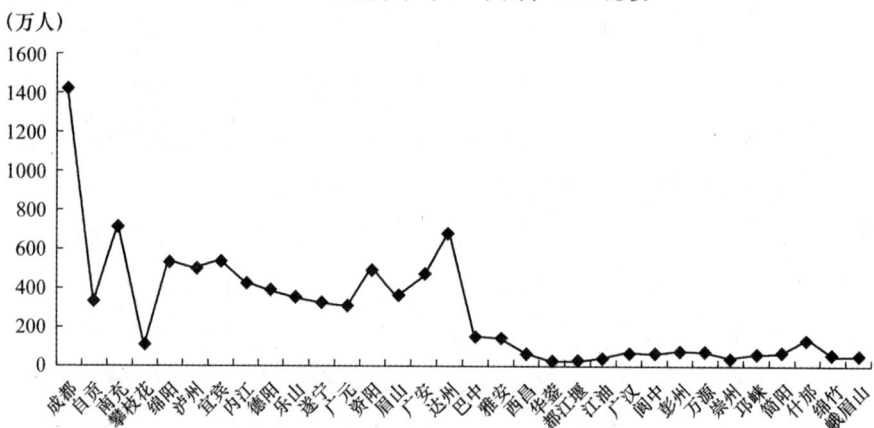

2011 年成都市与 31 个城市人口比较

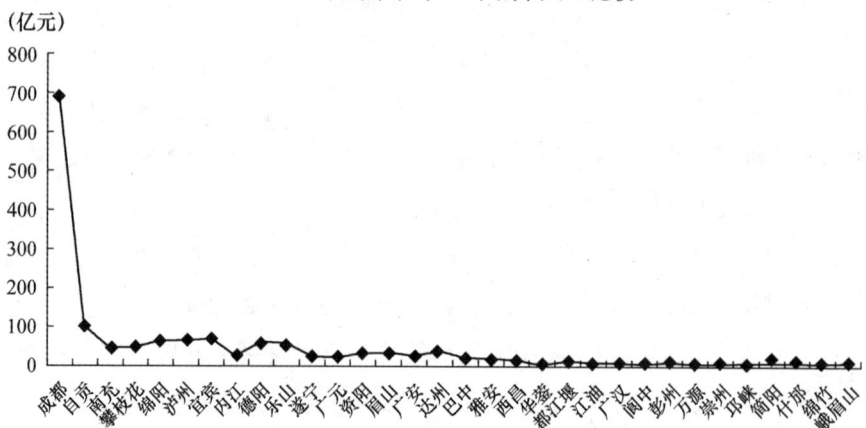

2011 年成都市与 31 个城市财政收入比较

图 10 - 8　2011 年成都市与 31 个城市比较

表 10 - 11　四川省五大经济区基本情况

区域	包括地（市）	面积（平方公里）	年末常住人口（万人）	平均人口密度（人/平方公里）	平均城市化率（%）	GDP总量（亿元）	GDP占全省比重（%）	人均GDP（元）	固定资产投资（亿元）	规模以上工业增加值（亿元）
成都经济区	成都、德阳、绵阳、眉山、资阳、乐山	8.1	3190	393.8	46.5	6219	49.73	19495	3340	2731
川南经济圈	自贡、宜宾、泸州、内江	3.4	1553	456.8	37.2	2129	17.02	13708	595	963
川东北经济区	南充、遂宁、达州、广安、巴中、广元	6.5	2515	386.9	31.3	2431	19.44	9666	1195	711
攀西经济区	攀枝花、凉山州、雅安市	8.2	704	85.9	33.3	1549	12.46	22002	518	503
川西北经济区	甘孜、阿坝	22.5	176	7.8	25.2	169	1.35	9602	207	31
全省	—	48.5	8138	167.8	37.4	12506	100	15367	5855	4939

表 10 – 12   成都都市圈的圈域范围划分

圈层	区域范围	作用
核心层	为城市的实体空间地域，相当一段时间内将相对稳定在以三环路为边界的区域内	充分发挥核心城市的作用，推动周边圈层发展
紧密层	以成都城心地域为中心、半径30~50公里的地域，空间范围：双流县、郫县新都区、温江区、龙泉驿区的全部以及青白江区、新津县、崇州市彭州市、都江堰市的部分地域	与成都的距离在30分钟车程内，受成都辐射影响最大，在未来发展中，这一圈层将成为人口、产业、城镇、高密度聚集的区域
松散层	以成都城心地域为中心，以半径50~150公里范围内的中小城市为节点主要包括：雅安、峨眉山、乐山、眉山、简阳、资阳、遂宁、德阳	通过铁路、高速公路、高等级公路与成都相接，车程距离在一个半小时内，与核心城市形成合理的分工合作关系

资料来源：《都市圈战略规划研究》。

表 10 – 13   成都各圈层主要经济指标分布情况

圈层	范围	平均土地面积（平方公里）	平均人口密度（人/平方公里）	平均地区生产总值（亿元）	第一产业平均产值（亿元）	第二产业平均产值（亿元）	第三产业平均产值（亿元）
一圈层	锦江区、青羊区、金牛区、武侯区、成华区	93	7053.2	457.1	0.3	117.23	339.56
二圈层	龙泉驿区、青白江区、双流县、郫县、新都区、温江区	535.3	1147.3	301.59	18.92	186.04	96.63
三圈层	新津县、都江堰市、彭州市、邛崃市、崇州市、金堂县、大邑县、蒲江县	1055.5	589.9	113.73	21.11	49.25	43.37

资料来源：《区域圈层要素一体化配置研究》。

表 10 – 14　　　2011 年成都市各区县人口统计数据（增加城市人口）

区、县	人口（万人）	区、县	人口（万人）
锦江区	43.9	都江堰市	61.2
青羊区	58.6	彭州市	80.5
金牛区	72.3	邛崃市	66.0
武侯区	95.9	崇州市	67.2
成华区	66.0	金堂县	88.9
龙泉驿区	59.9	双流县	94.2
青白江区	41.4	郫县	51.3
新都区	69.0	大邑县	51.9
温江区	37.8	蒲江县	26.4
新津县	30.9		

资料来源：《四川省 2012 年统计年鉴》。

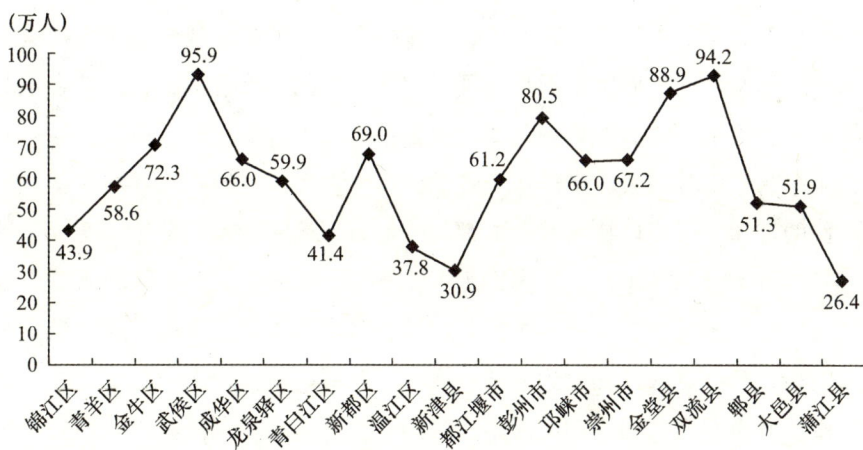

图 10 – 9　2011 年成都市各区县人口比较图

三、成都都市圈对四川省城镇体系构建的意义

　　构建成都都市圈是优化四川省城镇体系的必然选择。改革开放 30 多年来，四川与西部其他地区一样，一直没有突破城乡二元经济结构的典型特征。成都都市圈，无论是从要素集聚水平、经济发展水平上来看，都已成为区域经济的辐射中心，是中国西部特大中心城市和全国重要的商品集散地，拥有地缘优势，城市辐射功能较强。成都市在平原城市群中发展遥遥领先，构建以成都为

核心的成都都市圈，成都通过经济的辐射和吸引，带动周围城市和乡村联动发展，是促进成都从单核聚集模式、首位度极高的极化发展向均衡发展转变的关键。

发展成都都市圈，对弥补城市群规模等级结构中的断层，发挥成都辐射能力，带动周边区域起着举足轻重地作用。构建以成都为中心的成都平原城镇密集区，有利于增强成都平原城镇群之间的空间聚合效应，充分发挥城市群集聚成本低、基础设施同城化发展、产业协同的优势。近年来，成都经济发展较快，向四周的辐射能力大大增强。成都都市圈的紧密层、松散层成为成都各类转移产业的首选之地。构建成都都市圈，有利于促进各种生产要素向区域内更加均衡地流动，特别是促进城乡要素的双向流动，对缩小城乡之间的差距，突破城乡壁垒，实现城乡协调、可持续发展，促进城乡的共同繁荣具有深远意义。

成都都市圈对带动四川其他城市群和城市密集区的发展具有重要作用。构建城市圈、城市带、城市群，仍然是四川发展城镇体系的核心战略思想。四川省"十一五"规划、"十二五"规划都明确提出，全省要以城市群作为推进城镇化的主体形态，促进城镇集群化发展，引导人口向城市群集中，向综合承载能力强的地域集中，向城镇集中。要把成都平原城市群、川南城市群、攀西城市群、川东北城市群四大城市群作为带动四川全省经济发展的重要增长极。通过城市群的带动，形成以特大城市成都为中心，以 8~9 个大城市、15 个中等城市、33 个小城市和 1000 多个小城镇协调发展的城镇体系。从区域版图上来说，城市群是众多城市连成一片的面状区域，区域的发达还依赖于其中数个中心城市为核心的结点以及辐射到的圈状区域。区域的整体强大，是建立在核心城市、圈状城市圈强大的基础上。结点之间的核心城市、圈状城市圈内各类中小城市的竞争和合作，区域各类城市之间要素的流动、优势互补、资源共享，最终形成中心城市与都市圈其他各类城市共同壮大的联动格局，是发展都市圈的根本意义。

第三节　成都市都市圈外圈层中小城市发展

一、都市圈对中小城市的战略意义

在"十五"和"十一五"期间，大城市是国家构成城镇体系的重要战略。

十年间，通过行政资源的倾斜、投资和土地供应等措施的实施，中国各大城市实现了前所未有的发展。2001 年，我国拥有大城市和特大城市 103 座，而 2008 年底发展到 142 座，市区非农业人口由 1.3 亿发展到 2.1 亿，几乎翻了一番（见表 10 - 15）。另外，城市建设用地明显扩张。2000 年，全国城市建成区面积为 22439.28 平方公里，到 2009 年扩大到 38107.30 平方公里，年均增长约 7.76%。

表 10 - 15　　　　我国大城市和特大城市的人口增长情况对比

年　份	全国设市城市数量	特大城市		大城市	
		数量（座）	非农业人口（万人）	数量（座）	非农业人口（万人）
2001	662	41	9254	62	4007
2002	660	48	10662	65	4032
2003	660	49	11656	78	5114
2004	661	50	—	81	—
2005	661	54	13522	85	5789
2006	656	55	14138	85	5829
2007	655	58	14830	82	5602
2008	655	56	14898	86	5965

资料来源：《论我国大城市与中小城市发展走势》。

近年来，交通拥堵、环境恶化成为大城市面临的共同问题。北京、上海、广州、深圳、西安等特大城市与大城市都面临交通拥堵的现象。大城市和特大城市导致大型化、高层化、耗能大的建筑大量增加，地面水泥覆盖率大幅提高，工业生产和汽车尾气的排放，使得城市热岛效应大大增强，生态失衡、环境承载能力下降成为众多大城市和特大城市的通病。无锡太湖蓝藻暴发、哈尔滨松花江污染、北京沙尘暴等城市环境事件，都是城市生态环境恶化的表现。在当前的社会经济体制下，许多城市把经营土地的理念转化成发展城市的基本理念，城市的旧街区、老宅老房、传统院落、里弄胡同都在城市开发中被拆除，城市的历史记忆和反映当地文化特色的城市风貌消失殆尽，换之而来的是千篇一律的城市水泥森林。

世界上所有发达国家的城市体系中，都有众多环境优美、特色鲜明的中小城市作为支撑城市体系的重要力量。西方许多国家，最先进的科技往往并不是出自最大的城市，很多出自地方特色浓厚的中小城市，比如美国最高的科技不在华盛顿，而在加州的一个小城市群——硅谷；印度的计算机软件诞生在一个镇上。在中国，要解决城镇化进程中各种问题与矛盾，中小城市得到较好的发展是根本。

改革开放以来，中国中小城市的经济社会实力显著增强，基础设施的健全和提高、生态环境的保护与改善、产业结构的调整和完善，已形成容纳更多城市产业、人口的基础。首先，中小城市更具有建设宜居城市的优势条件，中小城市往往更接近自然，与自然山水能够保持密切的联系，城市处在山水、乡村、田野的包围之中，可以创造人与自然的和谐状态；二是社会结构相对单一，贫富差距相对较小，社会比较安定；三是中小城市往往都拥有悠久的历史文化，有传统的民族、地方文化，还有一些中小城市拥有著名的风景名胜，历史文化与自然环境特色鲜明，具有地方性、民族性、多元化的特征和魅力。

二、中小城市要找准自身的发展定位

展现地方特色，找准定位，创建宜居宜业的城市，是中小城市发展的必由之路。中小城市的发展，不能直接照抄、照搬大城市的做法，而是要突出自己的特色和优势。中小城市的人才、资本、资源配置能力等各方面都无法与大城市相提并论，最好不要搞小而全、大而全的发展模式。无论是产业发展、城市建设上，都要集中优势，突出特色，才能创建自身的竞争力。有的城市模仿大城市，把机械、纺织、化工、水泥等与自身特色不相联系的产业都作为重点来抓，导致产业竞争力不够，资源配置到不恰当的产业门类上，阻碍当地优势产业的发展壮大。

在城市面貌的规划和建设上，中小城市也不能随意模仿大城市的宽马路、大广场，而是要根据地方建筑景观的特点，配套建设尺度适宜、精致小巧的开放式空间。历史对城市是愈久弥香的宝贵财富，保留、发扬传统文化和历史，往往是能让一个城市形成区别于其他城市的典型符号。对于大多数中小城市来说，它们恰恰都具有浓厚地方特色的历史风貌。面对这笔宝贵财富，更重要的是把外形和文化内涵统一起来，而不是一拆了之用新奇的新式"洋房"来替代本地特色。

个性化是中小城市应该追求的发展模式。中等城市的城市人口规模往往是20万~50万人左右，已经具备了城市各种经济活动的集聚效应，燃气、上下水、各种管网等城市基础设施已经达到了统一配备的规模，商业服务业发展也具备了人口的基础，城市功能可以达到舒适安全目标。在基础设施完备的基础上，发挥地方特色，构建个性化的城镇面貌，是提升中小城市魅力的关键。

中小城市发展还应该学会借势。特别是靠近中心城市的中小城市，都要借助中心城市在产业、资金、市场等各方面的辐射，发挥自身的优势，与中心城市实现错位发展，发挥中小城市的竞争优势。面对中心城市众多的消费人群，发展休闲服务业、特色旅游业是一个明智之举，成都周边的农家乐、北京周边的特色旅游都取得了较大的成功。广东珠三角一些特大镇，通过发展专业化生产，同样在全国、甚至全球同行业都形成了强大的竞争优势。位于城市圈内的中小城市不能追求自成一体的内部功能，而应主动"咬合"到城市圈的功能分工去，成为其中的一部分。把握好中小城市在城市圈中的功能定位，及其与其他城市之间的联系，加强与其他城镇在交通、信息等基础设施方面的对接，尽快让中小城市参与到城市群的功能分工中去，融合发展、借力发展。

三、都江堰在成都都市圈的地位和作用

1. 都江堰城市概况

都江堰地理位置介于东经 103°25′42″ ~ 103°47″，北纬 30°44′5″ ~ 31°22′9″之间，东西宽54公里，南北长68公里，地跨川西龙门山地带和成都平原岷江冲积扇扇顶部位。市境内地势西北高，东南低。山区海拔最高4582米，平原区海拔介于592~730米之间，最大相对高差3990米。

都江堰属于四川盆地亚热带湿润气候，四季分明、气候温和，年平均气温15.2℃，年降水量1182毫米，大气环境达国家一级标准。全域内分布13条河流水系。独特的地形地貌和温暖湿润的气候，适宜动植物生存繁衍，境内动植物资源十分丰富，包括珙桐、银杏等珍稀濒危植物在内的植物资源3000多种，包括大熊猫、金丝猴等珍稀动物在内的动物300余种。

都江堰是成都的上风上水之地，全市森林覆盖率达到60.6%，空气和地表水常年保持在国家一级标准，生态环境优良。全市人均寿命达到79岁，比全国人均寿命高6岁。获得"天然氧吧"、"长寿之乡"的美誉。林地面积98万亩，水利资源丰富，地表水资源总量为165亿立方米，可开发量约84万千瓦，居全省第一，地下水资源丰富。境内有丰富的石灰矿等矿产资源。

全市域总面积1208平方公里。全市山地丘陵面积占65.79%，平坝面积占

34.21%。高山、中山、低山、丘陵和平原呈阶梯分布，山地、平原、水域面积大体为6:3:1。都江堰东临成都，西北与阿坝藏族羌族自治州汉川县交界。都江堰全市共辖19个乡镇和1个经济开发区，城市建成区面积28平方公里，是一座具有2000多年悠久历史的世界级历史文化名城，有"天府之源"的美誉。

图 10－10   都江堰著名旅游景点分布和旅游配套基础设施分布图

资料来源：《天府之母、山水林城：城乡一体化的安全宜居生态城》，同济大学出版社2012年版。

2. 都江堰在成都都市圈的位置

在成都都市圈发展规划中，都江堰市大部分区域位于成都都市圈的三圈层内，部分区域属于成都市的紧密层。外圈层中的中小城市，与核心圈层的区别在于，外圈层离中心城市更远，并不能与核心城区时刻保持要素的流动，经济辐射的强度、要素转移带动便利程度都不如紧密层各类中小城市。尤其是在成都平原，中小城市之间在资源拥有的类别、数量，所处的自然环境等方面都存在较大地相似性，中小城市之间的竞争更加激烈。如何在共性中找出特性，找到实现差别化发展的捷径，是中小城市面临的共同问题。

都江堰市是成都都市圈的副中心城市。国际著名的旅游胜地、中国优秀旅游城市、四川旅游空间格局中的重要节点、成都及周边休闲度假胜地。都江堰正在成为重要的区域旅游增长极，成都创意产业、高新技术产业的对接平台，是全国统筹城乡综合配套改革实验区的重要组成部分、长江上游岷江流域生态屏障、成都平原的水源涵养地。

都江堰市地处四川省成都市城西北边缘，距成都市 48 公里，位于成都 1 小时交通圈以内。"5.12"地震之前，都江堰已发展形成为成都市发展战略中的"西北部次中心城市"。都江堰是川西山区通往成都平原的过渡区域，是几条通往西部的交通要道的交汇处（G317、G213、都汶高速），也是成都通往西北部西藏、青海、陕西、甘肃等重要省区的交通要道。都江堰也处于"九寨、黄龙-成都、都江堰-乐山、峨眉"这一条四川黄金旅游线的结点位置，现在已成为成都都市圈内重要旅游集散地、重要的交通枢纽和物资集散地。

都江堰是一座以水闻名的城市，位于岷江冲积扇之上，成都平原位于都江堰东南部的扇形台地上。战国时期的秦国蜀郡太守李冰父子率众修建的无坝引水水利工程都江堰，是中国古代最成功的水利杰作，都江堰水利工程被誉为"世界水利文化的鼻祖"①。这个闻名世界的水利杰作，历经 2200 多年仍然经久不息，仍然发挥着重要的灌溉和防洪的重大作用，至今还在滋养着天府之国万顷良田，后人评价都江堰水利枢纽是成都平原繁荣的重要基石。

都江堰还有另一张国际知名的文化名片，就是幽甲天下、道教发祥地之一的青城山。青城山距离成都市 68 公里，离都江堰水利枢纽景区 10 公里，是中国的历史名山和国家重点风景名胜区。青城山与都江堰共同作为一项世界文化遗产被列入世界遗产名录。青城山内的道教建筑、道教文化影响着全世界信仰道教的人们，青城山"道的哲学"也孕育着川西山区、成都平原生生不息的居民，孕育着当地人与自然和谐相处的生活方式。

都江堰与青城山组合，成为都江堰发展旅游业享誉海内外的文化名片。这张名片是都江堰旅游业发展旅游业的坚实基础。整个都江堰的重要景点主要集中

---

① 都江堰是秦朝太守李冰设计修建，是一个防洪、灌溉、航运综合水利工程。都江堰由三部分构成：鱼嘴、宝瓶口和飞沙堰。李冰采用中流作堰的方法，在岷江内用石块砌成石埂，形成都江鱼嘴。鱼嘴是分水的建筑工程，把岷江水一分为二。宝瓶口具有节制水流的功用，通过内江进水口水位观察，掌握进水流量，再用鱼嘴、宝瓶口的分水工程来调节水位，从而控制渠道进水流量。都江堰保证了大约 300 万亩良田的灌溉，使成都平原成为旱涝保收的天府之国。都江堰的规划设计和施工都具有比较好的科学性和创造性。

在都江堰与青城山景区之中。另外，还有青城后山、灵岩寺、般若寺、普照寺、龙池等。包括在典型的川西林盘基础上发展起来的乡村观光游、农家乐等休闲旅游景点，构建起都江堰景点数量充足、品质层次丰富的旅游格局。都江堰旅游资源在成都旅游区中占有重要的地位。自90年代以来，都江堰成为备受海内外游客青睐的旅游目的地之一，现在已成为四川发展最成熟的旅游城市之一。

表 10 – 16　　　　　都江堰市生态旅游资源分布

主类	亚类	基本类型	代表性资源
自然生态旅游资源	地文生态景观	山地	青城山、青城外山、青城后山
	水域生态景观	河段	岷江、鱼嘴分水坝
		湖泊	翠月湖、龙池、莲花湖
	生物生态景观	林地	龙池森林公园
		花卉植物	华西亚高山植物园、离堆盆景园
		动物栖息地	翠月湖白鹭栖息地、龙溪 – 虹口自然保护区、虹口三文鱼养殖基地
人文生态旅游资源	遗址遗物	史前人类活动遗址	芒城遗址
		人工遗址	飞沙堰溢洪道、宝瓶口
	建筑设施	庙宇	二王庙、天师洞、上清宫、普照寺、伏龙观
		人工设施	子坪铺水库、青城高尔夫球场
		休闲	全市近1500家农家乐
	旅游商品	地方生态旅游商品	青城四绝、青城老腊肉、红阳猕猴桃、根雕、三木药材
	人文活动	现代活动	清明放水节、消夏夜啤酒节、猕猴桃节

资料来源：《都江堰市旅游生态足迹研究》

专栏10.1　　　　　都江堰城市与乡村风貌

1. 都江堰城市与乡村风貌历史演进

20世纪50年代以前，都江堰的城市与乡村风貌还是继续延续川西的民居风格，外封闭、内开敞、大出檐、小天井、高勒脚、冷摊瓦，青瓦粉墙、重重院落、翩翩村寨，轻盈精巧，朴实自然的风格，布局灵活，规划合理、顺形就势，因地制宜、就地取材、因材设计、就料施工。川西民居富有地方特性，技术灵活，风格简洁利落，形态优美自然，民居尺度不追求大，但讲究小巧得体，经济适用，符合四川自然地理特点。在民国之前，都江堰城区建成面积较小，整个城市以都江堰水利工程为核心，呈放射状发展，城市尺度较小，城市轮廓比较清晰，城市风貌保持着传统的四川民居的传统风格。但是近代，特别是 20 世纪 70 年来以后，由于受功用主义的影响，以及后来福利分房政策的影响，全国大量兴建单位办公楼，各单位住宅，受"欧陆风格"、港台建筑风格的影响，后现代主义风靡全国各大中城市，全国城市基本上形成了风格一致的城市面貌。都江堰也不例外，各类建筑如同一个个火柴盒，没有点、线、面、区、城的整体效应，对尺度、线型、比例、色彩等设计比较轻视，形成了毫无地方特色的城市建筑风貌。都江堰原有的俊秀、小巧、优雅的天际轮廓消失了，城镇建筑自带的人际交往、街市生活空间、亲近感、舒畅感被吞没。城市生硬的建筑风格，使得城市与当地的山、水、堰相融合的特色和韵味锐减。

2. "新都江堰"城市风貌

（1）发展模式

塑造"新川西"建筑风貌特色，打造都江堰独特的城市形象。控制都江堰城市的宏观环境尺度，保持都江堰城市的小巧秀美，以都江堰依靠的灵岩山、赵公山、青城山为衬托，岷江为轴心，七水为骨架，田园为基地，形成老城核心区和"以河为脉、以河为界"的城市组团发展模式。

（2）城市功能

完善城市功能，形成"三心七片区"的格局，针对不同的中心深化城市公共服务设施。完善老城区的旅游服务、城铁交通枢纽、行政文化等功能，以老城区为核心，形成城市的向心力和标识性。围绕古城历史文化遗产，重点对西街、南桥、城门、水广场周边、走马河沿岸等主要节点的改造，突出川西风格，凸显城市自然要素与历史脉络。完成城市基础设施，构建连接成都都市圈核心城市及其他重点旅游城市的快速交通，形成与区域城市风貌不同的与水相生的城市特色。结合成都－都江堰城际客运铁路、山地旅游发展轨道交通系统、城市轻轨形成完善的城市交通网络体系。重点考虑都江堰与成都的连接线建设，建立城际轻轨、公共交通于一体的交通格局。增强都江堰城市与乡村的交通联系。

> **（3）构建安全都江堰**
>
> 提高城市安全功能，完善防灾系统的建设。汲取大地震救灾援建的经验教训，强化城市的多中心网络结构，建立有助于灾后的救援与疏散的城市空间布局。提高城市应对灾害的自我运转能力。构建多通道、保持小巧的街坊尺度，提高路网密度，提高疏散和应急救援的通达能力。结合都江堰放射状水系、多种生态绿地并存的格局，规划和建设开放型空间，优化配备公共设施，形成干支相连的避难场所系统。

3. 地震对都江堰的影响

地震以前（2007 年底），都江堰全市总人口 69 万人，地区生产总值 116 亿元，人均地区生产总值 1.8 万元。全市实现农业总产值 15.4 亿元，实现粮食总产量 17.3 万吨，油料总产量 1.3 万吨。全市建成农业产业化示范基地 210 个，无公害农产品和绿色食品基地 19 个，农业重点龙头企业 43 家，农村专业合作经济组织发展到 142 个。工业方面，全市工业增加值达到 27.7 亿元，利税总额 6.15 亿元，建筑业产值 40.2 亿元。旅游业发展较好，2007 年全市接待游客 827 万人次（境外游客约 18 万人次），实现旅游综合收入 33 亿元，景区门票收入 1.6 亿元。三次产业比例为 14∶36∶50。当年城镇人均可支配收入 11677 元，农民人均可支配收入 5536 元，城乡居民人均储蓄存款为 1.5 万元。城镇居民人均住房面积 34 平方米，农村居民人均住房面积 49 平方米。

2008 年"5.12"地震后，都江堰遭受重创。党中央、国务院确定的对口援建措施，三年重建任务两年基本完成的目标，都江堰又面临了重大的发展机遇。就在 2009 年底，都江堰市域经济超过了灾前水平，被四川省评为"县域经济先进县（市）"。到 2011 年，常住人口 61 万人，GDP176.7 亿元，人均生产总值达到 2.6 万元，地方财政一般预算收入达到 18.2 亿元，城市居民人均可支配收入 16193 万元，农民人均纯收入 8645 元。相比 2007 年，都江堰的经济水平有了大幅度提高，成为成都市远郊县中经济增速最快的县（市）。在对口援建中，都江堰加强了与援建城市上海的交流合作，推动了以现代服务业、新型工业和现代生态农业为支撑的现代产业体系的发展。在成都市"全域成都"城镇化发展战略中，都江堰的城市定位从"成都市域西北部次中心城市"升级为"成都市域西北部中心城市"，《灾后重建成都市城镇体系规划》提出要进一步加强都江堰与成都中心城的联系，都江堰将成为成都市的外围新城之一。并进一步强化以都江堰为主体的成灌走廊末端核心城市的城市带框架体系。

专栏10.2	都江堰遭受5.12地震的重创简介

"5.12"汶川特大地震，造成了都江堰市人民生命财产巨大损失。全市震灾死亡3000多人，失踪400余人，市域1400余万平方米房屋受到不同程度的损坏，道路等基础设施，学校、医院等公共服务设施以及各项市政设施均遭到不同程度的损毁，自然、人文遗产遭遇浩劫，全市直接经济损失达到720亿元，社会经济受到重创。

1. 社会经济受灾影响

（1）农业受灾影响

地震灾害造成的崩塌与滑坡共造成7241亩农田用地损毁，水电、水利等农业基础设施损毁，需要投入大量财物、物力、人力恢复生产。灾后居民安置点建设需要占用部分农用地，造成现有农用地面积一定程度上减少。

（2）工业和建筑业

地震造成厂房、管网等设施大量损毁，影响工业发展进程。灾后工程地质等条件的重新评估、人口分布格局的改变，将影响现有工业布局。

地震造成市域范围内56万平方米房屋倒塌，776万平方米房屋损毁，造成直接经济损失总计137万元，灾后重建将客观上推动建筑业的发展。

（3）旅游业

全市旅游业地震灾害经济损失约101.62亿元，其中旅游基础设施损失约8.65亿元，景区景点损失约76亿元，宾馆饭店等旅游企业损失约16.97亿元。下半年旅游业总体收入、接待人次将会大大减少，门票收入几乎为零，同时造成大量旅游企业从业人员歇业待岗，以旅游业为主的服务业将受到很大影响。

旅游景区景点受损严重，其中：①青城山－都江堰景区秦堰楼垮塌，二王庙山门和青城山新山门严重损毁，二王庙古建筑群全部损毁，伏龙观、城隍庙、十殿、建福宫、天师洞、上清宫、老君阁、游客中心、都江堰博物馆、陈列馆等多处古建筑严重受损，景区游步道和标识牌多数损毁。②龙池景区和虹口景区部分山体滑坡、坍塌、龙池景区山门被毁，景区内生态环境和原生植被遭到严重破坏。虹口景区漂流项目基础设施被毁。③青城外山、王婆岩、赵公山、灵岩山等景区建筑物、基础设施和生态植被同样遭到严重损坏。

2. 公共服务设施受灾影响

（1）学校

地震造成 5 所学校完全倒塌，总面积 1.3 万平方米；校舍遭受严重损坏的学校 43 所，严重破坏的不能使用的校舍面积 36 平方米；部分校舍严重破坏的学校 28 所，总面积 10.7 万平方米；校舍轻度破坏和基本完好的学校 16 所，总面积共 12 平方米。

（2）医院

都江堰共有 25 处不同级别的医疗机构受到不同程度的损毁，其中建筑严重损坏的 18 座，遭受中度损坏的医院有 7 座，总损毁面积约 9 万平方米。

（3）历史遗迹状况及损害情况

①旧城区域

都江堰水利工程：作为国家级重点文物保护单位，都江堰水利工程囊括的系列古迹受损惨重，水利工程主体部分大体完好。

老城范围内系列古建筑：灵岩寺、千佛塔、城隍庙、奎光塔损坏严重。

历史街区：西街、北街、南街、宝瓶巷等历史街区、建筑普遍成为危房，垮塌建筑较少。

②青城山板块

核心景区青城山前山建筑受损严重，包括省重点文物保护单位天师洞建筑群在内的系列古建筑遗存遭到严重损坏，但整体垮塌不多。

青城后山旅游中心泰安老城古建及仿古建筑遭到全面重创。青城山沿线赵公山景区、青城内山王婆岩景区、青城外山景区，古建筑群损毁严重。

专栏 10.3　　　　　　都江堰灾后重建成效显著

1. 概况

"5.12" 汶川地震给都江堰造成了前所未有的人员伤亡和经济损失，地震共造成 3091 人死亡，直接经济损失 720 亿元，是全国的极重灾区之一，经过几年努力，灾后重建工作成效显著。

截至 2010 年 8 月底，1031 个灾后重建项目开工 1028 个，完工 843 个，累计完成投资 340.3 元，占总投资计划的 85.5%。灾后重建推动了都江堰市的经济发展，市域经济全面超过了灾前水平，被四川省评为"县域经济先进县（市）"。

2. 重大成效

都江堰市在城乡住房、基础设施、公共设施、城镇体系等重建方面取得了重大成效。

（1）城乡住房重建基本完成

在农村住房重建中，坚持发展性、多样性、相容性、共享性的"四性"原则，规划了 205 个农村新型社区，完成了 6 万余户农村住房重建，2009年，都江堰市被列入四川省"新农村建设整体推进市"。在城镇住房重建中，通过政府主导建设、居民自建、货币安置等多种方式的推进，260 万平方米政府主导建设的城市安居房基本竣工，143 个点位的城镇居民自建房加快建设，截至 2010 年 9 月中旬，前四批 12439 套安居房已实现摇号分配，城镇 2/3 置换安居房的受灾群众陆续搬离板房住进新居。

（2）基础设施重建取得重大突破

在基础设施重建中，标志性项目成灌快铁主线于 2010 年 5 月 12 日竣工通车，都江堰从此进入"快铁经济"时代。建成沙西线、彭青线、聚青线等一批骨干道路，IT 大道都江堰段、成灌路延伸段改造等重点交通项目加快推进，"五纵五横一轨"的骨架道路体系基本形成。城市 20 万吨自来水厂等市政设施项目建成并投入使用，蒲阳 220KV 和玉堂 110KV 变电站加快建设，全域覆盖的水、电、气、路、讯、光纤等基础设施更加完善。

（3）公共设施实现根本性改变

在公共设施重建中，按三级甲等硬件设施修建的市医疗中心建成并投入使用，市中医院、妇幼保健院和计划生育服务机构重建即将全面竣工，51所学校重建于 2009 年 9 月 1 日前已全面完成，26 所乡镇卫生院、155 个村级卫生服务站重建全面完成。

四、都江堰与成都都市圈其他城市的发展比较

在成都都市圈的紧密层，由于更接近核心城区，发展现代工业、现代服务业更具有优势。从成都都市圈三个圈层的发展状况来看，紧密层的 6 个县（区）是松散层的 8 个县（区）经济总量的 2 倍之多，从产值的分布上来看，紧密层的第二产业平均产值接近松散层的 3.7 倍，紧密层第三产业产值也接近第二产业平均产值的 2 倍。而紧密层平均土地面积只有松散层的一半左右。松散层地域广阔，经济实力还远远落后于紧密层。从发展后劲上来说，紧密层的三次产业仍然处于快速集聚和成长的阶段，承接核心城市的产业和人才外溢方面比松散层更有吸引力，发展后劲仍然比松散层更强，在抢占市场资源要素方面，紧密层竞争优势仍然远远强于松散层。紧密层的产业发展未达到饱和，也很难主动地扩散或转移相关的产业。

都江堰市域在成都市城市总体规划的框架下，位于"一心三环六走廊"中的"成灌走廊"① 上，但因都江堰的历史地位，及其林盘聚落、产业、生态的特色，在城市功能上，具备了独立性和特殊性。与其他成都松散层城市不同，都江堰市一个自主性较强的地域城市，并不完全依附于主城的发展，在产业上具有一定的独立性。都江堰与成都的关系，更多的是一种互动的关系，而非依附性的关系。

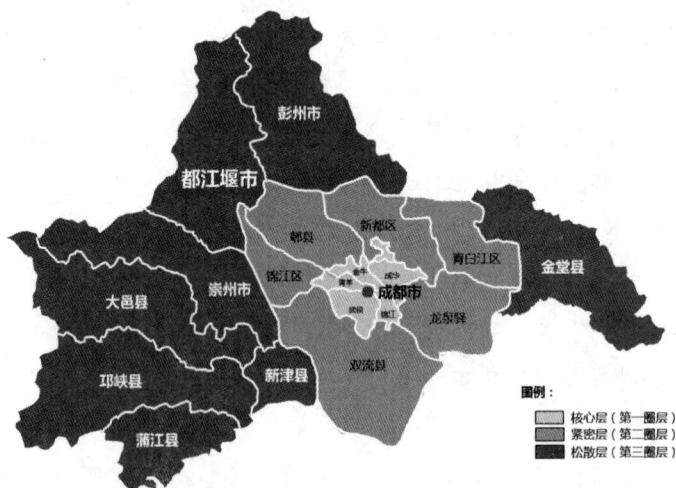

图 10-11　成都市松散层城市分布与成都都市圈经济结构图

① 在《成都市总体规划》中指出一心：指中心城区，是城市化主要发展区和产业高端化的主要集聚区；三环：成龙路、老成渝路、成洛路；六走廊：指成青、成灌、成温邛、成新、南部、成龙等 6 个沿着城市 6 条向外辐射道路发展，成规模、成片区发展的走廊。

不同于紧密层内的中小城市，松散层中小城市的发展还应认清自身的资源和发展基础，发挥比较优势，在差异化发展上下工夫。成都都市圈松散层中小城市之间的发展基础有哪些不同，优势有哪些，是中小城市自身需要认清的；另外，还要在更大区域对比与紧密层中小城市差异，对比与核心城市的定位的差异，才能更大区域内另辟蹊径，找到特色和发展优势。从表中可以看出，紧密层的主导产业主要集中在工业制造业和服务业，而松散层的主导产业多在特色农业、生态农业和旅游业上。

表 10 - 17　　　　　成都都市圈各县（区）主导产业类型

层　级	县（市）	主导产业
核心层	锦江区	文化创意产业
	青羊区	总部经济、金融商务、商贸流通、文博旅游、研发设计
	金牛区	高新技术产业和现代服务业
	武侯区	服务业
	成华区	现代服务业、总部经济、文化创意产业
紧密层	龙泉驿区	汽车主导产业
	青白江区	冶金、建材、机械制造
	双流县	新能源产业
	郫县	现代服务业为主导的新兴产业体系
	新都区	商用汽车、能源装备、机电制造、现代包装、医药食品及家具制造
	温江区	电子信息产业
松散层	新津县	新材料产业
	都江堰市	旅游业
	彭州市	塑胶新材料和家纺服装产业
	邛崃市	优质白酒、生物医药、日用化工及新型涂料
	崇州市	消费类电子、家具和建材业
	金堂县	节能环保、汽车装备、现代制造业
	大邑县	轻工产品和机械制造
	蒲江县	食品饮料制造业

成都都市圈松散层的 8 个县（区）的经济发展情况来看，各县（区）经济发展水平相当。从人口分布上来看，蒲江县与新津县总人口较少，新津县

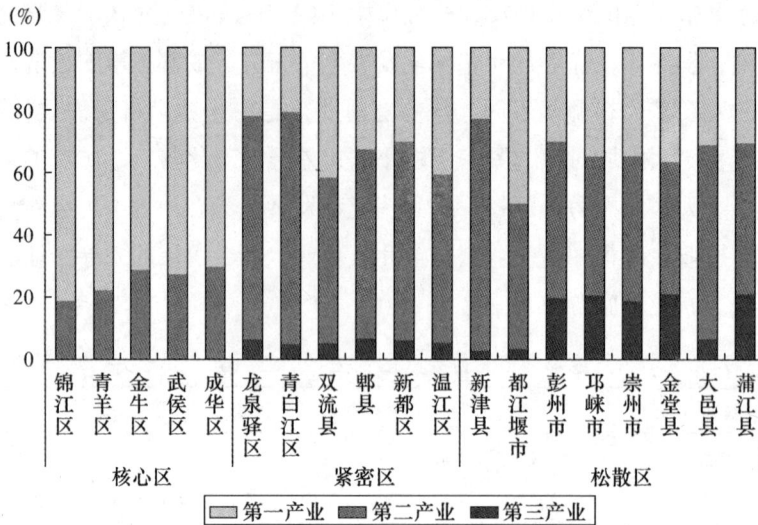

图 10-12　2011 年成都都市圈各县（区）三个圈层三次产业产值对比图

表 10-18　　　　2011 年成都都市圈松散层 8 个县（区）经济指标

县（区）	总人口 （万人）	GDP （亿元）	人均 GDP （元）	城镇居民人均 可支配收入 （元）	农民人 均纯收入 （元）
金堂县	88.9	164.2	22883	17973	8215
彭州市	80	184.88	24224	13784	8147
都江堰	61	176.7	28967.2	16193	8645
崇州市	67.18	140.66	20937.8	17364	9084
大邑县	52	113.92	21769.2	17007	9095
邛崃县	66	129	19545.5	17062	8598
蒲江县	26	68.73	28672	15729	8855
新津县	31	146	46129	19071	9669

GDP 却在 8 个县中排第四位，人均 GDP、城镇居民可支配收入、农民人均纯收入都排名第一位。从总量上来看，都江堰的经济发展水平在 8 个县（区）中处于中等水平。从发展基础上来看，都江堰在 8 个松散层中的特点比较明显，但是优势并不突出。一直以来，都江堰 - 青城山国家级风景区带动了都江堰市旅游业的发展，但是 20 世纪 80 年代都江堰由于发展基础薄弱，理念没有及时转变，没

有及时摆脱单纯发展旅游业的局限，工业没有得到很好地发展，所以城市经济发展步伐比较缓慢。进入21世纪以来，我国实施了最严厉的土地管理制度，在耕地保护政策的限制下，本来都江堰山地多、平原少，河流水系的切割地形条件，使得都江堰城市发展空间难以拓展。另外，都江堰也是成都平原生产、生活的核心水源地，是成都唯一的水源保护地，也是长江上游地区达到水源涵养地，还是成都平原的生态屏障。特殊的生态功能和战略地位，使得都江堰肩负着重要的生态保护任务。生态涵养的客观要求，也限制了都江堰工业实现快速发展。

第四节　都江堰城市发展战略

一个城市最大的吸引力，不在于经济的强大，而在于本地的特色。

一个有着几千年历史文化的城市，一座秀美山川的城市，一座滋养几千万子民的源头水城，都江堰这个灵气之城，成为众多人心中的理想之城。

但是，在中国独特的城市管理体制下，一座不够繁荣富庶的城市，总是不能被评为最成功的城市范例。都江堰虽然拥有都江堰－青城山双重世界历史文化遗产的名录，有着上百处的景点，但是这里的人们并没有充分享受到现代文明的恩惠。首先，城市面貌也没有形成独特的风貌，与久负盛名的国家历史文化名城的形象没有能很好地统一。其次，城乡公共服务还没有全部覆盖，城市内部有待进一步完善，农村公共服务设施还需要加大改善力度。另外，城乡居民收入水平还有待提高，离小康水平还存在较大的差距。

表 10 – 19　　　　　　　　都江堰市旅游收入占成都市的比重

"5.12" 汶川地震前					2010 年				
接待人次（万人）	占成都市比例（%）	旅游总收入（亿元）	占成都市比例（%）	旅游收入占GDP比重（%）	接待人次（万人）	占成都市比例（%）	旅游总收入（亿元）	占成都市比例（%）	旅游收入占GDP比重（%）
827.3	19	33.33	8	28.68	1140.3	16.7	50.9	8.4	35.5

资料来源：《基于都江堰市为例的旅游城市服务业发展探讨》。

一、发展成美丽、富裕的现代田园城市

都江堰拥有独特的人文资源，具有别的城市无法比拟的优势，在成都市都市圈是首屈一指的，在全国也是独树一帜的。但是一直以来，都江堰却并没有成长为经济强市。都江堰的城市发展核心目标非常明确，就是发展成为中国最著名的旅游型城市。走城乡共同富裕之路，首先要整合旅游资源，开发旅游新业态，优化旅游业产业结构，让城市和乡村共享旅游业发展带来的效益。在成都都市圈中，旅游业、农业寻找差异化发展的优势资源，充分挖掘和发挥生态资源、文化资源的优势，工业发展走创新之路。

都江堰的三次产业结构多年来一直保持着"三二一"的结构特征，2011 年，都江堰三次产业结构为12.1∶34.7∶53.2，以旅游业为主体的第三产业是都江堰的主导产业。以旅游业相关的经济实体在地震前（2007 年底数据）发展到 11830 家，其中餐饮经营单位 2685 家，住宿业经营单位 1498 家，客运经营企业 24 家，景区 10 家，旅行社 8 家，商品经营企业和个体户 6382 家，休闲娱乐经营单位 1223 家。导致都江堰经济发展不够强大的主要原因，是都江堰的旅游业主要是传统的以观光为主，产品类型较单一，产业链条短，都江堰离主城成都较近，都江堰本地的接待条件也比较有限，很多游客都选择观光完主要景点都江堰水利枢纽、青城山之后，返回主城住宿、消费，大多数游客来都江堰保持"一日游"的形式，过夜游客少，对当地消费产业带动有限，对就业带动也比较有限。

推动都江堰构建成为成都都市圈内富有地方特色和魅力的现代田园城市。充分发挥都江堰水质量、空气质量常年保持国家一级标准的优势，挖掘本地生态资源的优势，把自然环境作为都江堰参与成都都市圈区竞争的核心竞争力。深度挖掘道文化、水文化、大熊猫文化、古蜀文化的精髓，培育休闲文化旅游产业。增强旅游对文化创意产业、会展业、房地产业的关联和带动作用，推动以大旅游业为特征的现代服务业。依托成都都市圈，发展具有浓郁地方特色和国际特质的旅游业态，培育运动产业、教育培训产业等新兴服务业。进一步强化以旅游为核心的现代服务业发展优势，逐步摆脱靠传统优势"吃祖宗饭"的老路子。通过开发多元化、多层次的旅游产品，提供高端型、高效型现代服务，形成以旅游业为龙头，融合休闲度假、体育运动、文化创意、软件信息、旅游商品集散、旅游人才培养等为主导的现代服务业。

二、挖掘独特的生态资源、文化资源，延伸旅游产业链

构建特点鲜明，连接便利的旅游发展格局。形成以都江堰为中心，连接青城山、龙池为发展轴线，重点形成三片旅游区，形成由中心向四周的多圈层开发格局。第一圈层：形成以都江堰水利枢纽为中心景点，连接伏龙观、灵岩寺、玉垒山、般若寺、莲花湖的城市旅游区；第二圈层：形成以幽甲天下的青城山为中心，连接普照寺、青城后山的青城山旅游区；第三圈层：形成以龙池仙境为中心，连接龙王庙、杜鹃花园、御龙园等的龙池旅游区。三个圈层之间穿插形成川西坝子林盘乡村旅游点。以旅游功能分区为基础，全力打造六个旅游综合体。在古城区，加快实施历史文化复兴工程，建设幸福路、杨柳河街、西街、南街、文庙街、啤酒长廊等特色旅游街区，着力展示历史文化魅力，打造城市旅游综合体。在龙池 - 虹口 - 紫平铺区域，打造以漂流、探险、山地自行车等项目为支撑的山地运动综合体。在蒲阳 - 向峨区域，加快堰上青城体育休闲公园等项目建设，打造以高尔夫、汽车运动项目为支撑的体育运动综合体。加快玉堂大熊猫主题公园建设，打造熊猫文化综合体。在大青城区域，深入挖掘道教文化，打好道教养生牌，打造创意文化综合体。在天马、崇义、石羊、柳街、安龙、翠月湖区域，打造乡村旅游综合体。

顺应旅游发展趋势，注重开发休闲度假旅游产品，增强旅游主导产业的核心竞争力。国际国内旅游浪潮的到来，对传统的旅游业发展带来了革命性的变化。传统的旅游业多是以观光为主，而现代人更崇尚休闲度假，更轻松、更随意的旅游形式。一方面，要巩固和吸引更多的游客前来观光旅游，欣赏都江堰水利枢纽工程、青城山、虹口大熊猫自然保护区等著名自然景区；另一方面，也要吸引成都市圈内外的游客节假日前来休闲度假。在地震之前，都江堰已初步形成养老、疗养为主的旅游房地产业，聚集青海、西藏等西部省市老年人前来养老、疗养，也形成了一批成都常住人口周末前来度假的旅游人群。要继续开发休闲度假旅游产品，开发以遗产文化体验、运动俱乐部旅游、特色乡村旅游为重点的休闲旅游产品。丰富旅游产业类型，提升消费层次，带动当地就业和收入增长。

发挥川西林盘田园风情的优势，注重开发乡村旅游产品。川西林盘，结合了都江堰水利灌溉系统、农业生产和家族体系与生活方式，是融合了生态、生活与生产和谐统一的空间形式。林盘的基本单元包括宅邸、林园，散布于田园之间。都江堰全市域有大约 1/5 的面积是乡村，它们分布在平坝、山区之上，林盘之间。分布在各地的林盘、农田，与数条水渠相互依存，构成了都江堰有别于其他地方的乡村风貌。依托成都都市圈众多游客热爱休闲生活的习惯，开发具有浓郁田园特色的乡村旅游产品，开发体验式认知、耕作、采摘等乡村旅游类型，带动乡村旅游业的发展。加强乡村旅游从业人员尤其是当地居民的旅游业素质培训，组织旅游专家、专业人员为当地农民发展乡村旅游展开培训，提高乡村旅游从业人员，特别是当地农民的旅游服务、餐饮住宿设施安全、传统民俗活动认知与体验等方面的培训，提高当地个体，特别是农民参与乡村旅游业的服务意识和服务水平。

推动旅游与文化活动、文化产业的融合发展。发挥当地特色，举办清明放水节、道教文化节、国际夜啤酒节、环中国自行车赛等重大节会活动的融合发展，策划城市旅游业发展、都市圈内中小城市融合发展的主题论坛。通过活动的影响力和媒体的宣传，树立都江堰国际旅游品牌和社会影响力。

加强与都市圈内其他中小城市的区域互动与合作。发挥旅游业发展的"抱团"优势和集聚优势，加强与成都都市圈内其他旅游城市的协同发展。健全区域统筹与合作机制，完善都市圈内都江堰与其他旅游城市之间重大项目的投资调节机制，在区域合作的基础上，突破空间限制，不断探索跨区域合作的机制和途径，深化与周边区域资源要素的互补性对流。发挥都江堰旅游休闲产业在成都都市圈内的极核作用，扩大辐射面和影响力。加强都江堰与九寨沟－黄龙、乐山－峨眉山等知名旅游区的合作，推动四川省、成都市都市圈内的旅游资源、区域品牌、信息平台、人才培训的一体化发展，共建"世界遗产"品牌旅游区。共同组织参与国际旅游节、国际旅游展销会、国际旅游推介会等国内外旅游促销活动，提升国际影响力，增强旅游软实力。

专栏10.4　　　都江堰乡村旅游已形成一定基础

1. 产业发展优势

都江堰市是中国优秀的旅游城市，是世界文化遗产都江堰－青城山的所在地。都江堰是国家级生态示范区，境内有景点80多处，有国家级重点风景名胜区青城山、都江堰和龙池国家森林三大景区。

都江堰依山傍水，赵公山、玉垒山、灵岩山耸立城周，是中国独特的山水园林城市，又有中国道教发祥地青城山，形成了集水文化、宗教文化、历史文化和自然风光于一体的生态文化旅游特色。

都江堰具有优厚的区位优势。从都江堰到西部特大城市成都仅需25分钟，到双流国际机场只需45分钟，是成都中心城市经济圈的重要组成部分，全省西环线、北环线两条重要黄金旅游线的枢纽。

都江堰具有丰富的旅游资源。域内水利资源丰富,蒲阳河、柏条河、走马河等7大输水干渠纵贯全境。生态多样性保持完整,现有高等植物3012种,动物11000种,有大熊猫、金丝猴等国家级重点保护动物35种和46种珍稀濒危植物。矿产资源富足,特色产品多样。

都江堰具有优越的居住环境优势。都江堰的空气质量和水质常年保持国家一级水平,有"天然氧吧"之美誉。全市人均寿命77.1岁,高出全国平均水平5.7岁,是著名的"长寿之乡"。都江堰市背靠千里岷山,前拥万顷田畴,既有河渠纵横的水城风韵,又有错落有致的山城风采,形成了"山、水、城、林、堰、桥"浑然一体的城乡特色。

都江堰有日趋完善的交通条件。目前县际交通网络已经形成:已建成的成灌高速公路、国道213线、省道106线、北灌公路等公路和成青旅游快速通道等交通设施使都江堰与汶川、彭州、大邑、温江等地区相连接。优秀的外部交通串联为游客到访青城山 – 都江堰提供了良好的交通优势。

2. 乡村旅游产业发展形成一定基础

得天独厚的产业发展优势为都江堰的乡村旅游产业发展提供了良好的基础。

早在1985年,都江堰青城后山的农民随着旅游业的发展纷纷从事旅游业,成为四川省最早发展乡村旅游的地区之一。经过20多年的发展,都江堰市已形成了以青城山镇红阳猕猴桃、绿茶基地为主体的全国乡村旅游示范点,青城后山、虹口乡生态乡村旅游等乡村旅游方兴未艾。近年来,乡村旅游发展势头十分迅猛。据统计,2006年都江堰共有农家乐1430家,其中星级农家乐11家(四星级2家,三星级6家,二星级3家),总床位数11300张,总餐位数85800座,直接从业人员4290人,总从业人员25600人。全市共有旅游从业人员9万余人,占全市社会劳动力的21.48%。2005年,全市共接待国内外游客530万人次,其中境外游客11.5万人次,实现旅游综合收入15.1亿元,分别比上年增长16.5%、36.25%、16.4%,实现景区门票收入0.98亿元,比2004年同期增长3%,并带动了旅游型农业、旅游商品加工业、商品流通业、旅游交通运输业、餐饮娱乐业等相关产业的发展。旅游业已成为全市国民经济中发展速度快、消耗资源少、投资回报佳、生机活力强的支柱产业和新的经济增长点。

都江堰市是首批中国优秀旅游城市、最佳中国魅力城市、国家级历史文化名城、全国卫生城市、全国绿化达标城市，有国家 AAAA 级风景旅游区、青城山－都江堰世界文化遗产、国家自然生态保护区、国家级森林公园。景区面积已达 286 平方公里，境内的青城山－都江堰是国务院首批公布的国家级重点风景名胜区之一和世界文化遗产地。

三、构建集约、高效的现代工业体系

在 90 年代，都江堰已经开始尝试以旅游业为龙头，积极推进工业的发展，但是工业门类主要集中在传统的资源型产业和传统制造业上。规模小，产出水平低，工业发展比较缓慢。近十年来，都江堰一直在探索低耗能、低污染、低排放的工业项目，积极引进高新技术产业、低污染能源产业、文化创意产业、集约环保型产业。引进了拉法基水泥、岷江水电等大型企业入驻，工业成为都江堰带动经济实现较快发展的核心动力。从城市规模、城市区位，以及城市拥有的发展资源（水、矿产、生物等）的角度分析，都江堰具备承载旅游业、工业共同发展的城市承载力。都江堰 2003 年版的《都江堰城市总体规划》指出，都江堰的发展策略应该是旅游业、工业并进式发展。依托旅游业的品牌效应和向外界展示的重要窗口作用，引领工业、科技、信息、资金向都江堰集聚，实现工业与旅游业的共同繁荣，壮大城市经济实力。

发挥当地资源优势，适度发展劳动密集型的建材业。灾后重建让周边一些灾毁村庄集中到都江堰县城居住生活，城镇化的过程也让许多农村居民转移到了县城居住，解决当地城镇人口的就业是一个突出的问题。紧抓综合配套改革实验区和灾后重建的政策机遇，探索工业发展的制度创新，以拉法基、岷江水电等建材、能源工业为基础，发展一些规模大、生态技术过硬的劳动密集型产业。

积极推进工业向高新技术产业转型。抓住都江堰被确定为中国服务外包基地城市示范区的机遇，依托东软集团，引进国际国内著名 IT 企业，拓展软件外包、软件开发业务，壮大青城山软件产业基地，吸引国内外知名企业建立总部或研发中心。积极推进工业经济与人力资源、新型技术、产品服务等软环境的结合，加快培育形成服务于科研、商贸、物流等产业，推动工业化和信息化的结合。加快软件产业基地、电力、通讯等基础设施和公共服务设施的建设。

都江堰保护当地生态环境、文化遗产是必须承担的区域和社会责任，也是维护旅游业支柱产业健康发展的基础。都江堰工业发展与旅游业可以实现共同发展，共同繁荣。结合灾后援建的基础，重塑集约化产业发展体系框架。按照循环经济的理念，依照生态园区的建设标准，着手工业结构调整和特色产业园区建设，发展循环经济，推动集约型、环保型工业集中发展。同时，还要发展与旅游业、现代服务业相关的特色工业制造业；依托规模企业的优势，发展以环境友好、资源特色鲜明的生物医药、新材料、绿色食品加工业，建立与资源环境特点相适应的现代产业体系。

优化工业空间结构，重点建设基础较好的工业集中区。合理布局工业生产空间，在老城区灌口地区保留部分劳动密集型、无污染的工业类型。重点加强蒲阳、金凤及周围地区的基础设施建设，加强道路、水、电、通讯等管网的建设力度，引导电力、水利、机械、医药化工、大型装备制造业往园区集中；重点培育青城山软件园的配套和基础设施，发展高科技产业；在老青城桥工业区，鼓励对现有企业进行技术改造，提高技术等级，支持"退二进三"的产业转型；沿成灌高速公路的工业集中区，加强与成都高新区在市场要素方面的对接，重点发展生态工业。

表 10 – 20　　　　　对都江堰灾后重建背景下产业规划的思考

评价角度	产业类型	发展优势	发展基础	产出效率	可能规模或容量	综合排序
适应巨大就业需求角度	制药	四川传统优势产业	强	中	大	1
	食品加工工业	四川作为全国农产品基地的优势	强	中	中	2
	个性化服装和日用品、工艺品的生产	旅游市场、大城市的需求	中	高	小	3
	IT及家电行业的装配	长虹等优秀企业的发展基础	弱	中	大	4
	家具制造、皮革、服装鞋帽生产	需求持续增长	中	中	中	5
	手工制造业（如刺绣等）	四川传统优势产业	中	中	中	6

续表

评价角度	产业类型	发展优势	发展基础	产出效率	可能规模或容量	综合排序
适应灾后重建需求角度	建筑设计、工程管理、信息管理	近期需求迫切	弱	高	小	1
	建筑材料、配件生产	近期需求迫切	强	低	大	2
	建筑材料市场	近期需求迫切	中	中	中	3
	物流运输	近期需求迫切	中	中	中	4
适应旅游及城市特色发展角度	商业、餐饮	需求持续增长	强	中	大	1
	文化娱乐	旅游业发展的迫切需求	中	高	中	2
	交通运输	需求持续增长	强	中	中	3
	工艺品生产	旅游业发展的迫切需求	中	中	小	4
	特色农业	旅游业发展的迫切需求	中	中	小	5

资料来源:《对都江堰市灾后重建背景下产业规划的思考》。

四、依托良好的农业条件,发展现代农业

延伸产业链条,做强猕猴桃产业,带动农村经济。充分发挥都江堰的气候优势,继续做强猕猴桃产业。巩固"公司+合作社+基地+农户"的生产模式,充分发挥各个环节的专业和优势,形成以公司拓展市场,创建品牌;基地孵化技术,生产产品;合作社对接信息统一管理;农户按照技术要求和市场需求进行具体的田间管理的产供销于一体的产业体系。结合灾后重建的机遇,利用相应的恢复重建基金、产业扶持政策、税收政策和金融政策,优化重构都江堰猕猴桃产业布局,进一步扩大种植规模,培育农业龙头企业,带动猕猴桃产业向精深方向发展。树立品牌宣传意识,紧紧抓住上海对口援建都江堰的机遇,定期组织开展相关的宣传推广活动,提升都江堰猕猴桃的品牌知名度。积极融入成都都市圈猕猴桃产业带的发展,借助成都市政府推动猕猴桃产业的以及城乡统筹综合配套改革实验的政策机遇,加强与周边其他区域的产业融合,推进都江堰猕猴桃产业的快速发展。

发挥比较优势,发展特色产业,推进农业产业化。都江堰耕地少,但是森

林覆盖率高达 61.25%，有成都的绿色"心脏"之称。农业发展要充分发挥林业产业的经济效益和生态效益，发展与林业相关的产业。形成以三木药业、笋用竹和林下养殖。大力发展高品质茶叶、冷水鱼、绿色蔬菜、食用菌、优质粮油、苗木花卉等高附加值的优势产业。创建绿色食品品牌和无公害农产品品牌，不断扩大农产品的市场占有率和品牌知名度。建设一批规模化、标准化农产品生产基地，着力打造西部农业特色优势产业集中发展区、农产品加工中心、现代农业物流中心、现代农业科技创新转化中心，加快现代农业基地建设，推动形成成都都市圈农业产业化一体化发展的格局。

建立与现代农业相适应的市场体系，构建通畅的农产品流通渠道，实现从田头到餐桌，从生产环节到消费终端的连接通道。培育形成农产品生产、加工、储存、运输、消费完整的产业链条，使整个产业链条服务质量高，成本低。鼓励连锁超市、合作经济组织与农业生产基地建立长期的订单生产、合同生产的营销——生产格局。加强农村消费市场的基础设施建设，加快农村消费信贷业务，积极开发与农业生产经营相关的消费信贷产品，支持农民改善生产、生活条件，带动农村消费能力的提升。加大投入力度，挖掘优势产业和特色产业的优势和品牌效益，着重引进提升产品品质的技术，培育农产品加工业基础。

农业与乡村旅游业互动发展。都江堰在发展乡村旅游方面具有独特的优势条件，成都都市圈内的客源市场对开发乡村旅游提供消费基础。其次，观光旅游是成都都市圈在第一个旅游经济热潮中保持领先的重点资源。随着时代的变化，现代旅游，游客更注重体验田园风光、体验休闲、身心放松的旅游形式。都江堰背靠千里岷山，前拥万顷平畴，还有河渠纵横的水韵，景观错落有致、高低起伏，又融合了川西民居的优雅舒适，林盘格调突出，发展乡村旅游具有独特的优势。另外，都江堰的林业资源，以及已形成的 10 万亩猕猴桃生产基地、笋用竹基地、苗木花卉基地等规模农业，对发展乡村旅游天然基础。主动适应国际休闲度假产业发展的要求，推动农业与乡村风貌相结合，推动乡村旅游业的发展，发挥现代农业的生态观光功能，构建平坝优质绿色农业、沿山区和山前特色优势农业、特色花卉、中药材等农产品新品种产业化基地，生态休闲旅游业相结合的乡村旅游体系，增强休闲观光、生态体验、农业科教功能，形成都江堰休闲度假的又一张旅游名片。

利用灾后重建的机遇，改善都江堰农业生产条件。震后都江堰遭遇旱灾，供水系统严重破坏，水泥柱倒塌、道路倒塌，冷藏库、气调库不同程度的损毁，制约了特色农业、农产品反季节销售，林产品运输等也受到较大的影响。利用灾后重建的机遇，提高农田道路、水利基础设施配套，机械化装备水平。通过对口援建城市之间的交流与合作，提升农业科技水平。

加强成都市都市圈内各城市之间的农业合作，加强农业技术培训和农民的文化与耕作素质。都江堰传统农业仍然存在发展缓慢、农业产业化经营水平低、生产成本高、产品技术含量低、农产品加工转化和附加值不高的问题。这也是成都都市圈内中小城市农业发展面临的共同问题，主要原因是农民受教育年限普遍较短，农民耕作仍然延续传统的低效率、低产出、人力高投入的作业方式。现代农业首先需要现代农民，重视农民素质的培养，提升农业耕作技术水平。成都都市圈内中小城市之间可以共享培训资源，通过农业主导产业、龙头公司产业开发与技术培训的业务，来共同培养农民的文化素质和思想观念，培养科学的农田耕作管理水平，提升农民的作业技能。

专栏10.5　　　　　　　　　**全国首个双认证猕猴桃基地**
　　　　　　　　　　　　　　　——都江堰猕猴桃产业简介

都江堰地处亚热带气候区，十分适宜猕猴桃生长。1981 年，都江堰市率先从新西兰引进国际主流品种"海沃特"猕猴桃试种，成为国内最早人工栽培的地区；1994 年，在本地选育出地方优良品种青城 1 号、青城 2 号；1999 年，引种红阳猕猴桃成功，并在平坝地区大面积推广。目前，该市猕猴桃基地主要分布在虹口、向峨、青城山、紫坪铺等 10 个重点发展乡镇，品种以"海沃特"、"红阳"为主。

至 2008 年末，都江堰市的猕猴桃产业已初具规模。在 17 个镇 2 个乡 114 个村中就有 14 个镇 2 个乡种植猕猴桃，其中种植海沃特猕猴桃的有 69 个村，种植红阳猕猴桃的有 88 村，全市面积 1208 平方公里（181.2 万亩），猕猴桃栽种面积就达 12 万亩，占全市面积的 6.07%。

1. 产量

悠久的种植历史，成熟的种植经验，让猕猴桃产业逐渐成为都江堰市特色优势产业之一，也成为农户增收致富的一个重要途径。目前，已有 10 家专业从事猕猴桃生产和销售的企业，12 家猕猴桃专合组织，该市 12 万亩的种植面积在成都市四个猕猴桃主产区中位居第一，挂果面积近 7 万亩，2011年产量 2.65 万吨，产值超过 2 亿元。

2. 效益

2008 年农户栽种红阳猕猴桃收入平均达 3500 元/亩，海沃特猕猴桃收入平均达 1765 元/亩，红阳猕猴桃收入约为海沃特猕猴桃平均收入的 2～3倍。伴随着猕猴桃产业发展越来越被重视和管理水平的提高，猕猴桃种植面积逐渐扩大，农户收入也逐年提高。

猕猴桃产业在都江堰农业中是一个高效益的产业。猕猴桃 3 年即可挂果，第四、五年进入生产期。根据红阳猕猴桃的产量标准，每亩至少可产果1500 公斤，目前都江堰市同等标准的产品收购价格已达到 6 元/公斤以上，除掉损耗和成本，每亩纯收入至少可达 6000 元，投入产出比为1：4，明显高于农业中的其他产业。因此猕猴桃产业已经成为都江堰农业中增长较快的朝阳产业，是具有高额附加价值、高投入、高产出的绿色产业。

优越的生态条件，加上高水平、高标准的栽培管理技术水平，使得都江堰出产的猕猴桃，以其果形美观、质优、味美在国内外享有盛名，多次获得全国、全省猕猴桃质量评比第一名，并成功入选 2008 "奥运推荐果品"，先后获得 "奥运推荐果品一等奖"、"北京国际林业博览会金奖"，远销日本、韩国、美国、欧盟等十多个国家和地区。2007 年，都江堰猕猴桃获得国家地理标志产品保护的同时，猕猴桃基地成为全国第一个通过 EUREPGAP（欧洲良好农业操作规范）和 CHINAGAP（中国良好农业操作规范）"双认证"的农产品基地。

五、构建符合地方特色的城市和乡村风貌

都江堰具有将近 2300 年的建城史，是一座文化底蕴极其丰富的城市，一座地域特色鲜明的历史文化名城。但是在现代化的发展过程中，都江堰并没有逃脱与其他城市一样的 "千城一面"，城市风貌缺乏特色，建筑形式混乱，与游客心目中的传统的川西城市风貌有较大的差距。

塑造 "新川西" 建筑风貌特色，打造都江堰独特的城市形象。控制都江堰城市的宏观环境尺度，保持城市的小巧秀美，以都江堰依靠的灵岩山、赵公山、青城山为衬托，岷江为轴心，七水为骨架，田园为基地，形成老城核心区

和"以河为脉、以河为界"的城市组团发展模式。

完善城市功能，形成"三心七片区"的格局，针对不同的中心，深化城市公共服务设施，完善老城区的旅游服务、城铁交通枢纽、行政文化等功能，以老城区为核心，形成城市的向心力和标识性。围绕古城历史文化遗产，重点对西街、南桥、城门、水广场周边、走马河沿岸等主要节点的改造，突出川西风格，凸显城市自然要素与历史脉络。完成城市基础设施，构建连接成都都市圈核心城市及其他重点旅游城市的快速交通，形成与区域城市风貌不同的与水相生的城市特色。结合成都-都江堰城际客运铁路、山地旅游发展轨道交通系统、城市轻轨形成完善的城市交通网络体系。重点考虑都江堰与成都的连接线建设，建立城际轻轨、公共交通于一体的交通格局。增强都江堰城市与乡村的交通联系。

提高城市安全功能，完善防灾系统的建设。汲取大地震救灾援建的经验教训，强化城市的多中心网络结构，建立有助于灾后的救援与疏散的城市空间布局。提高城市应对灾害的自我运转能力。构建多通道、保持小巧的街坊尺度，提高路网密度，提高疏散和应急救援的通达能力。结合都江堰放射状水系、多种生态绿地并存的格局，规划和建设开放型空间，优化配备公共设施，形成干支相连的避难场所系统。

参考文献

［1］四川省统计局课题组. 四川推进新型城镇化的特点及途径. 四川省情，2009（2）

［2］伍笛笛. 基于分形理论的四川城镇体系及城市群研究. 西南交通大学硕士论文，2008

［3］孟奇. 重庆直辖后四川城镇体系布局设想. 城市发展研究，1998（1）

［4］孙建雄. 四川城镇体系发展研究. 西南财经大学硕士学位论文，2005

［5］张迎宪. 四川中小城市发展的问题及对策. 四川省情，2010（9）

［6］宋迎昌. 都市圈战略规划研究. 北京：中国社会科学出版社，2009

［7］王悦，王光龙. 区域圈层要素一体化配置研究——对成都市"三圈一体"战略的思考. 经济研究导刊，2012（28）

［8］任志远. 试论我国大城市与中小城市发展走势. 城市发展研究，2010（9）

［9］郑宇. 都江堰市旅游生态足迹研究. 四川师范大学硕士学位论文，2008

［10］林娜. 基于都江堰市为例的旅游城市服务业发展探讨. 产业与科技论坛，2012（7）

［11］姚莉. 都江堰灾后旅游业恢复与发展的调查与思考. 成都行政学院学报，2008（6）

［12］钱欣. 对都江堰市灾后重建背景下产业规划的思考. 同济大学博士学位论文，2008

［13］吕斌，黄斌. 天府之母、山水林城：城乡一体化的安全宜居生态城. 理想空间. 上海：同济大学出版社，2012

第十一章　首都都市圈与崇礼县发展战略

第一节　首都都市圈的区域辨析

一、区域称谓与发展的核心

北京市社会科学院副院长赵弘，在提到首都经济圈时谈到：首都经济圈是国家"十二五"规划中明确提出的一个地域概念，旨在通过发挥首都的核心功能，通过首都资源与周边区域资源的高效配置，形成紧密联系、分工合作、协调发展的一体化区域。首都经济圈，是构建以创新为导向的世界级都市圈，引领中国转型崛起的重要战略。建设首都经济圈，有利于充分发挥北京在创新能力、高端产业发展以及高端人才集聚等方面的优势，发挥周边区域在空间资源、劳动力资源等方面的优势，率先实现创新驱动为导向，打造具有全球影响力的世界级都市圈，形成首都中心城市带动、区域中心城市支撑、腹地共同发展的区域发展格局。首都都市圈将成为我国转变发展方式的示范引领区和"世界经济增长的重心区域"。

早在1982年，北京市在《北京市城市建设总体规划方案》中首次正式提出了"首都圈"的概念。这个聚焦华北经济社会最重要区域的称谓，便成为社会各界，特别是城市研究者、区域研究者重点关注的对象，也成为北京、天津、河北二市一省、各级城市政府领导必须面对的区域和城市发展战略的主题。

自从首都圈的概念被提出以后，针对华北地区经济一体化的研究不断推陈出新，为了让行政区域、责任主体更加清晰，人们也一直在改变对这个地域的称谓。1984年，当时国家计划委员会组织有关部门编制了京津唐国土规划纲要研究，确定了京津唐的区域范围。京津唐一度成为研究者、政府决策部门针对华北这一重点区域的主要称谓。

在讨论、研究这个区域的发展战略过程中，山西、内蒙、东北三省也都积极围绕这个区域做文章，称谓也从首都经济圈、京津冀经济圈到环渤海经济圈，河北还提出了环首都都市圈、环首都绿色经济圈的概念。目标区域的范围，从小到大、再从大区域到局部区域，称谓在变，但是围绕发展的主体没有变，那就是如何围绕首都做文章，如何围绕天津做文章。

近几年，河北省把打造环首都都市圈作为全省城镇体系的重要战略。虽然首都都市圈与环首都都市圈，只有一字之隔，但在经济发展地图中却代表两个不同的核心。首都都市圈是指以北京市为中心、河北省廊坊、保定、承德和张家口四市环绕的区域，土地面积为 12.2 万平方公里，占全国的 1.27%；2009年总人口 4037 万人，占全国的 3%。环首都都市圈是指位于河北省北部环北京的地区，由廊坊、保定、承德和张家口四市组成，面积 10.5 万平方公里，占河北省总面积的 55%。2009 年，环首都都市圈有 2282 万人，其 GDP 为4438 亿元，分别占河北省的 33.4% 和 25.7%。

图 11 –1　环首都经济圈

资料来源：顾朝林，《北京首都圈发展规划研究——建设世界城市的新视角》，科学出版社 2012年版。

无论是首都经济圈还是环首都都市圈，围绕的重点是首都北京，关注的区域是以北京为中心辐射周边县、市。而环京津冀都市圈，围绕的重点似乎是两个：北京、天津，关注的区域是以两个核心城市为中心，辐射到周边的区域。北京与天津相比，无论是产业、知识、人才的外溢，还是消费市场的外延，前者对周边县市的影响强度却比后者更强。周边县市无论从产业发展的需求，还是从资源配置的供给水平上来讲，都具备承接这些要素转移的条件。

众多的研究著作、学术论文及报纸杂志上，对这一片区域的界定仍然不同。就在 2011 年，还有媒体称："京津冀都市圈区域规划有望被首都经济圈规划所取代。"首都经济圈不仅写入了北京市"十二五"规划，也被列入了国家"十二五"规划，从理论研究层面进入到了政策实施层面。以北京为核心的首都经济圈，更能发挥北京市在首都都市圈实现一体化发展的引领作用。在以往的环渤海经济圈、环首都都市圈、京津冀都市圈等各种称谓中，虽然核心城市仍然是以首都为首，但是从称谓上难以辨别哪个城市在都市圈中发挥主体作用，也一直未能调动北京主动参与都市圈发展的积极性。

多年以来，以北京、天津为核心的都市圈，对其周边区域的辐射效应一直是"虹吸"大于"溢出"，导致都市圈周边一片广为覆盖的贫困县、贫困村；而核心城市的高速发展、人口过度膨胀、交通越来越拥堵、城市污染越来越严重等各种大城市病的出现，首都都市圈的发展到了转型与协同发展的关键时期。

表 11-1　　　　围绕首都经济圈、京津冀都市圈的战略行动

时　间	事　件
一、1980 年代初的启动阶段	
1981~1982 年	成立了全国最早的区域协作组织——华北地区经济技术合作协会。它通过政府间高层会商，解决地区间的物资调剂，指导企业开展横向经济联合。在这个机制下，北京与河北环京地市合作建立肉蛋菜等生活资料基地和纯碱、生铁等生产资料基地 北京市在《北京市城市建设总体规划方案》中首次正式提出了"首都圈"的概念
1981~1984 年	在当时的国家计划委员会的组织下，有关部门联合进行了京津唐国土规划纲要研究。当时确定的京津唐地区的地域范围包括北京市、天津市、河北省的唐山市、唐山地区（内含秦皇岛）和廊坊地区

时　间	事　件
1986 年	设立了环渤海地区经济联合市长联席会——后改名为环渤海区域合作市长联席会——被认为是京津冀地区最正式的区域合作机制
1987 年	成立了环渤海地区经济研究会，完成了涵盖辽东半岛、山东半岛和京津冀地区的环渤海经济区经济发展规划纲要的编制 海河水利委员会第三次汇总编制了海河流域综合规划
1988 年	北京与河北环京地区的保定、廊坊、唐山、秦皇岛、张家口、承德等 6 地市组建了环京经济协作区，把其定位为"在北京市、河北省政府指导下，以中心城市为依托的开放式、网络型的区域组织"，并建立了市长，专员联席会议制度，设立日常工作机构，建立了信息网络、科技网络、供销社联合会等行业协会组织
二、20 世纪 90 年代的徘徊阶段	
1990 年	环华北地区经济技术合作协会由于合作区域范围过大、地区间经济关联度低以及没有日常工作机构等缺陷而失去凝聚力，1990 年举行第七次会议后销声匿迹
1992 ~ 1994 年	环京经济协作区在 1992 年以后，由于多种因素的影响，其作用不断削弱，加上政府机构改革对经济协作部门的反复冲击，1994 年以后名存实亡
1991 ~ 1995 年	由京津冀两市一省的城市科学研究会发起召开了五次京津冀城市发展协调研究会。1994 年 8 月由研讨会提交的《建议组织编制京津冀区域建设发展规划》的报告获得国务院批准，并由国家计划委员会牵头，会同建设部和各地区组织编制。河北省提出加速自身发展的"两环开放带动"战略
1996 年 3 月	《中华人民共和国国民经济和社会发展九五计划和 2010 年远景目标规划纲要》提出，我国要"按照市场经济规律和内在联系以及地理自然特点，突破行政区划界限，在已有经济布局的基础上，以中心城市和交通要道为依托，逐步形成七个跨省（区、市）的经济区域"。其中一个就是环渤海地区
1996 年	北京市组织编写《北京市经济发展战略研究报告》提出"首都经济圈"概念，强调发展周边就是发展自己的概念
三、21 世纪以来的复兴阶段	
2003 年 9 月	第一次京津塘科技新干线论坛召开，达成了一系列高新技术产业战略合作协议

续表

时　间	事　件
2004 年 2 月	国家发展和改革委员会地区经济司召开了京津冀区域经济发展战略研讨会，共同分析面临的形势和存在的问题，商讨加快发展的政策建议。在会上三地官员达成了"廊坊共识"，并将石家庄市纳入京津冀都市圈。会议决定建立京津冀和发改部门和定期协商制度，研究地区经济发展的重大问题，尽快建立京津冀省市长高层定期联席会议制度，一定合作重大事项，制定促进共同发展的地区政策和措施，联合设立协调机构，落实省市长联席会议确定的任务。此外，决定启动京津冀都市圈发展规划编制工作，共同构建区域统一市场体系，消除壁垒，扩大相互开放，创造平等有序的竞争环境，推动生产要素的自由流动，促进产业合作分工
2004 年 5 月	在京津冀都市圈发展研讨会上，两省一市三方达成共识，决定于年底前召开省市长联席会议，并提出了"3＋2"首都经济圈构想
2004 年 5 月	北京市与天津市签署科技合作协议，携手打造以精进为核心的区域创新体系
2004 年 7 月	京津冀三省市信息化工作研讨会在河北省北戴河召开，会议建立京津冀三声市信息化工作联席会议制度，定期交流工作和沟通信息，协调推进区域合作事项
2004 年 11 月	国家发展和改革委员会正式启动京津冀都市圈区域规划的编制共组
2005 年 6 月	第一节京津冀人才开发一体化研讨会在廊坊召开，决定建立京津冀人才开发一体化联席会议制度，签署了《京津冀人才开发一体化合作协议》
2005 年 9 月	科技部发展计划司组织京津冀三省市科委（科技厅）和北京大学共同开展《"十一五"京津冀区域科技发展规划研究与制定》
2006 年	建设部和北京市、天津市、河北省的规划部门开始启动编制京津冀城镇群规划，以统筹安排区域城镇空间布局。规划内容重点设计区域交通、环境、资源的问题
2006 年 10 月	北京市与河北省在京召开经济与社会发展合作座谈会，正式签署《北京市人民政府、河北省人民政府关于加强经济与社会发展合作备忘录》。按照协议内容，双方在交通基础设施建设、水资源和生态环境保护、能源开发、旅游、农业等九个方面展开合作，以期促进两地经济、社会可持续协调发扎。这标志着京冀两省市进入了深化合作、共同谋求区域协调发展的新阶段

续表

时　间	事　件
2007 年 2 月	京津冀 13 市联合发布商业发展报告，首次打破行政区划界限，提出了商业合作发展思路
2007 年 5 月	京津冀旅游合作会议在天津召开，三地旅游部门共同签署《京、津、冀旅游合作协议》，建立京津冀区域旅游合作会议制度
2008 年	签署《北京市人民政府河北省人民政府关于进一步深化经济社会发展合作的会谈纪要》和《天津市人民政府河北省人民政府关于加强经济与社会发展合作备忘录》，标志着京津冀合作的思路和目标更加清晰和明确
2008 年 2 月	第一次京津冀发改委区域工作联席会议在天津召开。国家发改委、北京市发改委、河北省发改委、天津市发改委以及天津市经协办、滨海委等部门负责人参加了会议，共同签署了《北京市天津市河北省发改委建立"促进京津冀都市圈发展协调沟通机制"的意见》。其主要内容为：一是京津冀发改委为实施好《京津冀都市圈区域规划》，建立联席会和联络员制度；二是明确会议议题，主要是交流区域合作发展情况，沟通规划、产业、政策等信息，研究当前和近期区域合作中需解决的问题，提出工作建议，督促落实省市政府一定的区域合作工作；三是建立发改委区域工作信息发布制度，及时向国家、三省市有关方面发布区域经济社会发展、合作和工作进度情况；四是议定下次会议的主要议题，为建立京津冀三省市省市长联席会制度做好前期工作
2009 年	北京市提出，发挥科技创新和综合服务等优势，找准北京在京津冀都市圈和环渤海地区的定位，加强与周边省区市的联系沟通，拓展交通、能源、水资源、生态保护、旅游发展、生产基地等方面的联合与协作。天津市提出，加快滨海新区开发开放，主动推进与环渤海地区各省市的合作。河北省提出，要以更加积极主动的姿态，务实的推进与京津的合作，多领域、多层次与京津对接
2011 年 5 月	首届京津冀区域合作高端会议在河北廊坊召开，会议主题为"首都经济圈，发展新商机"，国家发改委和京津冀三地的领导、专家，与来自美国、韩国、新加坡等地的专家就首都经济圈和京津冀一体化进行了讨论

资料来源：《协调发展与区域治理：京津冀地区的实践》。

二、首都都市圈范围的界定

20世纪80年代以来，围绕首都都市圈有许多的研究，但是到目前为止，对首都都市圈包含的区域并没有形成统一的共识。学界与政府部门，对首都经济圈的理解也不一样。有人认为，首都经济圈包含1个核心城市4个腹地城市（核心城市：北京市；腹地城市：张家口市、承德市、保定市、廊坊市）；也有人认为，首都经济圈包含2个核心城市，5个腹地城市（核心城市：北京市、天津市；腹地城市：张家口市、承德市、保定市、廊坊市、唐山市）；也有人认为秦皇岛市、沧州，天津北部的宝坻区、武清区、蓟县也应包含其中；也有人认为，首都都市圈应该包括北京、天津和河北全境。

无论是首都经济圈，还是京津冀都市圈，都是以北京、天津为核心来讨论核心城市与广大腹地城市之间的发展关系的，在北京与天津两个核心城市中，北京对周边地区的"溢出"效应更加凸显。本研究重点在探讨都市圈背景下，围绕核心城市周边的中小城市发展战略，具体的研究边界并不是研究的重点，我们的侧重点还在于首都都市圈内中小城市如何实现健康发展。当然为了比较首都圈与珠三角、长三角的经济社会发展情况，以更清晰地理解首都都市圈的整体发展状况，本书指的首都都市圈是指北京、天津；河北的8个城市，即2+8的区域（2个核心城市：北京、天津；8个腹地城市：石家庄、唐山、廊坊、保定、秦皇岛、张家口、承德、沧州）。这个研究区域的选定，我们参考了樊杰、张梅青、付承伟等学者对首都圈、京津冀都市圈研究区域的有关数据成果。

三、认识首都都市圈

首都都市圈位于华北平原，北有燕山，西有太行山。燕山地区和太行山地区历来是"畿辅"的重要组成部分，与"京师"唇齿相依，是"京师"的外围屏障。这里也是整个京津冀地区的生态屏障，有丰富的文化遗产，也是首都都市圈的生态和文化资源最为丰富的地带。首都都市圈东南部为广阔的平原，整个地势由西北向东南倾斜，海拔高度从1000米以上的山地向东南下降至5米以下的滨海低洼平原。

从气候上来看，首都都市圈的气候条件优于我国北方其他同纬度地区。这里是我国暖温带季风气候和温带季风气候的交接地带，年平均气温10℃～12℃，无霜期是151～200天，年平均降水量大部分地区为600～700毫米，水热较好，适合小麦、玉米、水稻等多种农作物和各种干鲜果的生长。首都都市圈部分区域属于半干旱和半湿润过度气候带，分别为沙化严重的坝上草原、石化严重的燕山和太行山区、盐渍化严重的黑龙港流域，长期以来是贫困地区。中小城市的发展受制于这些自然条件，因此城镇数量较少。

首都都市圈的土地总面积为18.3万平方公里，占全国总面积的1.9%。2011年末，人口总量为8250万人，占全国总人口的6.0%；GDP为34629.92亿元，占全国GDP总量的7.34%。

首都都市圈是中国的政治、文化中心，曾经是近代中国的经济中心。新中国成立以前，中国70%以上的工业都集中在东部沿海地区，主要分布在沪、苏、辽、鲁、津、冀等地，但是，改革开放之后，以广州、深圳、珠海为中心的珠三角和以上海为中心的长江三角洲迅速崛起，经济发展水平远远超过了广大北方地区。而首都经济圈，现在正在成长为引领华北、东北平原地区的重要引擎。

此外，首都都市圈拥有众多的世界文化遗产和历史文化名城，北京、天津、保定、承德、张家口等城市经过千百年的传承，形成了各自的城市特色。

四、与长三角、珠三角的发展对比分析

都市圈引领区域经济实现一体化发展，成为21世纪区域经济的一个独特现象。然而，珠三角都市圈、长三角都市圈在实现快速发展的同时，首都都市圈的经济却并没有形成与长三角、珠三角并驾齐驱的发展模式，经济社会发展水平被长三角、珠三角远远超越。从发展的历程来看，首都经济圈的提出，与长三角的一体化发展、珠三角一体化发展是在同一个阶段提出的，但是为何长三角、珠三角能实现经济的整体繁荣，而首都经济圈仍然是"发达的核心城市，落后的腹地"呢？首都经济圈曾被称为是中国区域经济发展的第三极，但是首都经济圈的外围却被一大片贫困县包围。号称第三极的首都都市圈，能否突破重围，实现引领京津冀、环渤海区域的整体繁荣，是一个值得深入研究的课题。

众所周知，长三角都市圈、珠三角都市圈和首都都市圈，已成为我国最具活力的三大都市圈。张蕾等用中国第六次人口普查数据和公开的统计数据分析指出，中国三大都市圈常住人口为2.47亿，占全国常住人口的比重达到18.1%；土地面积为34.8万平方公里，占全国土地总面积的3.6%；创造的

GDP 为 12.5 万亿元，占全国总值的 34.7%；人均 GDP 达到 5.2 万元，超出全国平均水平（2.5 万元）的一倍以上。

首都都市圈，与长三角都市圈、珠三角都市圈同时被称为中国三大增长极。首都都市圈地域面积最广，人口总量在三个都市圈中排名第二，但经济总量却远远落后于长三角，人均 GDP 更远远落后于珠三角。对比三大都市圈，首都都市圈的区域面积最大，达到 18.2 万平方公里，长三角次之，珠三角区域面积最小；长三角常住人口最多，达到 1 亿，首都都市圈次之（8376 万人），珠三角都市圈常住人口最少（5611 万人）；长三角创造的 GDP 最高，达到 6 万亿元，首都都市圈次之（3.3 万亿元），珠三角最少（3.2 万亿元）；从人均 GDP 上来看，首都都市圈人均 GDP 远远落在长三角都市圈、珠三角都市圈之后，首都都市圈人均 GDP 为 3.5 万元，长三角和珠三角都市圈达到 6 万元；从常住人口密度来看，首都都市圈人口密度也远远落在长三角、珠三角都市圈之后，珠三角人口最为稠密，常住人口密度为 1019 人/平方公里，长三角为 977 人/平方公里，首都都市圈仅为 459 人/平方公里（见表 11-2）。

表 11-2　　　　　　　　　三大都市圈经济指标比较表

都市圈	常住人口（万人）	土地面积（万平方公里）	GDP（亿元）	人均 GDP（万元）	常住人口密度（人/平方公里）
首都都市圈	10000	18.2	3.3	3.5	459
长三角都市圈	8376	10.01	6	6	977
珠三角都市圈	5611	4.15	3.2	6	1019

相比长三角都市圈和珠三角都市圈，首都都市圈的发展相对落后。首都经济圈的总体实力与长三角都市圈、珠三角都市圈有明显的差距，尤其是 GDP，长三角已经达到 8.6 万亿元，是首都都市圈的 2.5 倍之多。从进出口贸易的指标上来看，首都都市圈近年来增长很快，但是总量与长三角都市圈、珠三角都市圈差距较大。2010 年，长三角、珠三角进出口占全国进出口总额的比例分别达到 34.9% 和 39.8%，而首都都市圈只有 14.13%。

首都都市圈内部的贫富差距也大于长三角都市圈、珠三角都市圈。珠三角、长三角由发达的城市组成，城市之间的人均 GDP 的差距远远小于首都都市圈内发达城市与欠发达城市的差距。比如长三角都市圈龙头城市上海的人均 GDP 与江苏的人均 GDP 的差距只有 2.1 倍，而首都都市圈的龙头城市北京与河北的人均 GDP 的差距达到 3 倍。长江三角洲都市圈 16 个城市中，GDP 超过全国 GDP 总量比例达到 1% 的有 6 个，占都市圈城市总数的 37.5%，6 个城市 GDP 总量占长三角都市圈城市 GDP 总量的 62.6%，占全国 GDP 总量的 12.7%，发展水平相对均衡。珠三角都市圈 9 个城市中，GDP 超过全国 GDP 总量比例达到 1% 的有 3 个，3 个城市 GDP 总量占珠三角都市圈 GDP 总量的比例达到 67.4%，占全国 GDP 的 6.6%。首都都市圈 10 个城市中，GDP 超过全国 GDP 总量的比例达到 1% 的有 3 个，3 个城市 GDP 总量占首都都市圈 GDP 总量的比例达到 63.3%，占全国的 6.4%（见表 11 - 3、图 11 - 2）。

表 11 - 3　　　　2012 年三大都市圈核心城市 GDP 对比（亿元）

都市圈	核心城市	GDP（亿元）
首都都市圈	北京	17801
	天津	12885.18
长三角都市圈	上海	20101.33
	杭州	7803.98
	南京	7201.57
珠三角都市圈	广州	13551.21
	深圳	12950.08

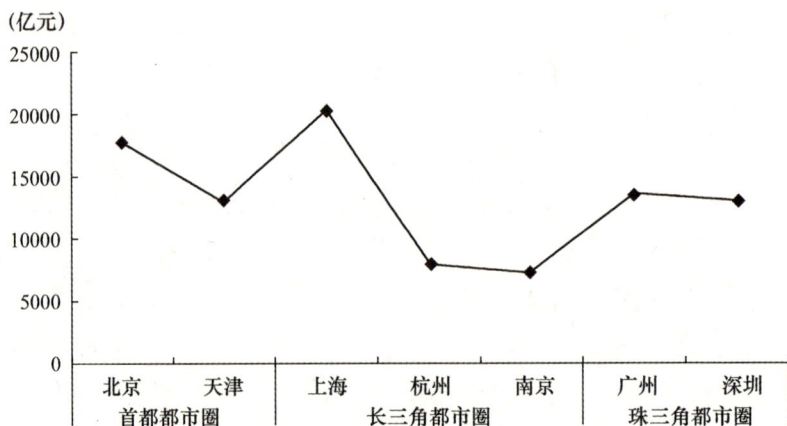

图 11 - 2　2012 年三大都市圈核心城市 GDP 对比

与长三角、珠三角都市圈相比，首都都市圈的知识、人才优势较为突出。首都都市圈的人才资源总量较大、人才资源密集，尤其北京、天津是全国知识最密集、人才资源最好的地区。据统计，2009 年北京市人才资源总量达到 350 万人，年增速为 3.8%，人才密度指标稳居全国前列。2010 年天津各类专业人才总量达到 191 万人，人才资源也位于全国前列。北京的知识密度是全国平均水平的 6.1 倍，天津是全国的 2.8 倍。京津地区是中国科研实力最强的地区，拥有大量的研发和创新机构，高科技园区林立，而且专业配套齐全。北京重点高校占全国高校总数的 1/4，天津也拥有 30 多所高等院校和国家级研究中心。2009 年 3 月，国务院批准同意支持中关村科技园区建设国家自主创新示范区，中关村成为全国特别是首都都市圈科技、人才、智力和信息资源最为密集的区域，汇集了全国大批的研发、管理精英；在重大技术创新、高新技术研发及相关生产服务业、商贸业的技术转化与应用等方面，是引领区域乃至全国经济实现创新式增长的源头。

三个都市圈中，长三角都市圈是单中心结构的职能分工格局，珠三角、首都都市圈各自形成了双中心的分工格局。珠三角的核心城市广州、深圳，对周边的带动有一定的协同效应，两个核心城市都是以外向型经济为主，主要通过制造业带动都市圈内相关产业的发展。而首都都市圈内两个核心城市北京、天津在产业发展上有一定的互补性，北京主要是通过服务业带动周边区域的发展，而天津主要通过工业制造业带动周边区域的发展。北京、天津都已经是常住人口超过千万的特大城市，北京人口达到 1961 万，天津达到 1293 万。北京作为全国的首都，是全国的政治、经济、文化中心，作为首都都市圈的核心城市，它自身的政治资源优势是其他两个都市圈没有的。

三个都市圈的发展都是依靠改革开放的政策，发挥区位优势，实现基本生产要素资本的大量投入，实现经济的快速增长。首都经济圈凭借其独有的政治优势，理应发展地更快，但是事实上，首都都市圈比珠三角都市圈、长三角都市圈，无论是区域经济增长速度、还是区域一体化发展的步伐都要慢很多。究其原因，还是首都都市圈的产业发展基础、行政体制因素、生态环境的客观原因等，导致了首都都市圈一体化并没有形成应有的合作格局，取而代之的是区域内的无序竞争和市场壁垒，更导致了北京、天津与周边区域形成的落差较大的发展局面。首都都市圈的发展水平还处于不同的阶段，北京处于后工业化阶段，天津处于工业化中期向后期过度的阶段，而河北大部分城市尚处于工业化起步阶段。周边城市的落后，一方面制约了首都都市圈核心城市北京、天津在城市功能上向周边扩散的进程；另一方面，周边城市在迅速发展过程中面临人才、产业聚集的困难，核心城市与周边城市很难有效地衔接。

第二节 京津与环首都经济圈的发展

一、京津的区域优势与发展困境

北京的政治地位促使了它几十年来的经济社会实现快速全面发展，也促使北京的城市功能在政治、经济、文化、科技、金融等方面得到不断强化。首都都市圈的核心城市，北京的政治、信息、科技、文化、人才、区位等优势的集合，形成了它区别于其他都市圈两个核心城市的综合优势，也是它在未来形成知识经济的基础。

北京是中国拥有跨国企业和区域性大企业总部数量最多的城市。北京已拥有 30 家世界 500 强企业的全球总部，成为"第二大世界 500 强总部之都"。同时，北京还拥有 233 家大型中央企业总部，其中中国 500 强企业 96 家，占全国的 19.2%；拥有外资企业总部 156 家、外资研发中心 350 家。

天津是中国现代工业的发祥地和摇篮。19 世纪中叶，天津被开辟为对外通商口岸，到辛亥革命之后，天津发展成为中国第二大城市，是华北最大的工商业城市。天津港是环渤海地区最大的综合性港口，是全国最大的人工港，也是亚欧大陆桥的起点港之一。以天津港为主的首都都市圈的四大港口[①]是北方最大的"海洋经济"和"大陆经济"的连接枢纽，是我国最大的陆路运输系统和航空枢纽。另外，国家从最高决策层面、中长期发展规划层面正式作出推进天津滨海新区开发开放的决策，促进滨海新区作为带动区域经济发展的增长极。滨海新区是我国北方重要的出海口，是首都都市圈的海上门户，区位优势明显，对周边区域的现代制造业发挥带动作用。

淡水资源紧张是首都都市圈所面临的客观难题，成为制约本区域发展的主要瓶颈。首都都市圈多年平均水资源总量为 10 万立方米/平方公里，仅占全国的 3.6%。整个京津冀地区淡水资源总量约为 174 亿立方米，其中河北 145 亿立方米，占京津冀水资源总量的 83%。近年来，北京、天津两市调入水量 25

---

① 首都都市圈四大港口：天津港、秦皇岛港、京津港、黄骅港。

亿立方米，调入水量超过两市正常年份地表水总量（21.7 亿立方米），是正常年份供水量的 45%。首都都市圈的人均水资源占有量是长三角都市圈的 1/2，不足珠三角都市圈的 1/5，远远低于国际公认的 1700 立方米警戒线。其中，北京人均水资源拥有量仅为 213 立方米。天津同样是一个极度缺水的城市，一直被称为人均水资源最少的特大城市，据天津 2011 年水资源统计公报，天津的人均本地水资源占有量仅有 171 立方米，为全国人均占有量的 1/15。由于水资源极度紧张，历史上京津冀地区曾出现过跨省水资源纠纷，如北京和河北之间的拒马河水权之争（见表 11–4）。①

表 11 –4　　　　　　　　　首都圈多年平均水资源量情况表

| 地区 | 多年平均水资源量亿/立方米 | | | | 人均水资源量/立方米 |
	地表水	地下水	不重复计算量	水资源总量	
北　京	17.65	25.59	19.67	37.32	213
承　德	34.1	14.01	0.94	35.04	942
张家口	11.54	12.61	7.34	18.88	408
保　定	15.85	21.21	14.41	30.26	275
廊　坊	2.64	4.97	5.25	7.89	191
环首都圈	64.13	52.8	27.94	92.07	224
河　北	120.35	122.4	84.38	204.73	306

资料来源：《北京首都圈发展规划研究——建设世界城市的新视角》。

二、首都圈中小城市发展现状

首都都市圈 2 +8 的城市结构，总共 27 座城市，包含 2 个核心城市，8 个河北地级城市及其所辖区域，以及河北省 17 个县级市。首都都市圈的平均城镇密度为 1.5 座/104 平方公里，低于长江三角洲都市圈（2.9 座/104 平方公里）和珠三角都市圈（4 座/104 平方公里）（见表 11 –5）。

2009 年（更新到 2010 年的数据）首都都市圈中，形成了现在大中小城市共存的城镇体系。1000 万人以上的超大城市 4 座（北京、天津、石家庄、保定），500 万 ~1000 万人的特大城市 2 座（唐山、沧州），100 万 ~500 万人的

---

① 拒马河处在北京房山区与河北省涞水县之间，从河北境内穿入北京，又从北京重入河北。2007 年，北京欲实施"引拒济京工程"，即拟用一组机井将拒马河浅层地下水引至燕山石化，但下游河北居民的流域机构水井可能就此报废。于是在京冀之间展开了一场水权之争。

表 11 −5　　　　　　　　首都都市圈人口规模（2011 年）

分　类	城　市	人口规模（万人）
核心城市	北　京	2018.6
	天　津	1354.98
腹地城市	石家庄	1027.98
	唐　山	762.74
	廊　坊	424.9
	保　定	1119.44
	秦皇岛	300.62
	张家口	437.37
	承　德	348.91
	沧　州	719.77
县级市	藁城市	79.8
	晋州市	54.3
	新乐市	50.0
	鹿泉市	39.1
	辛集市	62.7
	遵化市	73.2
	迁安市	72.7
	霸州市	62
	三河市	56.1
	涿州市	64.5
	定州市	121.2
	安国市	41.1
	高碑店市	56.0
	泊头市	60.4
	任丘市	83.3
	黄骅市	45.8
	河间市	81.7

资料来源：《2012 年河北省统计年鉴》。

大城市 5 座（廊坊、秦皇岛、张家口、承德、定州），50 万 ~ 100 万的中等城市 13 座（藁城市、晋州市、新乐市、辛集市、遵化市、河间市、霸州市、三河市、涿州市、高碑店市、泊头市、任丘市、迁安市），5 万 ~ 20 万的小城市 4 座。

从空间分布上看，首都都市圈大中城市主要分布在东部和南部平原地区，北部山区以山地为主，城市数量少。中小城镇主要分布在东南区域，环绕北京、天津两大直辖市以及石家庄、唐山、保定等区域的中心城市；位于京广、京九、京哈、京山铁路线两侧，以及京－津、张－承六个集中分布区。

首都都市圈内各城市之间发展不平衡。相比腹地城市及县级市，核心城市北京、天津经济指标遥遥领先，北京也远远超过天津。从 GDP 指标来看，2011 年，北京 GDP 达到 1.6 万亿元，天津 GDP 达到 1.1 万亿元；腹地城市中 GDP 最高的唐山为 0.5 万亿元，秦皇岛最低仅 0.1 万亿元，前者接近后者的 5 倍；县级城市中最高的迁安市 808.2 亿元，安国市最低仅 83.6 亿元，前者接近后者的 10 倍。从地方财政一般预算收入上来看，北京 3006 亿元，天津 1455 亿元，前者为后者的 2 倍多；腹地城市中唐山地方财政一般预算收入最高 167 亿元，最低的沧州 48 亿元，前者是后者的 3.5 倍；县级城市中三河市最高达 35.8 亿元，最低的安国市仅 2.5 亿元，前者是后者的 14.3 倍。各类城市产业类型集中在矿产、传统制造业，城市之间产业协作水平较低，区域之间的协同发展的格局还未形成，区域之间的发展差距明显（见表 11-6）。

首都都市圈内核心城市以外的区域城镇化水平较低。2011 年，核心城市北京城镇化率达到 86%，天津达到 61.6%，远远高于首都都市圈地级市和县级市的水平。首都都市圈 8 个腹地城市平均城镇化率低于全国平均水平（50.27%），唐山最高仅为 52.1%，保定最低仅为 40.36%；县级市城镇化率远远低于全国平均水平，最高的三河市仅为 35.19%，最低的藁城市仅为 8.9%。以县为主的中小城市，城镇化水平过低（见表 11-7）。

珠三角都市圈、长三角都市圈的核心城市周边是发达的中小城市，而首都都市圈周边却被众多欠发达的中小城市所包围。有人戏称，环首都都市圈，是一条贫困带。2005 年，亚洲开发银行的一份调查报告首次提出：在国际大都市北京和天津周围，环绕着河北 3798 个贫困村、32 个贫困县，年均收入不足 625 元的贫困人口 272.6 万。七年之后，2012 年 3 月，首都经济贸易大学和社会科学文献出版社在其联合发布的首都京津冀蓝皮书中再次指出："环首都贫困带"不仅未能缩小与北京周边郊县的贫富差距，反而愈加落后。

表 11 - 6　　　　　　　首都都市圈经济发展指标（2011 年）

分　类	城　市	人口规模（万人）	GDP（亿元）	地方财政一般预算收入（亿元）
核心城市	北　京	2018.6	16000.4	3006.3
	天　津	1354.98	11307.28	1455.13
腹地城市	石家庄	1027.98	4082.68	143.00
	唐　山	762.74	5442.45	167.11
	廊　坊	424.9	1612.0	140.3
	保　定	1119.44	2449.9	128.6
	秦皇岛	300.62	1070.08	66.88
	张家口	437.37	1124.87	82.99
	承　德	348.91	1100.8	71.1
	沧　州	719.77	2585.20	48.09
县级市	藁城市	79.8	390.50	12.03
	晋州市	54.3	177.92	4.29
	新乐市	50.0	143.17	3.11
	鹿泉市	39.1	264.61	9.35
	辛集市	62.7	318.19	9.23
	遵化市	73.2	485.26	12.54
	迁安市	72.7	808.20	30.82
	霸州市	62	294.09	13.18
	三河市	56.1	375.46	35.80
	涿州市	64.5	183.21	12.85
	定州市	121.2	214.81	9.77
	安国市	41.1	83.61	2.51
	高碑店市	56.0	108.45	4.43
	泊头市	60.4	146.73	4.85
	任丘市	83.3	508.60	17.37
	黄骅市	45.8	200.04	7.19
	河间市	81.7	201.77	5.65

资料来源：《2012 年河北省统计年鉴》。

表 11-7   首都都市圈城镇化水平比较

分 类	城 市	城镇化率（%）
核心城市	北 京	86.23
	天 津	61.6
腹地城市	石家庄	52.01
	唐 山	52.14
	廊 坊	49.85
	保 定	40.36
	秦皇岛	48.45
	张家口	46.42
	承 德	40.71
	沧 州	43.02
县级市	藁城市	8.87
	晋州市	11.22
	新乐市	22.5
	鹿泉市	15.38
	辛集市	11.29
	遵化市	10.96
	迁安市	26.39
	霸州市	20.97
	三河市	35.19
	涿州市	33.85
	定州市	13.11
	安国市	17.07
	高碑店市	23.64
	泊头市	18.33
	任丘市	29.76
	黄骅市	17.78
	河间市	12.35

资料来源：《2012 年河北省统计年鉴》《2012 年北京市统计年鉴》《2012 年天津市统计年鉴》。

表11-8   首都圈内中小城市发展的比较：延庆与赤城

指标	赤城	延庆
区位	位于河北省西北部，东接承德市，南界北京市，西邻张家口市，北靠坝上草原，与丰宁县、怀柔区、延庆县、怀来县、宣化县、崇礼县、沽源县接壤，是北京的重要饮用水源地；赤城县和北京市零距离，两家共有边界113.195公里	距北京市区74公里，三面环山一面临水，生态环境优良，是首都北京西北重要的生态屏障，是紧扼北京的北大门，是重要的交通枢纽，城乡道路四通八达
特色产业	特色农业：基本形成了以菌、蔬、杏、药、特色养殖为主的五大特色支柱产业 特色旅游业：主打"温泉牌"，主唱"避暑戏"	都市型生产农业：加快发展绿色有机农业，努力打造延庆农产品的生态品牌，被评为国家级生态县 特色旅游业：资源丰富，特色鲜明，年接待中外游客1300多万人次，是京郊旅游大县。延庆举办的春季杏花节、夏季消夏避暑节、秋季登高采摘节以及冬季冰雪旅游节，有着极高的知名度，树立了良好的品牌形象，形成四季兴旺的旅游格局，特别是冰雪旅游节填补了京郊冬季旅游空白
旅游资源	赤城地区旅游资源丰富，历史文化积淀悠久，其中比较著名的有"关外第一泉"之美名的赤城温泉、朝阳观石窟、黑龙潭瀑布等。赤城地区气候全年平均气温在12.6℃~26.1℃之间，有"取暖不用煤，纳凉不摇扇"之誉。住宿方面配套设施齐全，有星级饭店2家，标准宾馆4家，歌舞、游泳、狩猎、垂钓等娱乐设施配套，交通、通讯便捷	气候独特，冬冷夏凉，有着北京"夏都"之美誉；作为首批国家园林县城，目前县城已有9座公园，占县城面积近20%，县城绿化覆盖率达到50.84%，人均公共绿地面积48.59平方米；对外开放的景区景点30余处，其中A级以上景区16家，包括举世闻名的八达岭长城，塞外小漓江龙庆峡，广袤辽阔的康西草原，国家自然保护区松山森林公园，千古之谜古崖居，国家级湿地保护区野鸭湖等景区、景点；延庆举办的春季杏花节、夏季消夏避暑节、秋季登高采摘节以及冬季冰雪旅游节，有着极高的知名度，树立了良好的品牌形象，形成四季兴旺的旅游格局，特别是冰雪旅游节填补了京郊冬季旅游空白

续表

指　标	赤　城	延　庆
社会经济指标		
总面积 （平方公里）	5287	1993.75
总人口 （万人）	29.6	31.7
GDP （亿元）	56.12	75.83
地方财政 一般预算 收入 （亿元）	4.40	7.1
可用财力 （2010 年） （亿元）	5.7	60
农村居民 人均纯收入 （元）	4201	26080
村村通获 取上级政 府财政补 贴情况	每公里获河北省政府补贴 3.5 万元	每公里获北京市政府补贴 35 万元

三、京津与环首都经济圈的城镇体系存在的问题

两个核心城市之间的合作还未形成良好局面。北京作为全国的政治、文化中心，集聚了全国最好的人力、科技等创新资源。天津拥有北方最大的港口，拥有滨海新区的工业集中区，是北方的经济中心。两个核心城市同属于中央直辖的超级大城市，在功能上有较强的互补性，理应在华北区域形成有所分工的合作格局。但是，自从计划经济时期以来，北京和天津一直处于竞争大于合作的格局，两个城市在城市发展规划中都重点考虑如何整合本市内部资源，而两个城市之间的基础设施对接、市场共建等区域之间的资源整合一直没有进展。近几年的情况有所改观，京津高铁的通车是北京与天津未来整合资源积极合作

的标志。

腹地城市的发展定位没有主动对接核心城市，发展缓慢。受市场发育的阶段和周边发展条件所限，核心城市与腹地城市之间没有形成长三角、珠三角都市圈所辖城市间的呼应式发展，核心城市对周边城市的辐射作用没有得到很好的发挥。一方面，核心城市北京、天津，在城市规划、城市建设当中，都着重于筹划本市内部的资源，无论是在产业外溢、基础设施对接、生态共建方面，都没有主动把周边腹地城市考虑在内；另一方面，腹地城市主动对接核心城市的城市发展战略实施进度缓慢。经济一体化的趋势不可阻挡，首都都市圈的发展也在实现核心城市与腹地城市的融合发展。首钢集团外迁到唐山曹妃甸，廊坊开发区主动对接首都的辐射，河北崇礼县针对首都核心城市消费人群重点发展旅游业，这些案例正在向人们证明，首都都市圈的融合发展有着广阔的前景。

整个区域交通状况良好，区域内部不平衡。首都都市圈内形成了集航空、铁路、公路、港口于一体的综合性立体交通体系。区域内部交通网络体系架构，整体上呈现了以北京为中心、京津为主轴，京广和京哈线为两翼的格局。区域内拥有全国最大的首都国际机场，还拥有南苑机场、天津滨海国际机场、石家庄民航等 8 个机场。北京市全市铁路营业里程 1169.5 公里，汇集了京秦、京哈、京沪、京九、京广等多条铁路干线。在公路运输方面，北京市全市公路里程 20755 公里，高速公路里程 884 公里；天津市公路里程 14316 公里。港口运输方面，天津港是河、海兼备的港口，也是我国最大的人工港。另外，还有秦皇岛港、京唐港等较大出海口岸。尽管有着以上优势，但无论是港口、机场，还是轨道交通，南部交通网络体系相对完善，而北部则相对落后。城市基础设施建设，都以各自城市为体系，城市之间共享对接地较少，造成城市之间基础设施的供给水平差异较大。例如，在 2 小时交通圈内，北京至张家口的快速轨道交通还未建立。

四、认识环首都经济圈

环首都经济圈，也有几种不同的区域界定。顾朝林等认为，环首都经济圈是位于河北省北部环北京市的地区，由廊坊、保定、承德和张家口四市组成，分为两个圈层。内圈是指紧密围绕北京的 15 个县（市、区），依次是涿州、高碑店、涞水、涿鹿、怀来、赤城、丰宁（满族自治县）、滦平、三河、大厂回族自治县、香河、廊坊市区（广阳区、安次区）、固安、承德、兴隆，总面积为3.4万平方公里。

2010年底，河北省提出建设环首都经济圈的战略构想，提出1圈4区6基地作为环首都经济圈的重点区域，具体是指河北省境内14个县（市、区），分别是涿州市、涞水县、怀来县、赤城县、丰宁满族自治县、滦平县、三河市、大厂回族自治县、香河县、广阳区、安次区、固安县以及增补的兴隆县；1圈是指环首都经济圈，以发展新兴产业为主导，4区是指在"环首都经济圈"建设高层次人才创业园区、科技成果孵化园区、新兴产业示范园区、现代物流园区；6基地是指在环首都经济圈内建设养老、健身、休闲度假、观光旅游、有机蔬菜、宜居生活基地等。外圈层是指包围北京的四个地级城市所辖的所有区域，包括廊坊市、保定市、承德市和张家口。

本书研究的区域是指外圈层的整个区域内的中小城市，区域总面积为10.5万平方公里，占河北省总面积的55.6%。

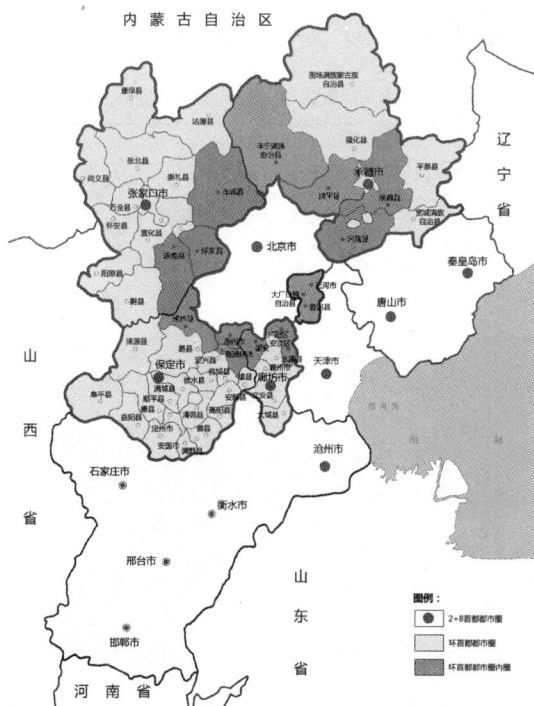

图11-3 环首都圈与首都都市圈示意图

　　从经济各项指标的对比可以看出，与首都都市圈的核心城市北京相比，环首都都市圈的中小城市经济基础薄弱，整体发展水平较低，属于欠发达地区。2009 年，GDP4438 亿元，占河北全省生产总值的 26%；人均地区生产总值19451 元，为河北省全省平均水平的 79.1%；每平方公里土地创造地区生产总值 429 万元，是河北全省平均水平的 46.7%。

表 11-9　　　　　　　　　2011 年环首都都市圈经济发展

城市	常住总人口（万人）	GDP（亿元）	土地总面积（平方公里）	地方一般预算收入（亿元）	固定资产投资（亿元）	城镇化率（%）	人均 GDP（元）
北京市	2018.6	16000.4	16410.54	3006.3	5910.6	86.2	80349
廊坊市	424.9	1612.0	6429	140.3	1088.7	49.85	37938
保定市	1119.44	2449.9	22100	128.6	1664.3	40.36	21796
承德市	347.32	1100.8	3376	71.1	830	40.71	39061
张家口市	437.37	1124.87	36873	82.99	967.09	46.42	25793

　　资料来源：《2012 年北京市统计年鉴》《2012 年河北省统计年鉴》。

表 11-10　环首都绿色经济圈 14 个县（市、区）的主要经济指标比较

县（市、区）	年末总人口（万人）	土地总面积（平方公里）	GDP（万元）	农村居民人均纯收入（元）	地方财政一般预算收入（万元）
涿州市	64.5	742	1832070	9337	128528
涞水县	35.2	1658	381630	4224	19925
怀来县	35.7	1801	1122909	7876	67496
赤城县	29.6	5287	561215	4021	44016
滦平县	31.8	2993	1115727	4095	49001
三河市	56.1	643	3754564	10613	358032
香河县	32.6	458	1172825	10337	115969
广阳区安次区	35	390			
固安县	43.9	697	772993	8055	87039
兴隆县	32.6	3123	730130	5680	34494

续表

县（市、区）	年末总人口（万人）	土地总面积（平方公里）	GDP（万元）	农村居民人均纯收入（元）	地方财政一般预算收入（万元）
大厂回族自治县	12.2	176	629422	9590	41825
丰宁满族自治县	39.9	8765	666050	3470	31580

资料来源：《2012 年河北省统计年鉴》。

环首都都市圈四市的产业的比重为14.4：49.8：35.8，工业比重偏低。从工业发展水平来看，环首都都市圈整体处于工业化中期阶段，东南部廊坊、保定城镇工业化处在中期向后期转型阶段，西北的张家口、承德的工业化水平处于工业化初期向中期转型的阶段。在工业门类中，环首都都市圈内的工业与首都都市圈核心城市北京、天津，在制造业发展优势上，互补性不强，存在一定的雷同性。首都都市圈在全国具有竞争优势的行业是黑色金属矿采选业，除北京以外，首都都市圈内各城市，包括环首都都市圈的 4 个城市，基本都以重工业的采掘工业（石油、天然气开采业、黑色金属矿采选业）和采掘工业有关的加工工业（黑色金属冶炼及压延加工业）为主，主要是偏劳动密集型的原材料性工业行业。

首都都市圈的核心城市北京、天津，在产业技术外溢上，没有给环首都圈内的县（市、区）带来应有的实惠。北京的产业发展，无论是经济规模和产业层次上，在首都都市圈乃至全国都处于领先定位，理应成为这个区域中心的龙头或经济中心，但是实际上北京的产业向周边区域转移，或者带动周边相关产业的发展上，都存在一定的障碍，这与北京的产业发展历程及现状是紧密相关的。核心城市北京、天津与周边广大的腹地城市、县城和农村地区，要充分利用各自的优势，实现要素的双向流动。一些产业、人才和市场，需要向周边腹地进行有效地扩散，而周边腹地需要通过改善自身的基础设施，做好接纳核心城市要素转移的准备，积极调整发展策略，实现与核心城市互补和错位发展的目标。

新中国成立 60 多年来，北京的产业发展以高能耗的钢铁、石化等资源型、能源重化工产业为主；从资源拥有状况来看，北京并没有发展这些产业的资源基础，对能源的需求和本地生态环境带来了巨大的压力。北京申办 2008 年奥运会成功的近 10 年，北京市围绕产业转移，实行了退二进三的计划。资源、能源消耗型产业逐渐外迁，大力发展高新技术产业的产业调整战略逐步得到实施。但是从高新技术产业的资金来源看，北京高新技术产业 80% 由外资（跨国公司）控制。汽车、通信等主导产业主要是由跨国公司掌握核心技术，内生型高科技产业较少，周边区域很难模仿或扩散，北京对周边区域的"技术外溢"效应不明显。而另一方面，环首都都市圈的工业仅仅处于工业化中期阶段，工业化的技术和人才基础相对薄弱，承接北京技术外溢，承接相应的高新技术产业转移能力有限。

表 11-11　　　　　　　　2004 年北京技术合同成交额流向

流向	上海	广东	江苏	浙江	天津	河北	总数
数额（%）	11.81	22.18	11.22	8.21	7.00	9.71	425.00
比重（%）	2.78	5.22	2.64	1.93	1.65	2.28	100

资料来源：《对接京津与都市区经济一体化——构建环首都经济圈与京津走廊的崛起》。

专栏11.1　　　　　首钢外迁至曹妃甸的基本情况

2005 年 2 月，一条消息引起了世界的关注：中国十大钢铁企业之一的首钢集团将用 5 年时间把钢铁产业从北京搬迁到位于河北省唐山市的曹妃甸，这一耗资 677 亿元人民币的工程将造就中国第一座真正意义上临海而建的大型现代化钢铁基地。

从北京的天安门沿长安街一路往西 17 公里，就是首钢。它曾是中国最大的钢铁企业。首钢的前身是石景山钢铁厂，最早是 1919 年北洋政府时期创办和遗留下来的一个炼铁厂。在工厂建立的头 30 年，断断续续累计只生产了 28.6 万吨生铁。

1958 年首钢建起了第一座侧吹转炉，结束了有铁无钢的历史。1964 年又建起了中国第一座氧气顶吹转炉。到 1978 年，首钢的钢产量达到 179 万吨，跻身中国八大钢铁企业的行列。

2005 年 2 月，中国国务院批准了《关于首钢实施搬迁、结构调整和环境治理的方案》。此后，首钢陆续停产了 5 号高炉和 2 号焦炉和大主力炼钢厂之一的第三炼钢厂。

按照搬迁方案，首钢在 2008 年奥运会前压缩一半的产能，曹妃甸一期工程建成；到 2010 年，石景山地区的冶炼、热轧能力全部停产，曹妃甸二期工程竣工投产，形成 970 万吨的生产能力。

首钢搬迁不是简单的搬家，目前的设备 90% 以上将被淘汰。因此，它搬走的只是产能，更准确地说是到曹妃甸新建一座国际先进的钢铁企业，它将集成 220 项世界先进的工艺，提高中国钢铁工业的竞争能力。

曹妃甸，一座位于渤海湾中的小岛。这座因埋葬唐太宗的妃子曹氏而得名的岛屿，曾在孙中山先生的《建国方略》中被认为可作"北方大港"。曹妃甸港，全称为唐山港曹妃甸港区，位于滦河三角洲西面最古老的区域。

据了解，首钢在搬迁地的选择上权衡再三，山西、山东、浙江都曾向其发出颇具诱惑力的邀请，但其最终还是难舍曹妃甸这个深水大港。25 万吨矿石巨轮进入曹妃甸后，无须卸载，可通过传送带直接进厂冶炼。这比运抵内地每吨节省 4 美元的运输成本。因此，"大钢建海边"是发展趋势，这是来自市场的需求。

专栏 11. 2   **廊坊开发区建设与发展现状**

1. 区位优势

廊坊经济技术开发区具有优厚的区位优势，地处首都北京和天津之间，依托京津高度密集的人才和科研体系，发达便捷的交通网带和庞大的消费市场。可以说，这一地区是中国北方产业和人口高度密集，城市集中，交通便利，工商业发达，市场发达，市场容量大的黄金地带。

2. 建设与发展现状

（1）重点行业

廊坊开发区于 1992 年 6 月 26 日奠基起步，重点发展机电行业、轻纺行业、生物工程与医药及精细化工行业、食品行业、新兴行业、商贸金融、旅游娱乐等服务行业。

（2）区内企业

目前已汇聚了 1500 多家企业，其中包括美国天河集团、德国鲁尔集团、德国西门子、韩国 LG 集团、澳大利亚 BHP 等 15 家世界 500 强企业。投资国涉及美国、日本、法国、德国、瑞典、丹麦、荷兰、韩国、新加坡、澳大利亚等 30 个国家和中国港澳台地区，初步形成了机械电子、食品、新型建材、轻工纺织、生物制药为主的五大主导产业，被原国务院特区办列为向海外客商重点推荐和重点联系的九个开发区之一。

（3）重点园区

发展成了创业中心、电子产业园、华日工业园、新奥燃机工业园、石油管道工业园、狼森汽车零部件产业园、国际履约环保产业园等重点园区。

廊坊开发区已成为河北省对外开放的重要窗口和廊坊市经济建设的排头兵，先后被批准为"中国青年科技创新活动示范基地"、"国家火炬计划廊坊信息产业基地"、"河北省服务外包示范区"和国家级"廊坊出口加工区"。2009 年 7 月 20 日，经国务院批准，廊坊经济技术开发区升级为国家级经济技术开发区。

五、环首都经济圈的贫困

最早对贫困现象进行系统研究的英国管理学家本杰明·西伯姆·郎特里，在 1901 年出版的《贫困——关于乡村生活的研究》一书中对贫困的定义是：如果一个家庭的总收入不足以维持家庭人口最基本的生存要求，那么这个家庭就基本上陷入了贫困之中。2001 年，世界银行对于贫困的表述为"贫困不仅仅意味着低收入和低消费，而且还意味着缺乏受教育的机会、营养不良、健康状况差，即贫困意味着无权、没有发言权，脆弱和恐惧等"。

1986 年，我国成立了国务院扶贫开发领导小组，下设国务院扶贫开发办公室，启动了历史上规模最大的针对农村贫困人口的扶贫开发计划。针对我国贫困人口分布的区域集中特征，我国将贫困人口较集中的县确定为国家贫困县（2000 年以后改称为国家扶贫开发工作重点县），由中央政府直接组织各种资源集中扶持。2000 年在全国确定了 592 个国家扶贫重点县，分布在全国 21 个省（自治区、直辖市），86 个地区，其中东部地区 44 个、中部 204 个、西部 344 个。中西部地区国家扶贫开发重点县占全国扶贫县总数的比例高达 92.6%，而在东部地区中，河北所拥有的数量最多，达到 39 个。

河北省是县域经济大省，2006 年共拥有 140 个县（市）。县域经济是河北全省经济的重要支撑，但是受发展基础、资源禀赋等因素的影响，河北省也是东部地区贫困县最多的省份，目前拥有 39 个国家扶贫开发重点县和 12 个省级

表 11-12   国家级贫困县标准（1986~2006 年）

年 份	标 准
1986~1993	将农民年人均纯收入低于 150 元的 331 个县确定为国家重点扶持贫困县
1994~1999	"八七扶贫攻坚计划"中，按照农民年人均纯收入低于 400 元的标准，国家级贫困县的数量为 592 个，分布在 27 个省（自治区、直辖市），覆盖了全国 72% 以上的农村贫困人口
2000~2005	以农民年人均纯收入地域 625 元为标准，在 21 个省（区、市）的少数民族地区、革命老区、边疆地区和特困地区重新确定了 592 个国家级贫困县，改称国家扶贫开发重点县
2006	农民人均年纯收入 693 元的农村贫困标准增加进去

资料来源：《贫困县产业发展与可持续竞争力提升研究》。

表 11-13   我国 592 个国家扶贫开发工作重点县分布情况

省区市	数量	县名单
河北	39	阳原县、崇礼县、赤城县、尚义县、万全县、怀安县、张北县、康保县、沽源县、蔚县、涞源县、阜平县、顺平县、南皮县、盐山县、东光县、海兴县、孟村县、献县、大名县、丰宁县、广平县、广宗县、巨鹿县、宽城县、临城县、灵寿县、隆化县、滦平县、平泉县、平山县、青龙县、涉县、围场县、魏县、武强县、武邑县、赞皇县、唐县
山西	35	娄烦县、阳高县、天镇县、广灵县、灵丘县、浑源县、壶关县、平顺县、武乡县、右玉县、左权县、和顺县、平陆县、五台县、代县、繁峙县、宁武县、静乐县、神池县、五寨县、岢岚县、河曲县、保德县、偏关县、吉县、大宁县、隰县、永和县、汾西县、兴县、临县、石楼县、岚县、方山县、中阳县
内蒙古	31	托克托县、清水河县、巴林左旗、巴林右旗、翁牛特旗、喀喇沁旗、准格尔旗、商都县、科右中旗、扎赉特旗、太仆寺旗、察右前旗、察右中旗、察右后旗、四子王旗、化德县、武川县、固阳县、杭锦旗、乌审旗、和林县、答茂旗、林西旗、宁城县、克什克腾旗、敖汉旗、多伦县、库伦旗、奈曼旗、伊金霍洛旗、鄂托克前旗
吉林	8	大安市、通榆县、镇赉县、靖宇县、汪清县、安图县、龙井市、和龙市
黑龙江	14	绥滨县、甘南县、同江市、桦南市、延寿市、林甸县、饶河县、泰来县、杜蒙县、汤原县、抚远县、兰西县、桦川县、拜泉县

续表

省区市	数量	县名单
安徽	19	临泉县、阜南县、颍上县、利辛县、霍邱县、寿县、霍山县、舒城县、裕安区、金寨县、岳西县、太湖县、宿松县、枞阳县、潜山县、长丰县、无为县、石台县、泾县
江西	21	兴国县、宁都县、于都县、寻乌县、会昌县、安远县、上犹县、赣县、井冈山市、永新县、遂川县、吉安县、万安县、上饶县、横峰县、波阳县、余干县、广昌县、乐安县、修水县、莲花县
河南	31	嵩县、汝阳县、宜阳县、洛宁县、栾川县、新县、固始县、商城县、淮滨县、光山县、虞城县、睢县、宁陵县、民权县、新蔡县、确山县、平舆县、上蔡县、淅川县、桐柏县、南召县、社旗县、台前县、范县、沈丘县、淮阳县、鲁山县、封丘县、兰考县、化纤、卢氏县
湖北	25	利川市、建始县、巴东县、恩施市、宣恩县、来凤县、咸丰县、鹤峰县、郧西县、竹山县、竹溪县、郧县、房县、丹江口市、英山县、罗田县、麻城市、红安县、蕲春县、长阳自治县、秭归县、孝昌县、大悟县、阳新县、神农架林区
湖南	'20	古丈县、泸溪县、保靖县、永顺县、凤凰县、花垣县、龙山县、桑植县、平江县、新化县、安化县、新田县、自治隆回县、沅陵县、桂东县、通道自治县、城步县、邵阳县、江华县、汝城县
广西	28	环江县、罗城县、南丹县、天峨县、凤山县、东兰县、巴马县、都安县、大化纤、田东县、平果县、德保县、靖西县、那坡县、凌云县、乐业县、田林县、隆林县、西林县、马山县、隆安县、天等县、龙山县、三江县、融水县、金秀县、忻城县、龙胜县
海南	5	保亭县、琼中县、五指山市、陵水县、白沙县
重庆	14	城口县、巫溪县、巫山县、奉节县、云阳县、开县、万州县、秀山县、黔江区、酉阳县、彭水县、石柱县、武隆县、丰都县
四川	36	古蔺县、叙永县、苍溪县、朝天区、旺苍县、马边县、仪陇县、嘉陵区、阆中市、南部县、屏山县、广安区、宣汉县、万源市、通江县、南江县、平昌县、壤塘县、黑水县、小金县、石渠县、理塘县、新龙县、色达县、雅江县、昭觉县、布拖县、美姑县、金阳县、雷波县、普格县喜德县、盐源县、木里县、越西县、甘洛县
贵州	50	雷山县、望谟县、纳雍县、晴隆县、沿河县、三都县、水城县、册亨县、赫章县、松桃县、从江县、黄平县、平塘县、大方县、剑河县、紫云县、榕江县、织金县、思南县、长顺县、罗甸县、威宁县、石阡县、印江县、贞丰县、黎平县、普安县、三穗县、荔波县、天柱县、镇宁县、盘县、施秉县、独山县、安龙县、六枝特区

续表

省区市	数量	县名单
云南	73	宁蒗县、永胜县、泸水县、兰坪县、贡山县、福贡县、广南县、马关县、砚山县、丘北县、文山县、富宁县、西畴县、梁河县、维西县、中甸县、德钦县、东川线、禄劝县、寻甸县、永仁县、双柏县、南华县、大姚县、姚安县、昭阳区、武定县、富源县、会泽县、威信县、绥江县、盐津县、彝良县、大关县、鲁甸县、巧家县、永善县、镇雄县、施甸县、龙陵县、昌宁县、绿春县、红河县、元阳县、屏边县、金平县、泸西县、永德县、凤庆县、沧源县、镇康县、云县、临沧县、双江县、墨江县、澜沧县、镇远县、孟连县、景东县、江城县、普洱县、西盟县、弥渡县、洱源县、南涧县、永平县、巍山县、漾濞县、鹤庆县、剑川县、云龙县、勐腊县、麻栗坡县
陕西	50	延长线、延川县、子长县、安塞县、宜川县、府谷县、横山县、靖边县、定边县、绥德县、米脂县、佳县、吴堡县清涧县、子洲县、洋县、西乡县、宁强县、略阳县、镇巴县、汉滨区、汉阴县、宁陕县、紫阳县、凤皋县、镇坪县、旬阳县、白河县、商州区、洛南县、丹凤县、商南县、山阳县、镇安县、柞水县、印台区、耀县、宜君县、合阳县、蒲城县、白水县、永寿县、彬县、长武县、旬邑县、淳化县、麟游县、太白县、陇县
甘肃	43	武都县、宕昌县、礼县、西和县、文县、康县、两当县、临潭县、舟曲县、卓尼县、夏河县、合作市、临夏县、和政县、广河县、康乐县、东乡县、永靖县、武山县、清水县、甘谷县、秦安县、北道区、庄浪县、静宁县、华池县、环县、合水县、宁县、镇原县、定西县、通渭县、临洮县、陇西县、渭源县、漳县、岷县、榆中县会宁县、天祝县、古浪县、积石山县、张家川县
青海	15	大通县、湟中县、平安县、乐都县、民和县、循化县、化隆县、尖扎县、泽库县、达日县、甘德县、玉树县、囊谦县、杂多县、治多县
宁夏	8	西吉县、海原县、固原县、隆德县、泾源县、彭阳县、盐池县、同心县
新疆	27	墨玉县、皮山县、于田县、洛浦县、疏附县、策勒县、和田县、叶城县、柯坪县、伽师县、莎车县、民丰县、疏勒县、乌恰县、托里县、乌什县、青河县、塔什库尔干县、尼勒克县、阿合奇县、岳普湖县、阿图什市、巴里坤县、察布查尔县、吉木乃县、阿克陶县、英吉沙县

资料来源:《贫困县产业发展与可持续竞争力提升研究》。

贫困县。然而，作为首都经济圈最邻近核心城市北京、天津的省份，河北的发展现状与其所拥有的区位优势、资源条件并不相匹配。

有学者对河北地区贫困县专门研究，指出了河北围绕首都北京形成了一个贫困带，并用了一个形象的称谓"环首都贫困带"，主要是指张家口市和承德市的17个贫困县。这17个县围绕北京，环首都都市圈14个县（市、区）中，赤城县、滦平县也处于环首都贫困带内。

表11－14　环首都贫困带、环首都都市圈、首都都市圈经济对比（2011年）

区域	县（市、区）	GDP（亿元）	人口（万人）	农民人均纯收入（元）
环首都贫困带	张北县	62.84	36.5	4165
	康保县	32.87	28	3904
	尚义县	25.90	23	3876
	沽源县	28.07	19	3913
	崇礼县	30.53	13	4481
	蔚　县	80.32	49	4100
	阳原县	46.37	28	3963
	怀安县	51.27	25	4750
	赤城县	56.12	29	4021
	万全县	44.41	23	4360
	围场县	71.73	53.3	3532
	丰宁县	66.61	39.9	3470
	隆化县	86.37	43.9	4131
	滦平县	111.57	31.8	4095
	平泉县	103.19	47.5	5677
	宽城县	215.92	24.9	5986
	承德县	95.75	41.9	5028
环首都都市圈	涿州市	183.21	64.5	9337
	涞水市	38.16	35.2	4224
	怀来市	112.29	35.7	7876
	赤城县	56.12	29.6	4021
	滦平县	111.57	31.8	4095
	三河市	375.46	56.1	10613

续表

区域	县（市、区）	GDP（亿元）	人口（万人）	农民人均纯收入（元）
环首都都市圈	香河县	117.28	32.6	10337
	广阳区	26.2	35	4596
	安次区	96.1	34.9	8150
	固安县	77.30	43.9	8055
	兴隆县	73.01	32.6	5680
	大厂回族自治县	62.94	12.2	9590
	丰宁满族自治县	66.61	39.9	3470
首都都市圈	北　京	16000.4	2018.6	14700
	天　津	11190.99	1354.58	13200
	石家庄	4082.6	1027.98	7822
	唐　山	5442.41	737.07	9460
	廊　坊	1612.0	424.9	9102
	保　定	2449.9	1119.44	7815
	秦皇岛	1064.03	300.62	7365
	张家口	1124.87	437.37	4854
	承　德	1100.8	347.32	4935
	沧　州	2600	734.82	6540

资料来源：《2012 年北京市统计年鉴》《2012 年河北省统计年鉴》《2012 年天津市统计年鉴》。

环首都贫困带是河北贫困度最广、最深的区域，其存在以及贫困程度之深，是珠三角都市圈、长三角都市圈核心城市周边不曾有过的特殊现象。

从经济发展情况来看，把环首都贫困带的 17 个县与河北省前 30 强的县经济有关指标进行对比，虽然在扶贫开发政策的支持下，贫困县的经济发展速度逐渐加快，但是与河北省经济较发达的地区差距却在增大。不仅贫困县的农民人均纯收入低于全省的平均水平，贫困县的财政基本处于入不敷出的状态。此外，环首都贫困带的贫困现象不仅表现在整体经济发展缓慢、个人经济收入水平低，还表现在交通、饮水、教育、医疗等基础设施薄弱、生态环境差和农民获取收入途径单一等方面。

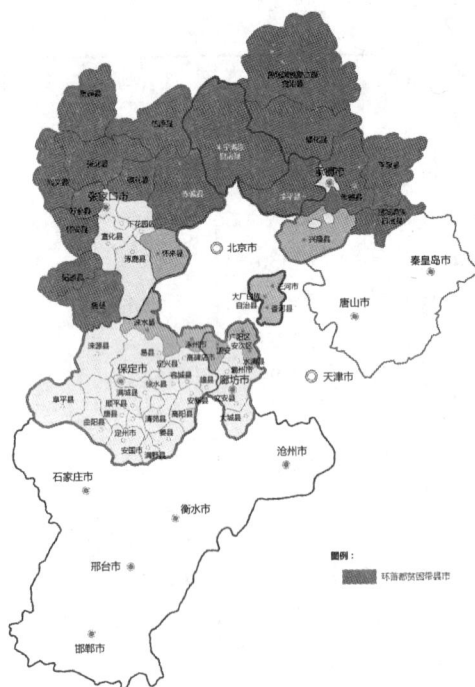

图 11 – 4   环首都贫困带示意图

关于环首都贫困带存在的原因，学界存在不同的看法。河北省发改委和河北省扶贫开发办公室对环首都贫困带进行调研后认为，环首都贫困带形成的原因分为内部因素和区域因素两个方面。

从内部因素来看，环首都贫困带大多数处于太行山、燕山深山区，地理条件以石化、高寒、干旱、少田为特征，自然条件恶劣，水土流失严重，生态环境脆弱，耕地贫瘠，产出低且不稳定，大田几乎靠天吃饭。脆弱的自然环境条件导致这一地区干旱、洪涝、霜冻等自然灾害频发，被当地群众形象地称为"丰年温饱，灾年返贫"，"大灾大返贫"、"小灾小返贫"。

与此同时，生态环境破坏严重。环首都贫困带平原河段全部干枯断流，区内已经到了无地表水可采的境地。张家口坝上四县康保、张北、沽源、尚义，草原覆盖度已由90%降到44%左右，水土流失面积普遍占国土面积的一半以上，其中张北县达到83%。承德地区的丰宁、围场两县有1374万亩退化草场，2.1万平方公里流失面积，占国土面积的57%，移动沙丘260个，每年推进8~28米，不断侵蚀着耕地和村庄。有数据显示，丰宁县沙漠化以每年3公

表 11 - 15　环首都贫困带与河北省 30 强县（市、区）经济指标比较（2011 年）

区域	县（市、区）	GDP（亿元）	人口（万人）	地方财政一般预算收入（亿元）
环首都贫困带	张北县	62.84	36.5	4.27
	康保县	32.87	28	1.02
	尚义县	25.90	23	0.90
	沽源县	28.07	19	1.35
	崇礼县	30.53	13	4.40
	蔚县	80.32	49	3.37
	阳原县	46.37	28	1.47
	怀安县	51.27	25	2.16
	赤城县	56.12	29	4.40
	万全县	44.41	23	2.19
	围场县	71.73	53.3	2.33
	丰宁县	66.61	39.9	3.16
	隆化县	86.37	43.9	3.56
	滦平县	111.57	31.8	4.90
	平泉县	103.19	47.5	5.89
	宽城县	215.92	24.9	5.84
	承德县	95.75	41.9	5.50
30 强县（市、区）	迁安市	808.20	72.7	30.82
	唐山市丰南区	284	50.54	9.4
	武安市	528.30	79.1	28.22
	三河市	375.46	56.1	35.80
	迁西市	366.54	38.5	8.17
	任丘市	508.60	83.3	17.37
	遵化市	485.26	73.2	12.54
	鹿泉市	261.41	39.1	9.35
	唐山市开平区	147.72	8.40	4.83
	霸州市	294.09	62	13.18
	唐海县	83.6	14.1	6.00
	香河县	117.28	32.6	11.60

续表

区域	县（市、区）	GDP（亿元）	人口（万人）	地方财政一般预算收入（亿元）
30强县（市、区）	涉县	236.62	40.6	12.47
	正定县	198.10	47.5	6.17
	唐山市丰润区	216.8	90.00	15.4
	乐亭县	275.02	49.4	7.18
	滦县	317.39	55.4	9.24
	藁城市	390.50	79.8	12.03
	宽城满族自治县	215.92	24.9	5.84
	大厂回族自治县	62.94	12.2	4.18
	辛集县	318.19	62.7	9.23
	黄骅县	200.04	45.8	7.19
	滦南县	277.20	58.2	7.89
	邯郸县	183.58	37.0	5.05
	玉田县	282.76	67.7	6.62
	栾城县	144.61	32.7	5.04
	涿州市	183.21	64.5	12.85
	沙河市	185.56	41.8	6.12
	磁县	202.25	63.7	11.35
	文安县	137.39	49.6	4.62

资料来源：《2012 年河北省统计年鉴》。

里的速度向北京方向推进，而丰宁到北京的直线距离只有 100 公里。张家口宣化县东南部洋河南岸的黄羊滩，每年被大风刮走的表土达 1 万多吨，沙尘达 2.6 万吨。

产业发展滞后、缺乏有竞争力的支撑产业是贫困存在的主要原因。环首都贫困带普遍存在产业结构升级缓慢、弱质产业比重偏高、规模以上工业产值小、缺乏具有产业竞争力的骨干企业。产业发展过程中，贫困带的产业一直延续粗放型的工农业发展方式，发展的动力和方式主要依赖于土地和现存的自然

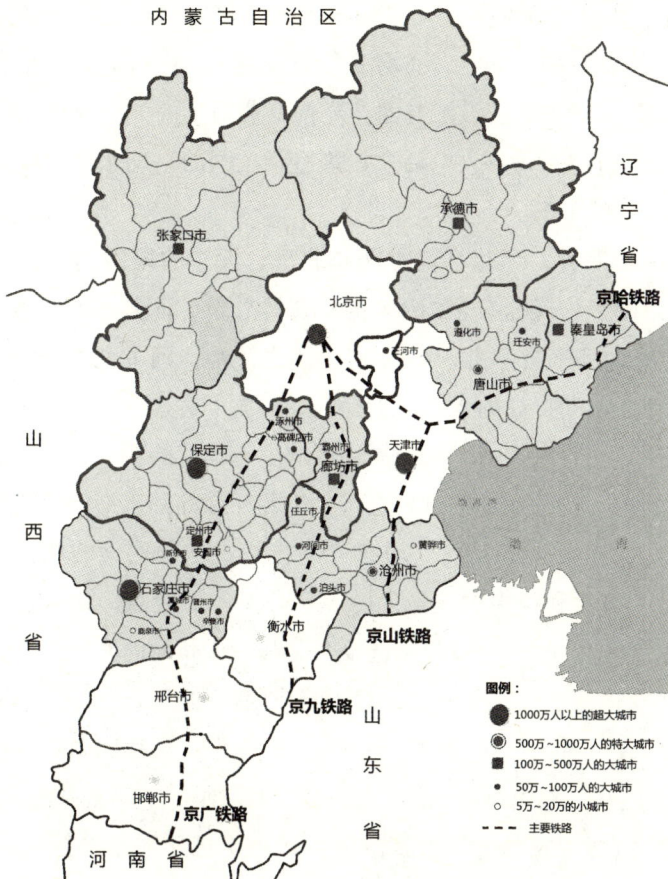

图 11-5 首都都市圈城镇体系图

资源,长期以来对自然资源的低成本、掠夺式开发,导致原本脆弱的生态环境
进一步恶化。

生产技术、高素质劳动力、资金等生产要素严重缺乏。就业吸纳能力和收
入水平较低,生活比较艰苦,很难吸引到核心城市的高素质人才。同时,环首
都贫困带内许多高素质人才和青壮年劳动力外流规模大。比如,赤县输出劳动
力占全县劳动力的比例高达22%,蔚县外出务工人员占到全县总人口的比例
高达40%之多。从人均固定资产投资和人均工业企业资产余额(流动资产+
固定资产)来看,北京周边贫困地区的资本形成水平很低,2003年不到全国
的一半,工业企业资产的差距更为悬殊,环首都贫困带所辖17个国家级贫困
县的平均水平仅为全国平均水平的11.6%。2000年第五次人口普查的数据表

明，17 个贫困县的文盲率是全国平均水平的 2 倍之多，受高等教育的人口比重不到全国平均水平的一半，平均受教育年限也比全国平均水平分别相差 0.74 年和 0.65 年。在基础设施方面，环首都贫困带的人均农村用电量也不足全国平均水平的 1/2，每百人电话户数落后于全国的平均水平；邮电业务量不到全国平均水平的 1/5。

从外部因素来看，环首都都市圈是北京、天津的风沙治理区、水源供给区，首都都市圈平均仅拥有全国 1% 的水资源总量，而其中北京 81% 的用水、天津 93% 的用水都来自河北。作为京津的水源地，河北为京津提供了充足、清洁的水资源，不断提高的水源保护标准，加大了对这一地区资源开发和工农业生产的限制。一直以来，北京与周边区域生态建设的要求，保障供水的要求都是以行政调控、行政命令的方式进行，为此环首都都市圈工农业发展受到了很大的影响。如赤城县就叫停了 70 多个可能造成水源污染的项目，关停压缩了 59 家企业，每年利税损失近亿元。丰宁县关停了造纸、化肥、电镀、皮毛加工等 34 家工业企业，取缔 67 家选金企业和一批其他的矿山企业，工业产值一年减少近 20 亿元。在农业方面，为了响应国家的号召，保障首都生态安全，赤城县羊、牛存栏量由 2002 年的 56 万只、8 万头，锐减到 2006 年的 8 万只、3.4 万头，仅此一项农民每年减少收入 6500 多万元。丰宁县共减少山羊 35 万只，马驴骡 3 万匹，农民每年直接减少收入近 4 亿元。涞水县减少绒山羊 40 余万只，年损失 8000 多万元。

供水、生态保护的补偿机制未建立，环首都都市圈的生态保护负担重，为河北省及贫困带形成了巨大的财政压力。1980 年以来，京津冀的水资源供需矛盾加剧，为保北京和天津，而轻视了河北的发展，甚至忽视了水资源相对丰富的张家口、承德的用水需求，反而增加了张家口、承德市承担生态建设、调配水资源的成本。在建设为北京、天津供水的几大水库过程中，还遗留了大量的安置问题。长期以来，库区移民不断上访、返迁，相当数量的移民生活十分贫苦。对于这些遗留问题，国家和河北省调配了大量人力、物力予以一定程度地解决。到 1998 年底，将近 3 万人得到较为妥善的安置，目前还有 2.7 万人由于种种原因生产、生活极为困难，特别是库区人多地少矛盾十分突出，库区淹地不淹房的移民缺乏基本的生活来源，库区和移民区的基础设施也有待完善。从生态共建的角度来看，首都都市圈内的核心城市，北京和天津都应该给水源保护地一定的生态补偿，包括水资源使用费，这样有助于缓解水源保护地的发展压力，缓解贫困的压力。1995年，北京市与承德市共同组建了水资源保护合作小组，建立对口合作支援关系，共同编制了《21世纪初期（2001～2005）首都水资源可持续利用规划》，积极进行多领域合作。从1995年起，北京开始向承德、张家口支付水源涵养林保护费，每年200万元。北京启动了以生态补偿为目标的对口支援，现状支援的力度还不能达到促进水源保护地发展的水平。水源保护地在基础设施投入、产业发展、人才需求方面，还需要加大支援的力度。

第三节　环首都经济圈背景下崇礼县的发展

一、环首都都市圈中小城市的发展机遇

长期的贫困导致环首都都市圈内中小城市的发展一直受限。北京、天津周边云集了众多中小城市，但是中小城市的经济发展一直比较落后，并没有发育形成发展实力相当的城市群。核心城市与腹地城市之间的一体化进程缓慢，这是首都都市圈区别于长三角都市圈、珠三角都市圈的一个典型现象。

加强核心城市与周边中小城市的区域合作，可以实现优势互补、互利互惠，在首都都市圈内优化配置资源，增强整体竞争力，促进共同发展。一方面，缓解核心城市的过度膨胀造成的环境压力；另一方面，推动腹地城市的经济实现快速发展。腹地城市与中心城市北京、天津在技术、产业、人才等方面开展全方位的合作，为周边中小城市注入发展动力，推动首都都市圈形成大、中、小协同发展的城镇体系。环首都经济圈内的中小城市，在农业、生态、能源和重化工业等方面，具有比较优势，周围核心城市与腹地城市在生产要素、发展空间、产业和城市功能上提供了合作的条件。

中国的旅游业正在突飞猛进地发展。有学者指出，中国的休闲时代正在来临。首都都市圈内的核心城市北京、天津，两个城市人口突破3000万，以这些人口为主体的环首都都市圈城市人口成为我国重要的旅游客源市场。而北京、天津与环首都都市圈内中小城市的旅游资源多样性、互补性，以及区域之间的交通圈的便捷性，正是本区域开展区域休闲旅游合作的有利条件。开展生态、旅游产业，是环首都都市圈中小城市实现较快发展的有效

途径。

消除环首都都市圈的贫困现象，除了需要完善财政补偿机制，建立由中央牵头、京张、京承水资源环境保护协调机制，由主要受益城市北京、天津向水源地城市"输血"扶贫以外，环首都都市圈内的中小城市要主动对接核心城市，实现错位发展，发挥特色，发挥比较优势，实现核心城市辐射腹地城市的"造血"扶贫和一体化发展。

二、认识崇礼

崇礼县位于河北省西北部、张家口市中部，东邻赤城县，南接宣化县，西和北面紧靠张北县，东北和沽源县接壤，西南与张家口区毗邻。该县环绕京津，区位条件良好，距张家口市45公里，距北京220公里，距天津340公里。

崇礼县总面积2338.6平方公里，总人口12.6万人，共辖2个镇、8个乡。县域内80%为山地，耕地面积仅23.58万亩，人均耕地不到2亩。

崇礼县城的驻地是西湾子镇。西湾子的城镇面貌、城镇发展是崇礼县城的核心所在，西湾子镇也是崇礼县的经济、政治和文化中心。全镇总面积224平方公里，其中城区面积4.8平方公里，2008年人口3.95万，其中常住人口27746人，农业人口14347人。

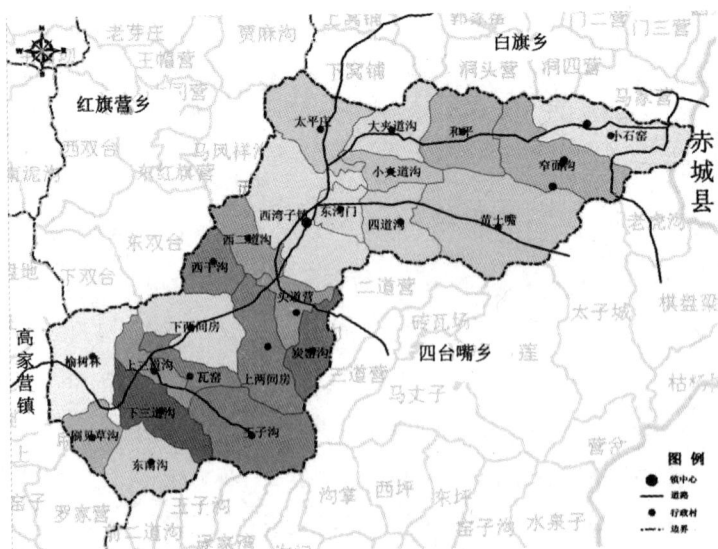

图 11 -6　西湾子行政区划图

拥有独特的自然山地景观。崇礼地处内蒙古高原与坝下丘陵区过渡地带，位于清水河两岸的山谷地带，属于典型的山区谷地地貌特征。县域内群山起伏，平均海拔1557米，落差达1300多米，区域内拥有三条大沟四座大山，具有深山区的特点。起伏的山地非常利于高难度的雪道设计，适宜开展滑雪等户外活动。

拥有独特的气候条件。崇礼县地处亚高原区域，海拔从814米延伸到2174米，形成了独特的小气候。夏季平均气温只有19℃，空气负离子浓度达3000个/立方厘米，比城市居民区负离子高7倍之多，是天然的大氧吧。年均降水量485毫米左右，集中在夏季，属于亚干旱区。春秋多风，冬季漫长寒冷，夏季短促。冬季从9月到次年3月，春季只有短暂的4~5月，6~7月为夏季，7月下旬到8月为秋季。

蕴藏着丰富的矿物资源。目前已发现或探明有利用价值的矿产资源就有20余种。金属矿主要有黄金、铅锌、铜、铁、锰等，非金属矿有玄武岩、大理石、灰石矿等。其中崇礼县的黄金远景金属储量150吨（全国排行15位）、磁铁1.2亿吨、磷钛铁1.4亿吨、玄武岩11亿立方米。围绕这些丰富的矿产，崇礼工业以矿工企业为基础，布局有多个铁矿和金矿等矿产开发企业。

多样化的生物资源。县域内森林覆盖率高，树高林深。目前，全镇野生动物达百余种之多，主要有狍子、獾子、狐子、野兔、野鸡等，有相当一部分为国家二、三级自然保护动物。野生植物中有药用价值的高达200多种，主要有黄芪、赤芍、升麻、麻黄、柴胡、知母、金莲花等。全镇年产药材达20万公斤左右。有食用价值且无公害无污染的绿色保健植物有：蕨菜、苦菜、山葱、甜巨菜、兰花等，其中蕨菜、苦菜产量最高。多样化的生物资源也成为崇礼的生态旅游亮点之一。

体验式旅游资源丰富。冰雪资源与滑雪条件良好。崇礼县县城所在地西湾子镇，不仅在城镇面貌上拥有相对完备的城镇功能，包括旅游的接待能力，也是在张家口最好的。冬季平均气温零下12℃。因为拥有特殊的地形，因为特殊的小气候条件，崇礼冬季降雪量大、雪质优、雪期长，特别适合冬季滑雪。该地区年平均积雪厚度70厘米，存雪期长达140多天，积雪时间从11月份至次年3月份，雪质多呈球形，硬度等各项参数均符合滑雪标准。山地坡度多在5°~35°，地形陡缓适中，风力小，适宜滑雪运动的开展。崇礼被国家体育总局、中国滑雪协会专家誉为"华北地区最理想的天然滑雪地域"，目前已拥有万龙、云顶乐园、长城岭、翠云山等5个集食宿、滑雪、观光于一体的滑雪场娱乐设施。

专栏11.3　　　　　　　　　　　**崇礼万龙滑雪场**

万龙滑雪场，位于崇礼县红花梁区域内，占地面积48平方公里，最高处海拔2110.3米，垂直落差550米，由于地方气候影响，万龙每年九月份气温最低到零下，是全国开放最早的天然滑雪场。

万龙滑雪场为国内首个以滑雪为特色的国家AAAA级景区，具有国际化管理水平，部分雪道得到国际雪联的认可。万龙滑雪场前期开发共建成初、中、高级滑雪道21条，设置了2条双人吊椅式索道，2条4人吊椅式索道以及1条专门为初级滑雪者配备的魔毯。得天独厚的天然降雪配以庞大的人工造雪系统，使万龙滑雪场成为中国开放最早、雪期最长、雪质最佳的滑雪场。2005年投资新建的双龙酒店（按照四星级标准建造）内设101套客房，并配有中、西餐厅、酒吧、商务中心和会议室等服务功能区。

2005年2月20日全国大众高山滑雪锦标赛第八站比赛也将在万龙滑雪场举行。黑龙江省滑雪队、哈尔滨市滑雪队、中国·所罗门国家青年滑雪队，以及韩国和日本专业滑雪队已将万龙滑雪场作为指定训练基地。目前，万龙滑雪场已经成为华北地区规模最大、硬件设施最好的滑雪场。

森林草场茂密广阔，风景优美，生态休闲度假的基础较好。县域内浅丘缓坡较多，具备开展避暑旅游的良好条件。县域内桦皮岭景区最高海拔2128.7米，是京西最高峰，有"子天山"之称。地势险要，沟壑纵横，山泉奔涌，森林茂密，全县有林面积120万亩，草场面积151万亩，森林覆盖率达40%，野生植物553种，是河北省天然次生林面积较大的县份。草场广阔，夏季最高气温低于20℃，有"天下十三省，冷不过桦皮岭"之说，是理想的避暑胜地。长城岭景区目前已成为崇礼的特色景区，高山草原、蓝天白云、绿草如茵，是崇礼夏季旅游的必经之地。其中，景区的"穿山林"是崇礼夏季旅游的热点景区，长城岭山顶是著名的明长城遗址。

正因为崇礼具有森林茂密，气候凉爽的特征，拥有春赏花、夏避暑、秋观景、冬滑雪的四季旅游特点，特别是冬季漫长而寒冷，雪期可长达5个月，滑雪资源得天独厚，因此已形成了以夏季避暑和冬季滑雪为主的生态旅游类型。

各项经济指标取得了较快的增长。崇礼已经形成了以蔬菜、奶牛等种养业为特色的第一产业，以黄金、磁铁矿业为支撑的第二产业和以生态旅游为龙头的第三产业结构，经济实力逐年增强。2012 年，全县地区生产总值完成 33.7 亿元，同比增长 12%；全部财政收入完成 6.18 亿元，同比增长 23.4%，其中地方公共财政预算收入完成 3.04 亿元，同比增长 6.6%；全社会固定资产投资完成 47.4 亿元，同比增长 33.6%，其中城镇固定资产投资完成 38.8 亿元，同比增长 26.8%，城镇居民人均可支配收入达到 16192 元，同比增长 13.3%；农民人均纯收入达到 5145 元，同比增长 14.8%；全社会消费品零售总额达到 7.14 亿元，同比增长 15.5%；实际利用外资 1.04 亿美元，同比增长 33%，总量和增幅均位列全市第一。

由于地处张家口外坝上深山区，一直是国家级扶贫开发重点县，多年以来，当地政府被经济落后和农民收入低下的问题所困扰。县城驻地西湾子镇的各项经济指标都排在全县的前列，从西湾子镇的经济结构可以看出崇礼县经济社会发展的水平和阶段。

2008 年，西湾子镇生产总值达到 6.3 亿元，同比增长 52%；全社会固定资产投资完成额达到 10.6 亿元，农村经济总收入位居全县首位，占全县总量的 31%。三次产业比例为 8.5 : 52.8 : 38.6，西湾子镇的经济目前仍以工矿企业为支柱，以旅游业为代表的第三产业比重逐渐提高，但还未占据主导地位。总体来看，西湾子镇的产业结构协调，优于全县其他乡镇，但第三产业的比重仍然有提升空间。

2011 年，崇礼县地区生产总值 30.53 亿元，全社会固定资产投资额 35.48 亿元，地方一般预算收入 2.85 亿元，农村居民人均纯收入 4481 元，规模以上工业总产值 27.60 亿元，社会消费品零售总额 6.27 亿元。

县驻地常住人口 3.4 万人，外来人口 1 万多人，外来人口多以旅游者较多，外地前来务工的较少。虽然县城规模小，但是已形成了相对齐全的教育、医疗、文化等功能。

在教育方面，县城已初步形成了完备的义务教育体系。（详见表 11 - 14）同时，也集中了全县大部分优质医疗资源，形成以县人民医院、县中医院和西湾子镇卫生院为主，以其他 32 个小型诊所为辅的医疗卫生体系。

表 11－16　　　　　　　　　　县城教育资源分布情况表

项目学校名称	学生数	教师数	占地面积（平方米）	备注
一　中	881	117	45336	高中
二　中	2139	115	67000	初中
三　中	1466	117	15334	初中
育　华	843	35	19508	初中
希望小学	1143	57	10947	
西完小学	1926	74	21900	
城关小学	601	44	7137	
高完小学	795	46	4710	
职教中心	—	—	—	职业教育培训

表 11－17　　　　　　　　　　医疗资源统计表

名　称	级　别	所有制	建筑面积/占地面积（平方米）	职工人数（人）	功　能
县人民医院	二级甲等	全民所有制	6570/9840	128	医疗护理，医学教学，保健
县中医院	二级乙等	全民所有制	1590/2506	69	医疗救护，急救诊治，中医知识培训
西湾子镇卫生院	—	全民所有制	520/700	6	计划免疫，预防保健

其他：个体诊所32个，平均占地面积20平方米

三、崇礼发展面临的困境

水资源短缺。由于处于亚干旱区，缺乏地表水。流经县域的清水河和小清水河属于永定河水系，地表水平均年径流量为 42.9 毫米，年径流总量为 1.0069 亿立方米。由于清水河的水最终流入北京官厅水库，出于为北京保护水源的顾虑，地表水能被崇礼利用的数量有限。因此，水资源不足给崇礼农业、工业、旅游业带来了一定的制约。崇礼县城工业与生活用水全部采自地下水，年用水量约为 97 万吨，其中生活用水量为 49 万吨，工业用水量为 48 万吨。自来水公司现有水厂一座，位于县城北部清水河源的下游，水源

井一眼，日供水量 0.5 万吨/日，主要供居民生活用水，部分企事业单位自备井供水。

城镇发展的空间狭小。崇礼县城位于清水河两岸，县城以外都是山地，发展空间狭长，可扩展的空间和潜力有限，同时，受耕地保护和建设用地计划供应的政策影响，崇礼县城发展空间严重不足。

基础设施配套不足。相对于周边县区，崇礼县城的功能配备比较完备，基本能够覆盖本地人群。随着旅游业的发展壮大，崇礼县接纳的流动人口越来越多。外来人口对县城功能的需求层次越来越高，需求越来越多元化。无论是道路、公共交通、上下水管网、垃圾收集系统等基础设施，崇礼县城远远还未达到一个现代生态旅游城市的要求。

城市服务业欠发达。旅游业往往能带动城市服务业的快速发展，但是崇礼县城的商贸、娱乐、住宿等设施比较欠缺，旅游业的吃、住、行、游、购、娱等六个方面的配套设施的供需矛盾比较突出，特别是在旅游旺季，一房难求、一车难求的现象比较普遍。县城里没有大型综合商场、大型连锁超市，商业网点以沿街小型商贩为主；餐饮业主要以农家乐为主，沿马路的小餐饮店、小饭店为主，充分反映出接待能力有限，水平参差不齐。

四、崇礼与北京发展的关系

滑雪产业给崇礼发展带来了巨大的变化。自 1996 年开始，随着北京冬季旅游和滑雪产业的兴起，北京的滑雪爱好者开始到崇礼寻找野外滑雪场地，并开始建立滑雪场。经过十几年滑雪市场的培育，特别是 2002 年引进了具有国际先进管理水平的万龙滑雪场，崇礼县开始找到了通过冬季旅游产业带动县域经济发展、促进农民致富的新路子。滑雪人口的逐年上升，也带动了全县经济的发展。以房地产市场为例，房地产价格从原来的 800 元/平方米，已经翻番到现在的最高 3500 元/平方米。依托北京庞大的消费市场，崇礼在冬季旅游的影响已经超过了黑龙江的亚布力和吉林的北大湖。在 2012 年中国旅游产业发展年会上崇礼县被评为"中国县域旅游之星"十强，"崇礼滑雪"被评为 2012年中国体育旅游精品项目和张家口最有影响力旅游产业品牌。2012 年，全县共接待游客 125 万人次，实现旅游综合收入 8.37 亿元，同比分别增长 27.7%和 33.6%。

当前崇礼的发展遇到了前所未有的机遇。由于滑雪产业的带动，崇礼进入了快速发展期，这源于三个条件：一是北京庞大的滑雪消费和休闲度假市场的快速发展；二是崇礼交通区位条件的不断改善，拉近了与北京的距离；三是崇礼具有独特的自然景观和气候条件，适合旅游业的发展。滑雪产业带动了崇礼县经济和社会的全面发展，使崇礼从一个毫不知名的贫困城镇，开始设计自己未来的前途，梦想成为中国的"达沃斯"和国际滑雪旅游胜地。

崇礼目前主要的工业支柱产业是矿业，依赖本地丰富的金矿和铁矿发展。但资源依赖型的产业不能长远、可持续地发展下去，尤其是基础设施建设薄弱和水资源缺乏对崇礼社会经济发展形成了严重制约。经过近几年的发展，尽管崇礼综合经济实力明显增强，但当地人民的生活水平离全国平均水平还存在较大的差距，迫切需要对经济社会发展进行研究、分析和论证。

与其他地区相比，崇礼与北京的联系比较紧密，表现在以下几个方面：一是交通可达性。崇礼县西湾子镇距离北京240公里，高速公路通车使北京到崇礼的车程仅两个半小时。公共交通比较便利，目前已有20多次火车，50多个班次大巴从北京到张家口之间往返。北京至张家口的高速铁路也正在规划建设中，预计2015年会通车，届时北京到张家口的车程将缩短为一个小时。崇礼

图 11-7　崇礼与北京交通示意图

也将正式被纳入北京一小时经济圈内。这些都令崇礼成为北京旅游消费圈的重要节点。

北京众多的滑雪爱好者成为崇礼的主要客源。随着冬季运动的流行和我国运动员在冬奥会上取得的开创性成绩，国民对滑雪运动的兴趣日益提高。北京郊区有大量的滑雪场，每年接待上百万人次的滑雪运动者，培养了一大批热爱滑雪运动的爱好者。但是，北京的滑雪场存在诸多不足：人工造雪，雪期短；雪场管理水平未达到国际水平；未开发出高难度的雪道等等。而崇礼凭借其优越的地形和气候条件，滑雪场具有北京滑雪场不可比拟的优势，不仅雪质好，雪期好，地形也多样。崇礼优美的自然景观，良好的生态环境，也是北京缺少的资源优势。另外，冬季前来滑雪的爱好者，很多也成为崇礼夏季旅游的先行者、倡导者。

北京也是崇礼主要的农业消费市场。崇礼县是张家口市唯一"外埠进京蔬菜场地挂钩基地县"，是河北省优质越夏和主要出口蔬菜基地。2008 年，西湾子镇又被评为奥运蔬菜首选基地，其出产的鲜牛奶、蕨菜等也大量供应北京地区。

第四节　崇礼县城市发展战略

一、面临的区域环境和有利时机

当前，中国正处在旅游业快速发展的阶段。据世界旅游组织预测，中国将成为全球第一大旅游目的地国家和第四大客源输出国。近年来，崇礼县在休闲旅游、生态旅游方面取得了较大的成效，而旅游业也成为崇礼县经济重要的增长点。2008 年全县接待游客 50.2 万人次，直接收入 1.5 亿元，总的经济效益达到 6.5 亿元，利税 4320 万元。2001 年，崇礼县被确定为河北首批 26 个"旅游开发重点县"之一；2004 年，国家体育总局在崇礼建立"国家滑雪基地"；2005 年，张家口市把"崇礼滑雪"确定为三大立市项目之一，成为张家口市旅游的重要品牌；2007 年，崇礼县获得"河北省旅游强县"荣誉称号；2008 年，河北省将崇礼列为全省 19 个"环京津休闲旅游产业带"特色休闲重点之一；2009 年，崇礼把"旅游立县"作为本县的发展战略。

"十一五"期间，崇礼累计实施旅游项目 64 项，完成投资 18.5 亿元，共接待游客 280.6 万人次，实现旅游收入 11.94 亿元。游客和旅游收入分别较"十五"期间增长 2.3 倍和 7.7 倍。以旅游业为主的第三产业增加值占崇礼县地区生产总值的比例达到 29.2%。

表 11-18　　　　崇礼县 2002～2011 年旅游接待人数及收入情况

年　份	接待人数 （万人次）	同比增长 （%）	旅游收入 （万元）	同比增长 （%）
2002	16.1	—	1700	—
2003	25.3	57.14	2600	52.94
2004	30.57	20.83	3500	34.61
2005	36.35	18.90	5800	65.71
2006	40.10	10.31	8600	48.27
2007	47.40	18.20	11000	27.90
2008	50.10	5.69	15000	36.36
2009	60	19.76	35000	133.33
2010	83	38.33	49800	42.28
2011	106	27.71	68900	38.35

资料来源：《崇礼县生态旅游 SWOT 分析与发展模式研究》。

放眼于京津旅游市场，周边区域的旅游资源对崇礼形成了一定的竞争压力和冲击。在环首都都市圈中，崇礼的旅游资源并不具备突出的优势。河北全省共有 3 家 5A 级景区和 52 家 4A 级景区，位于首都都市圈以内的秦皇岛、保定和承德市 3 个 5A 级景区；而石家庄、邯郸、张家口、廊坊市共拥有 28 个 4A 级景区，崇礼县只有 1 个。对比所有的旅游景点，无论是 5A 级景区还是 4A 级景区，都是以历史人文景观、自然景观为主，唯独崇礼万龙滑雪场景区是以体验式旅游为主要特色的，这是崇礼的旅游优势与其他所有景区的不同之处，而休闲、体验式旅游现在正在成为旅游爱好者更加青睐的旅游方式。这也是崇礼旅游业最近几年突飞猛进的主要原因。

另外，与都市圈其他著名景点相比，崇礼离北京更近，这也是崇礼旅游竞争优势的主要方面。从距离上看，张家口和廊坊市离北京较近，距离都在 200 公里以内，是北京 2 小时交通圈以内的节点城市。从生态上来看，张家口的优势又优于廊坊市。

表 11 - 19   河北省 4A 级以上景点分布

城　市	5A 级	4A 级	总　　计
秦皇岛	1	9	10
保　定	1	8	9
承　德	1	5	6
石家庄	0	9	9
邯　郸	0	6	6
唐　山	0	5	5
张家口	0	4	4
廊　坊	0	4	4
沧　州	0	1	1
邢　台	0	1	1
衡　水	0	0	0
总　计	3	52	55

资料来源：《崇礼旅游产业发展模式的转型研究》。

表 11 - 20   竞争性城市旅游景点分布

城市	景点数（4A）	景点概况	景点分布	
			人文类	自然类
石家庄	9	抱犊寨景区、苍岩山景区、正定隆兴寺、天山海世界、五岳寨风景旅游区、嶂石岩风景名胜区、天桂山景区、西柏坡纪念馆、平山驼梁风景区	2	7
邯　郸	6	丛台公园、娲皇宫景区、八路军一二九师司令部旧址、朝阳沟风景旅游区、东山文化博艺园、京娘湖风景区	3	3
唐　山	5	青山关旅游区、景忠山旅游区、清东陵、万佛园景区、李大钊纪念馆及故居	2	3
张家口	4	万隆滑雪场、塞外庄园、原始草原度假村、黄龙山庄	0	4
廊　坊	4	河北天下第一城、文化艺术中心、廊坊市自然公园、茗汤温泉度假村	1	3
总　计	28		8	20

资料来源：《崇礼旅游产业发展模式的转型研究》。

表 11 -21 张家口及相关城市与北京距离对比表

城市	石家庄	邯郸	唐山	张家口	廊坊
距离（公里）	277	442	260	196	74

资料来源：《崇礼旅游产业发展模式的转型研究》。

崇礼的发展定位是华北旅游胜地，冬季是国际滑雪胜地，夏季是环首都圈避暑胜地。北京、天津旅游市场缺乏丰富的冬季自然冰雪旅游项目，而崇礼县美丽的雪景风情和优越的滑雪条件将填补这一缺口。同时，崇礼县位于环渤海经济圈内，与天津、大同、石家庄等城市都有便利的交通条件，随着交通连接的进一步通畅，崇礼县的交通区位优势更加明显，崇礼旅游资源的影响范围将进一步扩大。充分挖掘崇礼的冰雪资源，位于环首都都市圈的区域地位，紧抓兴起的旅游业发展机遇，深入推进"旅游立县"战略，真正打造东方"达沃斯"。

顾朝林曾针对环首都都市圈内中小城市发展基础与趋势，指出环首都都市圈内各中小城市发展定位。（详见表 11 -22）在各中小城市的定位分析中，崇礼在环首都都市圈的定位比较有特色，特别在旅游定位上，与其他中小城市有本质的区别，崇礼的旅游重点以体验式为主，而其他中小城市是以观光为主的。在体验式旅游中，崇礼的针对的人群是面向北京、天津大城市滑雪爱好者，定位非常明确，旅游客源市场需求也较大。崇礼在发展中，实现差异化发展具备较好的基础。

二、构建崇礼滑雪为主导的旅游发展战略

加快资源优势向经济优势转变，建设旅游经济强县。以建设国家滑雪基地、环首都都市圈避暑胜地为目标，主打冬季滑雪、夏季避暑两大品牌。创新旅游管理体制，加快旅游人才队伍建设，开发特色旅游商品，拓展生态旅游项目，挖掘地域文化资源，提升旅游产业层次。鼓励更多的农民参与旅游业，真正使旅游产业成为惠民产业。充分发挥农业资源优势，重点巩固发展基地农业、特色农业、订单农业、休闲观光农业、绿色无公害农业，打造具有地方特色的经济发展优势。

改善城镇形象，提升旅游景区品味。独特的旅游资源和城镇风貌是旅游目的地吸引游客的基础，提高旅游目的地资源的内涵和品位，是崇礼在下一阶段城市发展的重点。加强旅游基础设施建设，解决水、电制约，广泛吸纳各类

表 11 – 22   大圈新城规划设想

市	县（区）	新城类型	新城	新城定位
张家口	市区	现代物流基地	张家口南新区物流基地	冀西北重要的汽贸、建材等集散市场
			空港物流园区	以军民合用机场和东三产业集聚区为依托的区域物流集散中心
		新兴产业制造基地	东山产业集聚区	以高新技术产业、新能源产业、信息产业为主导产业新区
			西山产业集聚区	成套机械装备制造业和食品加工业
		观光农业基地	张家口北方花木基地	集生产、科研、销售、观光为一体，华北地区规模最大的花卉苗木市场
	崇礼	旅游度假基地	崇礼密苑生态旅游度假区	华北冬季旅游胜地，国家级滑雪运动基地
	蔚县	旅游度假基地	蔚州民俗文化区	北京民俗文化生态休闲区
	张北	旅游度假基地	张北草原生态度假区	国际水准的自驾车休闲旅游目的地，草原风情与皇家文化相融合的生态度假区
承德	市区	新兴产业制造基地	承德高新技术产业开发区	以现代制造业、绿色食品加工为主的高新技术产业开发区
		观光农业基地	双滦观光农业基地	集农业生产、旅游度假、餐饮服务于一体的都市观光农业基地
		宜居生活基地	承德南新区	集行政、金融、商贸、研发、居住功能于一体的承德都市区综合新城区
	隆化	旅游度假胜地	隆化七家温泉城	集商务会展、休闲度假、生态农业观光等为一体的高标准休闲度假新城

续表

市	县（区）	新城类型	新城	新城定位
承 德	围场	旅游度假基地	围场坝上休闲区	京北高品质生态避暑生地
		养老基地	塞罕坝草原养老基地	依托于草原风光优势的，具有民俗风与文化底蕴的北京休闲养老基地
保 定	市区	高层次人才创业基地	保定高层次人才创业园区	面向首都，以新能源、新能源汽车为核心的高层次人才创业园区
		科技成果孵化基地	保定科技成果孵化园区	以高科技产业、行政办公、中试开发等功能于一体的大型科技园区
		新兴产业制造基地	高新技术产业开发区	以高科技产业、行政办公、商业服务、生活居住等为一体的综合功能区
			现代制造业园区	以汽车制造为主，结合生活、居住、公共设施等组团级设施
	安新	旅游度假基地	白洋淀保定国际旅游度假区	首都京津冀世界级城镇群的高端休闲平台、生态涵养区，保定都市区
	徐水	现代物流基地	徐水物流基地	京津冀重要的内陆港、服务于北京的商贸物流基地、保定都市区生产物流基地
	清苑	新兴产业制造基地	清苑南部现代制造发展区	基于保定中心城区南部以汽车和零部件制造业为主导的区域现代制造业基地
廊 坊	永清	宜居生活基地	永清生态新城	功能完善、景观优美、生态宜居的综合性新型城区
	霸州	新兴产业制造基地	霸州胜芳家具产业园区	家具和家具材料的研发、生产、销售、配套服务为一体的产业功能区
			霸州经济技术开发区	以发展现代旅游业、制造业、现代物流业、高新技术产业为主

资料来源：《北京首都圈发展规划研究——建设世界城市的新视角》。

资金投资建设星级宾馆、饭店、娱乐、健身、停车场等配套设施。以西湾子镇为重点，建设旅游精品城镇，完善旅游综合服务功能，提高接待能力和水平。对于旅游景区内的房屋建设，也要进行规划和设计，鼓励北京等大城市投资者和农民合股经营农家旅馆、餐饮业，以提升景区的品牌和品位。特别是要重点抓好万龙滑雪场、长城岭滑雪场扩建工程和翠云山度假村改扩建工程，提升旅游景区规模和档次。

与周边城市协同发展，积极融入首都都市圈。积极推进崇礼和北京、张家口等中心城市的交流，促进其和张北、赤城在产业结构、生态建设、城镇空间与基础设施布局等方面的协调发展。积极争取重要交通线路的过境，谋求在区域城镇体系中的较高地位。西湾子周边城市如赤城均是环京津旅游带上的重要城市，要在张家口市或更高层次上，协调和配置旅游资源的开发，实现各类旅游业经营主体的共赢，防治产业内部的恶性竞争。

处理好工矿业发展与旅游业发展的生态矛盾问题。工矿业是崇礼县财政收入的主要来源，工矿业的发展与崇礼旅游立县战略对生态资源的要求存在冲突，如何处理好两者的矛盾是崇礼未来发展中需要解决的一个关键问题。工矿的发展要发挥大型企业的优势，整合已有的资源，提高准入门槛，优化企业管理水平，提升产出水平。以紫金矿业为基础，增强磁铁开发水平，提高矿产资源的综合利用和加工水平，延伸产业链，提高附加值，变资源优势为经济优势。在生产过程中保护好生态环境，限制对各种资源的乱采滥伐，严格控制资源开采总量，使企业生产与周边生态环境保护协调发展。

三、针对首都都市圈核心城市的旅游发展策略

首都都市圈内的核心城市北京、天津，是一个庞大的旅游市场。游客的人群对旅游资源的需求多种多样，要充分挖掘旅游市场的潜力和需求，设计并开发出有针对性，也有地方特色的休闲旅游形式。

进一步做强滑雪产业，提高国际知名度。崇礼滑雪的品牌正在树立过程中，要凭借崇礼在华北地区的区位优势，把旅游业发展的立足之本——滑雪产业做强。遵循国际市场的要求和经营规则来发展冰雪产业，加强国际合作，合理有效地利用国外资金、技术，促进冰雪产业向着国际化、市场化的方向发展。积极完善冬奥会训练基地的各项条件，积极申办冬奥会。

提升城镇功能，改善城市面貌。加强接待能力的建设，在围绕云顶、万龙、梦特芳丹等档次较高的酒店的基础上，还要积极鼓励中、低档，包括引导周边农家乐等接待能力的建设。逐渐改变旅游旺季旅游设施结构性出现结构性不足的困境。促进崇礼县城形成旅游中心集散地，提高各类服务设施的配套水平，促进形成具有雪都特色的城镇风貌。

加强人才培养，改善服务品质。加强管理层人员素质的培养提高，引入现代企业经营理念。注重对高层管理者的培训，包括成就感、敏感性、决策能力、授权能力等方面的培训，提升企业战略构建品质和服务品质。同时也要注重对服务人员的培训，提高其工作能力、工作责任心与敬业精神，以保证工作质量的稳步提高，向滑雪者和游客提供优质满意的服务。

树立品牌意识，加强媒体宣传。重点在首都都市圈核心城市北京、天津推广"崇礼滑雪"品牌。聘请相关机构，策划品牌宣传活动。善于应用报纸、广播、电视、网络等平台加强对"崇礼滑雪"的宣传推广。与国内外重点区域、特别是北京、天津等城市旅游机构展开合作，拓宽营销渠道，建立多元化的宣传平台和推广形式，加强品牌推广。

除了滑雪产业以外，还要加强休闲旅游的开发和推广。崇礼在做好冬季旅游的同时，也要挖掘春季、夏季、秋季旅游的资源和特色，延长旅游的旺季时间，形成旅游业相关配套设施永续利用。开发"野生花卉沟谷景观、清凉之夏野外避暑、多彩之秋摄影采风、浪漫之冬温泉滑雪"等旅游产品，把旅游旺季从"冬季"向"四季"转变。大力发展休闲娱乐、体育健身、养老保健等服务消费，促进消费升级。丰富冰雪博物馆和英龙影剧院服务项目。全面推进商贸流通、旅游地产、会议会展等现代服务业发展。

专栏11.4　　　　　　　　　密苑生态旅游度假示范区

1. 区位优势

密苑生态旅游度假示范区位于河北省张家口市崇礼县四台嘴乡太子城区域，距北京市252公里。密苑景区内还分布有明代早期长城遗址、太子庙等历史文化景观。

2. 项目简介

该项目总投资将超过65亿元，开发范围约100平方公里。一期占地30平方公里，分8年建设，开发四季旅游多业态形式。凭借区域内优越的山地、林地、雪地和气候资源，利用位于居京畿西北的便利地缘，整体项目建成后，将成为集生态观光、避暑胜地、冰雪世界、休闲养生融为一体且功能齐备的生态旅游休闲示范区，年可接待游客20万人次以上。

3. 重点项目

密苑生态旅游度假区的重点项目主要有冰雪运动、体育休闲、会议培训、休闲度假（房地产）、赛事与节事。其中度假小镇是密苑旅游区乃至整个崇礼县将来旅游服务的核心。建筑形态包括私人牧场、俱乐部、别墅、洋房，配套商业街，集休闲度假、居住、娱乐消遣、购物于一体。规划密苑旅游区总人口规模将达13.6万人。

4. 发展目标

以自然生态环境为基础，充分发挥冬夏两季相结合的优势，精心打造多种旅游产品，将密苑建设成为：

——冬季冰雪温泉旅游胜地，企事业年会聚集地；

——冰雪等体育运动赛事举办地，户外运动旅游地；

——距北京最近的夏季避暑疗养胜地；

——环京津冀地区重要的滑雪休闲版块，张家口旅游的龙头。

四、多元化旅游产品的开发战略

发展休闲度假旅游，必须进行主题化经营。可以采取从"一镇一品"到"一村一品，一户一格"的发展模式。旅游开发不能搞"人有我有"、"千人一面"，而应扬长避短，充分表现和突出自我特色。具体来说，可以考虑以下四种主题。

一是商务会议主题。崇礼丰富的旅游资源和优越的区位优势是发展会议旅游具备的优势条件。充分挖掘首都北京、天津会议经济的发展潜力（北京2012年全年举办22万场各种类型的会议），凭借崇礼已经形成的云顶乐园、万龙酒店等场地设施的良好条件，以及冬夏两季的旅游资源，积极开展并推广会议经济。引进国际论坛，积极发起并形成品牌论坛的长期举办地，吸引北京、天津大型企业前来举办年会，形成会议经济品牌。着力构建崇礼会议名镇的形象，大力发展会议旅游市场，把崇礼打造成"东方的达沃斯"，使会议成为崇礼经济新的增长点。

二是运动休闲主题。积极拓展观光、休闲旅游,开发运动休闲旅游产品;积极发展非雪期的旅游品种,努力发展观光、保健、度假等多元化的复合型旅游产品;通过构建体育旅游、文化旅游、生态旅游,优化旅游产品结构;根据自身特色,加强与周边地区的联动,引入竞技运动的赛事。筹建拓展营地、探险目的地、汽车越野露营地等休闲目的地。

三是文化娱乐主题。目前崇礼城区缺乏文化娱乐场所,游客没有娱乐消费的空间。因此可适当建设文化娱乐等场所,满足游客不同层次、不同爱好的需要。首先在宾馆建立活动室、健身房。其次在县城,人流聚集比较密切的建立一些大型的娱乐场所,例如电影院、咖啡馆、美容院、康体中心等。再次,建立一些大规模的超市、购物中心。一方面这也是满足了城内居民日常的的生活需要,丰富居民的文化生活,另外也给前来滑雪度假的旅游者提供了休闲的好去处,更容易延长游客逗留时间,在不增加游客人次的情况下增加收入,提高旅游经济效益。开展有关地方特色产业的文化活动,住蒙古包、烤羊肉等,支持有文艺特长者编排二人台、打柳子等具有浓郁地方特色剧目定期演出。

四是农家乐主题。崇礼县农家乐旅游已有一定的起色,但尚未形成规模。要让当地居民和农民在旅游开发中受益,积极发挥旅游业对农村经济的拉动作用,带动农民增收。政府可以通过引导,形成具有崇礼特色的农家乐旅游经济,开发形成"农家乐"特色旅游项目,挖掘本地的饮食、民俗、土特产等文化资源,开发旅游农产品、田园采摘、农家旅馆于一体的农家乐旅游形式。

专栏11.5 **中国城市发展论坛**

2012 年 8 月 11 日,"中国城市发展夏季论坛"在河北崇礼召开。国家部委有关领导、城市市长、专家学者、企业家、媒体人共 200 人参加了论坛研讨。河北省副省长宋恩华、中国国际经济交流中心秘书长魏建国、燕京华侨大学校长华生、北京大学国家发展研究院院长周其仁、北京大学国家发展研究院教授、央行货币政策委员会委员宋国青等多位部委领导、专家学者、城市市长、知名企业家发表演讲并参与讨论。

中国城市发展论坛由国家发改委城市和小城镇改革发展中心、财讯传媒集团、北京大学国家发展研究院三方发起主办。国家发改委城市和小城镇中心主任李铁指出,中国城市化在取得巨大成就的同时,也面临诸多挑战。如何促进城市的健康发展，改善投资环境，调整产业结构，合理集约配置城市资源，提高城市的综合承载能力，使城市发展步入可持续、低碳、绿色的良性轨道，已成为未来中国经济社会发展战略的重大议题。因此，论坛将搭建城市市长、知名企业家、资深媒体人、著名学者和部门重要官员共商城市发展大计的交流平台，致力于解决中国城市发展中所遇到的热点、难点问题。

主办方希望论坛参照达沃斯论坛模式，选择亚洲著名滑雪旅游胜地和新兴北京夏季后花园——河北省张家口市崇礼县作为长期举办地，分冬夏两季举行。论坛的最终目标是发展成为具有标志意义、国际影响的世界城市论坛。

在夏季论坛上，河北省副省长宋恩华在致辞中指出，城镇化发展是当前及今后中国经济社会发展的主轴，推动城镇化发展是扩大内需、服务民生的重要战略，举办中国城市化发展论坛具有重要的现实意义。中国城市发展论坛的主题"都市圈与中小城市发展"正是河北省当前城镇化发展所面临的核心问题。同时论坛选择河北崇礼作为主办地，将对河北省城镇发展起到重要推动作用。

《人民日报》、新华社、《光明日报》、《经济日报》、中央人民广播电台、中央电视台、《财经》杂志、《中国经济周刊》、腾讯网、新浪网、华尔街日报、路透社、城市中国网等数十家媒体对本届论坛进行了全程跟踪报道。

2012年12月11日，主办方又举办了"中国城市发展（冬季）论坛"。两次论坛在社会上引起了强烈的反响，为崇礼树立会议经济品牌起到较大的推动作用。

参考文献

[1] 顾朝林. 北京首都圈发展规划研究——建设世界城市的新视角. 北京：科学出版社，2012

[2] 陈昂. 首都经济圈范围究竟有多大. 中国财经报，2011年12月26日

[3] 张梅青，左迎年. 首都圈经济一体化发展进程研究. 北京交通大学学报（社会科学版），2013（1）

[4] 付承伟. 大都市经济区内政府间竞争与合作研究——以京津冀为例. 江苏：东南大学出版社，2012

[5] 樊杰. 京津冀都市圈区域综合规划研究. 北京：科学出版社，2008

［6］张蕾，王桂新．中国东部三大都市圈经济发展对比研究．城市发展研究，2012，19（3）

［7］李景元．对接京津与都市区经济一体化——构建环首都经济圈与京津走廊的崛起．北京：中国经济出版社，2011

［8］刘娟．贫困县产业发展与可持续竞争力提升研究．北京：人民出版社，2011

［9］左停，刘晓敏，王智杰等．首都经济圈的贫困带成因与消除贫困的建议．乡镇经济，2009（5）

［10］张可云，郑拴虎，赵秋喜．关于带动北京周边贫困地区发展问题研究．北京社会科学，2006（3）

［11］王丽丽．崇礼县生态旅游 swot 分析与发展模式研究．北京林业大学硕士学位论文，2012

［12］吴勇．崇礼旅游产业发展模式的转型研究．天津大学硕士学位论文，2008

［13］李国平，陈红霞．协调发展与区域治理：京津冀地区的实践．北京大学出版社，2012

后 记

　　在城市化发展的中后期阶段，都市圈与中小城市发展构成了城市化发展重要内容。本书研究了伦敦、纽约、巴黎、东京、首尔、悉尼等世界六大都市圈与中小城市发展的历程、现状，研究了中国珠三角、长三角、黔中、成都、首都等中国主要都市圈与中小城市发展的阶段、特征。通过案例对比，我们发现，综观全球，都市圈与中小城市发展既充满个性化特征，同时又遵循着一些基本规律。

　　都市圈与中小城市发展建立在一定客观条件的基础上，都要经历相当长的过程。在其发展过程中，科学的规划能起到重要的引领性的作用，但不能指望通过一纸规划凭空制造都市圈、凭空"造城"。而这种做法恰恰是我国一些都市圈与中小城市发展过程中普遍存在的现象。都市圈与中小城市的繁荣发展需要产业的支撑，都市圈中心城市的产业日趋向服务业转型、并走向高端化，周边中小城市承接中心城市的产业转移，在制造业布局与发展上具有较多的互补性优势。都市圈与中小城市之间借助综合交通网络、信息网络等基础设施予以联结，这样既密切了合作，又深化与促进了都市圈内部不同类型城市的分工。世界都市圈与中小城市在发展过程中，还形成了具有特色的区域治理模式，也值得借鉴。世界都市圈与中小城市发展的案例也启示我们，都市圈与中小城市发展也会面临许多问题，例如人口布局不合理、生态环境污染等，需要认真加以对待。

　　本书写作的缘起是，国家发改委城市和小城镇改革发展中心、北京大学国家发展研究院、财讯传媒集团等单位决定选择新兴的北京后花园、亚洲著名的滑雪胜地——河北崇礼，发起主办"中国城市发展论坛"。首次论坛以"都市圈与中小城市发展"为主题，于2012年8月11~12日成功举办。在筹备这次论坛的过程中，主办单位决定开展"都市圈与中小城市"的案例研究，并将这个任务交给本书的作者。论坛召开之后,我们广泛吸收了与会的多位专家、领导的意见,进一步搜集案例资料,最终成书。在此,我们要感谢上述主办单位对本书调研、写作所给予的支持。

本书的调研、写作还得到城市中国网、北京交通大学运输学院等单位的大力支持。在此一并表示感谢。

作　者

2013 年 9 月